Casusboek EMDR

Casusboek EMDR

25 voorbeelden uit de praktijk

Redactie:
Hellen Hornsveld
Sjef Berendsen

Bohn Stafleu van Loghum
Houten 2009

ISBN 978 90 313 7357 4
NUR 777

Inclusief de dvd ‘Wat komt er bij je op?’

Ontwerp omslag: www.TEFF.nl
Ontwerp binnenwerk: www.TEFF.nl
Automatische opmaak: Pre Press, Zeist

De opbrengsten van dit boek gaan naar HAP-Nederland
Het Humanitarian Assistance Programme (HAP-Nederland) wil kennis van diagnostiek en behandeling van getraumatiseerde cliënten overdragen naar landen waar deze kennis niet aanwezig is (bijvoorbeeld landen in Oost-Europa en Azië). Psychologen en andere hulpverleners uit deze landen worden op kosten van de HAP opgeleid in psychotraumatologie en EMDR. De trainingen worden gegeven aan mensen die in het land van herkomst erkend zijn als professioneel behandelaar en die vervolgens deze kennis in hun eigen land verder kunnen verspreiden.
Met dank aan alle cliënten die toestemming gaven hun verhaal op te schrijven.

Bohn Stafleu van Loghum
Het Spoor 2
Postbus 246
3990 GA Houten

www.bsl.nl

Ten geleide

EMDR ('Eye Movement Desensitisation and Reprocessing') is een relatief nieuwe therapie, hoewel toch al weer 20 jaar oud. Grondlegster van deze therapievorm is de Amerikaanse psychologe Francine Shapiro, die in 1989 een eerste versie van EMDR beschreef. In de jaren daarna werd EMDR als behandelprocedure verder uitgewerkt en heeft EMDR zich ontwikkeld tot een volwaardige therapievorm. Inmiddels is EMDR een bewezen effectieve vorm van behandeling voor de posttraumatische stressstoornis. Er zijn wereldwijd vele tienduizenden psychologen en psychotherapeuten in deze methode opgeleid en een veelvoud van mensen is hiermee behandeld. Toch heeft EMDR, na zoveel jaren en zoveel bekendheid, nog steeds iets geheimzinnigs. Wij denken dat dit onterecht is en geven met dit boek graag een kijkje in de keuken van de EMDR-therapeut.

Wij, Hellen Hornsveld en Sjef Berendsen, behoren tot de 'tweede lichting' Nederlandse EMDR-therapeuten. Wij hebben onze opleiding niet gevolgd bij Francine Shapiro in de VS, maar bij de pioniers in Nederland: Ad de Jongh en Erik ten Broeke, die EMDR halverwege de jaren 90 van de vorige eeuw in Nederland introduceerden. Wij raakten, net als vele anderen, onder de indruk van de krachtige en snelle effecten die er met EMDR te behalen zijn bij het behandelen van trauma. We gingen EMDR steeds vaker en steeds breder toepassen. In die periode verscheen ook steeds meer wetenschappelijk onderzoek ten gunste van de effectiviteit van EMDR. In Geschiedenis en achtergronden zullen we de ontwikkelingen van EMDR beschrijven, alsook de meer algemene begrippen over trauma en traumaverwerking.

EMDR is een protocollaire methode en wat ons trof was hoe bijzonder dit basisprotocol in elkaar zit. Stap voor stap breng je je cliënt ertoe om de herinnering aan de traumatische gebeurtenis zich weer zo goed mogelijk voor de geest te halen; daarna leid je de cliënt stapsgewijs door het verwerkingsproces en vervolgens probeer je de gewenste veranderingen zo veel mogelijk te bestendigen en te laten doorwerken in het dagelijks leven. Het EMDR-protocol is aanvankelijk door Francine Shapiro zelf en later ook door andere therapeuten aangescherpt en verbeterd. De laatste jaren worden er aan het basisprotocol eigenlijk nauwelijks nog dingen veranderd of toegevoegd. De belangrijkste ontwikkelingen vinden plaats in de theorie en de verbreding van de toepassingsgebieden (zie bijvoorbeeld Ten Broeke, De Jongh en Oppenheim, 2008). De gehele EMDR-procedure wordt stapsgewijs beschreven en toegelicht in Procedures en begrippen.

Onbevredigend was natuurlijk dat niemand begreep hoe EMDR precies werkte. Eigenlijk geldt dit ook voor andere therapieën: 'cognitieve therapie helpt', 'gedragstherapie helpt' en 'pillen helpen', maar vaak is het 'werkzame mechanisme' onbekend of toch net even anders dan oorspronkelijk gedacht. Voor EMDR zijn er meerdere modellen om de effecten ervan te verklaren. Deze modellen worden in EMDR werkt! Maar hoe? op een zo begrijpelijk mogelijke wijze uitgelegd.

Naarmate wij EMDR steeds beter en breder leerden toepassen, realiseerden we ons dat deze behandeling meer is dan een protocol of procedure. Wat EMDR voor ons persoonlijk zo bijzonder heeft gemaakt is dat het onze visie op psychopathologie langzaam heeft veranderd. Met EMDR heb je als therapeut plotseling gereedschap in handen waarmee je nare ervaringen 'onschadelijk' kunt maken. Na het succesvol behandelen van de effecten van roofovervallen en verkrachtingen, krijg je er als therapeut steeds meer oog voor hoe nare ervaringen in het leven van mensen kunnen doorwerken. Hoe iemand die vroeger gepest is zich nog steeds niet in groepen durft te begeven; hoe iemand die zijn vader verloren heeft aan een hartaanval een hartziektefobie ontwikkelt. Met de gebruikelijke (cognitief-gedrags)therapeutische technieken zijn dit soms moeilijke gevallen. Je komt er moeilijk doorheen; de herinnering aan de nare pestervaring of het dramatisch verlies van vader lijkt op een etterende wond die maar moeizaam geneest.

Ook in deze gevallen – waarbij dus niet echt sprake is van een posttraumatische stressstoornis, maar er wel een relatie lijkt tussen de klachten en (herinneringen aan) bepaalde gebeurtenissen – pasten wij (en met ons vele anderen) EMDR steeds vaker toe. En succesvol. Her en der verschijnen publicaties over het inzetten van EMDR bij bijvoorbeeld de behandeling van pijn, eetstoornissen, fobieën en persoonlijkheidsstoornissen. Het is vooral deze ontwikkeling die ons geïnspireerd heeft tot het schrijven van dit boek. De vele toepassingsgebieden, de krachtige werking van EMDR en de verhalen in de wandelgang over bijzonder verlopende behandelingen maakten het de moeite waard deze ervaringen te verzamelen en te bundelen.

Er zijn tot nu toe twee leerboeken verschenen over EMDR: een basisleerboek voor de beginnende therapeut (De Jongh & Ten Broeke, 2003) en een leerboek voor de meer ervaren therapeut die EMDR breder wil gaan toepassen bij wat ingewikkelder gevallen (Ten Broeke, De Jongh & Oppenheim, 2008). Dit boek is hierop een mooie aanvulling. Het biedt aansprekende voorbeelden van de meest diverse behandelingen bij de meest uiteenlopende cliëntengroepen. Op een enkele uitzondering na, zijn alle auteurs ervaren EMDR-therapeuten (supervisor of practitioner), vaak specialisten op een bepaald terrein. Dit boek biedt een kijkje in hun keuken. Zo ontstaat een goed overzicht hoe breed EMDR toegepast kan worden en hoe mooi of bizar een behandeling soms kan verlopen. Het wordt ons zo vaak gevraagd: kun je EMDR ook toepassen bij kinderen? Bij pijn? Hoe ga je om met zeer heftige reacties? Hoezo EMDR bij verslavingen? Wij denken dat we de dynamiek en reikwijdte van EMDR niet beter kunnen illustreren dan aan de hand van voorbeelden. De voorbeelden uit dit boek en op de bijbehorende dvd 'Wat komt er bij je op?' Veel leesplezier.

Zomer 2009, Hellen Hornsveld en Sjef Berendsen

Voorwoord

Voor je ligt een boek met verhalen over behandelingen van mensen die allen ooit iets ingrijpends hebben meegemaakt. Zij vonden een therapeut die een methode toepaste die niet wordt gekenmerkt door praten, maar door *beleven*: EMDR. EMDR is een belevingstherapie waarvan wetenschappelijk is aangetoond dat het mogelijk is kwellende herbelevingen van vroegere gebeurtenissen kwijt te raken. De auteurs beschrijven op heldere wijze hoe zij dit voor elkaar kregen. Allereerst door de klacht serieus te nemen en daarna de met de klacht verbonden geheugenbestanden te identificeren, de cliënt daarop te laten focussen om ze vervolgens van hun emotionele lading te ontdoen.

Het is een boek geworden vol bijzondere voorbeelden. Geschiedenissen van cliënten die ooit depressief waren, bang waren, zich hulpeloos voelden of ontdaan. Cliënten die gekweld werden door herinneringsbeelden die zich aan hen opdrongen en die zij liever voorgoed kwijt wilden. De EMDR-therapie maakte voor hen het dagelijks leven weer dragelijk en gaf het opnieuw zin.

Sinds de ontwikkeling van EMDR zijn er wereldwijd tal van boeken over deze behandelmethode verschenen, waarvan vier in het Nederlandse taalgebied. Het boek dat nu voor u ligt, is niet alleen een uitbreiding hierop, maar verschijnt bovendien in het jaar dat EMDR zijn 20ste verjaardag viert. Het is in meerdere opzichten een uniek boek geworden. Uniek door het grote aantal bijdragen: maar liefst 25 auteurs verlenen hun medewerking en gunnen de lezer een blik in de keuken van hun psychotherapeutische praktijk. Uniek in zijn vorm, want het is nu eens geen instructieboek voor EMDR-therapeuten, maar een heldere weergave van de mogelijkheden van deze wonderlijke methode.

De auteurs zijn er vooral goed in geslaagd te laten zien hoe EMDR de laatste jaren is geëvolueerd. Van een pure traumatherapie tot een methode waarmee een grote variëteit aan aandoeningen kan worden behandeld. Psychische ziektebeelden, waarbij de klachten of symptomen zonder uitzondering worden gevoed, of in stand gehouden, door herinneringen aan gebeurtenissen die op de een of andere manier betekenisvol zijn geweest. En met EMDR is het net als in het echte leven: vaak verloopt de therapie redelijk gemakkelijk, regelmatig kost het wat meer moeite en soms zit het zelfs tegen. Er zijn duidelijk meer voorbeelden van de eerste categorie in dit boek opgenomen. Net als iedereen vinden therapeuten het aangenamer om over successen te schrijven dan over mislukkingen. Maar dat maakt het allemaal niet minder boeiend.

Het boek is geredigeerd door twee supervisors in EMDR, Hellen Hornsveld en Sjef Berendsen. Beiden zijn niet alleen goede therapeuten met een brede kennis en ervaring op het gebied van traumagerelateerde problemen, zij zijn ook actief betrokken binnen de Vereniging EMDR Nederland. Op deze wijze hebben zij bijgedragen aan het succes waarmee EMDR zich heeft weten te plaatsen tussen de andere methodieken en binnen het therapeutisch arsenaal waarvan de Nederlandse psycholoog, psychotherapeut en psychiater zich bedienen. Dit boek bewijst bovendien dat zij ook nog een ander talent hebben, namelijk het tot stand brengen van een overtuigend en bijzonder lezenswaardig boek over cliënten, hun problemen en de oplossingen die EMDR hen bood. Chapeau!

Prof. dr. Ad de Jongh

Inhoud

Deel I
Inleiding

Geschiedenis en achtergronden

'Eye Movement Desensitisation and Reprocessing' (EMDR) is een therapievorm die ontwikkeld is voor mensen die last hebben van de gevolgen van een ingrijpende gebeurtenis. Kenmerkend voor de effecten van een ingrijpende gebeurtenis is dat de persoon de herinnering niet kan loslaten; telkens komen beelden terug (soms als flashbacks of nachtmerries) en elke keer blijft de herinnering nare emoties oproepen, zoals angst, verdriet of walging. Tijdens de behandeling zal de EMDR-therapeut vragen weer aan de nare gebeurtenis terug te denken, inclusief de beelden, de gedachten en de gevoelens bij de herinnering. Als de herinnering zo goed mogelijk is opgehaald, starten de 'eye movements': de cliënt wordt gevraagd om met de ogen de hand van de therapeut te volgen die zich horizontaal heen en weer beweegt. Aan deze oogbewegingen dankt EMDR zijn naam, hoewel deze oogbewegingen tegenwoordig vaak vervangen worden door geluiden, die door een koptelefoon afwisselend links en rechts worden aangeboden. Bij kinderen worden vaak 'handtaps' gebruikt. Na elke set oogbewegingen (of andere stimuli) wordt er gevraagd wat er naar boven komt.

EMDR brengt doorgaans een stroom van gedachten, beelden, emoties en lichamelijke sensaties op gang. Vaak verandert er iets. De cliënt wordt gevraagd zich te concentreren op deze verandering. Dan gaat de procedure verder, net zo lang tot de herinnering haar kracht en emotionele lading verliest. Zo wordt het steeds gemakkelijker aan de gebeurtenis terug te denken. De veranderingen dragen ertoe bij dat de schokkende ervaring steeds meer een plek krijgt in het leven van de cliënt. Inmiddels is er voldoende onderzoek verschenen dat aantoont dat EMDR een effectieve vorm van behandeling is voor traumagerelateerde klachten (Multidisciplinaire richtlijn Angststoornissen, 2007).

Geschiedenis

EMDR heeft een bewogen geschiedenis achter de rug. EMDR is ontwikkeld voor de behandeling van mensen met een posttraumatische stressstoornis en in de VS ontstond al snel na de introductie in 1989 een grote groep enthousiaste 'toepassers'. Maar net zo snel lieten 'tegenstanders' van zich horen. Er is over en weer flink met modder gegooid. Zelden is een nieuwe therapievorm zo sterk onderwerp van spot en discussie geweest als EMDR. Letterlijk zwartgemaakt. Waarom riep EMDR zoveel weerstand op? Het is toch wel aardig om hier kort op in te gaan. Wij kunnen wel wat redenen bedenken.

In de eerste plaats gingen die 'gek aandoende oogbewegingen' aanvankelijk de fantasie van iedere traumatherapeut ver te boven. Ook de schrijvers van dit boek hebben die weerstand gevoeld toen zij voor het eerst videobeelden zagen van 'ruitenwissende collega's' en – een wellicht nog dieper gevoelde weerstand – toen zij zelf voor het eerst met hun vingers voor de ogen van hun cliënten gingen wapperen. Zeker in het begin, als je nog niet zo overtuigd bent van de effectiviteit, voelt het behoorlijk belachelijk. En hoe ervarener en wijzer je bent, hoe moeilijker het is om vaste gewoontes los te laten en je een nieuwe 'gek aandoende' methode eigen te (laten) maken. Onze ervaring bij de trainingen is dat jonge therapeuten hier minder moeite mee hebben dan hun meer ervaren collega's.

Het uitoefenen van EMDR gaat op een bepaalde manier echt anders dan andere therapievormen. Naast de rol die de oogbewegingen spelen, vereist EMDR ook een andere houding van de therapeut ten aanzien van het therapieproces. Enerzijds is deze aanpak veel minder verbaal en probeer je de verwerking voor je cliënt zo veel mogelijk 'als vanzelf' te laten verlopen. Anderzijds ben je de absolute stuurman in dit proces en heb je veel inzicht en abstractievermogen nodig om je cliënt voortdurend 'op koers' te houden. EMDR als methode is hierdoor beslist veel moeilijker aan te leren dan het lijkt. Bovendien laat deze methode zich niet eenvoudig via een leerboek uitleggen. Om EMDR goed te kunnen begrijpen en toepassen, moet je eigenlijk eerst een cursus hebben gevolgd, inclusief het oefenen en leren toepassen onder supervisie. Iemand die al twintig jaar in het vak zit en zijn sporen verdiend heeft, volgt zelden nog een opleiding en wil zeker niet oefenen onder supervisie. Het is jammer dat de felste kritiek op EMDR kwam van seniortherapeuten en wetenschappers, die zelf geen of nauwelijks ervaring hadden met EMDR.

De kritiek richtte zich aanvankelijk erg op de persoon van Francine Shapiro en de wijze waarop zij zich EMDR als een soort intellectueel eigendom zou hebben toegeëigend. Deze kritiek is in onze ogen wel begrijpelijk. Samen met enkele anderen richtte zij het Amerikaanse EMDR Institute op. Dit instituut ontwikkelde een erkenningsregeling, waarbij alleen door dit instituut opgeleide therapeuten en trainers de EMDR-therapie verder mochten doorgeven. De eisen aan de opleiding waren streng. Ondertussen klonken ook geluiden dat er wel veel geld werd verdiend aan EMDR. Eenzelfde soort kritiek kregen de eerste EMDR-therapeuten en -trainers in Nederland. Achteraf bezien is een strenge kwaliteitsbewaking en een erkenningsregeling zeer nuttig gebleken. Dit is ook de belangrijkste reden geweest voor het oprichten van een aparte vereniging. Hierdoor is EMDR niet verwaterd tot een procedure die men zich eigen kan maken met een cursusje en een handboek en die in allerlei zelfhulpvarianten kan worden aangeboden. De kwaliteit van de opleidingen is hoog en een registratie als EMDR-therapeut (erkende Europese registratie als EMDR 'practitioner') krijg je alleen als je die kwaliteit in supervisie kunt aantonen met eigen video-opnames. Begin 2009 zijn meer dan duizend therapeuten aangesloten bij de Vereniging EMDR Nederland. De kritiek rond EMDR is vrijwel verstomd en er is voldoende onderzoek dat de effectiviteit van EMDR als behandelvorm voor mensen met een posttraumatische stressstoornis (PTSS) heeft aangetoond.

De posttraumatische stressstoornis

Ingrijpende, traumatische gebeurtenissen zijn niet-alledaagse, uitzonderlijke gebeurtenissen, die je wereld op zijn kop kunnen zetten en die heftige, pijnlijke emoties kunnen oproepen. Dit kunnen zijn: een (ernstig) auto-ongeluk, een brand, een zinkend schip, vliegtuigramp, kaping, ontvoering, overval, oorlog, verkrachting, aanranding, ernstige ziekte, enzovoort. Het hoeft je niet eens zelf te overkomen, het kan ook zijn dat je er getuige van bent geweest. Het kan zo heftig zijn wat je hebt meegemaakt of hebt zien gebeuren dat je een posttraumatische stressstoornis ontwikkelt (PTSS).

Een PTSS moet niet worden verward met min of meer 'normale' verwerkingsreacties na een heftige gebeurtenis. Hoe ingrijpend een verkrachting, beroving, auto-ongeluk of oorlogssituatie ook is, de meeste mensen herstellen opvallend goed op eigen kracht. Veiligheid, steun en goede informatie zijn in deze eerste fase het belangrijkst om het natuurlijk herstel te bevorderen (Multidisciplinaire richtlijn voor vroegtijdige psychosociale interventies na rampen, terrorisme en andere schokkende gebeurtenissen, 2007). Toch is zelfs optimale opvang voor een aanzienlijke groep getroffenen niet voldoende en ontwikkelt ongeveer 10-20% blijvende psychische klachten. Vroege interventies worden dan aangeboden om het welbevinden van getroffenen te bevorderen en psychopathologie te voorkomen. Ook EMDR wordt als vroege interventie veel toegepast, bijvoorbeeld door opvangorganisaties als DOeN (Directe Opvang en Nazorg) en het IvP (Instituut voor Psychotrauma). Ondanks de goede ervaringen van EMDR-therapeuten die betrokken zijn bij de eerste opvang van slachtoffers, en enkele eerste studies, is er nog geen gerandomiseerde effectstudie verschenen naar EMDR als vroegtijdige interventie.

Het is bekend dat het spontane herstel na een ingrijpende gebeurtenis na enkele dagen en weken steeds langzamer gaat. Als er na een maand nog klachten zijn, wordt gesproken van een acute PTSS, en als er na drie maanden nog klachten zijn, wordt gesproken van chronische PTSS (DSM-IV-TR, APA, 2000). Spontaan herstel treedt dan nauwelijks nog op.

Typische klachten die horen bij een PTSS zijn: a) het herbeleven van de gebeurtenissen in de vorm van flashbacks of nachtmerries; b) verhoogde prikkelbaarheid en schrikachtigheid; en c) vermijding van alles dat doet denken aan de gebeurtenis.

Een goed voorbeeld van een PTSS naar aanleiding van een enkelvoudige traumatische gebeurtenis is de casus van brandweervrouw Marita (casus 1) van dit boek. Zij kreeg na een noodlottige brand last van posttraumatische stressklachten als herbelevingen en vermijdingsgedrag.

Houden de klachten aan, dan komen er meestal meer klachten bij, zoals ernstige slapeloosheid, moeite met het hanteren van emoties, zelfbeschadigend gedrag, alcoholmisbruik, lichamelijke klachten en sociale isolatie. Bij kinderen treden vaak angstdromen op, of nachtmerries over monsters. Kinderen verwerken een schokkende gebeurtenis vaak net wat anders dan volwassenen: ze zijn bang dat het nog een keer gebeurt, bang voor donker en bang om dood te gaan. Ze krijgen last van scheidingsangst, kunnen prikkelbaar zijn of juist heel stilletjes. Op school gaat het vaak even wat minder goed door concentratie- en geheugenproblemen.

De vraag waarom de ene persoon na een traumatische gebeurtenis PTSS ontwikkelt en de andere niet, is de laatste jaren onderwerp van veel onderzoek. Nadeel van dit onderzoek is dat het meestal achteraf plaatsvindt. Inmiddels is wel duidelijk dat kwetsbare mensen die vooraf al psychische klachten hadden, meer kans hebben op het ontwikkelen van een PTSS. Ook vrouwen blijken hiervoor onder dezelfde omstandigheden gevoeliger dan mannen. Personen die (vroeg) in hun ontwikkeling reeds eerdere traumatische ervaringen hebben meegemaakt, zijn hierdoor niet gehard; deze mensen blijken juist gevoeliger geworden voor het ontwikkelen van PTSS-klachten.

Het verwerken van nare ervaringen

Wat gebeurt er eigenlijk bij een goedlopende verwerking van gebeurtenissen? Normaal gesproken wordt nieuwe informatie in het geheugen opgeslagen en in verband gebracht met reeds aanwezige kennis en eerdere herinneringen (gedachten, beelden en emoties). Een persoon kan op deze manier nieuwe ervaringen integreren in zijn visie op zichzelf, de ander en de wereld. Bij ingrijpende ervaringen kan de hoeveelheid binnenkomende informatie zo overweldigend zijn dat er niet voldoende capaciteit is om alle nieuwe, pijnlijke informatie te integreren. Het is alsof beelden, gevoelens en reacties deels ruw of onverwerkt in het geheugen worden opgeslagen; ze worden als het ware tijdelijk weggezet. Het is te veel of te pijnlijk om in een keer te verwerken. Bovendien moet er in noodsituaties snel en adequaat gehandeld kunnen worden en daar gaat alle aandacht in eerste instantie naartoe. Als het iets rustiger wordt, komen de beelden, geluiden, angsten en emoties weer boven en wordt deze informatie alsnog verwerkt. De meeste mensen hebben dit wel eens meegemaakt: na een ingrijpende gebeurtenis lig je wakker, flarden van de gebeurtenis schieten door je hoofd en je moet er steeds aan denken. Verwerken doet iedereen op zijn eigen manier: pratend, wandelend, zwijgend, dromend, werkend. Het uiteindelijke resultaat is dat beelden vager worden, dat geuren en geluiden in intensiteit afnemen, de gebeurtenis verder weg lijkt en er steeds beter of meer woorden aan de gebeurtenis gegeven kunnen worden. De herinnering aan de nare gebeurtenis wordt langzamerhand een nare geschiedenis, een naar verhaal. Hoe pijnlijk en ontregelend de situatie ook was, het wordt uiteindelijk verleden tijd. Tenminste... bij een goedlopende verwerking.

Cognitieve domeinen

Wat gebeurt er als de verwerking niet goed verloopt en een ingrijpende gebeurtenis dreigt een blijvend trauma te worden? Vrij algemeen wordt aangenomen dat er in zulke gevallen vooral iets misgaat in de betekenisgeving van de gebeurtenis of in de betekenisgeving van de eerste stressreacties (zie figuur 1; Ehlers & Clark, 2000). Onterecht gelooft men bijvoorbeeld dat er nog steeds gevaar dreigt of dat men blijvend schuldig is, of machteloos of waardeloos. En omdat dit zo pijnlijk is om te ervaren, tracht men zo min mogelijk aan de gebeurtenis terug te denken. Dit levert op korte termijn voordeel op, maar op de lange termijn stagneert de verwerking en blijven de symptomen bestaan.

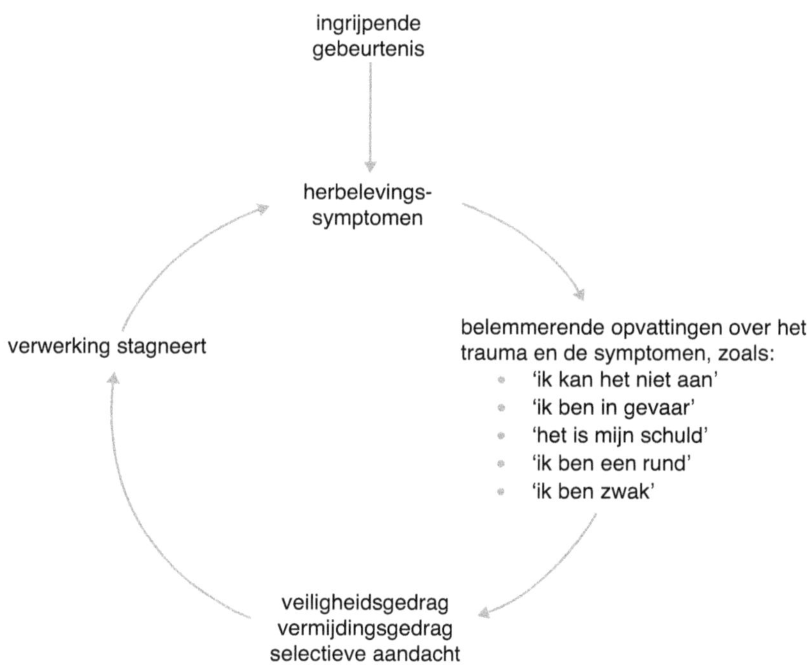

Figuur 1
Vicieuze cirkel, naar Ehlers en Clark (2000).

De Jongh & Ten Broeke (2003) concluderen, na het analyseren van vele honderden trauma's, dat de meeste belemmerende gedachten met betrekking tot een gebeurtenis onder te brengen zijn in vijf categorieën, door hen *cognitieve domeinen* genoemd. Ze worden hieronder vrij uitgebreid besproken en toegelicht omdat deze domeinen ook in de gevalsbeschrijvingen in dit boek regelmatig zullen terugkeren. Allereerst geven we een illustratie van een normaal verwerkingsproces: een zeilweekendje met vrienden zonder ingrijpende gebeurtenissen.

Stel: je bent uitgenodigd mee te gaan zeilen met zes vrienden in een gehuurde boot in Friesland. Jullie zeilen veel, doen gezamenlijk boodschappen, eten en slapen in een jeugdherberg. Niets bijzonders, een leuk weekend; het is redelijk weer en je hebt het naar je zin. Tijdens dit zeilweekend leer je – bewust of onbewust – iets over jezelf, iets over je vrienden en bijvoorbeeld iets over je kwaliteiten als schipper. Je bent, kortom, een ervaring rijker. Jaren later kun je je dit weekend nog herinneren als de eerste keer dat je gezeild hebt.

Hieronder volgen nu vijf scenario's die een andere afloop van dit zeilweekend weergeven. Deze afloop zal telkens tot een ander soort beschadiging leiden. Achtereenvolgens komen de volgende vijf domeinen aan bod:

1 Verantwoordelijkheid en schuld ('Ik ben schuldig');
2 Controle ('Ik ben machteloos, hulpeloos');
3 Zelfwaardering ('Ik ben waardeloos, stom, slecht, ...');
4 Kwetsbaarheid ('Ik ben zwak');
5 Veiligheid ('Ik ben – gevoelsmatig – nog steeds in gevaar').

Ze geven een goed beeld van wat er mis kan gaan in de verwerking van potentieel traumatische gebeurtenissen.

1 Verantwoordelijkheid en schuld

Stel nu dat, tijdens het zeilweekend, vriend Harm een duik neemt vanaf de zeilboot in het meer. Het duurt erg lang voordat hij bovenkomt en jullie maken er nog wat grapjes over. Maar al snel slaat de paniek toe en het ergste blijkt waar: Harm brak tijdens zijn duik zijn nekwervel in het ondiepe water en wordt levenloos uit het water gehaald.

Sindsdien denk je voortdurend: 'Had ik maar...' en hoewel je verstandelijk wel weet dat het niet jouw schuld is en dat je het niet had kunnen voorkomen, heb je sindsdien last van herbelevingen (PTSS-klacht a) waarin je voor je ziet dat Harm in het water duikt. Telkens als je dat ziet, wil je zeggen: 'Stop!' Ook heb je sindsdien niet meer durven zeilen (PTSS-klacht c: vermijding). En toen je op een mooie zomerse dag naar het strand ging, merkte je dat je panisch werd toen je mensen het water in zag gaan (PTSS-klacht b: schrikachtigheid).

Een jaar later meld je je aan voor behandeling waarbij de therapeut constateert dat er sprake is van een posttraumatische stressstoornis. Aangezien EMDR het naarste moment van de herinnering gebruikt om (een deel van) de gebeurtenis te verwerken, geef je aan dat het naarste herinneringsbeeld voor jou het moment is dat Harm in het water dook. De negatieve betekenis die hierbij past is: 'Ik ben schuldig' (de negatieve cognitie of NC). De EMDR-therapeut concludeert dat de grootste beschadiging ligt in het domein verantwoordelijkheid en schuld en dat de gewenste positieve betekenis is: 'Ik heb gedaan wat ik kon' (de positieve cognitie of PC). Ook in casus 7: 'Niet meer machteloos, maar boos!', is er sprake van een beschadiging in het domein verantwoordelijkheid en schuld.

2 Controle ('Ik ben machteloos, hulpeloos')

Stel dat er tijdens het hetzelfde zeilweekendje een ongeluk plaatsvindt met een grote motorkruiser die geen voorrang aan jullie verleent. Jullie kunnen de kruiser niet meer ontwijken en botsen er vol op. De boot slaat om, er is veel schade, maar niemand raakt gewond. Je komt 'met de schrik vrij'.

De machteloosheid en schrik die je toen hebt gevoeld, zijn maanden later nog steeds aanwezig. Je hebt last van oncontroleerbare herbelevingen waarin je het telkens weer voor je ziet en je droomt ervan (PTSS-klacht a), je bent schrikachtig en onzeker in het verkeer geworden (PTSS-klacht b) en hebt sindsdien niet meer gezeild (PTSS-klacht c: vermijding).

Tijdens de EMDR-behandeling enkele maanden later is het naarste moment om aan terug te denken het moment vlak voor het ongeluk, toen je besefte dat het echt misging. De negatieve betekenis (negatieve cognitie of NC) is: 'Ik ben machteloos.' De EMDR-therapeut concludeert dat de grootste beschadiging ligt in het domein controle en dat de gewenste positieve betekenis (positieve cognitie of PC) is: 'Ik kan het aan.' Ook in de casussen 1 ('Alarmbellen gaan te laat rinkelen') en 6 ('Van Nutridrink tot pizza') is er sprake van een beschadiging in het domein controle.

3 Zelfwaardering ('Ik ben waardeloos, stom, slecht...')

Stel dat je tijdens het zeilweekendje jouw partner en je beste vriend vrijend betrapt in het boothuis. Je voelt je ongelofelijk in de zeik genomen, vernederd en gepasseerd. Dit had je nooit verwacht.

Hoewel je het met je partner hebt bijgelegd, zie je maanden later nog steeds hoe ze in de armen van je beste vriend lag (PTSS-klacht a). Je hebt nog steeds last van sombere buien, wraak- en woedegevoelens. Je vertrouwt je eigen oordeel niet meer en je durft je vrienden niet meer te vertrouwen. Je zelfbeeld heeft een enorme opdonder gehad. Je durft sindsdien je beste vriend niet meer onder ogen te komen (PTSS-klacht c). Ook merkte je schrikreacties wanneer je op je mobiel zag dat hij je belde (PTSS-klacht b).

Tijdens je EMDR-behandeling, enkele maanden later, is het naarste moment om nu aan terug te denken dat je hen betrapte achter in het boothuis. De negatieve betekenis (negatieve cognitie of NC) is: 'Ik ben een sukkel.' De EMDR-therapeut concludeert dat de grootste beschadiging ligt in het domein zelfwaardering en dat de gewenste positieve betekenis (positieve cognitie of PC) is: 'Ik ben oké.' Ook in de casussen 4 ('Ik ben stom!') en 19 ('Op jacht naar het spook') is er sprake van een beschadiging in het domein zelfwaardering.

4 Kwetsbaarheid ('Ik ben zwak')

Stel dat je tijdens het zeilweekendje het zeilen vreselijk eng vindt. Er staat vrij veel wind, de boot gaat behoorlijk schuin, maar het lijkt wel of jij de enige bent die dit opmerkt. Je durft niet te zeggen hoe bang je bent. Je raakt in paniek en besluit nooit meer te gaan zeilen.

Tijdens je EMDR-behandeling in verband met je ontwikkelde zeilfobie (PTSS-klacht c) zet je het (target)beeld stil op het moment dat de schipper de touwen nog wat aantrok en jij nog meer in paniek raakte. De bijbehorende negatieve betekenis (negatieve cognitie of NC) is: 'Ik ben zwak, weerloos.' De EMDR-therapeut concludeert dat de grootste beschadiging ligt in het domein kwetsbaarheid en dat de gewenste positieve betekenis (positieve cognitie of PC) is: 'Ik ben weerbaar.'

5 Veiligheid ('Ik ben – gevoelsmatig – nog steeds in gevaar')

Stel dat, weer tijdens het zeilweekendje, plotseling noodweer opkomt. Jullie kunnen niet meer op tijd terugkeren en het loopt niet goed af; de bliksem slaat in, een van je vrienden slaat overboord en moet met ernstige brandwonden in het ziekenhuis worden opgenomen.

Maanden later heb je nog steeds last van de beelden van de inslaande bliksem (PTSS-klacht a). 'Het gevaar zit in een klein hoekje', is je lijfspreuk geworden en je houdt het weerbericht nauwlettend in de gaten (PTSS-klacht b). Wanneer het onweert, ga je voor geen goud naar buiten (PTSS-klacht c).

Tijdens de EMDR-behandeling is het naarste moment om aan terug te denken het beeld van de inslaande bliksem. Ook als het beeld in gedachten wordt opgeroepen, lijkt het alsof het elk moment opnieuw kan gebeuren. De bijbehorende negatieve betekenis (negatieve cognitie of NC) is: 'Ik ben in gevaar.' De EMDR-therapeut concludeert dat de grootste beschadiging ligt in het domein veiligheid en dat de gewenste positieve betekenis (positieve cognitie of PC) is: 'Het is voorbij, ik ben nu veilig.' Ook in de casussen 2 ('Het ontbrekende puzzelstukje') en 21 ('Het geheugen van het lichaam') is er sprake van een beschadiging in het domein veiligheid.

Meer dan alleen PTSS

De genoemde voorbeelden geven niet alleen een illustratie van de verschillende cognitieve domeinen, maar laten tevens zien dat niet elke 'traumatisch beleefde gebeurtenis' automatisch hoeft te leiden tot een PTSS. Ook somberheid, fobische klachten of piekergedrag kunnen ontstaan na een ingrijpende gebeurtenis. Een EMDR-therapeut zal in deze gevallen direct EMDR overwegen als behandelmethode.

EMDR wordt dus veel breder toegepast dan alleen bij PTSS-klachten. Als er in de visie van de therapeut een relatie is tussen bepaalde negatieve gebeurtenissen en de huidige klachten, kan EMDR overwogen worden. Het moet wel passen in een behandelplan. Het is de verantwoordelijkheid van de behandelaar om eerst een diagnose te stellen en aan te geven waarom EMDR zinvol zou kunnen zijn. Zelfs als er een duidelijke indicatie is voor EMDR, moet goed overwogen worden of deze behandelingsvorm prioriteit heeft en of de cliënt stabiel genoeg is voor traumaverwerking.

Procedures en begrippen

EMDR is een geprotocolleerde therapie, dat wil zeggen: de behandeling bestaat uit een aantal vaste, zeer duidelijk omschreven stappen. In grote lijnen gaat de procedure als volgt. De therapeut vraagt de cliënt om zich te concentreren op het meest nare moment in de herinnering. Het gaat niet om wat er precies gebeurd is, maar om de herinnering zoals deze ligt opgeslagen in het geheugen. Alle aspecten van de herinnering worden zo veel mogelijk geactiveerd: beelden, geluiden, gedachten, gevoelens en lichamelijke sensaties. Op dat moment wordt de cliënt afgeleid met oogbewegingen of met geluidjes, afwisselend links en rechts, die via een koptelefoon worden aangeboden. Telkens na ongeveer 20 (oogbewegingen) tot 60 (geluidjes) seconden vertelt de cliënt wat er in hem omgaat. Alles wat de cliënt voelt en wat er in hem opkomt, is goed. In principe draagt alles bij aan het natuurlijk verwerkingsproces. In het gunstigste geval is de therapeut in deze fase niets anders dan een procesbegeleider, de verwerking verloopt vanzelf. In moeilijkere gevallen zal de therapeut enig kunst- en vliegwerk, zoals cognitive interweaves (zie verderop in dit hoofdstuk) moeten toepassen om het proces in goede banen te leiden.

Het verwerken ofwel desensitiseren van een nare herinnering gaat net zo lang door totdat het herinneringsbeeld geen spanning meer oproept. Iemand die bijvoorbeeld de vuurwerkramp in Enschede heeft meegemaakt en jarenlang spanning heeft ervaren zodra hij aan de vuurzee terugdacht, kan na een succesvolle desensitisatie zonder spanning weer terugdenken aan dit moment. Het blijft afschuwelijk wat er gebeurd is, maar de specifieke spanning is weg. De volgende stap in het protocol is het installeren van een positieve tegenhanger op het beeld. Bij de persoon die de vuurwerkramp heeft meegemaakt, riep het beeld van de vuurzee bijvoorbeeld de gedachte 'Ik ben in gevaar' op, en zo reageerde ook zijn lichaam. Als tegenhanger op het beeld wordt de gedachte 'Ik ben nu veilig' gekoppeld aan het beeld van de vuurzee. Verstandelijk wist de persoon dit natuurlijk al, maar nu de spanning volledig is afgenomen bij het beeld, kan de persoon zich ook gevoelsmatig echt veilig voelen.

Voorbeelden van relatief simpele en meer ingewikkelde verwerkingsprocessen komen in dit boek uitgebreid aan bod. Om de casuïstiek goed te kunnen lezen en begrijpen, is enige bekendheid met de procedure en het taalgebruik gewenst. Daarom zullen hieronder de belangrijkste begrippen kort worden toegelicht waarbij we ons gebaseerd hebben op het Handboek EMDR (De Jongh & Ten Broeke, 2003) en het Praktijkboek EMDR (Ten Broeke, De Jongh & Oppenheim, 2008). Voor een uitgebreide beschrijving van de EMDR-procedure en de begrippen in het navolgende wordt verwezen naar deze beide boeken. Op de websites van de Vereniging EMDR Nederland www.emdr.nl en van de uitgever www.bsl.nl zijn videobeelden te zien die een indruk geven van het verloop van een EMDR-behandeling. Op de dvd bij dit boek zijn uitgebreidere videobeelden te zien, aangevuld met interviews met cliënten en uitleg door EMDR-deskundigen.

Targetbeeld: het naarste plaatje nu

De cliënt wordt gevraagd de schokkende gebeurtenis te vertellen als een film en deze stil te zetten op het moment dat *nu* nog steeds als het naarst ervaren wordt. Het gaat er niet om wat *toen* als naarst werd ervaren, maar wat *nu* nog het meeste raakt als het filmpje van de gebeurtenis zich opnieuw afspeelt. Het is immers niet zo belangrijk wat *toen* het naarste was, maar waar de cliënt *nu* nog het meeste last van heeft. Bij Marion, die door haar vader seksueel misbruikt werd (zie casus 13) waren *toen* waarschijnlijk de seksuele handelingen het naarst, maar nu heeft ze het meeste last van het beeld van het gezicht van vader tijdens het misbruik.

Van dat meest nare moment wordt de cliënt gevraagd een stilstaand plaatje te maken waarin hij ook zichzelf kan zien. Dit stilstaande plaatje wordt *target* of *targetbeeld* genoemd en vormt het uitgangspunt voor de verdere EMDR-procedure. Bij EMDR is het dus niet nodig om herhaaldelijk en gedetailleerd de schokkende gebeurtenis na te vertellen en te herbeleven, zoals bij imaginaire exposure – een andere bewezen effectieve methode voor de behandeling van PTSS; zie EMDR werkt! Maar hoe? – wel het geval is.

Vaak geven cliënten aan dat er meerdere nare momenten in een schokkende gebeurtenis zijn. Het kiezen van het plaatje dat het naarst aanvoelt en dat gebruikt zal worden in de EMDR-procedure heet *targetselectie*. Brandweervrouw Marita, uit casus 1, die haar bevelvoerder onder een neervallende muur zag omkomen gaf aan dat zij twee nare herinneringen had aan zijn begrafenis. Targetselectie leidde ertoe dat gestart werd met de naarste herinnering (het dragen van zijn kist), waarna vervolgens de tweede nare herinnering werd aangepakt (het zakken van de kist in de grond).

Negatieve cognitie

Door schokkende gebeurtenissen kan de wijze waarop wij in de wereld staan en naar onszelf kijken volledig op zijn kop komen te staan. Waar de wereld en de persoon zelf eerst als positief werden ervaren (veilig, vertrouwenwekkend, waardevol), kunnen door een schokkende gebeurtenis deze als negatief beleefd gaan worden:

- Terwijl brandweervrouw Marita uit casus 1 voor de noodlottige brand een onbezorgd leventje leidde, had zij na de brand veel last van overlevingsschuld: waarom leef ik nog terwijl mijn omgekomen bevelvoerder een gezin had?
- Pas nadat Paula uit casus 2 met haar zoon een ernstig verkeersongeval meemaakte, werd zij bang in het verkeer en zat ze in spanning wanneer ze wist dat haar zoon aan het verkeer deelnam.
- Zelfs bij een klein meisje als Lotte uit casus 5 is dit zichtbaar. Terwijl Lotte als baby een lief en gemakkelijk meisje was dat zich gemakkelijk door moeder liet troosten en zeker niet schrikachtig was, raakte zij gaandeweg haar eerste levensjaar door ingrijpende gebeurtenissen steeds meer van streek als moeder niet bij haar in de buurt was.

Bij EMDR wordt het targetbeeld gebruikt om deze beschadigingen in het zelf- of wereldbeeld op te sporen. De uitgangsvraag aan de cliënt hierbij is: 'Als je *nu* naar het plaatje kijkt, welke gevoelde negatieve betekenis past daar dan het beste bij?' Vervolgens wordt deze negatieve betekenis geformuleerd in een zelfuitspraak ('Ik ben...'), dit wordt de negatieve cognitie (NC) genoemd.

Een belangrijke eis aan de *negatieve cognitie* is dat deze disfunctioneel is, dat wil zeggen dat als de cliënt naar het targetbeeld kijkt, hij *verstandelijk* wel weet dat de NC niet waar is, maar dat *gevoelsmatig* deze woorden toch kloppen. Zo weet Paula, die het ernstige verkeersongeluk meemaakte, *verstandelijk* wel dat zij in de kamer bij de therapeute volkomen veilig is, maar als zij zich concentreert op het targetbeeld van het verkeersongeluk voelt zij zich ook in de therapiekamer *gevoelsmatig* nog steeds in gevaar. De NC bij Paula's targetbeeld is dan ook: 'Ik ben in gevaar.'

Cognitieve domeinen

Zoals in Geschiedenis en achtergronden reeds is beschreven, zijn er vijf domeinen te onderscheiden waarin de negatieve cognitie zich kan bevinden:

- Controle, NC's als: 'Ik ben machteloos' of 'Ik ben hulpeloos.'
- Verantwoordelijkheid en schuld, NC: 'Ik ben schuldig.'
- Zelfwaardering, NC's als: 'Ik ben waardeloos' of 'Ik ben stom, slecht, walgelijk of laf etc.'
- Kwetsbaarheid, NC: 'Ik ben zwak.'
- Veiligheid, NC: 'Ik ben (gevoelsmatig) – nog steeds – in gevaar.'

Bij het bepalen van de negatieve cognitie ligt het perspectief wederom in het *nu*. Dat betekent dat de gevoelde negatieve betekenis die *nu* het beste bij het plaatje past, een andere kan zijn dan de gevoelde negatieve betekenis van *toen*. Toen brandweervrouw Marita (zie casus 1) haar bevelvoerder onder een neervallende muur terecht zag komen, was *toen* waarschijnlijk de gevoelde negatieve betekenis dat er gevaar dreigde ('Ik ben in gevaar!'). Wanneer zij echter tijdens de therapiesessie naar het targetbeeld kijkt, is de gevoelde negatieve betekenis *nu*: 'Ik ben machteloos.'

Positieve cognitie

Het formuleren van een positieve cognitie (PC) bij het targetbeeld dient ertoe om een perspectief te schetsen waar in de therapie naartoe gewerkt wordt. Het is daarom belangrijk dat deze zo krachtig en opbouwend mogelijk is ('empowering'). Dit wordt vooral bereikt wanneer de positieve cognitie de negatieve cognitie uitsluit of ontkracht. Aangezien de PC de tegenhanger moet zijn van de NC behoren zij in hetzelfde domein te zitten:

- Controle, PC's als: 'Ik kan het aan' of 'Ik kan ermee omgaan.'
- Verantwoordelijkheid en schuld, PC's als: 'Ik ben onschuldig' of 'Ik heb gedaan wat ik kon.'
- Zelfwaardering, PC's als: 'Ik ben oké' of 'Ik ben de moeite waard' of 'Ik deug', etc.
- Kwetsbaarheid, PC's als: 'Ik ben sterk' of 'Ik ben weerbaar.'
- Veiligheid, NC: 'Ik ben (nu) veilig' of 'Het is voorbij.'

Het gaat vaak om een uitspraak waarvan de cliënt vaak rationeel wel weet dat het klopt, maar – wanneer hij naar het targetbeeld kijkt – deze niet geloofwaardig aanvoelt. Zo wist Marion die door haar vader seksueel misbruikt werd (zie casus 13) rationeel waarschijnlijk wel dat ze waardevol is, maar als ze naar het targetbeeld keek, voelde dit beslist niet zo.

VoC: geloofwaardigheid van de positieve cognitie

De gevoelsmatige geloofwaardigheid van de PC wordt aangegeven met een VoC-schaal ('Validity of Cognitions' ofwel: geloofwaardigheid van de gedachte) die loopt van 1 ('volledig onwaar') tot 7 ('volledig waar'). Bij Marion lag de PC ('Ik ben waardevol') bij het targetbeeld met het gezicht van haar vader tijdens het seksueel misbruik in hetzelfde domein als de NC ('Ik ben niets waard') en had de VoC in het begin van de therapie een waarde van 2 (dus: erg onwaar).

De zo sterk en opbouwend mogelijke kracht van de PC als perspectief waar in de therapie naartoe gewerkt wordt, is goed zichtbaar bij Marion: wanneer zij door de therapie kan gaan geloven dat zij waardevol is – ook als zij kijkt naar het targetbeeld met het gezicht van haar vader tijdens het seksueel misbruik – mag verwacht worden dat dit een positieve uitwerking heeft op haar klachtenpatroon. Op het einde van de therapie was de VoC van de PC 'Ik ben waardevol' voor Marion verhoogd tot een 6 (is: zeer waar geworden) en was haar klachtenpatroon in positieve zin veranderd.

Emotie

Wanneer de juiste NC en PC bij het targetbeeld zijn vastgesteld, wordt de cliënt gevraagd welke emotie hij voelt wanneer hij naar het targetbeeld kijkt en de NC in zichzelf zegt. Dit dient ertoe om de emotionele lading die verbonden is met het targetbeeld nog verder te verhogen. Wanneer brandweervrouw Marita bij het kijken naar het targetbeeld van de op haar bevelvoerder vallende muur in zichzelf zegt: 'Ik ben machteloos', geeft ze aan dat ze verdriet voelt.

SUD: emotionele lading van het targetbeeld plus de negatieve cognitie

Hoe het targetbeeld *nu* voor de cliënt aanvoelt wanneer hij de NC in zichzelf zegt, wordt bepaald op de SUD-schaal ('Subjective Units of Distress' ofwel: subjectieve eenheden van pijn of verdriet) die loopt van 0 ('helemaal niet naar') tot en met 10 ('maximaal naar'). Wanneer Marita bij het kijken naar het targetbeeld van de op haar bevelvoerder vallende muur in zichzelf zegt: 'Ik ben machteloos', geeft ze aan dat dit een SUD-niveau van 9 is. Om de emotionele spanning maximaal toe te laten nemen, wordt direct daarop gevraagd waar in het lichaam deze naarheid het sterkst gevoeld wordt. Marita geeft aan dat ze dat als een zwaar gevoel in haar armen ervaart.

Desensitisatie: bilaterale stimulatie door middel van oogbewegingen

Wanneer de spanning maximaal is geworden, start de verwerkings- of desensitisatiefase die gericht is op het verminderen van de emotionele lading van het traumatische targetbeeld. De oogbewegingen (het volgen van de vingers met de ogen) worden toegepast terwijl de cliënt zich kort concentreert op het targetbeeld in combinatie met de negatieve zelfuitspraak (NC) en in combinatie met de emoties in zijn lichaam. Wanneer de oogbewegingen beginnen, is het de bedoeling dat de cliënt het targetbeeld weer loslaat. De therapeut beweegt zijn vingers gedurende ongeveer 20 seconden (een 'set') op ongeveer 30 centimeter van het hoofd van de cliënt horizontaal heen en weer en de cliënt wordt gevraagd deze vingers met de ogen van links naar rechts te volgen. In plaats van oogbewegingen kunnen ook andere vormen van *bilaterale stimulatie* worden toegepast, zoals klikjes op de koptelefoon of tikken op de handen, beide afwisselend links en rechts in sets van 30 tot 60 seconden (zie kader Oogbewegingen, klikjes of 'tappen'?). Na afloop van iedere set vraagt de therapeut aan de cliënt wat er op dat moment in hem opkomt. Iedere gedachte, beeld, emotie, gevoel of andere associatie is goed en vormt het uitgangspunt voor de volgende set. De therapeut zegt dan tegen de cliënt: 'Concentreer je hierop', 'Blijf daar bij' of 'Ga daar mee verder' en start de volgende set. Bij brandweervrouw Marita kwamen naar aanleiding van het targetbeeld van de neervallende muur op haar bevelvoerder, de volgende associaties naar boven:

Therapeut	Wat komt er bij je op?
Marita	Hadden we maar gewisseld van plek.
Therapeut	Oké, blijf daar bij. [set] Wat komt er in je op?
Marita	Zware gevoel neemt toe.
Therapeut	Oké, hou vast. [set] Wat merk je nu?
Marita	Niets...
Therapeut	Concentreer je daarop. [set] Wat komt er in je op?
Marita	Verwacht dat iemand weer opstaat nadat de muur gevallen is.
Therapeut	Oké, blijf daar bij. [set] Wat gaat er nu door je heen?
Marita	Verdriet: besef dat...
Therapeut	Oké, blijf daar bij. [set] Wat komt er in je op?
Marita	Zwaar, moe in lichaam... pfoeh.

Oogbewegingen, klikjes of 'tappen'?

Al vrij snel na de introductie van EMDR begonnen therapeuten te experimenteren met alternatieve vormen van links-rechtsstimulatie. Op dit moment maken de meeste therapeuten – althans in Nederland – gebruik van een koptelefoon met afwisselend links en rechts klikgeluiden. Een andere manier is dat de therapeut beurtelings links en rechts op de handen of knieën van de cliënt klopt of 'tapt'. In de VS werd de 'butterfly hug' geïntroduceerd: door de handen kruiselings voor de borst te houden, kan de cliënt zichzelf bilateraal stimuleren door met de rechterhand klopjes op de linkerschouder te geven en omgekeerd.

Er is weinig wetenschappelijk onderzoek verricht waarbij een directe vergelijking is gemaakt tussen oogbewegingen en andere vormen van bilaterale stimuli. Volgens de meeste therapeuten maakt het weinig verschil; ze hebben zelf een persoonlijke voorkeur of laten het afhangen van de cliënt. Zo is bij een slechtziende of slechthorende cliënt de keuze snel gemaakt (zie casus 15) en kleine kinderen hebben meestal een voorkeur om iets te doen te hebben of er een spel van te maken: soms tappen zij liever zelf op de handen van de therapeut (zie casus 5).

Er wordt wel beweerd dat oogbewegingen superieur zijn ten opzichte van geluiden, omdat daarmee een groter deel van de hersenen wordt geactiveerd. Doordat van de cliënt ook motorische activiteit wordt gevraagd, zou het motorische gedeelte van het traumatische geheugen (zoals de neiging tot vluchten, of de fysiek ervaren woede) beter worden geactiveerd. Het is niet bekend of dit daadwerkelijk zo is.

Praktisch gezien is gebruik van een koptelefoon voor de therapeut minder vermoeiend, het geeft minder risico op RSI-klachten en vraagt minder aandacht tijdens het proces. Hierdoor heeft de therapeut meer tijd om aantekeningen te maken en te reflecteren op het verloop. Zolang het proces goed loopt, kunnen de klikjes gewoon doorlopen terwijl de cliënt zegt wat er in hem opkomt; het proces lijkt dan sneller te verlopen. Een ander voordeel van een koptelefoon is – zeker voor cliënten die snel afgeleid zijn – dat de ogen gesloten kunnen worden en de cliënt meer 'met de aandacht naar binnen kan gaan'.

Cliënten die juist erg gemakkelijk met de aandacht naar binnen gaan en het contact met het hier en nu dreigen te verliezen, kunnen hun ogen juist beter openhouden; meestal vinden zij dat zelf ook prettiger. Als voordeel van oogbewegingen wordt genoemd dat je als therapeut iets 'dichter bij je cliënt' bent; je kunt het tempo van de oogbewegingen sturen en je ziet goed wat er gebeurt. Die fysieke nabijheid kan voor sommige cliënten juist weer bedreigend zijn en in dat geval is de koptelefoon mogelijk geschikter.

EMDR-therapeuten hebben dus verschillende manieren tot hun beschikking om bilaterale stimuli toe te dienen, elk met eigen voor- en nadelen. In de verschillende gevalsbesprekingen zullen de therapeuten soms toelichten waarom ze gebruikmaken van een bepaalde methode of switchen van de ene naar de andere methode.

Treinreis

Het desensitisatieproces wordt wel eens vergeleken met een treinreis waarbij de cliënt begint op het meest nare station. Wanneer de oogbewegingen starten gaat de trein rijden en verlaat de cliënt het naarste station (laat het targetbeeld los). Net als in de trein komt er van alles langs (gedachten en andere associaties), zonder dat hier al te lang aandacht aan besteed hoeft te worden. Shapiro (2003) zegt het zo: 'Let whatever happens happen' en 'Just notice the trauma.' Wanneer de oogbewegingen stoppen is de cliënt op een volgend station, kijkt om zich heen en vertelt de therapeut wat hij ziet, hoort, denkt, voelt, etc. De nieuwe associaties vormen het uitgangspunt voor de volgende set oogbewegingen. De trein gaat weer rijden en zo gaat de reis van station naar station. De cliënt hoeft dus niet te blijven denken aan het oorspronkelijke targetbeeld maar krijgt de instructie om vrij te associëren en tegelijkertijd zich – als een observator – bewust te blijven van wat er allemaal in hem bovenkomt.

Back to target

Wanneer de cliënt aangeeft dat er niets meer opkomt of de therapeut van oordeel is dat er geen betekenisvolle associaties meer naar boven komen, wordt de cliënt gevraagd terug te gaan naar het targetbeeld (*'back to target'*) en aan te geven hoe naar het oorspronkelijke targetbeeld nu aanvoelt. Vaak is het SUD-niveau gedaald, wat erop wijst dat de emotionele lading afneemt en het verwerkingsproces goed op gang is gekomen. Daarna wordt de cliënt gevraagd wat nu zo naar aanvoelt in het targetbeeld en start een nieuwe 'treinreis' (ofwel: een serie oogbewegingen).

Therapeut	Ga terug naar het oorspronkelijke beeld zoals het nu in je hoofd ligt opgeslagen. Stel je een schaal van 0-10 voor, waarbij 0 betekent helemaal niet naar of helemaal neutraal en 10 betekent zo naar als maar kan (zo gespannen als je maar kan zijn), hoe naar is het dan nu om naar het beeld te kijken?'
Cliënt	Een 6.
Therapeut	Welk aspect van dat beeld veroorzaakt die naarheid? Welk aspect veroorzaakt die 6? 'Wat zie je?'
Cliënt	Ik zie die boze blik van mijn vader.
Therapeut	Concentreer je op dat aspect... Ja, heb je dat?' [Set] enzovoort...

Nieuwe series oogbewegingen en associaties volgen. De procedure herhaalt zich net zo lang totdat de emotionele lading die gekoppeld is aan het targetbeeld gedaald is tot een SUD van 0. Dit wil zeggen tot de herinnering geen spanning meer oproept en volledig is gedesensitiseerd. Dit gebeurt meestal binnen een sessie maar kan ook meerdere sessies duren.

Het klinkt wellicht wat raar dat een uitermate nare herinnering door de EMDR-procedure helemaal neutraal kan gaan aanvoelen. Misschien helpt de vergelijking met een enge film die – wanneer deze voor het eerst bekeken wordt – een spanning oproept van SUD is 8. Als je er een paar dagen later aan terugdenkt, is het nog steeds een enge film maar het doet je niets meer. Op dezelfde manier kan door de EMDR-procedure het nare targetbeeld voor de cliënt neutraal gaan aanvoelen.

Cognitive interweave

In de meeste gevallen kan de therapeut zich beperken tot het begeleiden van een vrijwel automatisch verlopend proces van associaties en verwerking. In deze fase wordt weinig of helemaal niet gesproken tussen de therapeut en de cliënt. Soms lijkt de verwerking vast te lopen en is het herhalen van nog meer oogbewegingen niet voldoende. De spanning daalt niet (de SUD blijft op hetzelfde niveau) en/of de cliënt blijft in gedachtekringetjes ronddraaien. Een *cognitive interweave* is een korte en gerichte interventie (vaak in de vorm van een vraag) die erop gericht is het verwerkingsproces weer op gang te brengen. Het gaat vaak om vragen naar de bekende weg, bijvoorbeeld dingen die cliënten rationeel wel 'weten' maar nog niet zo 'voelen'. De voor de hand liggende, maar nog niet spontaan naar voren gekomen antwoorden of inzichten worden versterkt door direct erna de oogbewegingen aan te bieden en het verwerkingsproces verder te begeleiden. Bij brandweervrouw Marita bleef het SUD-niveau gedurende langere tijd hangen op een 7. Een *cognitive interweave* bracht het verwerkingsproces weer op gang, waarna bij de volgende *back to target* het SUD-niveau gedaald was tot 4.

Marita	Als we niet stilgestaan hadden, hadden we nog niets kunnen doen. De afstand was te groot om hem eronderuit te trekken.
Therapeut	[set]
Marita	Dan hadden we nog niets kunnen doen.
Therapeut	[set]
Marita	Niets kunnen doen...
Therapeut	[set]
Marita	Neerleggen...
Therapeut	[set]
Marita	Neerleggen...
Therapeut	[set] [Cognitive interweave] Misschien aanvaarding?
Marita	Klopt: aanvaarding! We hadden toch niets kunnen doen. [set] Zelfs als ik was doorgelopen had het niets uitgemaakt. [set] Komt een stukje rust bij. [set]

Interweaves

Spierings (2008) onderscheidt twee soorten interweaves: interweaves gericht op het proces en interweaves gericht op de inhoud. Proces-interweaves zijn erop gericht het verwerkingsproces zo goed mogelijk gaande te houden. Door de cliënt voortdurend gerust te stellen (bijvoorbeeld: 'Je doet het goed', 'Het is voorbij', 'Je bent nu veilig') loopt de spanning niet te hoog op en houdt de cliënt het contact met het hier en nu. De therapeut zorgt ervoor dat beide informatiebestanden tegelijkertijd geopend zijn: het traumatische materiaal én het veilige 'hier en nu' ('dual attention'). Soms moet hiertoe het veilige hier en nu benadrukt worden, soms moet de cliënt juist geholpen worden bij het traumatische materiaal te blijven en niet te 'vluchten' in het veilige hier en nu.

Inhoudelijke interweaves zijn erop gericht het verwerkingsproces vlot te trekken als de cliënt blokkeert of in cirkeltjes blijft ronddraaien. De cliënt zit nog wel 'in het proces', maar er is weinig ontwikkeling. De therapeut kijkt het een tijdje aan en stelt dan een of meer inhoudelijk gerichte vragen. Soms is een enkele opmerking voldoende (bijvoorbeeld: Hoe liep het af?), soms moet alsnog besloten worden tot meer cognitieve therapie (bijvoorbeeld als een kind van 8 jaar zich verantwoordelijk blijft voelen voor de scheiding van zijn ouders). Bekende interweaves zijn: 'Wat had je wíllen zeggen?' 'Wat zou je nu willen zeggen?' 'Wat willen je benen, vuisten of tranen je zeggen?'

Installeren van de positieve cognitie

Wanneer het targetbeeld neutraal aanvoelt (SUD = 0) en er in de beleving van de cliënt dus geen emotionele lading meer aan vastzit, kan worden begonnen met het *installeren* van de positieve zelfuitspraak (PC). Vóór de desensitisatie of verwerkingsfase was aan de cliënt al met behulp van de VoC-schaal gevraagd hoe geloofwaardig de positieve cognitie bij het targetbeeld aanvoelde. Aangezien de negatieve cognitie in de verwerkingsfase ontkracht wordt, is de VoC na deze fase vaak al hoger geworden. Bij Paula was de geloofwaardigheid (VoC) van de positieve cognitie 'Ik ben veilig' bij het targetbeeld van het verkeersongeluk voor de desensitisatiefase 2/3 en na de desensitisatiefase verhoogd naar 3/4. Het verder *installeren* van de positieve cognitie gebeurt door de cliënt te vragen het targetbeeld in gedachten te nemen, tegelijkertijd de positieve cognitie tegen zichzelf te zeggen en meteen een set oogbewegingen (of andere vorm van bilaterale stimulatie) aan te bieden. Na elke set oogbewegingen wordt de cliënt gevraagd hoe geloofwaardig de PC aanvoelt. Deze procedure wordt herhaald totdat de positieve cognitie maximaal geloofwaardig is geworden (VoC = 7).

Bodyscan: checken of er nog lichamelijke reacties zijn

Wanneer de positieve cognitie geïnstalleerd is, lijkt het werk gedaan: een emotioneel beladen herinnering met een negatieve betekenis is niet alleen van zijn lading ontdaan maar de negatieve betekenis is ook nog eens vervangen door een positieve betekenis. Om te controleren of alle negatieve emotionele lading van het targetbeeld inderdaad weg is, wordt de zogeheten bodyscan uitgevoerd. De cliënt wordt gevraagd om zijn lichaam van top tot teen af te lopen (met open of gesloten ogen) met het targetbeeld in gedachten terwijl hij in zichzelf de positieve cognitie zegt. Daarbij dient hij goed op te letten of er ergens nog spanning zit die te maken heeft met het targetbeeld in combinatie met de positieve cognitie. Wordt er geen spanning aangetroffen, dan kan geconcludeerd worden dat de EMDR-procedure succesvol is doorlopen. Wordt er wel (rest)spanning aangetroffen, dan wordt dit gebruikt als aandachtspunt voor nieuwe sets oogbewegingen (of een andere vorm van bilaterale stimulatie) totdat de lichamelijke reactie is verdwenen.

Gedragsexperimenten en 'future templates'

Wanneer de cliënt gewend is bepaalde situaties te vermijden die hem aan de traumatische gebeurtenis doen herinneren, kan dit op twee manieren worden aangepakt. In de eerste plaats kunnen er gedragsexperimenten worden afgesproken. De cliënt gaat volgens een stappenplan de confrontatie aan met de gevreesde situaties (dit wordt ook wel exposure in vivo genoemd). Soms zijn tussenstappen nodig; wanneer de EMDR-procedure succesvol is doorlopen, kunnen vaak grote stappen worden gezet. Zo kreeg brandweervrouw Marita de opdracht de confrontatie aan te gaan met de situaties die ze als gevolg van de brand tot dan toe had vermeden. De therapeut sprak met haar af dat ze bij donker of schemer weer naar het straatje bij de kerk zou gaan waar de brand had plaatsgevonden. De volgende sessie meldde ze dat ze niet alleen deze confrontatie succesvol had doorstaan, maar ook een onverwachte confrontatie met de muziek die gespeeld werd op de begrafenis van haar bevelvoerder. In een opwelling was ze ook naar zijn graf geweest, wat positief was verlopen.

Wanneer de angst voor de tot dan toe vermeden en gevreesde situaties erg hoog is, kan een *future template* (blauwdruk voor de toekomst) worden geïnstalleerd. Hiermee wordt de cliënt voorbereid op moeilijke stappen in de toekomst. Zo wordt Christina, de cliënte van Indra Spierts in casus 20, die op haar eigen trouwdag door haar schoonmoeder genegeerd werd, op een nieuwe confrontatie met schoonmoeder voorbereid door de installatie van een future template:

Therapeut	Neem een toekomstige situatie met je schoonmoeder in gedachten. Het gaat om een situatie die je tot nu toe vermijdt of met veel angst doorstaat.
Cliënt	Dat ik bij mijn schoonmoeder op bezoek ga en ik in de keuken sta en zij in de kamer is met bezoek en ze mij negeert.
Therapeut	Neem dat beeld in gedachten en zeg tegen jezelf: 'Ik kan dit aan.' Heb je dat? [set] Net zo lang doorgaan met installeren tot de geloofwaardigheid om het aan te kunnen maximaal is.

Positief afsluiten

Positief afsluiten heeft tot doel om aan het einde van een EMDR-zitting bij de cliënt een positieve gevoelstoestand te creëren en de veranderingen die zich tijdens de sessie hebben voltrokken te bestendigen. Dat is vooral belangrijk wanneer het spanningsniveau (SUD) van het traumatische herinneringsbeeld aan het einde van de zitting nog niet 0 is geworden. De cliënt zit er dan nog wat gespannen bij en het positief afsluiten dient ertoe om hem toch een positief gevoel over het bereikte resultaat van de EMDR-sessie mee te geven. Tevens wordt geprobeerd het zelfbeeld van de cliënt in een positieve richting te versterken. Bij Christina ziet het positieve afsluiten er als volgt uit:

Therapeut	Wat is het meest positieve dat je het afgelopen uur over jezelf hebt geleerd met betrekking tot deze gebeurtenis?
Cliënt	Dat ik het toch heb aangedurfd om naar dit beeld te kijken?
Therapeut	Hoe noem je zo iemand?
Cliënt	Een sterk iemand.
Therapeut	[set] ... Is er nog iets positiefs wat bij je opkomt?
Cliënt	Ik ben sterk.
Therapeut	Zeg tegen jezelf: 'Ik ben sterk' en concentreer je daarop. [set]

Probleemanalyse of casusconceptualisatie: linksom of rechtsom

De termen *linksom* en *rechtsom* worden gebruikt voor verschillende manieren waarop de traumagerelateerde problematiek waarmee een cliënt bij de therapeut komt wordt geanalyseerd. Van *linksom* wordt gesproken wanneer er een rechtstreeks verband bestaat tussen de klachten en een of meerdere gebeurtenissen die hebben plaatsgevonden. Op de standaardvraag van de therapeut: 'Wanneer zijn deze posttraumatische stressklachten in jouw beleving begonnen?', volgt vaak een eenduidig antwoord, zoals: 'Na de overval, het ongeval, de mishandeling, de verkrachting, de ramp', etc. Een goed voorbeeld hiervan is brandweervrouw Marita; haar klachten waren rechtstreeks te herleiden tot de noodlottige brand die zij had meegemaakt. Een *linksom*-probleemanalyse wordt vaak toegepast bij de enkelvoudige posttraumatische stressstoornis die ontstaan is naar aanleiding van een of meerdere eenmalige traumatische gebeurtenissen.

Wanneer op de standaardvraag van de therapeut: 'Wanneer zijn deze posttraumatische stressklachten in jouw beleving begonnen?', een veelvoud aan negatieve ervaringen volgt, waardoor het lastig is er een of enkele uit te selecteren voor de *linksom*-probleemanalyse, kan gedacht worden aan een *rechtsom*-probleemanalyse of casusconceptualisatie. Een goed voorbeeld hiervan is te vinden bij Doriene uit casus 10 bij wie een opeenstapeling van gebeurtenissen na de onverwachte dood van haar vader toen zij 11 jaar was, leidde tot terugkerende gevoelens van somberheid, die met behulp van een *rechtsom*-strategie werden aangepakt. De achterliggende gedachte bij de *rechtsom*-probleemanalyse van traumagerelateerde problematiek is dat de klachten van de cliënt eerder bepaald lijken te worden door basale, negatieve opvattingen over zichzelf en/of de wereld dan door een of meerdere gebeurtenissen. Deze basale, negatieve opvattingen over zichzelf en/of de wereld zijn vaak wel weer het resultaat van langdurige ingrijpende ervaringen als incest, verwaarlozing, mishandeling, oorlogservaringen, vluchtelingenproblematiek, etc. Er wordt in deze gevallen gesproken van een complexe posttraumatische stressstoornis. Cliënten krijgen dan de opdracht mee om de drie tot vijf belangrijkste gebeurtenissen uit hun leven op te schrijven die *nu* voor hen het gevoelsmatige bewijs vormen voor een specifieke basale negatieve opvatting over zichzelf en/of de wereld (bijvoorbeeld: 'Ik ben een mislukkeling' of 'De wereld is gevaarlijk'). Vervolgens worden deze gebeurtenissen stuk voor stuk met de hierboven beschreven EMDR-procedure aangepakt.

Een *rechtsom*-probleemanalyse van de traumagerelateerde problematiek kan ook worden toegepast wanneer er sprake is van persoonlijkheidsproblematiek. Hierbij is immers vaak ook sprake van basale negatieve opvattingen over zichzelf en/of de wereld. EMDR is dan een onderdeel van de totale behandeling en richt zich specifiek op het traumagerelateerde gedeelte van de totale problematiek. Een goed voorbeeld van een *rechtsom*-probleemanalyse en aanpak is te vinden in casus 13 bij de cliënte van Steven Meijer bij wie een borderline persoonlijkheidsstoornis werd gediagnosticeerd.

Veilige plek en Resource Development and Installation (RDI)

Aangezien een traumabehandeling zeer belastend kan zijn, heeft de therapeut verschillende methoden ter beschikking om de emotionele belastbaarheid van cliënten te waarborgen. Hieronder worden twee manieren beschreven: het creëren van een denkbeeldige *veilige plek* en *Resource Development and Installation (RDI)*. Voor complex trauma is vaak nog veel meer nodig, zoals ook in de desbetreffende gevalsbeschrijvingen naar voren komt.

Bij het creëren van een *veilige plek* in de verbeelding wordt de cliënt gevraagd om te denken aan een plaats die hem rust geeft en/of gevoelens van kalmte en veiligheid bij hem oproept (bijvoorbeeld een eiland, het bos, een rivier, het strand, etc.). Ook wordt gevraagd waar hij die gevoelens in het lichaam ervaart. Vervolgens worden acht à tien oogbewegingen (of een andere vorm van bilaterale stimulatie) uitgevoerd om de gevoelens van rust, kalmte of veiligheid te versterken. Deze worden herhaald totdat de positieve gevoelens maximaal zijn geworden. Wanneer tijdens de EMDR-procedure de emotionele belasting te groot dreigt te worden, kan de therapeut de cliënt vragen om in zijn verbeelding naar de *veilige plek* te gaan en op deze manier weer rustig te worden. Ook in het dagelijkse leven kan de cliënt oefenen hoe hij nare gevoelens kan verminderen en beheersen door in de verbeelding naar de *veilige plek* te gaan. De therapeut kan de cliënt vragen deze oefeningen dagelijks te doen als voorbereiding op de EMDR-sessies. Bij de negenjarige Noa (zie casus 4) gebruikt de therapeute de *veilige plek* onder andere als een prettige manier om met EMDR kennis te maken.

Resource Development and Installation (RDI) of het 'installeren van hulpbronnen' wordt toegepast wanneer de emotionele belasting in het dagelijkse leven van de cliënt te groot is om een traumabehandeling te kunnen starten. Om hulpbronnen te identificeren vraagt de therapeut aan de cliënt: 'Welke eigenschap heb je nodig om beter met de problemen in je dagelijkse leven om te gaan?' Wanneer de cliënt bijvoorbeeld zelfvertrouwen noemt, gaat de therapeut met hem op zoek naar positieve ervaringen uit zijn leven waarin hij over zelfvertrouwen beschikte. Net als bij de veilige plek wordt gevraagd waar in het lichaam hij die gevoelens van bijvoorbeeld zelfvertrouwen ervaart en worden acht à tien oogbewegingen (of een andere vorm van bilaterale stimulatie) uitgevoerd om die gevoelens te versterken. Deze worden herhaald totdat de positieve gevoelens maximaal zijn geworden. Door deze hulpbronnen te benutten bij de aanpak van problemen in zijn dagelijkse leven kan de cliënt er beter mee omgaan, wat zijn emotionele stabiliteit ten goede komt. Pas wanneer een cliënt over voldoende emotionele stabiliteit in zijn dagelijkse leven beschikt, kan hij een emotioneel belastende traumabehandeling als EMDR aan. Zo werden bij Christina (zie casus 20) met behulp van RDI de hulpbronnen kracht en zelfvertrouwen geïnstalleerd en oefende ze hiermee in haar dagelijkse leven voordat de therapeut begon aan traumaverwerking. Bij Paula (zie casus 2), die een ernstig verkeersongeluk meemaakte, werden met behulp van RDI de hulpbronnen durf en trots geïnstalleerd om de EMDR-behandeling aan te kunnen.

EMDR werkt! Maar hoe?

EMDR werkt. Zoveel is duidelijk. Er is veel onderzoek verricht naar het effect van EMDR bij mensen met een posttraumatische stressstoornis. Er zijn de afgelopen twintig jaar ruim veertig studies verschenen waarin EMDR werd vergeleken met onder andere imaginaire exposure (zie kader), stress-reductieprogramma's, cognitieve gedragstherapie, hypnose, psychodynamische therapie en diverse farmacologische interventies.

Op grond van al deze studies zijn weer meta-analyses uitgevoerd, waarbij alle beschikbare onderzoeksgegevens worden samengevoegd om tot bredere en meer gefundeerde conclusies te kunnen komen. De meest recente grote meta-analyse werd uitgevoerd door Jonathan Bisson en zijn collega's. Zij bestudeerden al het onderzoek tot 2006 en concludeerden dat twee therapievormen de beste zijn: EMDR en imaginaire exposure (Bisson, Ehlers, Matthews, Pilling, Richards, & Turner, 2007).

Imaginaire exposure

Imaginaire exposure is een procedure waarbij de cliënt wordt gevraagd de angstige of traumatische gebeurtenis nauwgezet en in de tegenwoordige tijd te beschrijven, te herbeleven. Bijvoorbeeld: 'Ik zit in het vliegtuig en ik hoor de motoren razen, mensen beginnen te schreeuwen, ik zie de paniek in de ogen van de stewardess...' De beschrijvingen van zo'n 60 minuten worden opgenomen op een audioband die de cliënt vervolgens dagelijks moet beluisteren. Het toepassen van herhaaldelijke en langdurige blootstelling aan de traumatische herinneringen vloeit logisch voort uit de idee dat PTSS-klachten in stand gehouden worden door vermijding. Uit angst om door de traumatische gevoelens overspoeld te raken, gaat cliënt deze herinneringen – en alles wat daaraan doet denken – vermijden. Uitdoving (extinctie) van traumatische gevoelens kan hierdoor niet plaatsvinden. Bij imaginaire exposure ligt de nadruk daarom op herhaalde en langdurige herbeleving waarbij de spanning zo hoog mogelijk is en (cognitieve en emotionele) vermijding tot een minimum wordt beperkt.

Bij EMDR wordt de cliënt juist gevraagd met enige afstand, vanuit het hier en nu, naar de gebeurtenis te kijken, en de aandacht te richten op wat *nu* naar is aan dat herinneringsbeeld. Daarna wordt de cliënt afgeleid met de oogbewegingen of de klikjes. De cliënt wordt daarbij aangemoedigd het beeld los te laten, vrij te associëren en te vertellen of observeren wat er in hem opkomt. Directe blootstelling (exposure) aan de herinnering van het trauma duurt dus veel korter, hoogstens 5 tot 10 minuten per sessie waarbij de spanning tijdens de sessie al afneemt. Ten slotte kent EMDR geen huiswerkopdrachten.

Dit was ook de conclusie van de werkgroep die zich in Nederland onder auspiciën van het Trimbos-instituut heeft beziggehouden met het opstellen van richtlijnen voor diagnostiek en behandeling van PTSS (Multidisciplinaire richtlijn Angststoornissen, 2007). Doel van deze richtlijnen is het verbeteren van de geestelijke gezondheidszorg (GGZ) door behandelaren een weloverwogen advies te geven voor de behandeling van bepaalde typen cliëntengroepen. In de behandelrichtlijnen voor angststoornissen worden imaginaire exposure (een vorm van cognitieve gedragstherapie) en EMDR, de enige twee goed wetenschappelijk onderbouwde ('evidence based') behandelingen voor een posttraumatische stressstoornis genoemd. Over een directe vergelijking tussen imaginaire exposure en EMDR staat in deze richtlijn (met cognitieve gedragstherapie wordt imaginaire exposure bedoeld):

'Zowel cognitieve gedragstherapie als EMDR leidt in een ruime meerderheid (70-90%) van de gevallen tot klinisch relevante verbetering. Er zijn enige aanwijzingen dat met EMDR de resultaten eerder worden bereikt en dat de behandeling wellicht beter is te verdragen dan cognitieve gedragstherapie, met name imaginaire exposure... Gelet op de bestaande evidentie verdient het zonder meer de voorkeur te behandelen met imaginaire exposure ofwel EMDR. De keuze te starten met imaginaire exposure dan wel EMDR zal in de praktijk vooral worden gemaakt op basis van de beschikbare kennis en kunde bij een individuele therapeut of de desbetreffende instelling. Het feit dat EMDR een relatief sterk non-verbaal karakter heeft, doet vermoeden dat bij de behandeling van getraumatiseerde vluchtelingen het beste kan worden gestart met EMDR.'

Er kan dus op grond van de effectiviteit geen duidelijke voorkeur voor een van beide behandelvormen worden uitgesproken. Een nadeel van imaginaire exposure is evenwel dat er nogal wat mensen (tot 30%) de behandeling voortijdig staken (Bisson et al, 2007; Foa, Zoellner, Feeny, 2006), onder andere vanwege de grote belasting en de dagelijkse huiswerkopdrachten. Dit fenomeen is veel minder bekend voor EMDR. Een ander voordeel ten gunste van EMDR is dat deze behandelvorm onder behandelaren een voorkeur lijkt te genieten. Veel behandelaren die een bijdrage hebben geleverd aan dit boek en die beide methoden beheersen, geven de voorkeur aan EMDR. Ten slotte is EMDR vanwege het non-verbale karakter uitermate geschikt voor cliëntengroepen waarbij het verbaliseren lastig kan zijn: kinderen (zie casus 4 en

5), cliënten met een verstandelijke beperking (zie casus 15) en cliënten met een autismespectrumstoornis (zie casus 16, 17 en 18).

Samengevat zijn er voor zowel EMDR als imaginaire exposure overtuigende bewijzen voor hun effectiviteit in de behandeling van PTSS. EMDR lijkt echter sneller resultaten te boeken, kent minder drop-outs en geniet vaker de voorkeur van therapeuten. Dit suggereert dat EMDR een mildere behandelvorm is dan imaginaire exposure. Dit klinkt aannemelijk, aangezien er minder sessies nodig zijn en de confrontatie onder andere door huiswerkopdrachten minder groot is.

Cognitieve gedragstherapie

De termen imaginaire exposure en cognitieve gedragstherapie worden veel door elkaar gehaald en dat levert nogal wat verwarring op. Imaginaire exposure is een vorm - een procedure - uit de (cognitieve) gedragstherapie. Dit moet niet worden verward met cognitieve therapie, gericht op het veranderen van negatieve, disfunctionele gedachten naar meer positieve, functionele gedachten, zoals de gedachte: 'Het is mijn schuld' naar de gedachte: 'Ik heb gedaan wat ik kon.' Er is het meest bewijs voor de effectiviteit van imaginaire exposure. Daarom wordt er de voorkeur aan gegeven om bij een keuze voor cognitieve gedragstherapie (CGT) primair met imaginaire exposure te behandelen (Multidisciplinaire richtlijn Angststoornissen, 2007) en de cognitieve interventies te gebruiken als aanvulling op imaginaire exposure (of EMDR).

Effectiviteit bij andere klachtengebieden

EMDR wordt inmiddels veel breder toegepast dan alleen bij PTSS. Voor deze nieuwe toepassingsgebieden bestaat nog maar weinig empirische ondersteuning. Ze lijken vooral een gevolg van het feit dat EMDR-therapeuten in hun enthousiasme en creativiteit steeds bredere toepassingsmogelijkheden zagen en deze kennelijk ook met enig succes toepasten. Aan de theoretische onderbouwing van deze nieuwe indicaties wordt veel aandacht besteed. Het Handboek EMDR bijvoorbeeld met de ondertitel 'Casusconceptualisatie en specifieke cliëntengroepen' is in dit opzicht een parel (Ten Broeke, De Jongh, & Oppenheim, 2008). In dit boek staat uitgebreid beschreven hoe en waarom EMDR zinvol zou kunnen zijn bij verschillende toepassingen en welke aangrijpingspunten er dan zijn voor targetselectie. Uitgangspunt is telkens dat mentale geheugenrepresentaties die zijn ontstaan als gevolg van een of meer ingrijpende gebeurtenissen kunnen worden bewerkt. De achterliggende idee is dat deze gebeurtenissen dusdanige sporen hebben achtergelaten in het geheugen dat hierdoor klachten ontstaan.

Kortom, als een behandelaar ervoor kiest in het kader van een behandeling EMDR te gebruiken, dan zal de therapie zich richten op het desensitiseren van de betekenisvolle herinneringen die ten grondslag liggen aan de door de cliënte gepresenteerde klachten, met als doel daarmee de symptomatologie te beïnvloeden (Ten Broeke, De Jongh & Oppenheim, 2008, p. 36).

Vanuit deze visie worden cursussen en workshops gegeven als: EMDR bij rouw, bij faalangst, bij dissociatieve stoornissen..., maar het onderzoek hiernaar komt maar moeizaam op gang. Hopelijk verandert deze situatie snel en raken meer wetenschappers geïnteresseerd om deze nieuwe toepassingsmogelijkheden te onderzoeken. Het meeste onderzoek wordt op dit moment gedaan naar de werkingsmechanismen van EMDR, met name naar het effect van de oogbewegingen (zie volgende paragraaf). Effectonderzoek naar de nieuwe toepassingsgebieden is minstens zo hard nodig om te kunnen verantwoorden dat EMDR zo vaak en zo breed wordt toegepast, bijvoorbeeld een goede vergelijkende studie, waarbij een standaardbehandeling voor mensen met rouwproblematiek wordt vergeleken met EMDR. Pas als dit soort studies verschijnt, kan beslist worden of EMDR wellicht vaker of juist minder vaak moet worden toegepast.

Werkingsmechanismen

Adaptive information processing

Volgens Shapiro, de ontwikkelaar van EMDR, moet de verklaring voor de effecten die onder invloed van EMDR optreden, worden gezocht in een toegenomen snelheid van informatieverwerking: 'adaptive information processing' (AIP). Uitgangspunt van het door Shapiro ontwikkelde AIP-model is de veronderstelling dat traumatische ervaringen als disfunctionele informatie (in de vorm van angstwekkende beelden, disfunctionele cognities, negatief affect en fysieke sensaties) liggen opgeslagen in zogenoemde neurale netwerken (Shapiro, 2001). Bij onverwerkte trauma's ligt de gebeurtenis min of meer opgeslagen zoals de cliënt het destijds heeft ervaren. De pijnlijke herinnering kan ieder moment getriggerd worden door interne of externe stimuli. Dit komt naar voren in vormen van flashbacks, nachtmerries, herbelevingen en een verhoogd spanningsniveau. Elk systeem, ook al is er sprake van een vastgelopen verwerking, is toch gericht op aanpassing ('adaptive resolution'). De oogbewegingen (of andere links-rechtsstimuli) kunnen dit aanpassingssysteem stimuleren, waardoor het evenwicht zich kan herstellen. Iedere reeks van oogbewegingen brengt verdere informatieverwerking op gang net zolang tot de informatie voldoende is geïntegreerd en functioneel kan worden opgeslagen (Shapiro, 2001). Het AIP-model wordt niet gestaafd door onderzoek. Het is vooral een beschrijving van hoe het er in de hersenen aan toe zou kunnen gaan. Voor de eerste lichting EMDR-therapeuten betekende het AIP-model een nieuwe zienswijze op PTSS als een stoornis in de informatieverwerking. Sindsdien zijn er meer en vooral meer specifieke modellen verschenen die wellicht een betere verklaring geven voor het effect van EMDR. Deze zullen verderop in dit hoofdstuk worden besproken.

Wat zeggen cliënten zelf over het effect van EMDR?

Een afname van PTSS-klachten betekent dat de cliënt minder last heeft van herbelevingen, nachtmerries en andere nare gedachten over de traumatische gebeurtenis. Ook zal de persoon minder vermijden en zich rustiger voelen. Dit is precies wat therapeuten horen van hun cliënten en wat tot uiting komt in een verbetering van scores op bijvoorbeeld de Schokverwerkingslijst (SVL; Brom en Kleber, 1985).

Maar wat veroorzaakt nu die verbetering? Wat gebeurt er tijdens een EMDR-behandeling? Er lijkt iets te veranderen aan de wijze waarop de nare gebeurtenis ligt opgeslagen in het geheugen. Maar wat is er veranderd en hoe hebben cliënten deze veranderingen beleefd?

Ten behoeve van dit boek zijn uitspraken van cliënten over het proces verzameld. Deze uitspraken zijn weergegeven in het kader. Er zit ook een aantal uitspraken bij van cliënten die in dit boek voorkomen. Soms gaat het om uitspraken tijdens het EMDR-proces, soms om uitspraken achteraf.

Uitspraken van cliënten over hun EMDR-behandeling

Over het beeld
Het beeld wordt vager...
Het beeld lijkt verder weg...
Het lijkt allemaal langer geleden...
Ik kan het beeld niet meer zo oproepen...
Ik weet nog wel dat het gebeurd is, maar ik voel er niets meer bij...
In het beeld wordt X (de dader) kleiner, ikzelf word groter...
Ik zie meer details... meer van de omgeving...

Over de interpretatie van de gebeurtenissen van toen
Het was gewoon een kwestie van pech...
Ik snap er nu veel meer van...
Ik herinner me nu plotseling ook andere feiten...
Ik kon ook niet veel anders...
In gedachten zie ik mezelf nu wel terugvechten... om hulp vragen... aangifte doen...
Ik neem me nu voor dat ik nooit-nooit-nooit meer zo over me heen laat lopen...

Over het proces en de eigen reacties
Door die klikjes (oogbewegingen) voel ik een soort rust over me heenkomen.
Voor het eerst durfde ik ernaar te kijken...
Opeens kwam alles los...

Door die klikjes (oogbewegingen) voel ik me veilig...
Die klikjes (oogbewegingen) houden me in het hier en nu...
Ik houd het altijd tegen om er echt naar te kijken en met die klikjes (oogbewegingen) lukt dat niet meer; hierdoor voelde ik alles over mij heenkomen...
Ik voelde van alles in mijn lichaam, heel anders dan praten...

Op grond van bovengenoemde uitspraken en observaties valt sowieso al een aantal effecten van EMDR op: a) een vermindering van de emotionaliteit van de herinneringsbeelden (dit wordt het desensitiserende effect genoemd); b) een toename van het vermogen zich gebeurtenissen te herinneren; c) een veranderde interpretatie van de gebeurtenissen; en d) een rustgevend effect. Na afloop van een EMDR-sessie noemen cliënten vaak ook nog een sterk generaliserend effect, dat wil zeggen: het verwerken van één nare herinnering lijkt tot veel meer veranderingen te leiden ('Ik neem me voor dat ik nooit-nooit-nooit meer zo over me heen laat lopen...'). Je zou het ook een empowering-effect kunnen noemen. Niet zelden zie je een spontane toename van de eigen autonomie, assertiviteit of daadkracht, soms al na enkele sessies. Zie bijvoorbeeld de veranderingen die Marijke noemt, de cliënte van Ad de Jongh met braakangst, uit casus 9.

Enkele van bovengenoemde effecten worden ondersteund door de literatuur. Experimenteel onderzoek heeft inderdaad aangetoond dat het uitvoeren van oogbewegingen tot een blijvende afname leidt van de helderheid, emotionaliteit en 'compleetheid' van nare herinneringsbeelden (Günter & Bodner, 2008; Van den Hout e.a., 2001; Maxfield e.a., 2008). Ook een toename van het vermogen om zich gebeurtenissen te herinneren tijdens EMDR is aangetoond, onder andere door Christman en zijn collega's (2003). Onderzoek naar het effect van oogbewegingen op fysiologische processen geeft aan, dat het lichaam geleidelijk in een ontspannen toestand wordt gebracht, waarbij onder andere huidgeleiding, hartslagfrequentie en bloeddruk afnemen (Barrowcliff e.a., 2003; Elofson e.a., 2007; Sack e.a., 2007).

Hoewel het EMDR-protocol vele stappen omvat en beslist meer is dan 'herinneringen ophalen met oogbewegingen', vormen de oogbewegingen toch een opvallend en essentieel onderdeel van de EMDR-behandeling. Over de invloed van de oogbewegingen tijdens het therapieproces is ook het meest gespeculeerd en dat is ook het meest onderzocht. Hieronder worden de belangrijkste theorieën besproken. Een grote beperking is dat het meeste onderzoek is gedaan naar oogbewegingen, terwijl veel therapeuten tegenwoordig overgestapt zijn op andere vormen van stimulatie: links-rechtsgeluiden of tapping. Het is maar de vraag of de resultaten en conclusies verkregen met onderzoek naar oogbewegingen zonder meer zijn te generaliseren naar andere vormen van bilaterale stimuli. Vooral voor het 'werkgeheugenmodel' is het gebruik van klikjes problematisch.

De REM-slaaphypothese

EMDR vertoont op zijn minst oppervlakkig gezien een aantal overeenkomsten met de REM-slaap ('rapid eye movement'). De REM-slaap is belangrijk bij het organiseren en vastleggen van herinneringen (Stickgold, 2002, 2005). Stickgold, slaaponderzoeker aan de Harvard-universiteit, stelt dat PTSS-cliënten door de stress van de traumatische gebeurtenis een tekort aan REM-slaap ontwikkelen, waardoor zij minder goed in staat zijn gebeurtenissen te 'verwerken'. Een tekort aan slaap – met name REM-slaap – houdt daarmee de PTSS-klachten in stand. De kracht van EMDR is vervolgens, aldus Stickgold, dat de links-rechts-oogbewegingen (of andere bilaterale stimuli) een REM-slaapachtige toestand opwekken, terwijl de persoon verder helder is en niet 'slaapt'. Deze REM-slaapachtige toestand zou inhouden dat er op hersenschorsniveau een verhoogde waakzaamheid is (corticale arousal), terwijl de rest van de hersenen en het lichaam in een toestand van relatieve rust verkeren (parasympathische activatie). Als het lichaam niet in staat is om op natuurlijke wijze tijdens de slaap ervaringen te verwerken, dan is EMDR een goed alternatief. Activering van de herinnering vindt onder gunstige omstandigheden plaats in een therapeutische context (Stickgold, 2007), waardoor een herinnering niet hoeft te eindigen in toenemende arousal (spanning), zoals bij een nachtmerrie.

Volgens Stickgold is EMDR niet de enige manier om mensen in een REM-slaapachtige toestand te krijgen. Al veel langer wordt kunstmatig opgewekte slaap beschouwd als een uitstekend geneesmiddel. Van Imhotep, een architect en geneesheer uit het oude Egypte, wordt beweerd dat hij angsten behandelde door een combinatie van meditatie en ritmische stimuli als trommels en eentonige gezangen. Deze behandelvorm keert in verschillende gedaanten terug, zoals in de Romeinse slaaptempels en de Joodse Kavana. Meer recentelijk wordt hypnose ingezet ter genezing van allerlei klachten.

De REM-slaap

Een volwassene verkeert gemiddeld 15% van zijn slaap in de REM-fase. Dromen gebeurt vooral in de REM-fase. Om die reden herinneren mensen zich meestal eerder dromen die ze aan het eind van de nacht (of in de vroege ochtend) hebben gehad. Pasgeborenen brengen wel 70% van hun slaap in REM-slaap door. Kennelijk heeft REM-slaap in deze levensfase ook een functie in de ontwikkeling van de hersenen. REM-slaap speelt een rol bij processen die ervoor zorgen dat herinneringen in ons geheugen opgeslagen worden: aanvankelijk labiele herinneringen worden georganiseerd en opgeslagen in een meer permanente vorm. Dit is het proces van geheugenconsolidatie en -reconsolidatie.

Verhoogde communicatie tussen de hersenhelften

Oogbewegingen vergroten de onderlinge activiteit tussen beide hersenhelften (Christman et al., 2003, 2006). De klikjes doen dit waarschijnlijk ook, maar dit is niet onderzocht. Christman en zijn collega's (2003) veronderstellen dat deze verhoogde activiteit tussen hersenhelften een belangrijke verklaring is voor het gunstige effect van de oogbewegingen op nare herinneringen. Doordat er meer interactie is, zo stellen de onderzoekers, kunnen taalprocessen uit de linkerhersenhelft helpen bij het reduceren van negatieve emoties die vaak in de rechterhersenhelft ontstaan. Diverse studies bij gezonde personen bevestigen dat het geheugen wordt verbeterd na het doen van oogbewegingen. Als een gebeurtenis beter wordt herinnerd, met meer details, zo redeneren de onderzoekers, dan vindt er een vollediger blootstelling plaats. De blootstelling en uitdoving zal vollediger zijn en nieuwe informatie kan helpen om de gebeurtenis in breder perspectief te plaatsen.

In casus 2 (Het ontbrekende puzzelstukje) bijvoorbeeld voelt Paula zich enorm schuldig dat zij haar zoon niet voldoende heeft gesteund toen het ongeluk met de vrachtwagen plaatsvond. Tijdens EMDR herinnert Paula zich plotseling dat zij zelf ernstig gewond was en helemaal niets kon doen voor haar zoon. Dit was voor haar een doorbraak in de behandeling omdat zij zich hierdoor direct minder schuldig voelde: zij had immers gedaan wat zij kon. Mogelijk dat Paula zich 'dit puzzelstukje' beter herinnert door de verbeterde links-rechtsinteractie. Het kan ook zijn dat ze het zich beter herinnert omdat de taal (linkerhersenhelft) haar in staat stelt beter om te gaan met de angst (rechterhersenhelft) en ze hierdoor beter durft te kijken naar het beeld. In feite was Paula de informatie dat zij zelf ernstig gewond was tijdens het vrachtwagenongeluk niet 'vergeten'. Die informatie was alleen niet beschikbaar zodra ze aan haar gewonde zoon dacht en er alleen aan kon denken dat ze hem had moeten helpen.

Of de theorie van het gunstig effect van een verbeterde links-rechtscommunicatie waar is, moet nog blijken uit toekomstig onderzoek. Het is een elegante gedachte, die in het verleden – en ook nu nog wel – naar cliënten toe veel gebruikt wordt. Bijvoorbeeld als volgt: 'Doordat een groter hersengebied geactiveerd wordt en doordat de communicatie tussen links (verstand) en rechts (gevoel) wordt verbeterd, kan de verwerking van de traumatische gebeurtenis sneller en beter verlopen.' Het sluit ook aan bij de theorie dat PTSS-cliënten een verstoorde hersenhelftcommunicatie hebben, hetgeen onder andere zou blijken uit hun slaapproblemen en hun neiging tot dissociatie (Christman et al., 2003).

Toch is bovengenoemde theorie op den duur waarschijnlijk niet houdbaar. Verticale oogbewegingen (die niet leiden tot een verhoogde activiteit tussen de hersenhelften) blijken bijna even effectief als horizontale oogbewegingen (Günter & Bodner, 2008).

Het feit dat Paula – en met haar vele andere cliënten – zich tijdens het EMDR-proces nieuwe details herinnert en soms ook heel nieuwe episodes, is waarschijnlijk niet geheel toe te schrijven aan de verhoogde hersenhelftinteractie. Mogelijk speelt ook mee dat cliënten veel rustiger zijn als ze zich de gebeurtenis weer opnieuw voor de geest halen. Oogbewegingen hebben namelijk een rustgevend (arousal-verlagend) effect. Dit is ook de basis van het oriëntatieresponsmodel.

Het oriëntatieresponsmodel

Als iemand terugdenkt aan een trauma of aan een andere nare gebeurtenis worden fysiologische reacties uitgelokt, zoals een verhoging van de hartslag, een snellere, oppervlakkige ademhaling en de afscheiding van stresshormonen. Deze fysiologische activatie (arousal) is als het ware de lichamelijke component van de ervaren naarheid van de herinnering. Aan het begin van een traumabehandeling zal de therapeut proberen de herinnering zo volledig mogelijk te activeren. De arousal zal dan hoog zijn, mogelijk zo hoog dat dit de (informatie)verwerking belemmert. MacCulloch en Feldman (1996) stellen dat de oogbewegingen een aangeboren oriëntatierespons uitlokken. Deze oriëntatiereactie bestaat uit een sterke arousal-daling (ontspanning), gevolgd door een exploratiefase, waarin de aandacht naar buiten wordt gericht en de omgeving wordt gescand op mogelijk gevaar. De plotselinge daling van de arousal wordt ervaren als een sterke ontspanning, die gekoppeld wordt aan het oorspronkelijk nare beeld. De alertheid op de omgeving in de exploratiefase zorgt er vervolgens voor dat nieuwe, functionele informatie beschikbaar komt, met name de informatie dat de kust veilig is: 'Er is geen (nieuw) gevaar.' De oorspronkelijk nare herinnering wordt dus voortdurend gekoppeld aan 'ontspanning' en 'veiligheid', een proces vergelijkbaar met wat in de psychologie contraconditionering of systematische desensitisatie wordt genoemd.

Sommige uitspraken van cliënten lijken een directe bevestiging van het oriëntatieresponsmodel, bijvoorbeeld: 'Door die klikjes (oogbewegingen) voel ik een soort rust over me heenkomen...', 'Door die klikjes voel ik me veilig...' Anderzijds is het de vraag of de waargenomen effecten specifiek zijn voor de oogbewegingen of dat de cliënt ook een ander aandachts- of geheugentaakje had kunnen verrichten.

Het werkgeheugenmodel

Tijdens EMDR worden nare herinneringen opgehaald en in het werkgeheugen vastgehouden, waarna de oogbewegingen of andere bilaterale stimuli worden toegevoegd. De capaciteit van het werkgeheugen is beperkt (zie kader), vooral als er tegelijkertijd andere taken moeten worden uitgevoerd, zoals het volgen van een heen-en-weer gaande hand van een therapeut. Bij een dubbele belasting van het werkgeheugen zal de herinnering minder levendig en compleet kunnen worden opgehaald, zodat die uiteindelijk ook minder levendig en emotioneel weer in het (langetermijn)geheugen wordt opgeslagen. De oogbewegingen zijn in dit model dus niets meer of minder dan een afleidende taak die ervoor zorgt dat het werkgeheugen niet volledig beschikbaar is voor de opgehaalde herinnering, waardoor deze herinnering gedesensitiseerd wordt teruggezet in het geheugen. Het 'werkgeheugenmodel' is in overeenstemming met onderzoek dat aantoont dat minder belastende taken, zoals het tappen van de vinger op een tafel, ook een minder desensitiserend effect hebben op een nare herinnering. Het is ook in overeenstemming met het feit dat verticale oogbewegingen net zo effectief blijken als horizontale oogbewegingen (Günter & Bodner, 2008) en zelfs als het maken van rekensommetjes. Kennelijk is het bilaterale aspect minder belangrijk dan aanvankelijk werd gedacht en is het vooral de belasting van het geheugen die ertoe doet.

Dit is wel problematisch voor het gebruik van de koptelefoon met links-rechtsgeluiden (klikjes) die tegenwoordig steeds meer de oogbewegingen vervangen. Het luisteren naar de klikjes geeft nauwelijks een belasting van het werkgeheugen (Van den Hout et al., 2009). Het desensitiserend effect van klikjes zou volgens deze theorie dan ook veel minder groot moeten zijn dan voor de (meer werkgeheugen vragende) oogbewegingen. Een dergelijk onderzoek, waarin oogbewegingen en klikjes met elkaar worden vergeleken, is echter nog nooit gedaan. In een ander onderzoek (Servan-Schreiber et al., 2006) werden bij tien PTSS-cliënten drie condities vergeleken, namelijk links-rechtsklikjes, klikjes in beide oren en continue geluiden, en werden lichte aanwijzingen gevonden voor een gunstig effect van de bilaterale klikjes.

Ons werkgeheugen

Het werkgeheugen is een tijdelijke opslagplaats voor het vasthouden en bewerken van informatie. Het kan verschillende vormen aannemen, zoals het vasthouden van een herinnering of het onthouden van een nieuw telefoonnummer. Ook is ons werkgeheugen nodig voor het maken van sommetjes of het sturen van ons gedrag (bijvoorbeeld het met de ogen volgen van de hand van een therapeut). De capaciteit van ons werkgeheugen is beperkt. Zodra twee taken tegelijkertijd worden uitgevoerd, gaan de prestaties omlaag, vooral als de taken een beroep doen op dezelfde delen van het werkgeheugen. Tijdens EMDR is er sprake van een dubbele taak met dubbele aandacht: de aandacht wordt zowel gericht op het activeren van een herinnering uit het episodisch geheugen als op het doen van een taak: de oogbewegingen. Er is dus sprake van een duale aandacht of duaal bewustzijn.

Duaal bewustzijn en vrije associatie

Een andere veronderstelling is dat de EMDR-procedure een duaal bewustzijn op gang brengt waarbij de cliënt tegelijkertijd zowel intern gericht is op de mentale representatie van de herinnering als extern gericht op de afleidende externe stimulus. Zo wordt een vorm van verwerken gestimuleerd, waarbij afstand gesuggereerd wordt tussen de cliënt (in het hier en nu) en zijn emoties (die betrekking hebben op daar en toen). Met andere woorden, de cliënt wordt een observator van de traumatische gebeurtenis en de eigen reacties daarop. Ook de instructies voorafgaand aan de desensitisatiefase in het EMDR-protocol zijn erop gericht om de herinnering van een afstand te beschouwen (maak een stilstaand plaatje waarbij je jezelf in het beeld ziet). Deze instructies, samen met de klikjes of oogbewegingen, zorgen voor de 'dual focus of attention' tijdens het verwerkingsproces. De cliënt wordt een observator van zijn eigen emoties, gedachten en ervaringen. Tegelijkertijd wordt gevraagd deze niet te willen sturen of veranderen en alle associaties, beelden, gevoelens et cetera toe te staan: 'Imagine you are on a train and the scenery is passing by. Just notice the scenery without trying to grab hold of it or make it significant' (Shapiro, 1995). De cliënt wordt dus gestimuleerd om een niet-beoordelende, observerende houding aan te nemen ten aanzien van zijn eigen innerlijke roerselen, vergelijkbaar met de houding die gestimuleerd wordt in moderne therapieën als 'mindfulness' (Segal, Williams Teasdale, 2002) en ACT ('acceptance and commitment therapy'; Hayes, Strosahl, & Wilson, 1999).

Deze duale aandacht (met vrije associatie) veronderstelt meer dan een belasting van het werkgeheugen. Het werkgeheugenmodel verklaart vooral het extinctieproces: hoe een herinnering minder naar wordt doordat het herinneringsbeeld minder levendig wordt. De duale aandacht met vrije associatie is er echter op gericht dat nieuwe associaties gelegd worden, die helpen een gebeurtenis te begrijpen, te relativeren en in perspectief te plaatsen.

Dus waar het werkgeheugenmodel meer een extinctieproces veronderstelt, stuurt het model van 'duale aandacht' meer aan op een integratieproces. De resultaten van het onderzoek van Lee en Drummond (2006) lijken het belang van de duale aandacht te ondersteunen. Zij analyseerden 44 therapiesessies van EMDR-cliënten en vonden dat de cliënten die de duale aandacht beter konden vasthouden (die in hun reacties blijk gaven van een observerende houding), sneller en beter herstelden dan cliënten die slechts vanuit één focus op het trauma konden reageren (zoals bleek uit reacties van herbeleving).

'Everybody has won, and all must have prizes'

Op dit moment lijkt deze uitspraak uit Alice in Wonderland van toepassing op het onderzoek naar werkingsmechanismen. De theorieën die in het voorgaande zijn genoemd, zijn merendeels niet strijdig met elkaar. Mogelijk dat elke stap van het protocol, elk onderdeeltje (de duale aandacht, de vrije associatie, de links-rechtsstimulatie et cetera) afzonderlijk bijdraagt aan het effect. Herinneringen worden opgehaald, op een gunstige manier bewerkt en vervolgens op een nieuwe manier weer opgeslagen. Het is mogelijk dat verticale oogbewegingen het vrijwel net zo goed doen als horizontale, maar misschien toch net niet zo goed, of niet bij alle cliënten. En dat afleiding de belangrijkste factor is bij de ene cliënt en dat mindful observeren bij de ander essentieel is. Dit is geen wetenschappelijke zienswijze, want daarin wil je liefst een zo spaarzaam mogelijke verklaring. Op grond van de huidige kennis van zaken, is het wel de meest praktische en meest complete conclusie die er op dit moment mogelijk is. Het protocol lijkt goed in elkaar te zitten; door clinici zijn in de loop der tijd wat veranderingen voorgesteld, maar er zijn nog geen elementen overbodig gebleken. Voorlopig laten we het zo. Misschien dat in de toekomst, op grond van het onderzoek naar EMDR en naar geheugenprocessen, de procedure nog verder kan worden verfijnd.

Deel II
EMDR bij een eenmalig trauma

Inleiding

De bijzondere gevallen en nieuwe toepassingen die in dit boek beschreven staan, laten zien dat EMDR veel breder wordt toegepast dan alleen bij de posttraumatische stressstoornis (PTSS). EMDR is echter vooral wetenschappelijk onderbouwd als effectieve methode om de posttraumatische stressstoornis te behandelen die zich ontwikkeld heeft naar aanleiding van een eenmalig trauma. Daarom beginnen we het casusgedeelte van dit boek met dit soort behandelingen.

Zoals in hoofdstuk 1 reeds werd aangegeven houdt ongeveer 10 à 20 % van de mensen die een eenmalige schokkende gebeurtenis hebben meegemaakt, daar klachten aan over. Het spontane herstel na een ingrijpende gebeurtenis gaat na enkele dagen en weken steeds langzamer. Als de herbelevingen, het vermijdingsgedrag en de hyperalertheid aan bepaalde criteria voldoen (gecombineerd met dissociatieve klachten zoals verdoofheid, onthechting, verminderd bewustzijn) kan er na enkele dagen al sprake zijn van een acute stressstoornis. Indien er na een maand nog klachten zijn, wordt gesproken van een acute PTSS, en als er na drie maanden nog klachten zijn, wordt gesproken van de chronische PTSS (DSM-IV-TR, 2000).

Instellingen als DOeN en het Instituut voor Psychotrauma hebben overeenkomsten met bedrijven om hun personeel na ingrijpende gebeurtenissen adequaat op te vangen en wanneer herstel van functioneren uitblijft zo nodig een therapeutische interventie in te zetten. Zowel de betrokken bedrijven als de cliënten hebben er belang bij dat blijvende klachten op een effectieve wijze zo snel mogelijk worden verholpen. In de praktijk betekent dit dat EMDR veel ingezet wordt bij zowel de acute stresstoornis als bij de acute en chronische PTSS. Omdat EMDR voor de acute stresstoornis nog niet wetenschappelijk onderbouwd is, wordt deze methode als vroege interventie onderzocht en toegepast bij beroepsgroepen als bankpersoneel (na overvallen), NS-personeel (na zelfdodingen en agressie-incidenten) en ambulance-, politie- en brandweerpersoneel.

Voor de acute en chronische PTSS is EMDR wel wetenschappelijk onderbouwd en is het een vanzelfsprekendheid geworden dat deze methode kan worden ingezet. De behandeling van brandweervrouw Marita (zie casus 1), die vijf jaar geleden een noodlottige brand meemaakte, is een klassiek voorbeeld van een EMDR-behandeling zoals die bedoeld en wetenschappelijk onderbouwd is. De les die getrokken kan worden uit deze casus en uit casus 20 over Christina (die een verkeersongeval meemaakte) is dat bij beiden een chronische PTSS is ontstaan, wat door een tijdige diagnose en behandeling voorkomen had kunnen worden. Overigens komt in de behandeling van Christina een fenomeen naar voren dat bij EMDR vaak optreedt: door een cognitive interweave komt vergeten of nieuwe informatie naar boven, waardoor mensen tot nieuwe inzichten komen en het herstel een enorme impuls krijgt.

De behandeling van Caroline die na een verkrachting een eetstoornis ontwikkelde laat zien dat EMDR zelfs effectief is wanneer fantasie en realiteit door elkaar heen lopen (zie casus 3). Veel EMDR-therapeuten maken mee dat mensen zulke levendige beelden kunnen hebben van gebeurtenissen die zij niet daadwerkelijk zelf hebben meegemaakt, dat ze last krijgen van nachtmerries en herbelevingen. Denk bijvoorbeeld aan ouders die hun kind op een traumatische wijze verloren hebben, terwijl zij er niet bij waren. Ook dan kunnen de nare indringende (fantasie)beelden effectief met EMDR behandeld worden.

Casus 1 Alarmbellen gaan te laat rinkelen

Een brandweervrouw met jarenlange klachten na een noodlottige brand

Sjef Berendsen
Sjef Berendsen is werkzaam als klinisch psycholoog en psychotherapeut bij het Instituut voor Psychotrauma. Hij is tevens EMDR-practitioner en -supervisor en supervisor bij de Vereniging voor Gedrags- en Cognitieve therapie. Tot zijn taken behoren het behandelen van mensen met een posttraumatische stressstoornis, het verzorgen van de acute opvang van mensen die een schokkende gebeurtenis hebben meegemaakt en het adviseren van instellingen en bedrijven ten tijde van crises.

Zo'n vijf jaar geleden maakte brandweervrouw Marita een noodlottige brand mee, waarbij zij haar bevelvoerder dodelijk zag verongelukken. Overlevingsschuld maakte dat zij vluchtte in vermijdingsgedrag en vijf jaar lang zelf met haar klachten bleef worstelen. Een gerichte EMDR-behandeling hielp haar binnen een paar weken van haar klachten af.

Klachten, voorgeschiedenis en voorgaande behandeling

Marita is 29 jaar oud wanneer ze wordt verwezen wegens slaapproblemen en nare dromen. Deze hebben betrekking op een grote brand waar zij vijf jaar geleden als brandweervrouw bij betrokken was en waarbij drie brandweermensen om het leven kwamen. Na het verbreken van haar relatie, ongeveer een half jaar geleden, is alles weer naar boven gekomen; zij is slecht gaan slapen en kreeg last van nare dromen.

Vijf jaar geleden was Marita uitgerukt naar een grote brand in een oude kerk. Samen met een collega rende ze zo'n 10 meter achter haar bevelvoerder aan, in een straatje vlakbij de kerk, totdat iemand hard 'Stop!' riep. Marita en haar collega bleven stokstijf staan en het volgende moment zagen ze een muur neervallen op hun bevelvoerder. Zij werden beiden weggeroepen naar een verzamelplek aan de kant van een singel, waar zij lange tijd bleven wachten, in onzekerheid over het lot van hun bevelvoerder en de andere collega's. In het intakegesprek vertelt Marita dat ze het hier altijd heel moeilijk mee heeft gehad. Gevoelsmatig had ze graag iets willen doen, hoewel ze met haar verstand wel snapt dat ze niet veel had kunnen uitrichten.

Misschien dat ze zich daarom aanmeldde toen er vrijwilligers werden gevraagd om de kist van haar omgekomen bevelvoerder tijdens de begrafenis te dragen. Dit betekende echter wel dat ze de dagen na de brand met de andere dragers voortdurend de ingewikkelde passen aan het oefenen was die horen bij het ritueel van een brandweerbegrafenis. Achteraf zei Marita dat het haar wellicht heeft opgebroken dat ze daardoor niet heeft kunnen deelnemen aan de opvanggesprekken die toen op de brandweerkazerne plaatsvonden. Na de brand verzon ze steeds smoesjes om maar niet mee te hoeven gaan als haar ploeg moest uitrukken. Pas een jaar na de brand ging Marita weer mee. Toen ze merkte dat ze niet onder een poortje door durfde te gaan, heeft ze sindsdien definitief het uitrukken vermeden. Uiteindelijk is ze op een bureaufunctie terechtgekomen. Passend bij haar vermijdingsgedrag was ook het vermijden van het straatje waar de muur was neergekomen. Ze was er wel eens teruggeweest, maar had zich toen zo onveilig gevoeld dat ze het sindsdien vermeden had.

De angst om bij de laatste inzet onder het poortje door te gaan, maakte haar duidelijk dat ze nog steeds last had van de brand. Gedurende een aantal maanden vonden opvanggesprekken plaats bij een hulpverlener van de brandweer en toen het weer beter leek te gaan werd dit contact afgesloten. Volgens haar vriend, met wie ze al een aantal jaren samenwoonde, was ze echter door de brand erg veranderd: zeurderig geworden en erg prikkelbaar; ze had een kort lontje. Ruim een half jaar geleden besloot Marita om de relatie te verbreken. Gevraagd naar een verband tussen de naweeën van de brand en het verbreken van haar relatie, reageerde ze afwijzend. Ze gaf aan niet zeker te weten dat dit de voornaamste reden was; hun relatie was zonder de brand wellicht ook fout gelopen.

Wel merkte ze dat ze nog last had van de brand. Gestimuleerd door een paar goede brandweercollega's besloot ze om opnieuw hulp te zoeken.

Waarom EMDR?

Toen Marita aangaf last te hebben van overlevingsschuld vroeg ik hierop door. De voornaamste reden hiervoor was dat hij een gezin achterliet en zij niet. Opvallend hieraan vond ik dat ze zichzelf niet zozeer verweet bepaald gedrag wel of niet vertoond te hebben, waardoor haar bevelvoerder het er levend vanaf zou hebben gebracht en zij niet. Het leek er vooral om te gaan dat het noodlot beter haar (zonder kinderen) dan haar bevelvoerder (met gezin) had kunnen treffen. Kortom, niet zozeer zelfverwijten, maar meer machteloosheid. Hoewel ze aangeeft dat het missen van de opvanggesprekken die vlak na de brand gehouden werden haar wellicht heeft opgebroken, vraag ik me af of ze er veel aan zou hebben gehad. Vanwege de overlevingsschuld vond ze immers dat ze niet moest zeuren en er maar het beste van moest maken. Alleen maar leuke dingen doen, want het leven kan snel voorbij zijn. Praten over je problemen tijdens bijvoorbeeld opvanggesprekken en het doen van moeilijke dingen, zoals de confrontatie met pijnlijke herinneringen en situaties, past daar niet bij. Daardoor kunnen haar gevoelens van overlevingsschuld ongewild bijgedragen hebben aan het in stand houden van de posttraumatische stressklachten. De onderliggende machteloosheid deed me al snel aan het controledomein van EMDR denken (zie 'Procedures en begrippen').

Tijdens het eerste intakegesprek kwam ik al snel tot de conclusie dat Marita last had van posttraumatische stressklachten (herbelevingen, vermijding en hyperalertheid). Toen ik haar vroeg naar haar naarste herinneringen aan de brand, wist ze er vlot drie op te noemen die haar nog zeer intens raakten. Ze klaagde er ook over dat ze last had van deze herinneringen in de vorm van herbelevingen en nachtmerries. Vermijding deed zich voor ten aanzien van het uitrukken en van het betreden van het straatje waar de brand had gewoed. Hyperalertheid was minder prominent zichtbaar, aangezien ze dit vooral ervoer wanneer ze weer mee zou moeten als haar ploeg uitrukte of wanneer ze weer in het bewuste straatje zou zijn: beide had ze reeds lang gemeden. Wel gaf ze aan prikkelbaar te zijn geworden en over een kort lontje te beschikken.

Aangezien Marita voldeed aan de criteria voor een posttraumatische stressstoornis en de overlevingsschuld richting het controledomein wees, stelde ik haar voor om in het volgende intakegesprek op de naarste herinnering een interventie met EMDR te doen. Ik koos ervoor om geen volledige diagnostiek te doen en meteen de posttraumatische stressklachten aan te pakken, omdat dit aansloot bij haar hulpvraag en de lijdensdruk hoog was. Ik nam me voor om in een later stadium nog te inventariseren of er nog sprake was van andere problematiek. Uit de twee wetenschappelijk onderbouwde en door de Multidisciplinaire richtlijn Angststoornissen (2003) aanbevolen behandelingen voor PTSS (cognitieve gedragstherapie en EMDR) koos ik voor EMDR, omdat deze behandeling naar mijn ervaring voor cliënten minder belastend is en sneller werkt. In de jaren dat ik vooral cognitieve gedragstherapie toepaste, merkte ik dat de huiswerkopdrachten – waarbij cliënten vrijwel dagelijks gedurende ongeveer een uur aan de nare herinneringen blootgesteld worden – erg belastend waren. Bovendien werd ook het herhaaldelijk en langdurig over de nare herinneringen praten (imaginaire exposure, zie EMDR werkt! Maar hoe?) zowel door de cliënten als mijzelf als erg zwaar ervaren.

Het verloop van de behandeling

In het intakegesprek had ik Marita al uitleg gegeven over schokverwerking en het EMDR-protocol. Om haar eraan te laten wennen had ik haar gevraagd de koptelefoon op te zetten om de klikjes te horen. Daardoor konden we één week later in het tweede gesprek na een korte introductie met EMDR beginnen.

Targetbeeld	De muur die 10 meter van haar vandaan neervalt op haar bevelvoerder.
Negatieve cognitie (NC)	'Ik ben machteloos.'
Emotie	verdriet
Gevoel in lichaam	zwaar in armen
Subjective units of distress (SUD)	9

Desensitisatie: verbatim van Marita naar aanleiding van het targetbeeld van de neervallende muur en de vragen tussen de sets van mij: 'Wat komt er in je op?'

- Hadden we maar gewisseld van plek.
- Zware gevoel neemt toe.
- Niets...
- Verwacht dat iemand weer opstaat nadat de muur gevallen is.
- Verdriet: besef dat...
- Zwaar, moe in lichaam... pfoeh.
- Frustratie dat ik er al zo lang last van heb.
- Niets...
- Word er heel moe van.
- Vanmiddag bardienst, denk nu dat ik er niet naartoe ga.
- Voel me nu lichter, mijn armen doen het weer.

Back to target (BTT): SUD = 7. Wat nu het naarste aanvoelt is het gevolg van het vallen van de muur, in het plaatje te zien aan de schuine muur.

- Idee dat je niks kan.
- Wat als diegene niet 'Stop!' had gezegd...
- Zware armen.
- Wachten aan de waterkant: iemand gaat het straks zijn vrouw vertellen.
- Iedereen is aangedaan en huilt, behalve ikzelf, ben wel misselijk van de stress.
- Voel wel wat lichter.
- Lijkt alsof ik heel anders adem.
- Stom, denk nu dat ik vanmiddag leuke bardienst heb.
- Niks...

BTT: SUD = 7-. Minder beladen. Wat nu het naarste aanvoelt is het niets kunnen doen, in het plaatje zichtbaar aan het stilstaan van ons beiden en onze houding.

- Als we niet stilgestaan hadden, hadden we nóg niets kunnen doen. De afstand was te groot om hem eronderuit te trekken.
- Dan hadden we nog niets kunnen doen.
- Niets kunnen doen...
- Neerleggen...
- Neerleggen...
- Cognitive interweave therapeut: misschien aanvaarding?
- Klopt: aanvaarding! We hadden toch niets kunnen doen.
- Zelfs als ik was doorgelopen had het niets uitgemaakt.
- Komt een stukje rust bij.
- Heb nu het idee dat ik het mezelf moeilijker heb gemaakt dan het was.
- Hetzelfde... (lichter).

BTT: SUD = 4 à 5. Wat nu het naarste aanvoelt is dat Marita en haar collega niets doen, in het plaatje zichtbaar aan ons stilstaan en onze houding.

- Gevoel dat ik naar de foto van heel iemand anders kijk.
- Cognitive interweave therapeut: Wat zou je tegen heel iemand anders zeggen als die zou zeggen: 'Ik heb niets gedaan?'
- 'Wat kon je doen?' Als je doorgelopen had of dichterbij was geweest had je nog niets kunnen doen.
- Niet zoveel...
- Zware ogen.
- Mijn zwaarheid is weg.

BTT: SUD = 4. Wat nu het naarste aanvoelt is het besef van de gevolgen voor het gezin van de bevelvoerder en iedereen, in het plaatje zichtbaar aan de vallende muur.

- Niets, voel me neutraal.
- Dat ik een hele drukke maand heb.
- Weer niet zoveel...

BTT: SUD = 0.
Positieve cognitie (PC): 'Ik kan het aan om naar het plaatje te kijken.'
Validity of Cognition (VoC) = 6 [set] → 7 [set] → 7
Bodyscan: geen spanning in het lichaam die te maken heeft met het plaatje.
Positief afsluiten: 'Ik ben heel goed bezig geweest.'

In de nabespreking gaf Marita aan verbaasd te zijn over datgene wat de EMDR bij haar losmaakte: gedachten die opkwamen waar ze al lang niet bij stilgestaan had, de gevoelens van zwaarte in haar lichaam en het plotselinge besef dat ze niet veel had kunnen doen. We spraken af de volgende keer een van de andere nare herinneringen met behulp van EMDR aan te pakken.

Derde gesprek

Een week later, bij het derde gesprek, gaf Marita aan dat het heel goed met haar ging. De dag na het vorige gesprek had ze nog geprobeerd om het plaatje van de neervallende muur voor zich te halen, maar het was wat vager geworden en ze voelde er minder bij, behalve het besef dat ze weinig had kunnen doen. Ze was toen inderdaad machteloos. Maar die machteloosheid was nu uit haar lichaam. Ze had ook het idee dat de andere herinneringen minder naar waren geworden. Toen ik haar vroeg wat nu nog de naarste herinnering voor haar was, gaf ze aan dat dit het moment was waarop ze voor het eerst de kist met haar bevelvoerder erin droeg en ze zijn gewicht voelde.

Targetbeeld	Voor het eerst de kist dragen en zijn gewicht voelen, Marita op de tweede positie rechts van voren.
NC	'Ik ben machteloos.'
Emotie	verdriet
Gevoel in lichaam	zwaar in armen
SUD	7

Desensitisatie: verbatim van Marita naar aanleiding van het targetbeeld van het dragen van de kist en de vragen tussen de sets van mij: 'Wat komt er in je op?'

- Dat er zoveel (geestelijke) druk op je ligt.
- Op dat moment is het als in een film: automatisch en geen emotie.
- Zo geconcentreerd op je eigen ding dat ik niet in de gaten had hoe druk het was.
- De voetstapjes.
- Lichte armen weer.
- Niks...
- Nadat het klaar was moe en blij dat het voorbij was: tijd voor mezelf.

BTT: SUD = 0.
PC: 'Ik kan het aan om naar het plaatje te kijken.'
VoC = 7 [set] → 7
Bodyscan: geen spanning in het lichaam die te maken heeft met het plaatje.

Omdat het EMDR-proces zo snel en bevredigend verliep, stelde ik voor om meteen de laatste nare herinnering aan te pakken. Marita ging hiermee akkoord en gaf aan dat dit het zakken van de kist in het graf was, het gevoel van afscheid nemen en de confrontatie met zijn gezin.

Targetbeeld	Rondom het graf staan en de kist zien zakken.
NC	'Ik ben machteloos.'
Emotie	medelijden met zijn gezin
Gevoel in lichaam	zware handen
SUD	6 à 7

Desensitisatie: verbatim van Marita naar aanleiding van het targetbeeld van het zakken van de kist en de vragen tussen de sets van mij: 'Wat komt er in je op?'

- 'Als de kist zakt, wil je dat niet, voelt zo goed de dingen die je doet.'
- 'Na afloop van deze begrafenis meteen door naar de volgende: geen moment voor jezelf om bij te komen.'
- 'Weet niet meer wat we na de tweede begrafenis hebben gedaan.'
- 'Drukte op de begraafplaats, dacht: Oh, we staan hier nog 3 uur.'
- 'Niks...'
- 'Armen en handen zijn weer licht.'
- 'Gevoel dat de begrafenis klaar is en de last die van je afvalt.'
- 'Weet niet...'
- 'Voldane gevoel dat je van het begin tot het einde gedaan hebt.'
- 'Weer niks...'

BTT: SUD = 3 à 4. Wat nu het naarste aanvoelt is het verdriet van de familie, in het plaatje zichtbaar aan hun houding, dat ze heel zielig zijn.

- 'De onmacht dat je niks voor ze kunt doen.'
- 'Groepsgevoel dat je met elkaar in één week opbouwt.'
- 'Niks...'

BTT: SUD = 0.
PC: 'Ik kan het aan om naar het plaatje te kijken.'
VoC = 6 à 7 [set] → 7 [set] → 7
Bodyscan: geen spanning in het lichaam die te maken heeft met het plaatje.
Positief afsluiten: 'Blij dat ik er nu iets aan gedaan heb!'

In de nabespreking gaf Marita aan dat de herinneringen niet meer zo belastend voor haar waren. Omdat hiermee de basis voor het eerste PTSS-kenmerk wegviel (de herbelevingen), stelde ik haar voor om het tweede PTSS-kenmerk, de vermijding, aan te pakken. Wanneer ze zou merken dat de tot nu toe vermeden situaties geen angst meer oproepen, zou dit een gunstig effect kunnen hebben op het derde PTSS-kenmerk, de hyperalertheid. We spraken af dat ze stappen zou gaan zetten om de confrontatie aan te gaan met de situaties die ze als gevolg van de brand tot dan toe vermeden had. Als het donker/schemerig was zou ze weer naar het straatje bij de kerk gaan en daar doorheen lopen. Hoewel dit binnen een paar weken lastig te realiseren zou zijn, zou ze ook stappen zetten om weer mee te gaan als haar ploeg uitrukte. Een volgende afspraak werd voor zo'n vijf weken later gemaakt, om te bezien of de effecten van de EMDR-behandeling zouden beklijven. Ook gaf dit Marita ruim de tijd om haar huiswerkopdrachten uit te voeren.

Vierde gesprek

In het vierde en naar later zou blijken ons laatste gesprek vertelde Marita dat ze de week voor onze afspraak in een opwelling naar het graf van haar bevelvoerder was geweest. Ze reed langs de begraafplaats en besloot spontaan weer eens een bezoekje te brengen. Ze realiseerde zich pas toen ze bij zijn graf was dat ze lopend op de begraafplaats ondanks de knisperende steentjes onder haar voeten geen herbelevingen had gehad. Voorheen herinnerde dit haar altijd aan de pasjes bij het dragen van de kist tijdens de begrafenis, waardoor de bezoekjes aan het graf veel meer beladen waren geweest. Ook vertelde ze dat een vriendin een cd van Paul de Leeuw had opgezet en ze onverwacht geconfronteerd werd met een liedje dat ook op de begrafenis van haar bevelvoerder werd afgespeeld. Ze was zeer verrast dat ze er niet gelijk door moest huilen, maar met een ander soort verdriet, meer met gevoelens van weemoed, aan de begrafenis terugdacht.

Zoals afgesproken, was ze in de week na het derde gesprek in de schemering naar het steegje bij de kerk geweest. Van tevoren was ze niet gespannen geweest en dacht ze alleen bij zichzelf: 'Ik ga wel zien hoe het loopt.' Ter plaatse bleek het erg mee te vallen. Ze had bij het monumentje gestaan dat in het steegje was geplaatst ter nagedachtenis aan de omgekomen brandweerlieden. Weer was ze verrast dat ze niet overvallen werd door huilbuien, maar ingetogen kon reageren. Het enige dat nog in het verschiet ligt, is weer meegaan als haar ploeg moet uitrukken. Voordat dit kan plaatsvinden, moet ze echter medisch gekeurd worden en daar is het wachten nog op. Marita vertelde er open tegenover te staan.

Nabeschouwend gaf Marita aan dat ze achteraf spijt had dat ze dit niet eerder had gedaan. Ze had veel te lang rondgelopen met de gevolgen van de brand terwijl ze nu had gemerkt dat een paar EMDR-sessies voldoende waren om haar van haar klachten af te helpen. Ze gaf aan dat dit enerzijds te maken had met koppigheid, want iedereen zei dat ze er iets mee moest doen. Haar reactie was: 'Ik ben toch niet gek! Het komt wel goed.' Anderzijds speelde ook stoerheid: 'Het lukt me allemaal wel, het heeft alleen tijd nodig!'

Op mijn vraag of er mogelijk nog sprake was van andere klachten of problemen (hyperalertheid in de vorm van een kort lontje of concentratieproblemen), zei Marita dat dit niet het geval was. Het ging haar heel goed en ze had vertrouwen in de toekomst. We sloten onze gesprekken af met de afspraak dat ze altijd weer contact mocht opnemen wanneer ze daar behoefte aan had.

Discussie en beschouwing

Als eerste wil ik ingaan op mijn besluit om geen volledige diagnostiek te plegen, maar snel over te gaan tot de aanpak van de posttraumatische stressstoornis met EMDR. Volgens de NICE-richtlijnen moet de aandoening die het meest op de voorgrond staat als eerste behandeld worden (bijvoorbeeld wanneer sprake is van zowel een depressie als een posttraumatische stressstoornis; National PTSD Guideline, National Institute for Clinical Excellence, 2005). Bovendien geven dezelfde richtlijnen aan dat een effectieve traumagerichte behandeling tot resultaat kan hebben dat eveneens aanwezige (comorbide) depressieve en angstsymptomen sterk afnemen, evenals misbruik van alcohol en andere middelen. Dan is het natuurlijk wel belangrijk om vast te stellen dat er inderdaad sprake is van een posttraumatische stressstoornis en bijvoorbeeld niet van het 'ophangen' van reeds bestaande problematiek aan de schokkende gebeurtenis. Daardoor wordt deze als het ware gelegitimeerd: 'Het ligt niet aan mijzelf dat ik in de problemen zit, maar het komt door de brand' (Australian Centre for Posttraumatic Mental Health, 2007). Dat dit laatste bij Marita niet het geval was, leidde ik af uit het gegeven dat ze ten aanzien van haar relatieproblematiek aangaf dat hun relatie zonder de brand wellicht ook fout gelopen was. Ook schatte ik in dat ze over voldoende stabiliteit beschikte om een EMDR-behandeling aan te kunnen.

Het volgende dat ik aan de orde wil stellen, is de vraag hoe de sociale omgeving van Marita haar eerder had kunnen motiveren om hulp te zoeken. Dat men dit wel geprobeerd heeft, mag blijken uit haar woorden: 'Iedereen zei dat ik er iets mee moest doen.' Koppigheid en stoerheid zorgden er echter voor dat ze het op eigen kracht bleef proberen. Wellicht had gerichte psycho-educatie geholpen: uitleg over het normale karakter van posttraumatische stresssymptomen (herbeleven, vermijden en hyperalertheid) in de eerste weken na de brand. En dat haar overtuiging 'Het lukt me allemaal wel, het heeft alleen tijd nodig!' in de eerste weken zeer te waarderen is, maar dat de 'tijd die ze nodig heeft' in feite beperkt is tot vier weken. Immers, na een maand kan al de diagnose van een (acute) posttraumatische stressstoornis gesteld worden indien de posttraumatische stresssymptomen nog in een bepaalde mate aanwezig zijn (zie Geschiedenis en achtergronden). Toen ik Marita dit in het laatste gesprek voorlegde, schrok ze ervan en gaf aan dat een dergelijke uitleg haar wellicht gemotiveerd had om wel hulp te zoeken. Misschien had het ook geholpen wanneer haar sociale omgeving niet mee was gegaan in een van de meest opvallende posttraumatische stresssymptomen, namelijk de vermijding. Uitstelgedrag leidde ertoe dat ze pas een jaar na de brand weer meeging toen haar ploeg uitrukte en toen dit gepaard ging met een nare ervaring, werd dit uiteindelijk helemaal vermeden en belandde ze uiteindelijk op een bureaufunctie. Herstel van functioneren zoals vóór de ingrijpende gebeurtenis is bij het Instituut voor Psychotrauma, waar ik werkzaam ben, een belangrijk uitgangspunt. Wanneer dit uitblijft, zouden alarmbellen moeten gaan rinkelen.

Casus 2 Het ontbrekende puzzelstukje

Door een verkeersongeval overbezorgd geraakte moeder verlaat de behandelkamer als heldin

Do Doeksen

Do Doeksen is klinisch psycholoog en psychotherapeut. Zij is tevens EMDR-practitioner en -supervisor en supervisor bij de Vereniging voor Gedrags- en Cognitieve therapie. Zij werkt sinds 1984 op de jeugdafdeling van Riagg Rijnmond. Hier behandelt zij met name pubers en adolescenten (en hun ouders) met trauma, angst- en dwangklachten, eetproblemen en depressie. Zij is coördinator van het Psychotrauma Centrum Rijnmond. Bovendien werkt zij, samen met een collega, in een privépraktijk waar zij veel volwassenen met posttraumatische stress- en angstklachten behandelt.

Hier volgt de beschrijving van de behandeling van een vrouw die last heeft van ernstige overbezorgdheid voor haar nu 17-jarige zoon, sinds zij negen jaar geleden een ernstig verkeersongeval met hem meemaakte. Tijdens de EMDR-behandeling blijkt zij een belangrijk detail van de gebeurtenis vergeten te zijn. Wanneer dit puzzelstukje op zijn plaats valt, wordt haar duidelijk dat haar niets te verwijten valt en dat zij als een heldin gehandeld heeft.

Klachten en voorgeschiedenis

Paula is 43 jaar, getrouwd met Bert en zij hebben een zoon, Sander, van bijna 18 jaar. Zij maakt een intelligente en stevige indruk. Aanleiding voor de aanmelding is een ongeluk met een vrachtwagen zo'n negen jaar geleden. Paula stond met haar brommer met Sander achterop (toen negen jaar oud) naast een vrachtauto te wachten voor het stoplicht. Toen het stoplicht groen werd reed de vrachtauto naar rechts, waardoor zij met brommer en al onder de vrachtauto terechtkwam. Zij rolde eronderuit en zag haar zoontje onder de brommer tussen de wielen liggen. Terwijl de vrachtauto verder optrok, rolde zij terug en trok hem onder de vrachtauto vandaan. De omstanders en later de politie complimenteerden haar dat ze goed gehandeld had. Haar zoon was ernstig gewond aan zijn been, zijzelf was in shock en bleek een beschadiging aan haar nek te hebben. Beiden zaten op de grond naast de vrachtauto toen de politie en de ambulance arriveerden. Paula vertelt dat zij het achteraf vreselijk vindt dat zij zich door de omstanders heeft laten weerhouden naar Sander toe te gaan. Zij hoorde hem huilen en roepen, maar ging niet naar hem toe. Paula vertelt dat zij zich vaker laat weerhouden door anderen. Zij zegt vaak onvoldoende voor zichzelf op te komen. Paula werd eerst naar het ziekenhuis gebracht, Sander kwam later. Zij hebben elkaar in het ziekenhuis pas weergezien.

Sander werd driemaal geopereerd en heeft drie maanden in een rolstoel gezeten. Hij heeft nooit meer kunnen rennen of voetballen en zijn been ziet er nog steeds gehavend uit. Hij heeft indertijd hulp gehad van een psycholoog die aan het ziekenhuis was verbonden. Psychisch is hij er op het moment goed aan toe, hij is net aan zijn eerste baan begonnen, heeft een vriendinnetje en maakt een happy indruk. Hij vindt het volkomen onnodig dat zijn moeder zo overbezorgd is.

Met Paula gaat het minder goed. Ook zij heeft na het ongeluk hulp gehad van een psycholoog. De gesprekken waren gericht op de angst die zij had om aan het verkeer deel te nemen. Met behulp van gedragsexperimenten (zie 'Procedures en begrippen') heeft zij stapsgewijs weer leren fietsen, maar brommer rijden is zij blijven vermijden. Paula was na het ongeluk somber, had ernstige slaapproblemen en herbelevingen en stond doodsangsten uit als Sander van school naar huis fietste. Paula heeft op advies van de psycholoog en in overleg met de huisarts twee jaar lang antidepressiva geslikt (de hoogste dosering) nadat hij de diagnose 'depressie' had gesteld. Zij vertelt dat zij daar slecht op reageerde; zij voelde zich vlak en niet zichzelf. Paula voelde zich niet goed begrepen en geholpen door de psycholoog en is met de behandeling en de medicatie na twee jaar gestopt. Zij vertelt zich nooit depressief te hebben gevoeld. Wel somber, omdat haar leven zo werd bepaald door het incident. Zij is Reiki gaan doen en is inmiddels zelf Reiki-therapeut geworden.

Paula heeft nu de volgende klachten: chronische nek- en rugklachten en ernstige slaapproblemen. Zowel inslapen als doorslapen is moeilijk. Zij verwacht echter niet dat dit zal verdwijnen, omdat zij altijd al een slechte slaper is geweest. Wel hoopt zij minder bezorgd te worden over Sander, die nu bijna 18 jaar is. Wanneer Sander maar iets te laat thuiskomt raakt zij in paniek. Zij belt en sms't hem meerdere malen per dag om te weten waar hij is. Als hij laat uitgaat doet zij geen oog dicht. Bij het horen van een sirene belt zij hem onmiddellijk. Vaak heeft zij beelden dat zij hem dood op de weg ziet liggen.

Paula vertelt ook erg bang te zijn voor vrachtauto's. Zij heeft geen rijbewijs, maar zit in de auto naast de bestuurder. Wanneer zij naast een vrachtauto rijden en zij het wiel naast zich ziet, slaat de paniek toe. Zij krijgt dan flashbacks van het ongeluk. Brommer rijden durft zij niet meer, maar dit heeft voor haar geen prioriteit.

Als hulpvraag formuleert Paula dat zij vooral van de overbezorgdheid ten aanzien van Sander af wil. Zij vindt het zelf te gek voor woorden dat zij hem zo op de huid zit terwijl hij nu bijna volwassen is. Sander begrijpt zijn moeder wel, maar baalt er ook van dat zij hem zo moeilijk los kan laten.

Waarom EMDR?

Paula heeft bewust contact gezocht met een EMDR-therapeut omdat zij over deze behandeling goede verhalen heeft gehoord. EMDR is op zijn plaats omdat veel van haar klachten direct in verband kunnen worden gebracht met het trauma: flashbacks, overbezorgdheid en angst in de auto. Paula lijkt bovendien sterk genoeg om direct de behandeling te starten.

Verloop van de behandeling

Op de vraag waarom de herinnering aan het vrachtwagenongeluk voor haar nu nog zo naar is, vertelt Paula dat zij het zo erg vindt dat zij niet beter is opgekomen voor zichzelf en voor Sander toen het ongeluk net gebeurd was. Zij ziet dit als kenmerkend voor haar als persoon. Zij laat zich snel overrulen en is te weinig assertief. Met betrekking tot het ongeval heeft dit erin geresulteerd dat zij en Sander direct na het ongeluk uit elkaar zijn gehaald en zij hem niet voldoende heeft kunnen troosten. Er waren veel omstanders die zich ermee bemoeiden en zij heeft het laten gebeuren. Hij huilde en riep om haar. Zij kon hem wel zien, maar hij haar niet en het enige dat zij heeft kunnen doen is zeggen dat het misschien wel meeviel met zijn been. Op de vraag of Sander zich dit ook herinnert als een naar moment antwoordt zij ontkennend. Sander heeft er helemaal geen last van gehad dat zij elkaar pas weer later in het ziekenhuis zagen.

De behandeling heeft in totaal vijf sessies geduurd waarvan één follow-up-contact.

Tot haar eigen verbazing reageert Paula heel heftig wanneer zij het verhaal vertelt. Zij had niet verwacht dat het haar nog zoveel zou doen. Vooral het gevoel dat zij onvoldoende troost heeft kunnen bieden, geeft veel verdriet. Vanwege de onverwachte heftigheid wordt daarom besloten om eerst met behulp van Resource Development and Installation (RDI; zie 'Procedures en begrippen') een hulpbron te installeren.

Op de vraag 'Wat heb je nodig om de EMDR-behandeling aan te kunnen?' kiest zij als vermogen durf (durf om het verdriet aan te kunnen). Zij beschikte over durf in de situatie dat zij een keer een goede vriendin een Reikibehandeling heeft geweigerd. Zij is trots dat zij toen zo goed voor zichzelf is opgekomen. De vriendin was teleurgesteld, maar reageerde met begrip. De installatie van de hulpbron verloopt soepel en Paula heeft de indruk de behandeling goed aan te kunnen.

Bepalen van het targetbeeld

Wanneer we de gebeurtenissen op een rij zetten, blijken er drie herinneringsbeelden te zijn die haar nu nog veel beroering geven. Twee beelden hebben direct betrekking op het ongeluk, namelijk het wegtrekken van Sander onder de vrachtwagen vandaan en het moment van uit elkaar gehouden worden door omstanders. Het derde beeld betreft de paniek die zij ervoer toen zij als bijrijder op de A4 een vrachtauto passeerde.

EMDR-sessie I

We starten met de herinnering dat Paula terugrolt om Sander onder de vrachtauto uit te halen. Op mijn vraag waarom dit nu het moeilijkste moment is, vertelt Paula dat zij natuurlijk heel blij was toen zij hem te pakken had. In de seconde dat zij aan zijn mouw trok, bedacht zij echter dat Sanders jack open was. Op dat moment ging de gedachte als een flits door haar heen dat zij met een lege jas in haar hand weer onder de vrachtwagen uit zou komen. Het had dus ook heel erg mis kunnen gaan.

Targetbeeld 1	Het moment vlak vóór het trekken aan de mouw van Sanders jack met de onzekerheid of zij hem wel met jas en al eronderuit krijgt. Ze hoort Sander gillen.
Negatieve cognitie (NC)	'Ik ben in gevaar.'
Toelichting	Het gaat er hierbij om dat Paula kennelijk gevoelsmatig nog steeds in gevaar is. Toen rolde zij met gevaar voor eigen leven terug, maar het had vreselijk mis kunnen gaan, en kennelijk wordt dit in de therapiekamer weer beleefd, gezien haar heftige lichamelijke reacties zoals trillen, zweten, huilen en hyperventileren.
Positieve cognitie (PC)	'Ik ben veilig, het is goed afgelopen.'
Validity of Cognition (VoC)	2 à 3
Toelichting	Hoewel Paula verstandelijk natuurlijk wel weet dat het ongeluk voorbij is, kan ze zich - met deze beelden in het hoofd - niet veilig voelen. Geen wonder dat ze zo overbezorgd is als ze nog zo vaak aan deze beelden moet terugdenken.
Subjective units of distress (SUD)	8 (wordt later 10).

De SUD daalt in de eerste sessie zonder cognitive interweaves (zie 'Procedures en begrippen') maar met veel paniek en heftige lichamelijke reacties. Zij zegt steeds: 'Het is zo naar dat ik hem hoor huilen. Stel dat het niet lukt om hem eronderuit te krijgen...' Uiteindelijk daalt de SUD binnen een (dubbele) sessie tot 0.

De PC: 'Ik ben veilig, het is goed afgelopen', is nog niet erg geloofwaardig (VoC = 3). Aangezien Paula uitgeput is van deze sessie besluiten we de VoC te laten voor wat hij is, positief af te sluiten en de volgende keer verder te gaan. Het is ook goed voorstelbaar dat de geloofwaardigheid van de uitspraak 'Het is goed afgelopen' niet maximaal kan worden, omdat het volgende targetbeeld nog niet behandeld is.

EMDR-sessie II

Bij het begin van de tweede sessie vertelt Paula erg moe te zijn geweest van de eerste sessie.

Eenmaal thuis heeft ze veel gehuild. Pas na twee dagen ging het iets beter. Maar het slapen bleef een drama. De eerste twee nachten heeft ze nauwelijks geslapen; ze had veel angstdromen, ook over het vrachtwagenongeluk. EMDR is haar zwaar gevallen, maar toch heeft ze het gevoel dat het goed is. Ze zegt: 'Het lijkt of alles van achterin mijn hoofd naar voren is gegaan.' Ik heb haar uitgelegd dat we maar één beeld hebben aangepakt en dat waarschijnlijk een van de andere beelden uit haar geheugen nu extra geactiveerd is.

We checken of het beeld onder de vrachtwagen nog steeds neutraal aanvoelt (SUD = 0) en dat blijkt inderdaad het geval.

We nemen het volgende nare herinneringsbeeld.

Targetbeeld 2	We zijn onder de vrachtauto vandaan. Sander zit schuin voor me, ik erachter. Hij huilt. Hij is bang dat zijn been gebroken is. Ik zie een moeder en een zoon die uit elkaar worden gehouden. Hij roept naar mij, hij huilt.
NC	'Ik ben zwak, stom.'
PC	'Ik heb 't goed gedaan, ik ben oké.'
VoC	5
SUD	8

Tijdens de desensitisatiefase noemt zij onder andere:

'Ik zat tegen dat been aan te kijken, stukken vlees op de grond... Ik voelde niks meer... Dat ik niet bij hem kon zijn, hem niet kon troosten, hem beetpakken... We werden uit

elkaar gehouden, bewust! (huilt)... Ik kon hem niet troosten, hij kon mij niet zien... Ik had het moeten zeggen dat ik naar hem toe wilde... Ik hoor Sander roepen naar mij...'

Paula blijft hangen in het idee dat ze te weinig is opgetreden tegen de omstanders. Steeds komt zij weer op het punt: 'Ik had het moeten zeggen. Ik had voor mezelf moeten opkomen. Ik heb het niet goed gedaan.' Op dit moment besluit ik enkele cognitive interweaves (zie 'Procedures en begrippen') in te zetten. Ik probeer haar vanuit een ander perspectief naar de situatie te laten kijken.

Therapeut	Cognitive interweave: Heeft Sander er net zoveel last van als jij?
Paula	Nee. [set klikjes]
Therapeut	Cognitive interweave: Heeft hij het net zo dramatisch ervaren?
Paula	Nee, mijn zus is bij hem gebleven, zij kwam later mee naar het ziekenhuis.
Therapeut	Hou vast. [set] Cognitive interweave: Zou hij misschien automatisch om zijn moeder hebben geroepen?
Paula	Je vraagt me nu allerlei dingen en dan denk ik: ja... oké...
Therapeut	Hou vast. [set]
Paula	Hij kon mij niet zien. Ik heb hem wel met woorden getroost.
Therapeut	Hou vast. [set]
Therapeut	Cognitive interweave: Kon je wel bewegen, kon je wel naar hem toe?
Paula	Nee, ik kon hem ook niet helpen, ik kon mijzelf niet eens bewegen! (Lacht door haar tranen heen.) Wat gek is dit! Ik kon helemaal niet naar hem toe! Ik werd in een opblaasbare zak naar het ziekenhuis vervoerd omdat ik niet meer bewegen kon!

We lachen samen om de verwarring die is ontstaan. Paula straalt. Op de vraag hoe naar het nog is om naar het plaatje te kijken, zegt zij het helemaal niet meer naar te vinden. De SUD is 0 en ze zegt: 'Ik heb het goed gedaan!'

Deze uitspraak is meteen helemaal geloofwaardig (VoC = 7).

EMDR-sessie III

In de derde sessie vertelt Paula dat ze, eenmaal thuisgekomen, haar moeder heeft gebeld om het wonderlijke verhaal te vertellen. Haar moeder was net zo verrast als Paula zelf. Haar zus, die iets later bij het ongeluk arriveerde, zegt nooit te hebben geweten dat Paula zich niet realiseerde dat ze niet naar Sander toe kon.

Paula heeft het idee dat de behandeling meteen resultaat heeft gehad. Sander was in het buitenland en ze heeft hem niet meer steeds gebeld. Ook nu, de laatste week, vraagt ze niet eens meer: waar ga je naar toe? Sander zelf merkt haar veranderde houding ook op. Hij zei laatst tegen haar: mam, wat ben je relaxt! Zij ziet wel nog op tegen het autorijden. Dit is het volgende EMDR-targetbeeld en daarnaast zal ze waarschijnlijk nog veel moeten oefenen (gedragsexperimenten; zie 'Procedures en begrippen').

Targetbeeld 3	Paula zit in de auto, naast de bestuurder, op de snelweg. Er zijn drie vrachtauto's rechts van haar en één wil inhalen.
NC	'Ik ben machteloos.'
PC	'Ik kan het aan.'
SUD	0
Toelichting	Op de vraag hoe naar het is om naar dit plaatje te kijken zegt zij: 'Het is helemaal niet naar meer.' Het lukt niet meer om bij dit targetbeeld spanning te voelen.

Dit beeld hoeft dus niet meer te worden behandeld. We spreken af dat zij zal oefenen op de snelweg en dat zij mij zal bellen als zich nog problemen voordoen.

Follow-upcontact

Na tien maanden wordt zij, in het kader van het schrijven van dit hoofdstuk, door mij gebeld. Paula vertelt:

'Over mijn ervaring met de EMDR-sessies kan ik alleen maar heel positief zijn. Ik vind het heel jammer dat ik niet eerder van het bestaan van EMDR afwist. Mijn zoon heeft inmiddels zijn rijbewijs en kreeg direct een auto van de zaak. Ik vond het de eerste week eng, maar gewoon eng zoals iedere moeder dat waarschijnlijk zal vinden. Nu denk ik er niet meer zo over na, wat in ieder geval niet zo zou zijn geweest als ik deze behandeling niet had gehad. Ik kan hem dus op een gezonde manier loslaten en dat voelt erg goed, vooral voor mijn zoon. Ook in de auto op de snelweg gaat het goed, terwijl ik eerder met gebalde vuisten in mijn stoel zat. Het was zo'n gekke ervaring toen ook die angst niet meer zo heftig bleek te zijn. Ik zit nu rustiger in de auto en ben niet meer zo bezig met het vrachtverkeer dat langskomt. Kortom, de behandeling heeft mij veel goed gedaan.'

Discussie en beschouwing

Soms blijven mensen last houden van een traumatische ervaring omdat specifieke informatie in het geheugen niet meer toegankelijk is. Het lijkt alsof door het trauma en de focus op eigen tekortschieten, het perspectief verloren gaat en daardoor bepaalde delen van het geheugen onvoldoende toegankelijk zijn. In het geval van Paula is zij door het ontbreken van de informatie blijven hangen in een verkeerd idee over zichzelf: 'Ik heb het niet goed gedaan, ik had voor mijn kind op moeten komen en aan de omstanders moeten laten weten dat ik hem wilde troosten.' Zij heeft het idee dat ze naar haar zoon had kunnen toegaan om hem gerust te stellen, maar dat zij zich door de omstanders heeft laten weerhouden.

Ik ben in haar idee over het gebrek aan assertiviteit meegegaan, omdat alles wat Paula zei in overeenstemming daarmee was. Zelfs de RDI werd gekozen in die richting. Wanneer er nog beter was doorgevraagd naar de situatie vlak na het ongeluk was het mogelijk eerder duidelijk geworden dat Paula haar zoon helemaal niet had kunnen helpen, omdat zij zich niet bewegen kon.

Deze informatie was al jaren niet meer beschikbaar voor haar, waardoor zij kon blijven denken dat zij niet goed gehandeld had. In deze behandeling wordt duidelijk hoe belangrijk cognitive interweaves kunnen zijn. De informatie die zij had opgeslagen in haar geheugen blijkt incompleet en het ontbrekende puzzelstukje komt na negen jaar terug. Zo voelt een overbezorgde moeder zich ineens de heldin die zij al die tijd al was.

Behalve een cognitive interweave op het juiste moment is er nog een andere verklaring voor dit effect mogelijk. Er is groeiende evidentie voor de veronderstelling dat bilaterale stimulatie een directe positieve invloed op het herinneringsproces en het geheugen heeft (Christman e.a., 2003; Christman e.a. 2006). Het komt vaak voor dat tijdens EMDR mensen zich plotseling details of contexten herinneren die daarvoor uit hun geheugen verdwenen waren. Hierdoor komt de gebeurtenis in een ander perspectief te staan en vindt herinterpretatie en verwerking plaats. Zie ook EMDR werkt! Maar hoe? over de werkingsmechanismen.

Casus 3 Speelbal van... mijn emoties

Een eetstoornis na een verkrachting op Ibiza: een onverwachte wending

Jan van Trier
Jan van Trier werkt als hoofd van de polikliniek en dagbehandeling van de afdeling Psychiatrie en Psychologie op locatie Overvecht van het Sint Antonius Ziekenhuis te Utrecht. Hij is werkzaam als psychiater, groepstherapeut en EMDR-therapeut. Op de afdeling worden cliënten behandeld met psychosomatische klachten, eetstoornissen, (traumatische) angsten, depressies en persoonlijkheidsstoornissen.

Vrouwen met een eetstoornis hebben vaak een geschiedenis met traumatische ervaringen. Het is elke keer weer lastig om een afweging te maken of eerst de eetstoornis overwonnen moet zijn om aan traumabehandeling te beginnen, of dat het juist nodig is om eerst het trauma te verwerken voordat de eetstoornis kan herstellen. Als er sprake is van ernstig ondergewicht zal vaak begonnen worden met herstel van het gewicht. Ook als er sprake is van braken of laxeren, zal vaak geprobeerd worden hiermee af te bouwen, omdat dit ernstige consequenties kan hebben voor het hart en de spijsvertering. Als de behandeling van de eetstoornis in ernstige mate gehinderd wordt door de posttraumatische stressklachten, is het soms beter om eerst of gelijktijdig te beginnen met traumatherapie. Een enkele keer leidt dit tot een bijzondere ontknoping, zoals bij Caroline.

Klachten en voorgeschiedenis

Caroline is 23 jaar als ze zich op onze afdeling Eetstoornissen aanmeldt. Ze heeft dan sinds een jaar last van vreetbuien en braken en is 10 kilo aangekomen. Ze wil geholpen worden voor haar eetstoornis. Bij de intake vertelt ze dat de eetstoornis begonnen is nadat ze met een vriendin op vakantie was geweest naar Ibiza. Ze is daar verkracht. Sindsdien heeft ze in toenemende mate concentratieproblemen, herbelevingen en nachtmerries. Na een nachtmerrie wordt ze wakker en moet ze braken. Ze ontwikkelt eetbuien en meldt zich aan bij een psychotherapeut. De eetstoornis wordt echter gecompliceerd door suikerziekte. Door het onregelmatige eetpatroon raakt de suikerziekte ontregeld en is een klinische behandeling in ons ziekenhuis nodig. Op het moment van aanmelding heeft ze vrijwel dagelijks eetbuien, die ze naderhand weer probeert te compenseren met zelf opgewekt braken. Ze heeft – in tegenstelling tot veel andere eetstoornisclienten – niet een reeds lang bestaande negatieve lichaamsbeleving. Wel is ze negatief over haar lichaam sinds de verkrachting en de 10 kg die zij sindsdien is aangekomen. Omdat ze niet meer in staat is haar werkzaamheden als verkoopster in een kledingzaak uit te voeren en suikerziekte heeft, wordt Caroline toegelaten tot het intensieve eetstoornisprogramma (dat wil zeggen vijf dagen per week, gedurende ongeveer vier maanden).

Waarom en wanneer EMDR?

We proberen eerst het eten te normaliseren, mede gezien de medische gevaren in verband met het braken. Met name kaliumverlies is gevaarlijk voor hartritmestoornissen door de geleidingsfunctie tussen cellen. Ik schrijf haar kaliumtabletten voor en in de behandeling richten we ons in eerste instantie op het stoppen met braken. In de kliniek nemen de nachtmerries eerder toe dan af; het lijkt of de eetbuien en het braken een verdovende functie hebben. Naarmate ze beter eet, nemen de posttraumatische verschijnselen toe en besluiten we dat EMDR ook onderdeel uit zal maken van de intensieve behandeling.

Verloop van de behandeling

Als ik Caroline in het kader van de EMDR-behandeling zie, ben ik reeds op de hoogte van haar voorgeschiedenis. Ik ben onder de indruk van de heftigheid van haar klachten, nu ze het verhaal voor het eerst in detail aan mij vertelt. Haar vriendin Sandra had haar overgehaald om mee uit te gaan naar een discotheek. De vriendin had al snel een vriendje opgedaan, Caroline ging even naar buiten om te sms'en, werd toen aangesproken door een Spaanse jongen en kreeg daarna een klap op haar achterhoofd, waardoor ze neerviel. Ze is toen door vier jongens ontvoerd in een auto en niet veel verder door drie jongens verkracht; de vierde jongen keek slechts toe. Zij is daarna achtergelaten en op eigen kracht teruggelopen naar de discotheek. Ze voelde zich vies en ook schuldig ten opzichte van Sandra, omdat zij haar had afgeraden naar buiten te gaan. Sandra reageerde geprikkeld, omdat ze lang had staan wachten. Caroline durfde uit schaamte niet tegen haar vriendin te zeggen wat er had plaatsgevonden. In Nederland heeft ze een test gedaan naar seksueel overdraagbare aandoeningen (soa's) die gelukkig niet afwijkend was. Uiteindelijk heeft ze haar verhaal verteld aan een docent van haar opleiding. Zij kon zich namelijk slecht concentreren op school vanwege de herinneringen en herbelevingen.

Ze heeft zichtbaar moeite om het verhaal te vertellen. Ze dwaalt soms af, stokt een enkele keer en staart dan wat voor zich uit. Dit noemen we dissociatieve reacties die kunnen optreden bij posttraumatische stressstoornissen als een bescherming tegen overweldigende emoties. Ook bij andere aandoeningen zoals een paniekstoornis of borderline persoonlijkheidsstoornis kunnen dissociatieve reacties voorkomen. De tweede helft van de sessie besteden we aan Resource Development and Installation (RDI; zie 'Procedures en begrippen') omdat zij niet meer helder kan nadenken. Zij formuleert helderheid als gewenste eigenschap/vaardigheid en kan zich levendig een situatie in groepstherapie herinneren, waarbij ze een assertieve opmerking naar een groepsgenoot maakte, die getuigt van haar vermogen om zich helder uit te drukken. Zij voelt zich hierna een stuk krachtiger en kan weer helder denken en formuleren. We sluiten de sessie af en maken een afspraak voor de eerste 'echte' EMDR-sessie een week later.

Tijdens de tweede sessie gaan we nader in op de beelden waar zij nu nog het meeste last van heeft.

1 Liggend op de rug met handen omhoog.
2 Terug bij vriendin Sandra en haar beschuldigende blik: 'Had je niet moeten doen.'
3 Sandra die boos is op haar, omdat ze lang heeft moeten wachten: 'Ik voel me schuldig.'
4 Toekijken van de vierde jongen als ze verkracht wordt: 'Ik schaam me, ik voel me weerloos, een speelgoedje.'

Ik vraag haar welke van deze vier beelden nu nog het naarste aanvoelt. Zij noemt dan het toekijken van de vierde jongen. In de nachtelijke herbelevingen keert vooral zijn blik terug. Als we wegen wat beter past bij dit beeld, schaamte of weerloosheid, zegt ze dat het gevoel van machteloosheid overheerst, als ze er nu naar terugkijkt: 'Ik kan niks, ik ben een speeltje.' Ik zeg dat ik snap dat ze zich toen een speeltje voelde en vraag of dit ook nu de overtuiging over haarzelf is, die bij het plaatje past. Zij bevestigt dit. Ik besef dat de machteloosheid eveneens het grootste probleem is in het overwinnen van haar eetstoornis. Zij voelt zich een speelbal van emoties en voelt gebrek aan controle over haar eetbuidrang en braakneigingen.

Targetbeeld	Het toekijken van de vierde jongen als Caroline wordt verkracht. Machteloosheid: 'Ik ben een speeltje.'
Positieve cognitie (PC)	'Ik kan het aan.'
Validity of Cognition (VoC)	1
Subjective units of distress (SUD)	6, vooral in de buik

Ik werk niet met oogbewegingen, maar met een koptelefoon met klikjes die afwisselend links en rechts te horen zijn.

Desensitisatie: verbatim van Caroline naar aanleiding van het targetbeeld van het toekijken van de vierde jongen en de vragen tussen de sets van mij: 'Wat komt er in je op?'

- Ze ziet vlekken en zegt: 'Ik knijp mijn ogen dicht. Wat ik ook doe, het maakt niet uit. Benauwd. Verstikkend gevoel. Verstijfd.'

Back to target (BTT): SUD = 6. Wat nu het naarste aanvoelt, zijn de ogen van de vierde jongen.

- 'Mijn ogen dicht, zijn ogen open. Ik voel me klein, hij wordt groot, hij kan alles met me doen, witte waas.'

BTT: SUD = 4.

Bij positief afsluiten noemt ze: 'Ik voel me boos, ik ben boos.'

Zij ervaart boosheid als positief, omdat ze tot nu toe verlamd is door angst en het gevoel van boosheid haar meer energie geeft.

De tweede sessie vindt een week later plaats.

Opnieuw opstarten: SUD = 5.

- 'Ik voel me klein… weerloos… zijn ogen (van de vierde man, JvT) maken mij benauwd.'

BTT: SUD = 6.

- 'Ik en toeschouwer komen scherper in beeld, schaamte.'

Als zij schaamte benoemt, wordt haar stem zachter en zwijgt ze. Een aantal keer gaan we terug naar het beeld en geeft ze aan dat de lading vooral te merken is als ze inzoomt op zijn ogen. Na elke reeks eindigt ze dan weer met schaamte. Omdat ik dit proces wil doorbreken zet ik diverse cognitive interweaves in (zie 'Procedures en begrippen'): 'Wie moet zich schamen?' 'Hij, maar… hij maakt me boos.'

BTT: SUD = 7 'Meer boos…' Zij wil weg, maar kan niet.

BTT: SUD = 3.

De cognitive interweave ging echter niet van harte… Ik blijf het proberen.

Therapeut	Wie hoort zich te schamen?
Caroline	(stilte)
Therapeut	Wie hoort zich het meest te schamen?
Caroline	Ik weet wel dat het niet zo hoeft te zijn, maar dat roept het bij mij op.
Therapeut	Als je kijkt naar het plaatje, vind je dat hij zich moet schamen?
Caroline	Hij doet helemaal niks, dus hij hoeft zich niet te schamen.
Therapeut	Hij kijkt toe.
Caroline	Iedereen kijkt wel eens ergens naar.
Therapeut	En als je ergens naar kijkt zonder in te grijpen?
Caroline	Ja, dat vind ik wel bot.
Therapeut	Zou hij zich daarvoor horen te schamen?
Caroline	Ja..., ja... Weet ik niet eigenlijk. [BTT: SUD = 6]
Therapeut	Kom weer terug naar dat plaatje.
Caroline	[huilend] Ik word er echt kwaad van.
Therapeut	Mmm.
Caroline	Ik word er ook misselijk van. [set]
Therapeut	Wat komt er in je op?
Caroline	Het lijkt of ik er minder naar kan kijken, dat het minder erg is. [set]
Therapeut	Wat komt er in je op?
Caroline	Dat ik gewoon zo aan mezelf ga lopen plukken en knijpen en zo.
Therapeut	Nu?
Caroline	Ja.
Therapeut	Oké, concentreer je daar maar op. [set]
Therapeut	Wat komt er in je op?
Caroline	Niks.
Therapeut	Terug naar plaatje, hoeveel spanning?
Caroline	Wat meer zelfs... [SUD = 7]
Therapeut	Wat in dat plaatje maakt het meer?
Caroline	Nu boosheid.
Therapeut	Wat maakt die boosheid?
Caroline	Dat ik niks kan doen, een machteloos en weerloos gevoel. [Set]
Therapeut	Wat komt er in je op?
Caroline	[vanaf hier met krachtiger stem] Dat je weg wil, maar niet weg kunt.
Therapeut	Dat was toen, maar nu ook?
Caroline	Ja, nu ook. [set]
Therapeut	Wat komt er in je op?
Caroline	Ik voel me gewoon boos.
Therapeut	Concentreer je daar maar op. [set]

Therapeut	Wat komt er in je op?
Caroline	Niks.
Therapeut	Ga weer terug naar oorspronkelijke plaatje. Hoeveel lading?
Caroline	3. Ik voel me minder boos, ik heb wel een gespeeld gevoel, alsof ik een speeltje ben.
Therapeut	We gaan afsluiten voor vandaag. Wat voor positiefs heb je over jezelf geleerd?
Caroline	Dat ik nu heb geleerd dat ik die boosheid op mezelf richt.
Therapeut	En wat is daar positief aan?
Caroline	Dat ik daar iets anders mee kan doen.
Therapeut	Wat is dan het meest positieve wat je nu over jezelf hebt geleerd?
Caroline	Dat ik durf te erkennen dat ik boos ben.
Therapeut	Je bedoelt niet meer op jezelf, maar op de daders?
Caroline	Ja.
Therapeut	Formuleer het in je eigen woorden.
Caroline	Ik mag boos zijn op een ander. [set]

Ik was niet tevreden over de resultaten met de cognitive interweaves. Ik had gehoopt dat het kwartje zou vallen en dat zij spontaan en vol overtuiging op mijn vraag 'Wie moet zich schamen?' zou roepen: 'Hij natuurlijk.' Was ik te vroeg geweest? Anderzijds zat ze wel erg vast in het thema schaamte. Ze sloot de sessie positief af met: 'Ik voel boosheid, niet meer op mezelf, maar op de daders.'

De derde sessie, een week later, zegt ze af, omdat... ze bekend heeft aan de behandelcoördinator dat ze de hele verkrachting heeft verzonnen! Zij heeft wel degelijk op vakantie seks gehad met een jongen, die ze verder niet leuk vond, maar dit is niet onvrijwillig geweest. Direct daarna en terug in Nederland schaamde ze zich voor haar daad en ze was bovendien bang voor een geslachtsziekte. Toen haar op de soa-poli gevraagd werd waarom ze getest wilde worden, schaamde ze zich zozeer voor het feit dat ze onveilige seks had gehad dat ze ter plekke verzon dat ze verkracht was. Via de soa-poli is toen hulpverlening op gang gekomen en heeft ze het verhaal steeds verder in detail uitgewerkt. Zij voelde zich steeds meer in de knel en had inmiddels ook vreetbuien met braken ontwikkeld.

Ik spreek Caroline een week later. Zij licht verder toe dat zij de verkrachting zo levendig had gemaakt voor zichzelf dat ze daadwerkelijk last kreeg van nachtmerries en herbelevingen over haar eigen fantasiebeelden. Sinds de laatste EMDR-sessie zijn de nachtmerries verdwenen!

Op de Schokverwerkingslijst (geeft aan in welke mate er sprake is van posttraumatische stressklachten) waarop ze bij aanmelding 25 punten scoorde, scoort ze nu 0 punten. Ze is zichtbaar opgelucht dat ze nu open kaart speelt. Ik bespreek met haar welke andere aspecten in haar verhaal gelogen of overdreven zijn. Heeft ze wel eetbuien gehad of heeft ze die ook verzonnen? Zij ontkent verder gelogen te hebben en zegt wel degelijk last te hebben van eetbuien met braken. De eetstoornisbehandeling verloopt dan redelijk snel: zij kan snel een normaal eetpatroon ontwikkelen. Een verschil met andere vrouwen met eetstoornissen is dat zij minder last heeft van een verstoord lichaamsbeeld; ook bij de intake heeft ze daar nauwelijks over geklaagd. Ze is snel weer tevreden over haar lichaamsvormen en heeft geen problemen met haar gewicht. Een verklaring is dat zij haar eetstoornis meer gebruikte om interne conflicten op te lossen rond de leugens en de schaamte. Er zijn wel forse autonomieproblemen en spanningen in het gezin die verdere aandacht krijgen. Zij is altijd een net meisje geweest en heeft te weinig ruimte genomen om haar eigen behoeftes en grenzen te verkennen. Er is geen sprake (meer) van een posttraumatische stressstoornis. In feite ging het hierbij om een nagebootste stoornis met psychologische symptomen en boulimia nervosa. Haar identiteitsproblemen, dissociatieve reacties, zwart-witdenken en neiging tot automutilatie (braken en eetbuidrang) zijn aanwijzingen voor (trekken van) een borderline persoonlijkheidsstoornis.

Achteraf weet ik niet zeker wat de EMDR nu teweeg heeft gebracht: zij meldde gedurende de sessies dat ze bozer werd en dit leek oprecht, maar ik vraag me af op wie dan? Niet op de niet-bestaande jongens. Ik vermoed dat ze de schaamte die ze voelde omzette in boosheid gericht op zichzelf. Desgevraagd kan zij ook zelf hierop het antwoord niet geven. Het leverde haar wel een positieve energie op en zij zegt dat het wel heeft geleid tot onhoudbaarheid van haar verhaal. Zij gelooft wel dat zij door de EMDR geen last meer heeft van herbelevingen; pas daarna heeft ze haar verhaal opgebiecht.

Het is bijzonder ongelukkig voor haar geweest dat door haar levendig voorstellingsvermogen het verzonnen verhaal voor haar een letterlijke nachtmerrie werd. Dit was niet haar bedoeling. Het is misschien net als bij mensen die na een horrorfilm (vooral kinderen zijn hiervoor gevoelig) last hebben van nachtmerries, terwijl ze ook weten dat het maar een film was. Dat waren ze tijdens het bekijken van de film vermoedelijk even vergeten. Anderzijds leiden deze klachten weer wel tot extra vormen van aandacht en hulp en kan ook dit een onbewust motief zijn geweest.

Een jaar later…

Ik spreek haar om toestemming te vragen voor deze bijdrage en bekijk met haar de video-opnames die ik toentertijd – nietsvermoedend van de bizarre afloop – van de behandeling heb gemaakt. Zij bevestigt nogmaals dat ze tijdens de EMDR daadwerkelijk een beeld voor zich zag van een ‘ingebeelde’ toeschouwer en dat zij zich bij zijn ogen steeds schaamtevoller en angstiger voelde. Ze was nauwelijks bewust bezig met het feit dat ze het verhaal verzonnen had. Tijdens de sessie antwoordde ze steeds vanuit het gefantaseerde beeld. Tegelijkertijd wist ze wel dat het niet gebeurd was. Zij geeft nu aan dat de ingebeelde ogen nog het meest op de ogen van haar moeder leken. Dit had een soort van gewetensfunctie: 'Wat erg als mijn moeder dit zag.' Ze heeft nooit eerder durven vertellen dat het vrouwenogen waren, omdat zij besefte dat haar verhaal dan niet geloofwaardig zou zijn: 'Welke vrouw zou bij een verkrachting toekijken?' Zij zei daarom dat het mannenogen waren, maar zag er nooit een lichaam bij, ook niet in haar fantasie. De ogen van haar moeder (aanvankelijk iets minder specifiek: 'een vrouw') bezorgden haar wel last. Het is achteraf logisch dat zij meer last kreeg van schaamte in plaats van het weerloze gevoel dat haar aanvankelijk hinderde. Zij schaamt zich op een dubbele manier. Het is schaamtevol dat moeder haar zo ziet liggen en het is schaamtevol dat moeder haar zo ziet liegen. Zij heeft ook in het heden last van schuldgevoelens naar moeder. Tegen haar ouders heeft ze verteld dat ze gelogen heeft. Met name haar moeder had moeite om dit te geloven. Haar moeder heeft mij daarna nog gebeld om te zeggen dat Caroline niet snel zal zeggen dat ze niet verkracht is, omdat de therapie te confronterend is. Caroline heeft echter diverse malen bevestigd dat ze het verhaal verzonnen heeft en rapporteert ook geen posttraumatische stressklachten meer.

Discussie en beschouwing

Een aantal keren blijken cliënten hun trauma's en andere verhalen verzonnen dan wel overdreven te hebben. We noemen dit pseudologia fantastica, ofwel 'ziekelijk liegen'. In het navolgende worden enige theoretische achtergronden rondom pseudologia fantastica afgezet tegen het verhaal van Caroline.

Pseudologia fantastica is jarenlang als een afgrensbare ziekte-eenheid gezien, hoewel het geen DSM-IV-diagnose is (DSM-IV-TR, APA, 2000). Bij Caroline lijken de verschijnselen nog het meest op wat we tegenwoordig een nagebootste stoornis noemen. Cliënten gaan aanvankelijk moedwillig liegen uit schuldgevoel of om aandacht te krijgen en geloven steeds meer in hun eigen leugens. Confrontatie leidt meestal tot het verbreken van de behandelrelatie. Het is belangrijk om cliënten zonder gezichtsverlies hun web van leugens te kunnen laten afleggen. Soms helpt het om te vertellen dat iemand die vanuit schaamte, tekort aan aandacht of schuldgevoel zich zo in leugens verstrikt, minstens zoveel hulp verdient als iemand die het echt heeft meegemaakt. Partners, vrienden en ouders reageren vaak vol onbegrip als de leugen uitkomt. Het zijn echter lang niet altijd boosaardige intenties die iemand aanzetten tot liegen; vaak duidt het juist op respect voor de ander. Ze zijn niet schaamteloos, maar willen juist de ander behagen en komen zo tot hun verdraaiingen. Dit helpt de omgeving om meer begrip op te kunnen brengen. Ook helpt het te zeggen dat de genoemde voorbeelden misschien wat extreem en oninvoelbaar mogen lijken, maar dat er sprake is van een glijdende schaal. Heel veel mensen herkennen een 'leugentje om bestwil' en soms ook het fenomeen dat ze een langdurig volgehouden verhaal zelf gaan geloven.

Vanuit de forensische psychologie is veel onderzoek gedaan naar de zogenaamde nagebootste stoornis. Dit dient goed onderscheiden te worden van simulatie; bij simulatie is er sprake van opzet met een duidelijk belang, zoals vermindering van straf, het verkrijgen van een uitkering of het ontlopen van militaire dienst. Bij de nagebootste stoornis ligt het belang meer in het oplossen van een inwendig gevoeld conflict en is men niet zozeer uit op materieel gewin. Een simulant is zich er terdege van bewust dat hij liegt; bij de nagebootste stoornis is dit bewustzijn er ook, maar ligt het wat minder scherp. Als dit bewustzijn geheel afwezig is, is er sprake van conversie. Conversie gaat meestal gepaard met verlammingsverschijnselen, zoals niet meer kunnen lopen, spreken of het kunnen bewegen van een arm. Pseudologia fantastica is niet helemaal hetzelfde als een nagebootste stoornis. Men liegt delen van een autobiografie, maar dit leidt niet per se tot symptomen die een stoornis imiteren. Bij Caroline ligt het gecompliceerd: zij heeft de verkrachting weliswaar verzonnen, maar kreeg door haar krachtige fantasie daadwerkelijk last van herbelevingen. Hoewel deze herbelevingen een dankbaar aangrijpingspunt waren voor de EMDR, mag de diagnose posttraumatische stressstoornis formeel niet worden gesteld, omdat de herbelevingen niet berusten op een ware gebeurtenis. Later bekende zij dat ze vaker verhalen verdraait of verzint, meestal om medelijden te wekken of indruk te maken op een ander.

Ook in de populaire media is er veel aandacht geweest voor 'hervonden herinneringen' en het 'false memory syndrome'. Hiermee wordt bedoeld dat, met name in een therapeutische setting, zogenaamde 'hervonden herinneringen' aan een traumatische gebeurtenis kunnen worden opgeroepen, waarvan de cliënt zich niet bewust was dat die had plaatsgevonden en waarvan in een aantal gevallen is gebleken dat die in werkelijkheid niet heeft plaatsgevonden. Omdat dit een aantal malen heeft geleid tot dramatische beschuldigingen van incest van vaders, die vervolgens onterecht werden veroordeeld, stellen nu zelfs beroepsverenigingen zich op het standpunt dat herinneringen aan seksueel misbruik, opgedaan tijdens psychotherapie, niet rechtsgeldig zijn.

De onthullende werking van EMDR in vergelijkbare gevallen komt vaker voor, al is hierover, voor zover bekend, niet gepubliceerd. Ooit had ik een cliënte die al een jaar elders in ambulante psychotherapie was voor een verkrachting, waardoor ze niet meer naar haar werk kon. Ze werd verwezen voor EMDR. In een sessie vroeg ik: 'Wat komt er in je op?' Ze antwoordde: 'Helemaal niets, want er is geen beeld.' De leugen was niet meer vol te houden, ze vertelde dat ze op het werk disfunctioneerde en dat zij ontslag vreesde. Door dit dramatische verhaal kreeg ze veel medelijden en begrip en werd haar aanstelling verlengd.

Een andere cliënte was erg van slag na de handtastelijkheden van haar skileraar. Ze durfde het niemand te vertellen, omdat ze bang was dat anderen haar niet serieus zouden nemen. Pas toen ze het in gedachten 'groter' maakte en er een verkrachting bij verzon, durfde ze erover te praten en durfde ze anderen te vertellen waarom ze zo van slag was. Langzamerhand werd de verkrachting steeds reëler en werd dit steeds belangrijker als verklaring voor haar diverse klachten. Tijdens de EMDR-behandeling begon ze te huilen. Pas toen realiseerde ze zich ten volle in welk web ze was geraakt en dat er eigenlijk niets meer of minder was gebeurd dan een uitgebreide poging van een aangeschoten skileraar om haar te zoenen. Voor zover ze wist had er ook geen ander seksueel misbruik in haar voorgeschiedenis plaatsgevonden. Ze moest leren leven met het feit dat ze deze 'leugen' jarenlang had volgehouden en kennelijk 'nodig had'. Ze kreeg hierdoor plotseling veel meer zelfinzicht en haar persoonsgerichte behandeling kwam in een stroomversnelling. Aangezien EMDR zich richt op de schokkende gebeurtenis *zoals de cliënt zich nu herinnert,* is het niet erg wanneer fantasie en werkelijkheid door elkaar heen lopen. Zoals de verhalen van Caroline en de andere cliënten laten zien is EMDR ook dan een effectieve therapeutische methode, zelfs wanneer de cliënte een speelbal is van haar emoties.

Deel III
Kinderen en jeugd

Inleiding

Helaas maken ook kinderen en adolescenten nare gebeurtenissen mee waar ze klachten aan over kunnen houden en die bovendien kunnen leiden tot ontwikkelingsschade (Beer & De Roos, 2008). Wanneer een kind na een schokkende ervaring te veel in beslag wordt genomen door angsten en andere gevolgen van die ervaring, blijft er onvoldoende tijd over om zich te richten op ontwikkelingstaken. Dit kan leiden tot ontwikkelingsachterstanden op emotioneel, sociaal of cognitief terrein. De 9-jarige Noa uit casus 4 die depressiever wordt naarmate het schooljaar vordert, klaagt over concentratieproblemen op school en hangt thuis lusteloos op de bank. Het zal duidelijk zijn dat wanneer deze situatie aanhoudt, de kans groot is dat Noa een leer- en ontwikkelingsachterstand oploopt. Ook de 4-jarige Lotte uit casus 5 heeft hiermee te kampen: mogelijk door haar gevoelens van onveiligheid op momenten dat zij gescheiden was van moeder, kwam haar motorische ontwikkeling traag op gang en ging zij pas met 21 maanden lopen. Verder hebben kinderen – meer dan volwassenen – hulp nodig bij het verwerken en integreren van ervaringen. Een kind kan bijvoorbeeld de verkeerde conclusie trekken dat de ingrijpende gebeurtenis een straf is voor iets wat het fout heeft gedaan – 'eigen schuld, dikke bult' – en daardoor depressief worden of juist opstandig gedrag vertonen. De gedachte 'Het is mijn schuld' van de 9-jarige depressieve Noa in casus 4 bij de herinnering aan het telefoontje dat oma dood is, wijst in deze richting. Wanneer adequate uitleg en 'correctie' van onterechte schuldgevoelens bij het verwerken van akelige ervaringen achterwege blijven, kan dit leiden tot emotionele en gedragsproblemen (Beer & De Roos, 2004).

Verder is vastgesteld dat een niet-behandeld chronisch trauma een beschadigende invloed kan hebben op de ontwikkeling van de omvang van de hersenen en kan leiden tot een verminderde communicatie tussen de hersenhelften. Ook dit kan leiden tot ontwikkelingsachterstand. Klachten die aanhouden kunnen uitmonden in chronische psychopathologie, zoals depressie, angsten en een negatief zelfbeeld. Effectieve behandelingsmogelijkheden zijn dus van belang ter voorkoming van chronische psychopathologie en ontwikkelingsachterstanden (Beer & De Roos, 2004).

Sinds 2000 worden in Nederland EMDR-trainingen georganiseerd voor behandelaars van kinderen en adolescenten, gericht op de toepassing van

EMDR bij jeugdige cliënten in verschillende ontwikkelingsfasen (Beer en De Roos, 2008). Het werken met kinderen en adolescenten vraagt namelijk op verschillende niveaus om aanpassingen ten opzichte van de toepassing bij volwassenen. Zo beschrijft Jeanine Rutten in de behandeling van de 4-jarige Lotte in casus 5 Joan Lovetts verhalenmethode waarin alle onderdelen van het EMDR-protocol in verhaalvorm aan bod komen. Terwijl Janine op haar schouders tapt, wordt Lotte spelenderwijs voor de poppenkast met tussenpozen het verhaal verteld. Omdat Lotte regelmatig achter de poppenkast verdwijnt, is het voor Janine volstrekt onduidelijk of ze wel echt naar het verhaaltje luistert of dat zij zich er misschien helemaal voor afsluit. Ook Dafna Zwarts geeft in casus 4 aan dat het bij kinderen vaak lastig is om in te schatten of het EMDR-proces stilstaat of dat er wel sensaties worden waargenomen. Kinderen geven bij EMDR namelijk vaak 'niks' als respons, terwijl er wel degelijk iets gebeurt. Soms zie je het aan het kind, vaak ook niet. Dit betekent dat de therapeut enerzijds kennis nodig heeft van psychopathologie en leeftijdsspecifieke reacties op schokkende gebeurtenissen, anderzijds dient hij zijn attitude en taalgebruik aan te kunnen passen en contact te kunnen leggen met kinderen en adolescenten van verschillende leeftijden. Ten slotte dient hij ouders of andere verzorgers een adequate rol te kunnen geven in de behandeling (Beer & De Roos, 2008). Marijke de Koning beschrijft in casus 7 hoe zij in het laatste gesprek de behandeling van de 16-jarige Mieke samen met haar en haar moeder evalueert. Carlijn de Roos geeft in casus 6 de ouders van de 17-jarige Stefan adviezen om zijn oefeningen met eten te ondersteunen. Ze stelt dat het de kunst is om een respectvolle samenwerking met alle gezinsleden tot stand te brengen en voortdurend met hen mee te zoeken naar nieuwe ingangen om knelpunten in de behandeling het hoofd te bieden. Ten slotte is in casus 8 te lezen hoe Marianne Went de problemen met de 3-jarige dochter aanpakt door de moeder met EMDR te behandelen. In de aanvullende begeleiding gericht op de opvoeding legt Marianne de nadruk op het herstel van de verstoorde hechtingsrelatie tussen moeder en dochter.

Casus 4 'Ik ben stom!'

Een 9-jarig meisje wordt depressiever naarmate het schooljaar vordert

Dafna Zwarts

Dafna Zwarts is GZ-psycholoog en -psychotherapeut. Ze werkt reeds tien jaar in een eigen psychotherapiepraktijk in Amsterdam. Haar clientèle bestaat voornamelijk uit kinderen en adolescenten met diverse emotionele problemen. Eerder werkte ze elf jaar bij de jeugdzorg van een GGZ-instelling en twee jaar bij een adolescentenkliniek. Zij is EMDR-practitioner en -supervisor, ook voor kinderen en adolescenten.

Het is inmiddels bekend dat EMDR goed toegepast kan worden bij (jonge) kinderen met eenmalige trauma's en zelfs bij kinderen die langdurig getraumatiseerd zijn (Beer & De Roos, 2008). Het bijzondere van deze casus is dat EMDR ingezet is bij de behandeling van een depressief meisje. In de literatuur wordt cognitieve gedragstherapie meestal als eerste keus genoemd voor depressieve klachten bij kinderen. Hieronder zal beschreven worden waarom in het geval van Noa voor EMDR is gekozen.

Klachten en voorgeschiedenis

Noa is negen jaar en wanneer ze aangemeld wordt is ze net begonnen aan groep 6. Haar ouders beschrijven haar als een bovengemiddeld intelligent, sociaal en lief meisje. Noa wordt eigenlijk al sinds drie jaar, naarmate het schooljaar vordert, toenemend somber, waarna ze in de zomervakantie steeds weer opknapt. Haar ouders noemen als voornaamste klacht dat Noa zich eenzaam voelt, terwijl ze toch genoeg vriendinnen heeft. Als er even iets moeilijk verloopt in het sociale contact, kan ze daarin blijven hangen. Verder klaagt Noa over concentratieproblemen op school, terwijl haar juf geen zorgen heeft over haar werk. Haar ouders merken dat ze na school moe is en nergens zin in heeft. Ze hangt lusteloos op de bank. Regelmatig heeft ze ook inslaapproblemen. Ze zegt dan dat haar hoofd te vol is.

Noa is ter wereld gekomen via een keizersnee, omdat de ontsluiting onvoldoende vorderde. Om onbekende redenen werd ze meteen aan de beademing gelegd. Ze bleek helemaal gezond, maar voor moeder was het moeilijk dat ze haar dochter pas na anderhalf uur te zien kreeg. Noa moest toen nog één nacht in de couveuse doorbrengen. Moeder was de eerste weken van slag. Vader deed veel met zijn kindje. De ouders hadden dat eerste jaar onderlinge spanningen, eigenlijk omdat ze nog niet zo lang samenwoonden. Hoewel ze beiden een kinderwens hadden, viel de overgang naar de fase van ouderschap hen zwaar. Pas na een jaar hadden ze hierin hun balans gevonden.

Noa was een gemakkelijke, onderzoekende, lieve peuter, die zich goed ontwikkelde. Het enige wat moeilijk ging was het slapen. Achteraf beseffen de ouders dat dit ook aan hen lag. Ze reageerden op elke kik en raakten er zelf uitgeput van. Een ervaren ouderpaar adviseerde hen het eenduidig en gestructureerd aan te pakken. Het lukte de ouders zo om Noa te leren zelf in te slapen.

Toen Noa drie was, werd haar zusje geboren. Ze werd jaloers en uitte dat in woede op haar moeder. Op de crèche, waar Noa drie dagen per week naartoe ging, kreeg ze op een gegeven moment een vriendinnetje, Lotje, waar ze nog steeds mee omgaat. Deze periode is zonder problemen verlopen. De overgang naar de kleuterschool was moeilijker. Ze kon een tijd moeilijk afscheid nemen van haar moeder, die haar altijd bracht. 'Misschien', zo zegt moeder achteraf, 'lag het wel aan mij. Ik ben niet goed in haar loslaten. Dat was ook al duidelijk toen Noa slaapproblemen had.' Haar ouders vragen zich af of Noa erfelijk belast is met depressie. Zowel vader als opa (vaders vader) is bekend met perioden van ernstige somberheid. Vader heeft er de laatste 9 jaar, sinds Noa werd geboren, geen last meer van gehad.

Nadat ik bovenstaande informatie via de ouders en de school had verkregen, spreek ik Noa zelf. Ze vertelt dat het vooral in groep 5 slecht ging. Ze voelde zich buitengesloten, omdat haar beste vriendin Katja haar in de steek had gelaten. Sindsdien is ze bang dat ook andere vriendinnen haar in de steek zullen laten. Dit schooljaar gaat het beter met vriendinnen, maar er is veel ruzie in de klas en de jongens pesten haar. Daarom heeft ze vaak geen zin om naar school te gaan.

Tijdens de intakeperiode was Noa een keer voor het inslapen zonder aanleiding zo ongelukkig over school dat ze ernaar verlangde dood te zijn. Noa vertelde dit aan haar vader en die schrok zo erg dat Noa verder haar mond hield om hem tegen nog meer onheil te beschermen.

Waarom EMDR?

Noa had waarschijnlijk goed behandeld kunnen worden met cognitieve gedragstherapie (Braet, 2000). Ze zou dan leren dat ze ook een andere, positievere interpretatie zou kunnen geven aan de wereld om haar heen en ze zou gestimuleerd worden meer positieve ervaringen op te doen. Toch kon ik het gedrag van Noa niet goed plaatsen. Waarom werd ze op een goed verlopen dag ineens zo somber dat ze aan zelfmoord dacht? Zou cognitieve therapie wel afdoende zijn, of zat haar nog meer dwars?

De angst om buitengesloten en in de steek gelaten te worden, leken mij belangrijke thema's in haar korte leventje. Ik heb daarom ook (psychoanalytische) speltherapie overwogen. Hiermee zou het thema 'verlies' goed aangepakt kunnen worden (Donckers, 2000) en vermoedelijk zou dit ook leiden tot een positief resultaat. Maar dit zou zeker een jaar duren, zo was mijn ervaring. Dat vraagt een hoop inzet en vertrouwen van kind en ouders.

Ouderbegeleiding leek mij sowieso wel zinvol, want haar ouders gingen niet altijd even handig om met Noa's onzekerheid en de neiging om zich terug te trekken. Ik schatte echter in dat dit het probleem niet volledig zou verhelpen.

Uiteindelijk koos ik ervoor om te proberen de problemen van Noa met EMDR aan te pakken. De ervaringen die ze vertelde, kwamen er vaak op neer dat zij negatief over zichzelf denkt en dat anderen haar in de steek laten. Welke gebeurtenissen in haar leven hebben geleid tot deze negatieve overtuiging over zichzelf en over anderen? Wat bewijst voor haar dat zij er niet bij zou horen?

De inzet van EMDR bij dit soort (zelfbeeld)problematiek is uitgebreid beschreven voor volwassenen (Ten Broeke, De Jong & Oppenheim, 2008); zie ook casus 11 van Erik ten Broeke over zelfbeeldreparatie. Mijn voorkeur voor EMDR ten opzichte van de andere alternatieven heeft te maken met de manier van zoeken naar beschadigende gebeurtenissen. Ik heb het idee dat je problemen langduriger kunt verhelpen als je de oorsprong aanpakt. Zeker bij kinderen is die vaak moeilijk te achterhalen. Ouders kunnen je veel informatie geven, maar ze kunnen niet altijd inschatten welke situaties voor hun kind beschadigend zijn geweest. Door de manier van vragen bij EMDR vertellen kinderen sneller hun ideeën over de oorsprong van hun klachten dan bij andere therapieën.

Na mijn uitleg gingen de ouders akkoord met een EMDR-behandeling voor Noa, gecombineerd met ouderbegeleiding. De ouderbegeleiding werd gericht op het uitwisselen van informatie over Noa thuis en in therapie en er werden pedagogische adviezen gegeven. De ouders gingen ook met de school praten over Noa's positie in de klas en hoe die te verbeteren. Hierop introduceerde haar juf een brievenbus in de klas. De kinderen konden op briefjes schrijven wat ze met de juf wilden bespreken. Achterliggend idee is dat de drempel om moeilijke dingen te verwoorden daardoor kleiner wordt. Omdat in deze klas meer sociale problemen speelden, schakelde de school een extern bureau in, het Instituut voor Kanjertraining (www.kanjertraining.nl), dat erin gespecialiseerd is het contact tussen kinderen in een klas te verbeteren.

Verloop van de EMDR-behandeling

Eerst zoek ik naar ervaringen die Noa's zelfbeeld beschadigd hebben en die nog steeds bewijzen dat ze iemand is die in de steek gelaten wordt. Noa vertelt me over enkele nare situaties en ik vraag wat ze daarbij denkt over zichzelf. 'Ik ben stom', was haar antwoord. Ik vermoed dat 'Ik ben stom' een kernovertuiging over zichzelf is die bijdraagt aan haar klachten (zie 'Procedures en begrippen'). Wanneer ik haar vraag welke situaties voor haar gevoel nog steeds bewijzen dat ze stom is blijkt dat een wat te ingewikkelde formulering voor haar. Vervolgens vraag ik wanneer ze zich vooral stom heeft gevoeld. Ook dat levert weinig responsen op. Wanneer ik haar vraag wanneer ze zich alleen of in de steek gelaten heeft gevoeld, komt ze met een aantal situaties. Het valt me op dat ze ook zeer vroege ervaringen noemt. Dat leidt tot de volgende vijf gebeurtenissen, in chronologische volgorde:

1 Toen ze twee jaar was en op de crèche zat, ging haar vriendin Lotje drie weken op vakantie.
2 Toen ze op haar derde jaar eèn zusje kreeg.
3 Toen ze vijf jaar was, overleed oma (vaders moeder). Noa had een hechte band met haar. Bovendien heeft ze vader toen erg verdrietig gezien.
4 In groep 4 heeft ze zich een tijd alleen gevoeld, vooral tijdens het buitenspelen. Niemand wilde met haar spelen.
5 In groep 5 werd ze in de steek gelaten door haar beste vriendin Katja. Dit is voor Noa nu nog de ergste gebeurtenis.

Ik besluit de negatieve herinneringen van Noa chronologisch met EMDR te behandelen. Volgens de ouders vond gebeurtenis 1 na gebeurtenis 2 plaats. Ik heb Noa daar niet mee lastiggevallen. Het gaat erom hoe het in haar hoofd ligt opgeslagen.

Veilige plek

We beginnen met de oefening die 'veilige plek' heet (Tinker & Wilson, 1999; zie ook Procedures en begrippen). Hierbij moet de cliënte een plek aangeven en tekenen waar zij zich het allerfijnst voelt. Alle zintuigmodaliteiten worden daarbij geactiveerd: 'Hoe ruikt het, wat hoor je, wat voel je in je lichaam', et cetera. Vervolgens moet de cliënte zich daarop concentreren, terwijl zij bilateraal gestimuleerd wordt. Na iedere set van ± 20 seconden wordt gevraagd wat de cliënte merkt. Als uit de respons blijkt dat het aangename gevoel sterker wordt, komt er nog een set bilaterale stimulatie totdat de cliënte geen progressie meer meldt. Dan wordt dit herhaald met een andere vorm van bilaterale stimulatie. Doel van deze oefening is meervoudig:

- De cliënte leert de methode EMDR kennen op een prettige manier. Met name de combinatie van concentratie en afleiding door bilaterale stimulatie is iets speciaals waar ze op een prettige manier mee kennismaken.
- Verder kan de cliënte kiezen welke vorm van stimulatie zij het fijnst vindt: de oogbewegingen, audio (koptelefoon met klikjes afwisselend door linker- en rechteroor), elkaar afwisselend aantikken op linker- en rechterknie of -hand en een apparaatje waarbij je in elke hand een soort klein compu-

termuisje hebt dat trillingen geeft. De voorkeur komt meestal overeen met de stimulatie waarbij het positieve effect het sterkste is. Noa kiest voor de koptelefoon.
- Ten slotte kan deze fijne plek opgeroepen worden tijdens de desensitisatie of als afsluiting van een incomplete desensitisatie om de cliënt weer een fijn gevoel te geven. Dat is bij Noa niet nodig. Zo heftig was het niet.

Noa kiest als veilige plek haar kamer, waar ze alleen op haar bed de Donald Duck leest. Ze hoort er vogels bij, ruikt de drop in het potje op haar bureau en voelt de warmte van de verwarming waar ze tegenaan zit. Dit geeft haar een fijn gevoel in haar buik.

Herinnering 1 Toen ze twee jaar was en op de crèche zat, ging haar vriendin Lotje drie weken op vakantie.

De 'subjective units of distress' (SUD) is 9 en de cognities liggen in het domein van de controle (negatieve cognitie: 'Ik ben hulpeloos'; positieve cognitie: 'Ik kan het aan').

Figuur 4.1
Eerste targetherinnering: Noa (links) neemt afscheid van haar beste vriendin (en haar ouders).

Als emotie noemt Noa het 'alleen-gevoel' en dat neemt ze waar in haar borst en buik. Ze tekent zichzelf, zwaaiend met een triest gezicht, en haar vriendin met ouders voor een vliegtuig (zie figuur 4.1).

Opvallend is dat Noa regelmatig als respons zegt: 'Niks', terwijl er intern toch wat lijkt te gebeuren.

Ik heb de volgende 'cognitive interweaves' gebruikt:

Therapeut	Cognitive interweave: Wat zou Lotje tegen jou gezegd hebben?
Noa	Dat ze snel weer terugkwam en een kaartje zou sturen. [set]
Therapeut	Cognitive interweave: Wat zou je nu zeggen tegen die Noa van toen?
Noa	Dat het ook weer niet zo lang duurt. [set]
	Dat het me wel geruststelt dat het niet zo lang duurt, dat ik dat tegen mezelf zeg. [set]
Therapeut	Cognitive interweave: Ben je nu nog alleen?
Noa	Nee. [set]

Figuur 4.2

Tweede targetherinnering: net geboren zusje bij moeder op schoot, omringd door kraamvisite. Noa alleen in hoekje.

Na twee sessies van 45 minuten eindigt de SUD op 0 en de Validity of Cognition (VoC) op 7. Ik spreek de ouders, die vertellen dat Noa's stemming beter is. Ze zei: 'Die piepjes helpen echt.'

Herinnering 2 Toen ze op haar derde jaar een zusje kreeg.

Ze tekent haar moeder blij op de bank met de baby op schoot en het bezoek eromheen (zie figuur 4.2).

Noa zit in een hoekje, alleen, niemand heeft aandacht voor haar. De negatieve cognitie ligt in het domein zelfwaardering (NC: 'Ik ben stom'; PC: 'Ik ben oké'). De SUD begint op 8 en is aan het einde van de zitting 0. Haar reacties zijn weer mager; ze noemt vervelende kriebels in haar buik, die langzamerhand afnemen. Ik pas ongeveer dezelfde cognitive interweaves toe als bij de eerste targetherinnering.

Herinnering 3 (4de sessie EMDR) Toen ze vijf jaar was, overleed haar oma (vaders moeder).

Noa had een hechte band met oma. Bovendien heeft ze vader toen erg verdrietig gezien. Het naarste moment voor Noa om aan terug te denken is dat ze aan het spelen was en moeder door de telefoon hoorde dat oma plotseling overleden was (zie figuur 4.3).

Figuur 4.3
Derde targetherinnering: mama hoort door de telefoon dat oma dood is. Noa speelt met vriendin.

Voor mij onverwacht kiest Noa als NC: 'Ik ben schuldig', terwijl daar in de responsen niets van terugkomt. PC: 'Ik ben onschuldig.' De SUD begint op 7 en daalt snel naar 0.

Herinnering 4 In groep 4 voelde ze zich een tijd alleen, vooral tijdens het buitenspelen. Niemand wilde met haar spelen.

Het targetbeeld is een scène van twee roddelende meisjes op het speelplein en Noa die alleen staat (zie figuur 4.4).

Figuur 4.4
Vierde targetherinnering: Noa alleen (links); twee roddelende meisjes tegenover elkaar.

De NC ligt in het domein van de controle: 'Ik ben hulpeloos.' De PC wordt: 'Ik kan er tegen.' De SUD is 9 en eindigt na twee zittingen op 0. De responsen gaan over kriebels in de buik en het zich alleen voelen. Aangezien er in de reacties van Noa niet veel schot zit, probeer ik weer diverse cognitive interweaves, zoals:

Therapeut	Cognitive interweave: Wat zouden die kriebels in je buik willen zeggen tegen het meisje over het alleen voelen?
Noa	Die zijn eigenlijk het alleen voelen. [set]
Therapeut	Cognitive interweave: Wat voor advies zou je dat meisje nu kunnen geven?
Noa	Niet denken ik ben alleen, dan wordt het erger. [set]
Therapeut	Cognitive interweave: Wat dan in plaats daarvan?
Noa	...of je neemt een knuffeltje mee! [set]

De laatste interweave geeft een sterke verlaging van de SUD.

Rond het einde van de desensitisatie heeft ze als respons: 'Dat als je alleen bent, je gewoon maar moet denken: laat maar.'

Tussendoor spreek ik de ouders, die melden dat zij en ook anderen opmerken dat Noa sterker wordt. Haar vriendschappen worden ook beter. Af en toe heeft Noa nog een sombere bui. Al pratend realiseren we ons dat Noa ongelukkig wordt als ze moe is. Het inslapen duurt nog steeds lang. Vader had al wat veranderd in zijn aanpak. Hij praat voor het inslapen niet meer over sombere gedachten en omdat hij het idee heeft dat dat beter is dan eindeloze gesprekken, zal moeder het ook zo gaan proberen.

Herinnering 5 In groep 4 werd Noa in de steek gelaten door haar beste vriendin.

Het is inmiddels vier maanden geleden dat Noa bij mij is aangemeld en er hebben inmiddels zes sessies met EMDR plaatsgevonden. We zijn toe aan de vijfde en laatste nare herinnering. In groep 5 werd ze in de steek gelaten door haar beste vriendin. Dit is voor Noa de ergste gebeurtenis. Op de tekening van het targetbeeld zie je Noa naast een klasgenote zitten, die vertelt dat ze van Noa's beste vriendin Katja een brief heeft gekregen, waarin staat dat ze haar stom vindt (zie figuur 4.5). Als Noa naar de tekening van dat targetbeeld kijkt, denkt ze nu over zichzelf: 'Ik ben stom' (NC) en als PC kiest ze: 'Ik ben lief.'

Figuur 4.5
Vijfde targetherinnering: klasgenote vertelt Noa dat haar beste vriendin haar stom vindt.

Een van de responsen is:

'Dat Katja me altijd lief blijft vinden, ook al gaat ze met een ander spelen.' De PC 'Ik ben lief' voelt aan het eind van de zitting als volledig geloofwaardig (VoC = 7). Ten slotte vraag ik haar wat het beste is wat ze vandaag over zichzelf heeft geleerd ('positief afsluiten'):

Noa	Als iemand zegt dat je stom bent, denk je: laat maar.
Therapeut	Hoe noem je iemand die dat over zichzelf kan zeggen?
Noa	Een positieve denker. [set]

Deze krachtige uitspraak over haarzelf wordt met behulp van bilaterale stimulatie versterkt.

Noa vertelt me in een volgende zitting dat ze er nu zo anders tegenaan kijkt. Ze werd eigenlijk niet gepest, maar ze voelde zich snel buitengesloten. Ze is nog wel eens alleen, maar voelt zich dan niet meer eenzaam.

Als afsluiting van de EMDR-sessies kopieer ik alle tekeningen van de targetbeelden en bundel ze. Met behulp van dit boek kijken we samen terug op de behandeling. Noa zal het thuis op een speciale plaats bewaren.

Er volgt een gesprek ter evaluatie met de ouders en Noa samen. Iedereen is tevreden over hoe het nu gaat. Noa is thuis en op school opgewekter, kan beter voor zichzelf opkomen, slaapt eerder in en piekert minder. Noa wil voorlopig nog wel bij mij komen. Na drie individuele gesprekken volgt er een afsluitend gesprek met Noa en haar ouders, want het gaat nog steeds goed. Er is net besloten dat het gezin in verband met moeders werk voor een jaar naar Australië gaat. Noa vindt het spannend en eng tegelijk.

Follow-up

Anderhalf jaar later informeer ik via e-mail bij de ouders hoe het nu met Noa gaat, die inmiddels weer op haar oude school in groep 8 zit. 'Met Noa gaat het goed. (...) In Australië hebben we vaak tegen elkaar gezegd: Wat fijn dat Noa eerst in therapie is geweest en dat we daarna pas naar Australië zijn gegaan. Want het was natuurlijk best moeilijk voor haar, een andere school en een andere taal, maar ze was er sterk genoeg voor...'

Discussie en beschouwing

De aanpak van de klachten van Noa komt overeen met de zogeheten rechtsom-strategie (zie 'Procedures en begrippen'). Ten Broeke, De Jongh en Oppenheim (2008) adviseren deze werkwijze wanneer de negatieve opvattingen meer algemeen en rigide zijn. Gezien de aanhoudende somberheidsklachten van Noa lijkt dit bij haar zeker het geval. Ik ben gaan zoeken naar gebeurtenissen die haar overtuigingen 'Ik ben stom' en 'Mensen laten mij in de steek' nu nog bewijzen. Hierdoor kreeg ik belangrijke vroegkinderlijke gebeurtenissen (geboorte zusje en verlating op de crèche) van Noa te pakken.

Ten Broeke et al. (2008) raden bij de rechtsom-strategie aan om te beginnen met de herinnering die de sterkste bewijskracht heeft voor de negatieve overtuiging. Bij Noa heb ik ervoor gekozen de targetbeelden in chronologische volgorde te behandelen. Ik vermoedde namelijk dat de laatste herinnering nog de meeste lading had, omdat die nog zo actueel was. Maar het feit dat Noa nog een herinnering had aan het afscheid van haar vriendinnetje toen ze twee was, vond ik opmerkelijk en deed mij vermoeden dat dit een belangrijke gebeurtenis moet zijn geweest in het ontstaan van haar verlatingsangst en onzekerheid over zichzelf. Het is achteraf moeilijk te zeggen of het anders of beter was verlopen als ik met de laatste herinnering was begonnen.

Om te voorkomen dat de VoC in het begin van de behandeling niet voldoende kan stijgen, wordt er vaak voor gekozen de PC's pas te installeren nadat alle herinneringen gedesensitiseerd zijn (zie ook casus 11). Je gaat dus achteraf weer terug met de cliënt naar alle herinneringsbeelden en installeert de bijbehorende PC's. Soms kan dat niet anders, maar bij Noa bleek dat niet nodig. Als het lukt is het, zeker voor kinderen, helder om de PC meteen te installeren. Hoe eerder je de positieve gedachte over jezelf versterkt hebt, hoe fijner.

Mijn ervaring is dat kinderen vaak 'Niks' als respons geven, terwijl er wel degelijk iets gebeurt. Vermoedelijk is de oorzaak dat kinderen moeilijk verbaliseren. Ook is het mogelijk dat het net als bij volwassenen gaat om het gevoel van leegte, passend bij (de herbeleving van) een depressieve stemming. Het blijft lastig om in te schatten of het proces echt stilstaat, of dat er wel sensaties worden waargenomen. Soms zie je het aan het kind; vaak niet. Ik gebruik zelf de richtlijn om pas na minstens twee keer de respons 'Niks' back to target te gaan.

Ten slotte wil ik graag benadrukken hoe toegankelijk vroege problematiek is door EMDR. Enerzijds maakt de manier van zoeken naar gebeurtenissen dat kinderen op gerichte wijze actief meedenken. Het feit dat Noa in het begin van haar behandeling zelf de ervaring van verlating op de crèche noemde, was waardevol en bijzonder. Ik denk niet dat je daar met een andere therapievorm zo snel achter zou komen. Ouders kunnen deze persoonlijke ervaringen van hun kinderen ook niet altijd vertellen.

Anderzijds is de behandelwijze van EMDR snel en doeltreffend. De behandeling van Noa besloeg zeven sessies EMDR, twee gesprekken vooraf met Noa, twee met haar ouders en afsluitend drie individuele gesprekken en twee gezinsgesprekken. Het is denkbaar dat deze behandeling Noa behoed heeft voor ernstiger problematiek, zoals een langdurige depressie, sociale angststoornis of anderszins.

Ik schat in dat ik, voordat ik de EMDR beheerste, deze casus anders benaderd zou hebben. Ik zou me in eerste instantie gericht hebben op de angst voor loslating bij de ouders ten gevolge van de voor moeder moeilijke scheiding bij de geboorte en de relationele strubbelingen het eerste jaar wegens hun eigen problematiek. Vervolgens zou ik Noa in individuele psychotherapie genomen hebben en dat had alles bij elkaar vast langer geduurd dan EMDR. Mogelijk had het ook minder beklijfd omdat ik de (vroege) problematiek niet zo indringend bereikt zou hebben.

Casus 5 Een verhaaltje voor het slapen gaan

Een 4-jarig meisje dat niet wil slapen

Janine Rutten

Janine Rutten is zelfstandig gevestigd psychotherapeut en werkt sinds 1999 als kinder- en jeugdpsychotherapeut in het Lorentzhuis, Centrum voor Systeemtherapie, te Haarlem. Daarvoor was zij gedurende 19 jaar werkzaam in een kinder- en jeugdpsychiatrische instelling, voornamelijk op de polikliniek. Zowel toen als nu vormen de angststoornissen en emotionele problemen volgend op ingrijpende ervaringen haar speciale aandachtsgebieden. Zij is supervisor EMDR, ook voor kinderen en adolescenten, en supervisor bij de landelijke Vereniging voor Kinder- en Jeugdpsychotherapie (VKJP).

Soms zijn ouders zo uitgeput door de problemen van hun kinderen dat je acuut iets wilt doen. Dit was het geval bij Lotte, een 4-jarig meisje met separatieangsten dat 's avonds niet wilde slapen. Ik kende Lotte alleen uit de verhalen van haar ouders, want niet zij, maar haar zesjarige broertje was bij mij in behandeling. Toch bleek het mogelijk om, gewapend met kennis over separatieangsten, een speciale verhalentechniek en de wetenschap dat EMDR zich ook kan richten op de angst zelf, dus zonder dat de gebeurtenissen die deze veroorzaakt hebben aan bod hoeven komen, een eenmalige EMDR-interventie te construeren die dit meisje van haar inslaapproblemen afhielp.

Aanmelding, voorgeschiedenis en klachten

Lotte is het jongere zusje van Bob en het is niet altijd gemakkelijk om zijn zusje te zijn.

Bob is een zesjarige jongen die bij mij in behandeling is vanwege een aan autisme verwante ontwikkelingsstoornis. In een een-op-eensituatie met volwassenen is hij een lieve, rustige jongen, maar zodra hij in een groep moet functioneren, of een situatie anderszins onoverzichtelijk voor hem is, raakt hij gespannen, reageert hij heftig en impulsief en gaat hij vaak gillen. De geboorte van Lotte was voor hem een ingrijpende gebeurtenis, niet alleen omdat hij vanaf nu de aandacht van zijn ouders met haar moest gaan delen, maar ook omdat dit kleine meisje met haar babygedrag voor hem zo onvoorspelbaar was. Dit werd erger naarmate Lotte ouder werd en een temperamentvol en ondernemend meisje bleek te zijn. Ouders noemen het 'de kriebels krijgen': in de buurt van Lotte wordt Bob onrustig en zijn gedrag hardhandig. Ook als hij met haar wil spelen of knuffelen, doet hij dit op een te heftige manier en eindigt dit vaak met twee gillende kinderen. De ouders proberen de kinderen zoveel mogelijk uit elkaar te houden, maar voelen zich vaak machteloos bij het gedrag van Bob en de onrust in hun huis.

Naarmate de ouders meer inzicht krijgen in de problematiek en het gedrag van hun zoon en zij hier meer greep op krijgen, beginnen zij in de ouderbegeleidingsgesprekken ook over Lotte te vertellen: haar koppige gedrag, haar vele huilen en haar te grote gerichtheid op moeder, waardoor separaties (de 'scheidingen van alledag' zoals het moment waarop zij op school afscheid moet nemen van moeder of als moeder haar aan de oppas toevertrouwt) vaak moeizaam verlopen, baren de ouders zorgen. Maar het zijn vooral haar inslaapproblemen die zij, zowel voor henzelf als voor Lotte, problematisch vinden. Als ik de ouders vraag hoe het leven van Lotte tot nu toe is geweest, vertellen zij dat niet alleen door Bob, maar ook door een aantal vroege ontwikkelingsinterferenties (ingrijpende gebeurtenissen die de ontwikkeling van een kind negatief kunnen beïnvloeden) Lotte in haar leventje al veel onrust, en dus onlust, heeft gekend. Vooral in de tweede helft van haar eerste levensjaar volgde in hoog tempo de ene ingrijpende gebeurtenis op de andere. Het gezin verhuisde terwijl moeder net ziek was geworden, waardoor het een hectische tijd was. Vervolgens kreeg moeder met de kinderen een auto-ongeluk, waarbij weliswaar niemand gewond raakte, maar wat wel tot grote paniek bij alle gezinsleden leidde. Verder kreeg Lotte een ernstige virusinfectie waardoor zij vier maanden ziek is geweest en zelfs in het ziekenhuis werd opgenomen. In diezelfde periode brak moeder bovendien haar arm. Terwijl Lotte als baby een lief en gemakkelijk meisje was dat zich gemakkelijk door moeder liet troosten en zeker niet schrikachtig was, raakte zij gaandeweg haar eerste levensjaar steeds meer van streek als moeder niet bij haar in de buurt was. Mogelijk door de virusinfectie die zij gehad heeft, maar mogelijk ook door haar gevoelens van onveiligheid als zij gescheiden was van moeder, kwam haar motorische ontwikkeling traag op gang en ging zij pas met 21 maanden lopen. Vanaf die tijd werd zij drukker en koppiger, wat enerzijds wel bij haar leeftijd paste, maar anderzijds niet afnam toen zij de peuterfase eenmaal achter zich had gelaten. Integendeel: zij werd steeds drukker en luidruchtiger in haar 'nee's', terwijl zij zich tegelijkertijd ook op een heftiger manier aan moeder vastklampte. Vooral het naar bed brengen werd een steeds groter probleem waarbij het moment waarop de ouders de slaapkamer verlieten tot steeds grotere protesten bij Lotte leidde.

Kinderen met inslaapproblemen hebben baat bij een vast inslaapritueel en het stellen van duidelijke grenzen aan hun 'protestgedrag'. De adviezen die ik de ouders hieromtrent geef, blijken echter weinig effect te hebben en als de ouders mij de daaropvolgende keer vertellen dat ze uitgeput raken door Lottes weigering om te gaan slapen, stel ik hen voor een EMDR-interventie te proberen.

Overwegingen bij het gebruik van EMDR

Om separaties te kunnen verdragen, moeten kinderen een intern beeld van hun ouders kunnen vasthouden. Dat wil zeggen dat ze een veilige interne representatie moeten ontwikkelen die hen in staat stelt zich met hun ouders verbonden te blijven voelen, zonder dat zij in hun directe nabijheid zijn en ze hen ook daadwerkelijk kunnen zien. Deze ontwikkeling verloopt traag en speelt zich zowel op cognitief als op sociaal-emotioneel niveau af. Tot ongeveer het derde jaar maken separatieangsten dan ook deel uit van de normale ontwikkeling, maar door ontwikkelingsinterferenties kunnen ze langer blijven bestaan. Ook bij Lotte lijkt de ontwikkeling van een veilige interne representatie van haar ouders gestagneerd te zijn. Met haar vier jaar begrijpt zij natuurlijk al heel goed dat mensen en dingen blijven bestaan, ook als zij ze niet ziet. Dit is immers het principe van objectpermanentie, zoals dat voor het eerst door Piaget werd beschreven. Dit is het besef dat iets wat je hebt waargenomen er ook nog is als je het zelf niet meer ziet en dit ontwikkelt zich in de loop van het eerste levensjaar (Piaget & Inhelder, 1969). Voor neutrale voorwerpen ontwikkelt zich dit echter veel sneller dan voor gehechtheidspersonen (vader en moeder) waar zoveel heftige emoties mee gepaard gaan. Dit is wat Mahler (Mahler, Pine & Bergman, 1975) bedoelt met de ontwikkeling naar 'emotionele objectconstantie': het kind moet alle verschillende ervaringen en indrukken die het opdoet in interactie met moeder (of een andere hechtingsfiguur) langzaamaan integreren tot een stabiel en veilig beeld van moeder (of die andere persoon). Pas dan kan het kind, ook al spelen sterke emoties als angst of boosheid mee, een onveranderlijk innerlijk beeld van moeder vasthouden en is het niet nodig om haar dan ook daadwerkelijk te zien. Maar mede omdat in deze ontwikkelingsfase de kinderlijke emoties zo intens zijn, wordt het beeld van moeder als het ware talloze malen per dag anders gekleurd en verloopt deze ontwikkeling traag. Pas tegen het einde van het derde jaar wordt emotionele objectconstantie bereikt.

Met de opeenstapeling van nare gebeurtenissen in haar eerste levensjaar, waaronder een aantal voor haar beangstigende separaties van moeder, en daarbij de dagelijkse onrust die Bobs gedrag met zich meebrengt, lijkt bij Lotte de ontwikkeling van een veilige interne representatie van de ouders gestagneerd te zijn. Daarbij lijken, als zij moet gaan slapen, oude angsten die verbonden zijn met separaties van moeder, steeds weer getriggerd te worden. Het ligt dan ook voor de hand om deze ervaringen met EMDR te gaan behandelen om op die manier Lottes separatieangsten op te lossen.

Omdat het echter om meerdere ingrijpende gebeurtenissen gaat, zou dat zeker een aantal sessies gaan vergen en dat zou waarschijnlijk nog eens weken vol uitputtingsslagen voor deze ouders betekenen. Gemotiveerd door hun lijdensdruk wil ik snel handelen en daarom besluit ik om Lottes symptoom als target van de behandeling te nemen. Ik neem hierbij als uitgangspunt het werk van Tinker en Wilson (1999). Zij stellen dat, ook als er sprake is van duidelijke onderliggende trauma's, het zinvol kan zijn om te beginnen met het behandelen van het symptoom. Mochten de klachten, na hooguit drie sessies, niet verdwijnen, dan kan men alsnog de trauma's behandelen. Duidelijk beschrijven zij hoe, voor uiteenlopende symptomen, het EMDR-protocol gericht kan worden op de huidige situaties. Maar dan nog ben ik er niet, want een klein kind als Lotte kan de vragen van het EMDR-protocol nog niet echt beantwoorden. Om toch ook deze kinderen met EMDR te kunnen behandelen, heeft Joan Lovett (1999) een verhalenmethode ontwikkeld waarin alle onderdelen van het protocol in verhaalvorm aan bod komen. De ouders wordt gevraagd dit verhaal te schrijven, niet alleen over de traumatische gebeurtenis die het kind is overkomen, maar ook over de invloed die dit op het kind heeft gehad. Hoe het was vóór die gebeurtenis en daarna, en hoe ouders denken dat het kind weer zal worden als het die akelige gebeurtenis achter zich heeft kunnen laten. Zo worden als het ware de negatieve cognities (NC), positieve cognities (PC), gevoelens van het kind en future templates (zie 'Procedures en begrippen') in het verhaal opgenomen (Schlattmann, 2006).

Ik ga ervan uit dat als over een traumatische gebeurtenis een verhaal geschreven kan worden, dit ook over een symptoom kan en besluit om voor Lotte op de volgende wijze het protocol in een verhaal te verweven:

Targetbeeld	het moment waarop ouders de kamer uitgaan
NC (de vroegkinderlijke cognitie)	'Ik ben helemaal alleen (en dus niet veilig), maar 'niet veilig' is een te abstracte formulering voor een vierjarige).
PC (de leeftijdsconforme cognitie)	Ouders zijn gewoon beneden (en dus ben ik veilig).
Validity of Cognition (VoC)	Deze wordt in het verhaal verweven met zinnen als: 'Eerst snapte Lotte dat (ouders gewoon beneden waren) nog niet, maar toen ze ouder werd ging ze het steeds beter begrijpen en kon ze rustig gaan slapen.' Op deze manier wordt de PC als het ware steeds krachtiger gemaakt.
SUD	Wordt in het verhaal verweven door te vertellen dat haar bange gevoel eerst toeneemt en later afneemt.

Als bilaterale stimulatie maak ik gebruik van 'taps': klopjes met mijn handen, afwisselend op haar linker- en rechterschouder.

Verloop van de behandeling

Als Lotte met moeder de kamer binnenkomt, besteedt ze nauwelijks aandacht aan mij, maar loopt meteen enthousiast op de zandbak af. Het lukt maar moeilijk om haar te betrekken bij het gesprek dat moeder en ik hebben over de reden waarom zij vandaag bij mij komt en over haar angsten wil ze al helemaal niet praten. Zij maakt inderdaad een temperamentvolle indruk, waarbij zij met stevige passen de kamer rondloopt. Tegelijkertijd heeft zij iets rusteloos en gespannens over zich en het valt mij op dat zij op een nog vrij kinderlijke manier praat. Dit staat in schril contrast met haar stevige bouw en haar vrij harde stem waarmee zij de aandacht goed naar zich toe weet te trekken. Omdat het niet lukt om even rustig met haar te praten, ga ik achter haar zitten terwijl ze driftig in de zandbak aan het scheppen is. Ik herhaal dat zij hier komt omdat ik van haar ouders heb gehoord dat ze zo bang is om te gaan slapen en dat ik haar daarbij wil helpen door een verhaaltje te vertellen. Lotte hoort het aan (tenminste dat vermoed ik, want ik kan haar gezicht niet zien), maar reageert er verder niet op. Terwijl ik als bilaterale stimulatie op haar schoudertjes tap, vertel ik haar het volgende verhaaltje:

'Altijd als Lotte moet gaan slapen dan wordt ze een beetje bang, dan wordt ze bang als mamma of pappa haar kamer uitgaan. Want Lotte snapt nog niet zo goed dat als pappa of mamma de deur uitgaan, dat ze dan gewoon naar beneden gaan. Lotte denkt dan: mamma is helemaal weg en nu ben ik helemaal alleen. En dan krijgt zij een heel bang gevoel, een heel naar gevoel en dan roept ze: 'Nee, nee, nee'! Want ze wil niet dat mamma weggaat, ze wil dat mamma bij haar blijft omdat ze zo bang is dat ze anders helemaal alleen zal zijn, dat mamma helemaal weg zal zijn. Maar mamma is helemaal niet weg, mamma zit vlakbij, gewoon beneden in de kamer.

Maar dat snapte Lotte nog niet zo goed, want ze was nog maar een klein meisje. Maar toen ze wat groter werd, toen ging ze het wel snappen en ze begreep dat mamma of pappa, als ze uit haar kamer gingen, dat ze dan gewoon naar beneden gingen en vlakbij waren. En toen voelde zij zich ook niet meer bang en hoefde ze ook niet meer te huilen als mamma de kamer uitging en hoefde ze ook niet meer 'Nee, nee, nee' te roepen. En toen kon ze heel lekker gaan slapen omdat ze wist dat pappa en mamma vlakbij waren.'

Zoals het hier geschreven staat, klinkt het mooier dan dat het in werkelijkheid ging. Lotte wordt al snel onrustig en verdwijnt na de eerste zinnen achter de poppenkast om vervolgens wat druk lacherig de poppen door de lucht te laten vliegen. Zoals je wel vaker aan het begin van de desensitisatiefase ziet, lijkt de spanning op te lopen. Omdat ze achter de poppenkast zit, moet het verhaal onderbroken worden en het kan pas weer hervat worden als ze voor het poppenhuis gaat zitten. Ook hier blijft ze maar even zitten, maar dit geeft weer net genoeg tijd om nog een aantal zinnen te laten horen. Ondertussen is het voor mij volstrekt onduidelijk of ze wel echt naar het verhaaltje luistert of dat zij zich er misschien helemaal voor afsluit. Noch verbaal, noch in haar gedrag geeft zij in eerste instantie ook maar enige reactie op hetgeen ik vertel. Maar het lukt om, met nog een aantal onderbrekingen, het hele verhaal te vertellen en sommige zinnen daarbij nog eens extra te herhalen.

Dat zij wel degelijk goed geluisterd heeft, blijkt pas na een tijdje als Lotte naar de poppenwieg gaat. Ze pakt de poppen eruit en gaat die eerst uitvoerig uitkleden om ze vervolgens weer aan te kleden. 'Hun pyjama's aandoen', vertelt ze dan. Voor het eerst is ze vrij rustig bezig en dan kan ik, rustig tappend op haar schoudertjes, dit spel als 'future template' gebruiken. 'Ja, ze gaan lekker slapen, want ze zijn nu helemaal niet meer bang, want ze weten dat pappa en mamma straks gewoon beneden zitten.' Lotte reageert hierop door met haar harde en ook wat valse stem een aandoenlijk slaapliedje te gaan zingen en vervolgens met haar vinger op haar lippen zachtjes bij de wieg weg te lopen. 'Nu lekker gaan slapen', voegt ze daar nog aan toe. Ze kijkt er heel tevreden bij en betrekt dan ook moeder bij haar spel: samen brengen ze nog een keer de poppen naar bed en nu wil Lotte dat ook moeder met haar meezingt als ze weer begint aan het slaapliedje. Niet veel later is het tijd om op te gaan ruimen en ook hier doet zij op een vrij rustige manier aan mee. Bij het weggaan doet zij het licht uit en als ze op de gang staat, legt zij haar vinger op haar lippen. Met een 'Sssssssss' loopt zij vervolgens op haar tenen de trap af en kijkt onderweg nog een keer achterom naar mij. Als ik de ouders twee weken later weer zie, vertellen ze mij dat Lotte vanaf die avond rustig is gaan slapen.

Vervolg

Maandenlang sliep Lotte in als een roos. Hierbij leek de EMDR-interventie niet alleen een duidelijk effect te hebben gehad op haar separatieangsten, maar ook bracht het een nieuw ritueel voort: iedere avond speelden de ouders na wat Lotte had gedaan tijdens de sessie en op het moment dat zij met hun vinger op de lippen en een 'Ssssssss' de kamer uitgingen, wist Lotte dat het echt tijd was om te gaan slapen. Onbedoeld had deze EMDR-interventie dan ook het effect dat ouders een duidelijker structuur konden aanbrengen bij het inslaapritueel waarin zij zowel in hun eigen gedrag als aan dat van Lotte grenzen konden aanbrengen.

Op haar gedrag overdag leek deze interventie echter nauwelijks effect te hebben. Daarbij speelde mee dat, door uiteenlopende omstandigheden, het gezin in die tijd weer in onrustiger vaarwater kwam, waardoor Lotte regelmatig met meer onrust en klampend gedrag reageerde. Zowel in de thuis- als in de schoolsituatie zal Lotte dan ook meer rust en voorspelbaarheid moeten gaan ervaren opdat zij met meer zelfvertrouwen op eigen benen kan gaan staan en moeder/ouders ook echt als een veilige thuisbasis kan gaan ervaren van waaruit zij haar stappen in de buitenwereld zal durven gaan zetten. Dit bleek des te meer toen Lotte, vier maanden later, nadat zij een weekje uit logeren was geweest, een tijdelijke terugval kreeg en weer een tijdje bij haar ouders in bed wilde slapen.

Discussie en beschouwing

Er is nog maar weinig bekend over de werking van EMDR bij het behandelen van symptomen en al helemaal als het om jonge kinderen gaat. De gevalsbeschrijvingen van Tinker en Wilson over dit soort behandelingen betreffen vooral de wat oudere kinderen die kunnen vertellen over hun klachten en emoties, en een NC, PC, VoC en SUD kunnen benoemen. Ook al blijven gebeurtenissen uit het verleden die mogelijk een rol hebben gespeeld bij het ontstaan van de klachten buiten beschouwing, het is duidelijk welke emoties deze kinderen parten spelen bij hun huidige klachten en welke negatieve gedachten deze in stand houden. Ook is duidelijk tot welke positieve cognities deze kinderen (weer) toegang moeten krijgen willen hun symptomen kunnen verdwijnen. Met andere woorden: als therapeut weet je welk informatieverwerkingsproces met EMDR op gang gebracht moet worden wil het kind verlost worden van zijn klachten. Jonge kinderen kunnen echter niet of nauwelijks iets vertellen over hun symptomen of hun emoties daarbij en het benoemen van een NC, PC of VoC is al helemaal onmogelijk. Dat maakt dit soort behandelingen tot een wat speculatief gebeuren. Was het inderdaad zo dat bij Lotte 'angst' de boventoon voerde als zij moest gaan slapen en was het inderdaad zo dat zij door de heftigheid van haar emoties een veilig innerlijk beeld van ouders, die gewoon beneden waren, niet kon vasthouden? Lotte kon het mij niet vertellen en ook haar ouders wisten het niet echt: Lotte liet vooral boosheid en verzet zien; was dat echt wel angst? En wat zij dacht op zo'n moment kon zij noch haar ouders, noch mij vertellen. De therapeut moet in dit soort behandelingen dan ook actiever zijn dan bij reguliere EMDR-behandelingen en ontwikkelingspsychologische kennis integreren met datgene wat ouders vertellen over de ontwikkelingsgeschiedenis van hun kind. Vervolgens is het ook de taak van de therapeut om (de hypothesen over) datgene waar het kind mee worstelt te vertalen naar een EMDR-verhaal en dan wel op zo'n manier dat het begrijpelijk is voor het jonge kind en een informatieverwerkingsproces op gang kan brengen.

Bij Lotte bleken de hypothesen over de aard van haar inslaapproblemen te kloppen. Tot grote opluchting van de ouders was de simpele eenmalige EMDR-interventie die op basis van deze hypothesen was bedacht, voldoende om haar daarna rustig alleen te laten in haar kamertje om te gaan slapen. Ook na een dag vol heftige emoties, waarin haar beeld van moeder zeker vele malen van kleur was veranderd, kon zij 's avonds gemakkelijk alleen zijn en leek zij een stabiel innerlijk beeld van moeder vast te kunnen houden.

De vraag of deze interventie het ook mogelijk zou maken om Lotte in meer algemene zin een stevige stap richting emotionele objectconstantie te laten zetten, bleek echter moeilijk te beantwoorden gezien de onrust die er toen weer in het gezin ging spelen. Wel maakte dit duidelijk dat een EMDR-behandeling gericht op het symptoom bijzonder effectief kan zijn, ook als de omstandigheden die meespelen bij het probleem niet veranderen of juist verergeren.

Casus 6 Van Nutridrink tot pizza

Een 17-jarige jongen met slikangst na het overlijden van zijn oma

Carlijn de Roos
Carlijn de Roos is BIG-geregistreerd klinisch psycholoog en psychotherapeut. Zij is coördinator van het Psychotraumacentrum, GGZ Kinderen en Jeugd Rivierduinen te Leiden en werkt zowel met kinderen als volwassenen met posttraumatische stressklachten en/of lichamelijk onverklaarde klachten, waaronder chronische pijn. Op deze terreinen combineert ze behandeling met doceren, publiceren en wetenschappelijk onderzoek. Verder is zij kinder- en jeugdtrainer en supervisor bij EMDR Europe, voorzitter van de Vereniging EMDR Nederland en bestuurslid van de EMDR Europe Child Board. Samen met Renée Beer introduceerde zij EMDR bij kinderen en adolescenten in Nederland in 2000.

In dit hoofdstuk wordt de behandeling beschreven van de 17-jarige Stefan, die een slikfobie ontwikkelt direct na het overlijden van zijn dierbare oma. Hij drinkt gedurende een half jaar alleen nog maar Nutridrink en verliest in snel tempo 16 kilo. De lijdensdruk binnen het hele gezin is hoog. Stefan blijft zijn best doen om vast voedsel te eten, wat niet lukt. Voor de ouders is het een zware opgave om de worsteling en het gekokhals van Stefan te zien en te horen. Ondanks hun pogingen zijn eetpatroon ten goede te keren, zien zij hem steeds verder vermageren, wat sterke gevoelens van machteloosheid oproept.

De combinatie van factoren als een slikfobie na een overlijden binnen een hecht gezinssysteem maakt de hulpverlening tot een uitdaging voor de behandelaars. Welke klacht heeft met welke gebeurtenis te maken? Waar te beginnen? In welke volgorde te behandelen? En wie van het gezin bij de behandeling te betrekken? EMDR is ingezet als onderdeel van een breder behandelpakket, uitgevoerd door een multidisciplinair team van een psychotherapeut, psychiater, kinderarts, sociaalpsychiatrisch verpleegkundigen en een gezinstherapeut. Een verslag van werk in uitvoering.

Klachten en voorgeschiedenis

Stefan wordt in verband met slik- en benauwdheidsklachten door de huisarts verwezen naar de kinder- en jeugdafdeling van de GGZ. De klachten bestaan dan al een half jaar.

Slikklachten

De slikklachten van Stefan beginnen een dag nadat zijn oma overlijdt. Zijn keel gaat strak aanvoelen en 'de spaghetti komt gewoon omhoog', zoals hij het zelf zegt. Het strakke gevoel in zijn keel bouwt zich geleidelijk, maar snel op en na een week eet hij alleen nog maar vloeibaar. Vanaf dat moment drinkt hij iedere dag vijf flesjes Nutridrink. Aanvankelijk besteedt hij geen aandacht aan het moeilijke slikken. Hij denkt: het is logisch dat ik geen trek heb, mijn oma is overleden. Stefan omschrijft zijn keel als een te scherp afgestelde sorteermachine: 'Het lukt me om tomatensoep door te slikken, maar de blaadjes blijven hangen.' Om het slikken voor hem te vergemakkelijken, maalt zijn moeder het eten fijn met de mixer. Zo vermaalt moeder achtereenvolgens kaassoufflé, toastjes met filet, chips, spinazie, schnitzel en aardappelen tot een zachte pap. Vervolgens gebruikt Stefan al zijn wilskracht om te slikken. Hij zet zijn kaken op elkaar en perst op volle kracht met zijn nekspieren het eten door de keel. Volgens Stefan krijgt moeder zelf een paniekaanval als ze ziet dat hij moeite heeft met slikken. Hij vindt dat ze veel te veel op hem let en hem zelfs imiteert. Ook klaagt ze over de luidruchtige slikgeluiden. Als ze zich probeert in te houden, druipt het van haar gezicht af wat ze denkt. Vader let er niet zo op en kan zich er beter voor afsluiten.

Volgens zijn ouders was Stefan altijd al een moeilijke, eenzijdige eter met sterke voorkeuren. Zijn voorkeur gaat uit naar spaghetti, soms ook vlees en spinazie, overdekt met een schep appelmoes zodat hij de groente niet proeft. Maaltijden worden door het gezin nooit gezamenlijk gebruikt. Ze eten niet aan tafel en niet op een vaste plek. Ze ervaren het als prettig om tijdens het eten tv te kijken.

Na een aanvankelijke verbetering van de slikproblemen zorgt een virusinfectie rond drie maanden na oma's overlijden voor een terugval. Door zijn slechte lichamelijke conditie en enorme gewichtsverlies (16 kilo sinds het begin van de klachten) is Stefan kwetsbaar. Zijn ouders zijn bang voor een longontsteking en trekken bij de dokter aan de bel in verband met de slikklachten en benauwdheidsaanvallen.

Benauwdheid

's Avonds heeft Stefan vaak last van benauwdheid. Dan gaat het slikken extra moeilijk, zweet hij heftig en voelt zijn hoofd zwaar alsof het 100 kilo weegt. Hij is dan bang om dood te gaan: 'Ik ga mijn oma achterna.' De benauwdheid kan een half uur tot een uur duren. Hij wordt dan agressief, gaat schoppen en slaan, beukt op de deur, waarna de buren negatief reageren. Ouders beschrijven de situatie 's avonds als een drama en brengen Stefan vaak in crisis naar de dichtstbijzijnde dokterspost. De dienstdoende artsen stellen Stefan gerust en leggen bij herhaling uit dat hij gewoon verkouden is. Ook de ouders leggen hem thuis uit dat er niets aan de hand is, maar dit stelt Stefan niet gerust. Integendeel, hij omschrijft het gedrag van zijn ouders als verwarrend omdat ze overdag zeggen dat alles goed is en zij 's avonds in crisis de dokter bellen. Hij vertrouwt hun geruststellende uitleg niet meer en is ervan overtuigd dat een dokter de benauwdheid moet beoordelen om te voorkomen dat hij doodgaat.

Eerdere hulpverlening

Omdat drie maanden na aanvang van de klachten de situatie thuis niet meer te handhaven is door oplopende paniek, zowel bij Stefan als zijn ouders, vindt tijdelijk opname plaats in een kinderpsychiatrisch ziekenhuis. Stefan uit zich over die periode zeer negatief. Wat hij nodig had was iemand tegen wie hij zich kon uiten, maar daar hadden de hulpverleners nu juist te weinig tijd voor en op afspraken kwamen zij volgens hem regelmatig te laat. Desgevraagd geeft hij aan dat het doel van de opname was om 'zichzelf te worden', maar hij vraagt zich af hoe dit kan in een vreemde omgeving. Stefan en zijn ouders hebben de opname op eigen initiatief beëindigd. Daarnaast heeft hij ademhalingsoefeningen gehad van een fysiotherapeut. Ten gevolge hiervan zijn de benauwdheidsklachten verminderd.

De ingrijpende gebeurtenis

Oma had kanker en suikerziekte en was al langere tijd ziek. Twee dagen voor haar dood kreeg ze een beroerte en werd in het ziekenhuis opgenomen. Stefan kwam in deze dagen frequent op bezoek. Na haar overlijden heeft hij haar in het uitvaartcentrum 'dood' zien liggen en hij is ook bij de begrafenis geweest. Stefan had een zeer sterke band met oma. Twee handen op een buik, volgens zijn ouders. Haar overlijden is voor hem een groot verlies.
Op de vraag wat hij nu nog het allermoeilijkste vindt als hij aan haar ziekteperiode en overlijden terugdenkt, noemt hij een aantal herinneringen:

1. Toen hij bij oma in het ziekenhuis kwam om afscheid te nemen, hoorde hij een raar geluid. Het klonk alsof ze stikte, ook kon ze niet meer praten. Dit was de laatste keer dat hij haar (nog net) levend zag.
2. Tijdens de afscheidsdienst in het crematorium stond hij bij de kist van oma, met familie eromheen. Dit was het laatste afscheid van oma, zo

definitief. Stefan was haar lievelingskleinkind en kon altijd bij haar terecht, bijvoorbeeld als er thuis ruzie was.

3 Het zien van oma's dode opgebaarde lichaam in de kist tijdens de condoleanceplechtigheid. Dit was de laatste keer dat Stefan haar lichaam zag.
4 Tijdens zijn verblijf in het kinderpsychiatrisch ziekenhuis is de urn van oma geplaatst, zonder dat hij hiervan op de hoogte is gesteld. Hier is hij nog steeds razend over. Stefan heeft alles met oma meegemaakt en deze laatste stap had hij ook samen met haar willen doen.

Dagelijks leven

Stefan is twee weken voor zijn mavo-examen afgehaakt omdat hij zich niet kon concentreren, slechte cijfers had en geen zin meer had om te leren. Dit was ongeveer een jaar voordat zijn oma overleed. Hij is ontevreden over de begeleiding die hij op school heeft gehad. Uit testen bleek destijds dat Stefan dyslexie had. Echter, de testresultaten zouden zijn kwijtgeraakt en er zou nooit rekening gehouden zijn met zijn dyslexie. Hij heeft nu niets om zijn bed voor uit te komen. Vroeger deed hij nog wel eens fitnessoefeningen, maar daarmee is hij gestopt op zijn 16de jaar. Zijn hobby's zijn tv-kijken en computeren.

Hulpvraag

De ouders en Stefan willen graag dat hij weer gewoon kan slikken en normaal kan eten. Wanneer hij meer eet, verwachten ze dat hij meer energie krijgt, waardoor ook het volgen van een beroepsopleiding weer tot de mogelijkheden behoort.

Waarom EMDR?

Uit de literatuur en in de klinische praktijk blijkt dat de meeste slikfobieën gerelateerd zijn aan een bedreigende gebeurtenis. Hierbij moet men niet alleen denken aan een bijna-stikervaring, maar ook aan het zien van een dergelijke ervaring bij iemand anders (op tv!) of het horen van horrorverhalen van anderen (De Roos & De Jongh, 2006). Omdat bij Stefan de slikklachten direct begonnen zijn na de dood van zijn oma, lijkt een verband tussen beide voor de hand te liggen. Bovendien verwijst de herinnering die Stefan als meest spanningsvol heeft aangeduid naar angst om te stikken: Stefan hoorde oma een geluid maken, dat hij interpreteerde als stikken. Hij dacht dat ze op dat moment doodging. Gezien de hechte band die hij met zijn oma had, moet dit voor hem een indrukwekkende en beangstigende ervaring zijn geweest en op het moment van de behandeling is dat nog steeds zo. Daarnaast is bekend dat het lijf bewegingen kan 'spiegelen' die het bij de ander ziet (via de zogenaamde spiegelneuronen (Iacoboni, 2008). De eigen hersenen bereiden dan dezelfde beweging/actie voor als die waar ze getuige van zijn. In het geval van een stikkende oma, zou Stefans lijf gereageerd kunnen hebben met een verkramping in zijn keelgebied. Dit is een beschermingsreactie van het lijf om goed en snel te kunnen reageren in het geval van verslikking. Deze reactie kan echter voortduren, een eigen leven gaan leiden en steeds opnieuw optreden. Het lijf denkt als het ware nog steeds dat er gevaar dreigt en reageert overmatig op bijvoorbeeld eten dat het 'oplettende' keelgebied passeert. Dit lijkt bij Stefan het geval.

Bij de timing van EMDR zijn er echter ook twijfels. Stefan heeft geen enkele vaste activiteit overdag en slaapt het grootste deel van de dag. De vraag is of hij nare herinneringen – die door behandeling geactiveerd zullen worden – nu op een gezonde manier het hoofd kan bieden. Wanneer namelijk alle structuur en discipline in iemands leven weggevallen zijn, kunnen nare herinneringen de boventoon gaan voeren met als gevolg toename van klachten. Daarnaast hebben de ouders weinig vat op Stefan en lijkt hij de baas in huis. Hij is een slimme vermijder en gaat verplichtingen of dat waar hij tegenop ziet uit de weg ('moet-allergie'). Dit zal naar verwachting problemen geven in de behandelfase na EMDR, waarin hij moet gaan oefenen met het doorslikken van verschillende soorten voedsel om weer vertrouwen in zijn keel en het slikken op te bouwen. De uitdaging voor het behandelteam is dan ook om Stefan te helpen zijn wilskracht – die nu voornamelijk geïnvesteerd wordt in verzet – om te zetten naar een focus op herstel van het normale eetpatroon.

Verloop van de behandeling

De behandeling bestaat uit drie fasen. Eerst wordt gestart met EMDR gericht op het verwerken van het overlijden van oma (fase 1) en vervolgens zal hij moeten gaan oefenen met doorslikken van verschillende soorten voedsel om zijn eetpatroon te normaliseren (fase 2). Naar verwachting zal hij daarna meer energie hebben om zich weer op de toekomst te richten en bijvoorbeeld een opleiding te gaan volgen (fase 3). De behandeling vindt hoofdzakelijk plaats met Stefan zelf. Ouders observeren in de thuissituatie hoe het gaat en rapporteren dit telefonisch aan de behandelaar terug of – als zij Stefan brengen – aan het begin van een behandelsessie.

Fase 1: EMDR

Het uitleggen van het behandeldoel helpt Stefan om zich tijdens EMDR open te stellen voor hetgeen er in hem opkomt. Uitgelegd wordt dat zijn lijf is geschrokken door het zien van zijn bijna stikkende oma. Deze eerste normale schrikreactie is bij hem echter niet vanzelf uitgedoofd. Zijn keel staat als het ware nog steeds te hoog afgesteld. Bij een gevoel in de keel zoals tijdens het eten, reageert zijn lijf alsof hij in gevaar is, alsof hij zelf kan stikken. EMDR helpt ervoor te zorgen dat Stefans lijf, en met name zijn keel, kan geloven dat het weer veilig is. Vervolgens zal zijn keel ontspannen en kan hij gemakkelijker slikken. Omdat het gaat om een lichamelijke klacht en een fysieke herinnering is de vraag aan Stefan om vooral goed op te letten en te noemen wat er in zijn lijf en keel gebeurt. Dit is een lastige opdracht omdat men normaal gesproken niet zo gedetailleerd en langdurig op het lijf let en er ook weinig woorden zijn om uit te drukken wat het lijf merkt en doet. Daarom let de behandelaar mee op en vraagt regelmatig aan Stefan om zijn aandacht op het gespannen keelgebied te richten. Zo kan verwerking maximaal op gang komen en kunnen 'losse stukjes' lichamelijke herinnering die nu de slikproblemen aansturen goed worden 'opgeruimd.'

Sessie 1 en 2 Verwerking van herinneringen

De eerste twee EMDR-sessies zijn gericht op verwerking van de ingrijpende gebeurtenissen (zie 'Procedures en begrippen' voor een uitleg van de EMDR-begrippen).

In de eerste zitting kiest Stefan als meest nare plaatje: oma met een linkszijdig verlamd gezicht in bed, terwijl ze probeert te praten en dit niet lukt. In plaats daarvan maakt ze een geluid dat klinkt alsof ze stikt. Ze ligt erbij met gedroogde lippen en de mond open. Dit nare beeld van oma komt steeds terug, ook wanneer hij leuke foto's van haar ziet. Hij denkt hierbij: 'Ik kan er niet tegen', en zou willen geloven: 'Ik kan tegen dit plaatje', maar dat voelt nog helemaal niet geloofwaardig aan (Validity of Cognition [VoC] = 2 op een schaal van 1 tot 7, waarbij 1 betekent volstrekt ongeloofwaardig en 7 geheel geloofwaardig). Wanneer hij zich concentreert op het plaatje voelt hij zich agressief, verdrietig en verbaasd en dit levert hoge spanning op (subjective units of distress [SUD] = 7 op een schaal van 0-10, waarbij 0 geen spanning betekent en 10 de ergst denkbare spanning). Deze spanning voelt hij vooral in zijn keel. Dan wordt de koptelefoon opgezet, waarbij hij afwisselend links en rechts een klik in zijn oor hoort (auditieve bilaterale stimulatie). Achtereenvolgens komen de volgende associaties bij hem op:

- Mijn keel gaat op de klik mee.
- Mijn keel en ook de zijkant van mijn lijf en de buik.
- Mijn benen gaan er ook bij trillen.
- Dat ik moeilijker kan slikken (slikt heftig).
- Ik heb een droge mond.
- Het voelt weer helemaal zoals in het begin.
- Hetzelfde.

Therapeut	Ga eens terug naar het oorspronkelijke plaatje [back to target]. Hoeveel spanning geeft het nog?
Stefan	Een 8.
Therapeut	Wat geeft nog die spanning?
Stefan	- Het wordt weer iets minder (hij boert). [set] - De spanning gaat weg. [set] - Hier blijft het strak staan (wijst op een plek in zijn keel).

	[set]
	- Minder. [set]
	- Hetzelfde. [set]
Therapeut	Ga eens terug naar het oorspronkelijke plaatje [back to target]. Hoeveel spanning geeft het nog?
Stefan	Een 4.
Therapeut	Wat geeft nog die spanning?
Stefan	De mond van oma die zo openstaat. [set]
	- Koude rilling over mijn rug. [set]
	- Niets. [set]
Therapeut	Ga eens terug naar het oorspronkelijke plaatje [back to target]. Hoeveel spanning geeft het nog?
Stefan	Een 1.
Therapeut	Wat geeft nog dat laatste restje spanning?
Stefan	Het geluid als ze zo probeert te praten.
Therapeut	Hoe klinkt dat? Stefan doet het geluid van oma na (ik vraag hem het geluid te maken zodat het bijbehorende auditieve herinneringsfragment geactiveerd wordt en hij zich er gemakkelijker op kan concentreren).
Stefan	Mijn lijf is zeer ontspannen. [set]
	- Nog minder. [set]
	- Niets. [set]

Stefan geeft aan dat hij geen spanning meer heeft bij dit plaatje (SUD = 0). De positieve cognitie (PC): 'Ik kan er tegen', voelt na drie sets geluidsklikjes helemaal waar aan (VoC = 7). Bij het doen van de bodyscan merkt hij op dat zijn hele lijf ontspannen is.

Positief afsluiten Het meest positieve dat hij over zichzelf heeft geleerd is dat hij beter kan slikken, dat hij het los kan laten: 'Ik ben een doorzetter.' Terugkijkend op de zitting geeft hij aan moe te zijn. Hij vindt het apart dat er benauwdheid opkwam, maar dat dit ook gewoon weer voorbijging.

In de tweede EMDR-zitting, een week later, vertelt Stefan dat het beter gaat. Hij voelt zich minder gespannen bij het eten, zijn keel is rustiger en hij heeft geen brok meer in zijn keel gehad. Ook heeft hij minder aan het slikken en de angst voor slikken gedacht. Wanneer hij toch angstig werd, bijvoorbeeld na het eten van ijs, kon hij zijn ademhalingsoefeningen toepassen en wist daardoor sneller zijn angst weer onder controle te krijgen. Ook is hij minder vaak en minder lang benauwd geweest.

In deze tweede EMDR-zitting worden twee *targets* behandeld: het beeld dat hij met zijn familie bij de kist van oma staat tijdens de afscheidsdienst in het crematorium (bij start EMDR SUD = 7) en het beeld dat hij oma's dode opgebaarde lichaam in de kist ziet tijdens de condoleanceplechtigheid (bij start EMDR SUD = 6).

Het EMDR-proces bij beide targetbeelden verloopt voorspoedig (beide targets SUD = 0). Er komen voornamelijk lichamelijke sensaties naar voren zoals steken in het lijf, rillingen in de rug en een 'strakke spanning' in de keel, zoals Stefan het zelf zegt. Hij boert regelmatig. Op het eind van de sessie meldt hij dat zijn lijf losser aanvoelt en dat zijn lijf niet meer gespannen is. Er zijn geen andere spanningsvolle herinneringen meer die te maken hebben met het overlijden van oma. De herinnering aan het plaatsen van de urn van oma zonder zijn medeweten en aanwezigheid, was destijds rot, maar levert nu geen spanning meer op.

Sessie 3: Future template (EMDR-onderdeel ter voorbereiding op fase 2)

Aan het begin van deze sessie is vader kort aanwezig en benoemt de veranderingen die de ouders thuis zien. Stefan heeft spontaan ander eten geprobeerd: vla, roomijs en kaassoufflé. Doorslikken in een keer lukt niet altijd. Soms blijft het halverwege in zijn keel steken, waarbij een slok water helpt om het door te spoelen. De vader signaleert dat Stefans oude humor terugkomt. Hij had zelfs zin om naar de stad te gaan en is in het weekend uit geweest. Wel is hij nog regelmatig benauwd. Met name voor het slapengaan wordt hij angstig, omdat het dan voelt alsof hij zijn slijm niet door kan slikken. 'Alsof het in een spinnenweb blijft hangen.' Maar als moeder hem afleidt, zakt de benauwdheid snel.

Nu de verwerking van identificeerbare herinneringen die de slikklachten aanstuurden is afgerond, kan gestart worden met de voorbereiding op de dagelijks terugkerende eetsituaties en het hervatten van het 'normale' eetpatroon. Stefan stelt zich in gedachten een situatie in de toekomst voor en combineert dit met een positieve uitspraak (over zichzelf), in vaktermen: *future template*. Daarna krijgt hij via de koptelefoon afwisselend links en rechts klikjes te horen. Uitgangspunt bij het toepassen van deze imaginaire procedure is dat het voorbereidt op doorbreking van ingesleten vermijdingsgedrag. Er wordt een top tien van voedsel opgesteld dat Stefan nu vermijdt, maar wel weer wil gaan eten. Op het lijstje staan (van gemakkelijk naar moeilijk): brood, banaan, spinazie, beschuit, patat, kip, pizza, schnitzel, spaghetti en kebab. In twee toekomstige plaatjes stelt hij zich voor aan tafel te zitten en achtereenvolgens een witte boterham met filet americain en een banaan te eten, terwijl het voelt alsof hij het aankan. Aan het einde van deze sessie kan hij deze situaties als een denkbeeldige film in zijn hoofd afspelen, van begin tot eind zonder spanning.

Fase 2: Opbouw van een normaal eetpatroon

Nu het voor Stefan op oefenen met eten aankomt, is het van belang dat reacties van de ouders ondersteunend zijn. Stefan geeft vanaf het begin al aan dat zijn moeder hem te dicht op de huid zit. Zij ergert zich aan het boeren en slikken en maakt opmerkingen als: 'Stop daar nu eens mee.' Hij voelt zich niet veilig genoeg om met eten te oefenen als zijn moeder in de buurt is, omdat haar reactie hem nerveus maakt, waardoor de spanning in zijn keel toeneemt. Aan de ouders zijn telefonisch adviezen gegeven om de eetexperimenten te ondersteunen. Zo is hen gevraagd stik-, slik- of boergeluiden te negeren. Zij zijn zich bewust van het nut hiervan en doen hun best het advies op te volgen. Toch wil Stefan de overgang naar het echt uitproberen van voedsel niet in de thuissituatie maken. Wel is hij bereid dit te doen op het kantoor van de GGZ-instelling in aanwezigheid van een arts. Deze kan hem immers reanimeren wanneer hij in paniek raakt en voor zijn gevoel dreigt te stikken. Gezien zijn hoge mate van angst en zijn sterke behoefte aan controle over de situatie is dit verzoek ingewilligd.

Tijdens de eerste zitting in deze fase wordt Stefan door zijn vader gebracht en ze hebben een plastic zakje meegenomen met daarin twee witte boterhammen. Hij legt ze zo ver mogelijk van zich af op tafel en negeert de boterhammen. De arts geeft aan de hand van plaatjes kort uitleg over het keelgebied en hoe het lichaam juist handig is uitgerust om verslikken en stikken te voorkomen. Op uitdrukkelijk verzoek van Stefan belooft ze in te grijpen als hij zich verslikt. Dan komt het uur U. De spanning bij Stefan loopt zichtbaar op, wat duidelijk te zien is aan de hoge, snelle ademhaling en de gespannen spieren in het nek-, mond- en keelgebied. Opeens pakt hij een klein stukje van de boterham en perst het met alle kracht door zijn keel. Daarna wil hij niet meer. Opvallend is de geblokkeerde ademhaling en de extreme spierspanning waardoor slikken bijna onmogelijk wordt. Navraag naar identificeerbare herinneringen die deze verkramping kunnen aansturen, levert geen nieuwe informatie op. De behandelaar en de arts complimenteren hem met zijn enorme inzet en kracht. Het is hem gelukt een hapje te eten. Vanwege de geblokkeerde ademhaling wordt geadviseerd weer fysiotherapie op te starten, gericht op het aanleren van ademhalings- en ontspanningsoefeningen.

Na een aantal eetsessies stagneert het behandelproces echter. Stefan vergeet regelmatig afspraken, komt te laat en heeft zijn oefeningen thuis niet gedaan. Hoewel het zijn moeder gelukt is om meer afstand te nemen, is er toch sprake van een terugval in gedrag: hij slikt veel, boert, snuift en blaast tijdens het eten. Hij trekt zich meer terug op zijn kamer en voelt zich somberder. Bij lichamelijk onderzoek constateert de kinderarts ontstoken keelamandelen die waarschijnlijk voortdurend onaangename sensaties veroorzaken in Stefans keel. Dit lijkt het opbouwen van een normaal eetpatroon en vertrouwen in zijn lijf in de weg te staan. De arts stuurt aan op spoedige operatie en verwijdering van de keelamandelen. Wanneer de wond genezen en de pijn verdwenen is, lijkt er weer schot te komen in het behandelproces.

Los hiervan is de kracht van het vermijdingsgedrag van Stefan duidelijk. Een paar keer per week ondersteuning bij het eten op kantoor is veel te weinig. Daarom wordt psychiatrische intensieve thuiszorg (PIT) ingezet. Doelen van deze begeleiding zijn: de opbouw van vloeibaar naar vast voedsel te realiseren en Stefan te leren meer verantwoordelijkheid te nemen voor zijn voedsel zoals eigen eten maken/pureren en gebruikte apparatuur schoonmaken. Tot nu toe wordt namelijk alles door zijn moeder of vader klaargemaakt. Ook valt op dat hij niet weet hoe hij keukenapparatuur moet bedienen, zoals de blender of de magnetron. De Nutridrink bij de apotheek wordt afbesteld.

De PIT-verpleegkundigen die Stefan afwisselend begeleiden, hebben er een harde dobber aan. Regelmatig staan zij voor een dichte deur en komen onverrichter zake terug. Wanneer vader of moeder de deur opendoet, weigert Stefan uit bed te komen. Tijdens zo'n bui is hij niet geïnteresseerd, speelt wat met zijn reptielen, zegt heus wel te gaan eten, maar alleen niet nu.

Factoren binnen het gezin, die de problematiek waarschijnlijk in stand houden komen meer naar voren. Zo neemt Stefan weinig verantwoordelijkheid en leunt op zijn ouders die hem beschermend opvoeden, vaak zijn zin geven en weinig grenzen stellen. In hoeverre moeten eerst deze gezinspatronen doorbroken worden om tot een goed eindresultaat te komen?

Door het doorzettingsvermogen van alle betrokkenen is inmiddels de Nutridrink afgebouwd en heeft Stefan geleerd om verschillende soorten vast voedsel te eten, zoals aardappelen, vis, spinazie, wortelen, doperwten, pannenkoeken, bitterballen, beschuit en geroosterd brood. Zijn gewicht is al beter op peil. Stefan is energieker en opgewekter en heeft meer contact met vrienden. Zo voetbalt hij met hen en gaat met hen uit.

Fase 3: Heroriëntering op de toekomst

Deze fase heeft een meer algemeen doel en wordt daarom hier kort besproken. Binnenkort ziet het gezin de gezinstherapeut om te bespreken hoe Stefans zelfstandigheid verder gestimuleerd kan worden en hoe regels in huis daarbij kunnen helpen. Dit zal het zoeken naar dagstructuur door opleiding of werk en het creëren van een nieuw toekomstperspectief bespoedigen. Stefan heeft inmiddels werk gezocht en wil weer een opleiding tot automonteur gaan doen.

Discussie en beschouwing

EMDR geeft in drie sessies een versnellend effect bij deze uiterst hardnekkige problematiek, waar veel hulpverleners – in ambulante en klinische setting – op zijn stukgelopen. Hoe zou dat te verklaren zijn? Ten eerste heeft EMDR een duidelijke behandelfocus. De behandeling ziet er overzichtelijk uit en is goed uit te leggen aan cliënten. Dit versterkt het gevoel van controle, verhoogt de motivatie om zich in te zetten voor de behandeling en geeft hoop op herstel (De Roos en Beer, 2003). Stefan was bij alle EMDR-zittingen op tijd en werkte heel goed mee. Ten tweede lijkt de slikangst bij Stefan een posttraumatische stressreactie (fysieke herbelevingsreactie) te zijn: zijn angst om te slikken lijkt samen te hangen met de herinnering aan zijn dierbare oma die dreigde te stikken. Aangezien bij slikangst lichamelijke aspecten op de voorgrond staan, ligt de keuze voor een meer non-verbale traumagerichte behandeling, zoals EMDR, voor de hand. De EMDR-procedure richt zich ook op het activeren en verwerken van lichamelijke ervaringen die samenhangen met de traumatische herinnering. Daardoor worden bij deze methode onbewuste en sensomotorische, non-verbale herinneringsfragmenten eerder in de verwerking meegenomen. Stefan rapporteert tijdens en na de EMDR-sessies ontspanning in het keelgebied. Wanneer ontspanning van het betrokken spiergebied bereikt is, vergemakkelijkt dit de weg naar gedragsexperimenten zoals het weer opbouwen van een gezond eetpatroon.

Belang multidisciplinair team

Hoewel er al in een vroeg stadium contact was met de kinderarts (voor gewichtscontrole en het voorschrijven van Nutridrink), komt de belemmerende rol van Stefans ontstoken amandelen pas naar voren als het resultaat van de EMDR-sessies niet leidt tot verdere normalisering van het eetpatroon. Dit benadrukt nog eens het belang van multidisciplinaire samenwerking van hulpverleners op medisch en psychosociaal gebied wanneer het om lichamelijke klachten gaat. De ontdekking door de kinderarts dat het ontstoken amandelen zijn die de opbouw van het gezonde eetpatroon in de weg staan, is een cruciaal element in het weer vlot trekken van de vastgelopen behandeling.

Rol ouders/systeem

In het behandelteam kwam regelmatig de vraag naar voren of ouders wel optimaal bij de behandeling betrokken waren en of een aanpak gericht op het hele gezin niet vooraf zou moeten gaan aan de individuele EMDR-behandeling van Stefan. Als het beschermende patroon van het gezin namelijk doorbroken is, zal Stefan automatisch meer initiatief nemen, waardoor zijn zelfvertrouwen snel kan groeien, ook bij het slikken van vast voedsel. Door in een eerder stadium interventies te richten op het hele gezin zou het behandeleffect mogelijk eerder bereikt zijn. Bij navraag achteraf zijn Stefan en zijn ouders van mening dat gezinsbehandeling voorafgaande aan EMDR niet tot het gewenste resultaat geleid zou hebben.

Uitdaging

Eetproblemen die voortkomen uit angst om te slikken, kunnen zich ontwikkelen tot levensbedreigende klachten. De uitdaging in de behandeling van kinderen en jongeren met dergelijke klachten is om gevoelens van machteloosheid, die kunnen optreden bij hulpverleners, niet af te wentelen op het kind of de ouders. Deze gevoelens kunnen aangewakkerd worden wanneer een zorgvuldig bedacht behandelplan niet het beoogde resultaat oplevert. Het is de kunst om bij deze problematiek een respectvolle samenwerking met alle gezinsleden tot stand te brengen en voortdurend met hen mee te zoeken naar nieuwe ingangen om knelpunten in de behandeling het hoofd te bieden. Daarnaast is bij complexe problematiek natuurlijk een lange adem noodzakelijk. De aanhouder wint!

Met dank aan Stefan, zijn ouders en het behandelteam: het PIT-team (Emmy Brak, Dinie Craane, Eugenio van Loenen, Piet van Rijn), Arjan Nouwen (kinderpsychiater), Sandra Schrama (kinderarts) en Arno Martens (gezinstherapeut) voor hun inzet, kennis en enthousiasme. Daarnaast ook dank aan Renée Beer voor het kritisch meelezen.

Casus 7 Niet meer machteloos, maar boos!

Een 16-jarige adolescente met een ervaring van seksueel misbruik door haar vader

Marijke de Koning
Marijke de Koning is als GZ-psycholoog en psychotherapeut werkzaam bij de Gelderse Roos, een GGZ-instelling in Arnhem. Na 25 jaar in een kinderteam gewerkt te hebben, werkt zij nu al een aantal jaren in het adolescententeam, waar zij zich vooral bezighoudt met de behandeling van adolescenten en jong-volwassenen met psychotrauma's. Zij is EMDR-supervisor, ook voor kinderen en adolescenten. Tevens is zij supervisor voor de Vereniging voor Kinder- en Jeugdpsychotherapie en de Vereniging voor Gedragstherapie en Cognitieve therapie.

Elk trauma gaat gepaard met gevoelens van machteloosheid. Dit is zeker het geval bij seksueel misbruik van een kind door een volwassene. In de hier beschreven EMDR-behandeling van de 16-jarige Mieke die een eenmalige ervaring heeft van seksueel misbruik zien we hoe in korte tijd een omslag optreedt in haar gevoelens, van machteloos en angstig naar boos, en het uiten van deze boosheid. Dit bewust worden van en uiting geven aan de boosheid om wat de ander je heeft aangedaan, is mijns inziens een belangrijk aspect van het genezingsproces. Bij Mieke heb ik relatief veel aandacht besteed aan het gewenste gedrag in toekomstige situaties. Ook dit is een belangrijk aspect van de behandeling, omdat Mieke wilde leren omgaan met situaties die zij als gevolg van het trauma juist vermeed. Ondanks al deze aandachtspunten duurde de behandeling slechts vier sessies van 60 minuten.

Klachten en voorgeschiedenis

Mieke is een 16-jarige adolescente die zich bij onze instelling aanmeldt met klachten die verband houden met eenmalig seksueel misbruik door haar vader op 12-jarige leeftijd.

Haar ouders zijn gescheiden toen zij 6 jaar oud was, waarna Mieke bij haar moeder bleef wonen. Er was een bezoekregeling met haar vader. Na het misbruik, dat plaatsvond nadat vader te veel gedronken had, wilde Mieke niet meer naar hem toe. Zij heeft sindsdien geen contact meer gehad met haar vader.

Mieke heeft destijds niemand over het seksueel misbruik verteld. Dit heeft zij pas gedaan in het jaar voorafgaand aan de aanmelding. Eerst vertelde zij het haar toenmalige vriendje, daarna de vertrouwenspersoon op school en vervolgens haar moeder en stiefvader. Mieke geeft aan dat zij niet eerder over het misbruik verteld heeft omdat zij bang was niet geloofd te zullen worden. Zij heeft aangifte gedaan, maar haar vader heeft alles ontkend.

Bij aanmelding geeft Mieke aan bang te zijn dat ze haar vader tegen zal komen. Ze durft niet alleen naar de stad te gaan. Ook is ze bang voor oudere jongens en is ze steeds op haar hoede. Ze schrikt snel, heeft nachtmerries waarin ze droomt over het seksueel misbruik, waarna ze bang is om weer te gaan slapen. Mieke zorgt ervoor dat ze de hele dag bezig is zodat ze niet te veel gaat nadenken. Op school en in haar vriendenkring functioneert Mieke goed. Ook met haar moeder en stiefvader, die al lang in het gezin is, zegt ze goed contact te hebben.

Mieke wil het misbruik door haar vader een plaats geven; ze wil weerbaarder worden zodat ze alleen over straat durft en ze wil meer vertrouwen in mensen krijgen.

Waarom EMDR?

Op grond van de genoemde informatie en de klachten zijn er aanwijzingen dat er bij Mieke sprake is van posttraumatische stressklachten die gerelateerd zijn aan een aanwijsbare traumatische ervaring. Omdat in onze instelling EMDR de voorkeursbehandeling is bij cliënten met traumatische ervaringen, wordt de indicatie voor EMDR gesteld.

Mieke krijgt in het adviesgesprek na de intake informatie over EMDR en stemt in met een EMDR-behandeling. Helaas duurt het een aantal maanden voor de behandeling start, omdat Mieke geen verdere behandeling wil bij degene die het intakegesprek gedaan heeft. Ze wordt daarom op de wachtlijst geplaatst.

In Miekes geval is er, ook al heeft zij aanvankelijk niet over haar traumatische ervaring durven vertellen, sprake van een steunende sociale omgeving. Bij kinderen en jonge adolescenten overwegen wij altijd in hoeverre het zinvol is om de ouders bij de behandeling te betrekken. In het geval van Mieke lijkt dit niet noodzakelijk om tot een goede verwerking te komen. Wel wordt afgesproken dat moeder bij de behandeling betrokken zal worden, mocht dit zinvol zijn.

Verloop van de behandeling

Eerste contact: kennismaking, veilige plek en start traumabehandeling

Bij de kennismaking maakt Mieke een vriendelijke, rustige en ingetogen indruk. Omdat zij na de intake had aangegeven dat het niet klikte met de desbetreffende hulpverlener besteed ik allereerst aandacht aan de vraag of Mieke voldoende vertrouwen denkt te hebben in mij als behandelaar. Mieke reageert hierop bevestigend.

In de aanmeldingsklachten is in de maanden na het intakegesprek weinig verbetering opgetreden. Mieke geeft wel aan dat ze iets beter slaapt. Ze noemt als belangrijkste klacht dat ze bang is voor oudere jongens. Omdat bij een EMDR-behandeling steun in de directe omgeving van groot belang is, vraag ik Mieke wie haar steunt en bij wie ze terechtkan. Mieke geeft aan zich gesteund te voelen door moeder en stiefvader, al praat ze liever niet met haar moeder over wat haar bezighoudt. Zij heeft gesprekken met een vertrouwenspersoon op school.

De Schokverwerkingslijst (Brom & Kleber, 1985), die wij gebruiken om de ernst van de posttraumatische stressklachten te beoordelen, geeft een score van 60 te zien. (Scores boven de 43 zijn indicatief voor een ernstige posttraumatische stressklachten). Mieke geeft aan zeer veel last te hebben van zich aan haar opdringende herinneringen (intrusies) en vermijdt van alles wat haar aan het trauma doet denken.

Bij Mieke maak ik gebruik van de koptelefoon met 'klikjes', waarbij de bilaterale stimulatie beurtelings links en rechts via de oren gegeven wordt. Voor we beginnen met de behandeling van de traumatische herinnering, vraag ik Mieke een veilige plek te bedenken (zie 'Procedures en begrippen'), met de bedoeling deze veilige plek te 'installeren' met behulp van korte sets van bilaterale stimulatie. Bij kinderen en adolescenten start ik altijd op deze manier, omdat dit in mijn ervaring een goede kennismaking is met de EMDR-methode. Bovendien lijkt me in dit geval de installatie van de veilige plek zinvol gezien Miekes angstklachten en gevoelens van onveiligheid. Zo'n veilige plek kan ook het gevoel van veiligheid en vertrouwen in de therapiesituatie en de therapeut vergroten. Met Mieke bespreek ik dat de veilige plek gebruikt kan worden tijdens de EMDR-behandeling, bij het afsluiten van de sessie – met name als de spanning nog hoog is – en thuis, in de periode tussen twee sessies, op momenten waarop zij spanning ervaart. Mieke blijkt goed in staat een plek voor zichzelf te bedenken waar zij zich rustig voelt en waar ze het gevoel heeft zichzelf te kunnen zijn. Deze plek wordt geïnstalleerd en ik vraag haar om hier in de komende tijd mee te oefenen door deze plek, met de bijbehorende gevoelens, ook iedere dag thuis in gedachten op te roepen.

Behandeling van het trauma

De behandeling begint bij het 'verhaal' van het seksueel misbruik. Ik vraag Mieke om hierover te vertellen van begin tot eind, alsof het een film is.

Mieke vertelt dan de gebeurtenis in grote lijnen, waarbij zij niet concreet en in details over het misbruik zelf wil praten. Ik accepteer dit, omdat ik het belangrijk vind om, zeker bij ervaringen van seksueel misbruik, de grenzen van de cliënt te respecteren. Bovendien is het in mijn ervaring bij EMDR niet noodzakelijk dat alle details van het trauma verteld worden.

Cruciaal in Miekes 'verhaal' is het vastgepakt worden door haar vader en vervolgens geen kant op kunnen. Pas toen haar vader in slaap viel, kon Mieke ontkomen en naar haar eigen slaapkamer gaan. De volgende dag leek haar vader niets meer te weten van wat er die nacht gebeurd was. Als naarste beeld van de herinnering (het *targetbeeld*) kiest Mieke: 'Ik zie mezelf liggen en mijn vader pakt me vast.' De negatieve cognitie (NC) is aanvankelijk: 'Ik ben dom.' Als positieve cognitie (PC) formuleert ze: 'Ik kon er niets aan doen.' Omdat de uitspraak 'Ik kon er niets aan doen' naar een andere negatieve cognitie dan wel domein (zie Geschiedenis en achtergronden) lijkt te verwijzen dan 'Ik ben dom', vraag ik hierop door. Dan blijkt dat Mieke zichzelf dom noemt omdat ze vindt dat het haar schuld is. De NC wordt: 'Het is mijn eigen schuld,' en de PC: 'Het is niet mijn schuld.' Vervolgens bepalen we de geloofwaardigheid van de positieve cognitie (VoC). Deze is 4, op een schaal van 1 tot en met 7, waarbij 1 betekent niet geloofwaardig en 7 helemaal geloofwaardig.

De emotie die opkomt is: boos op zichzelf, en de spanning (SUD) die Mieke ervaart is 9, op een schaal van 0 tot en met 10, waarbij 0 betekent geen spanning en 10 de allerhoogste spanning. Zij voelt deze spanning vooral bij haar hart.

Hierna starten we met het desensitisatieproces (na elke korte opmerking van de therapeut volgt er een set 'klikjes').

Therapeut	Concentreer je op het naarste beeld, zeg tegen jezelf: 'Het is mijn schuld' en ervaar dat gevoel bij je hart. Wat komt er in je op?
Mieke	Tranen. [ze huilt ook, heel ingehouden]
Therapeut	Concentreer je daarop. [set]
Mieke	Dat ik het uit mijn hoofd wil duwen.

In de daaropvolgende associaties komt het thema machteloosheid, waarbij Mieke het beeld voor zich ziet dat ze zodanig vastgepakt wordt dat ze geen kant meer op kan, een aantal malen terug, tot er een ommekeer komt:

Therapeut	Wat komt er in je op?
Mieke	Dat ik best wel boos ben.
Therapeut	Concentreer je daarop. [set]
Mieke	Dat ik boos blijf.
Therapeut	Concentreer je daarop. [set]
Mieke	Ik ben nog steeds boos.
Therapeut	Wat zou je met die boosheid willen doen? [Hier zet ik een 'cognitive interweave' in om het proces te stimuleren.]
Mieke	Eruit gooien, eruit schreeuwen.
Therapeut	Doe het maar... en geef maar aan als het genoeg is voor jou. [set] [Mieke blijft een tijd stil en geconcentreerd. Uiterlijk is geen emotie zichtbaar.]
Mieke	Nu.
Therapeut	Wat komt er in je op?
Mieke	Ik voel me best wel leeg door dat schreeuwen.
Therapeut	Concentreer je daarop. [set]
Mieke	Dat ik langzaam tot rust kom.

Omdat het tijd is vraag ik Mieke om het beeld in haar verbeelding 'op te bergen'. De SUD is dan gedaald tot 4. De sessie wordt afgesloten met de veilige plek en ik vraag Mieke wat het meest positieve is dat zij deze keer over zichzelf geleerd heeft. Zij geeft aan: 'Dat ik sterker ben dan ik denk.' Wij sluiten de sessie af met de uitspraak: 'Ik ben sterk.' Ik vraag Mieke dit duidelijk tegen zichzelf te zeggen terwijl zij luistert naar een set klikjes.

Tweede contact, twee weken later: vervolg traumabehandeling

Mieke vertelt dat zij beter in slaap kan komen en minder schrikachtig is. Zij heeft niet zoveel aan het misbruik gedacht in de afgelopen periode.

Bij het opnieuw opstarten, waarbij ik Mieke vraag om zich het nare beeld weer voor de geest te halen, is de SUD 7. Ook nu weer komt vooral machteloosheid op: zij ziet voor zich hoe zij vastgehouden wordt en geen kant op kan. Tijdens de desensitisatie geeft Mieke een aantal malen aan dat zij het plaatje weg wil zetten. Ik leg uit dat het oké is als zij het plaatje weg wil zetten, maar dat het doel van EMDR is dat zij er ook naar kan kijken zonder zich nog heel naar te voelen. Ook in deze sessie heeft Mieke een grote behoefte om haar boosheid eruit te schreeuwen, hetgeen zij – in verbeelding

– meerdere malen doet. De SUD daalt naar 0. Mieke geeft aan dat het beeld geen spanning meer oproept doordat zij alles eruit heeft geschreeuwd.

Dan volgt de installatie van de positieve uitspraak 'Het is niet mijn schuld.' De mate van geloofwaardigheid is 5 en na een aantal sets met klikjes wordt deze al snel 7. Deze uitspraak voelt voor Mieke dan als helemaal waar aan. Bij de bodyscan vraag ik Mieke zich te concentreren op het nare beeld, terwijl zij tegen zichzelf zegt: 'Het is niet mijn schuld' en intussen met aandacht haar lichaam te onderzoeken en te voelen of ergens spanning opkomt. Mieke ervaart geen lichamelijke spanning meer. Ook geeft zij aan dat er in de herinnering van het seksueel misbruik geen andere beelden meer zijn die nog spanning geven. Als ik navraag of het schreeuwen gericht was tegen haar vader, antwoordt Mieke dat zij niet tegen haar vader schreeuwde, maar 'het er gewoon uitschreeuwde'.

Omdat Mieke aangegeven heeft bang te zijn haar vader op straat tegen te komen, stel ik voor een *future template* (zie 'Procedures en begrippen') te doen, waarin we aandacht besteden aan deze toekomstige situatie. Mieke kiest de situatie waarin zij haar vader tegenkomt op straat. Zij stelt zich voor dat hij naar haar toe komt en haar vraagt waarom ze zulke onzin over hem verteld heeft. Van deze situatie maakt zij een 'plaatje'. Mieke betwijfelt of ze deze situatie aankan. De geloofwaardigheid (Validity of Cognition, VoC) van de uitspraak 'Ik kan het aan' is 3 op een schaal van 1 tot 7. Helaas moet de sessie hier in verband met de tijd afgebroken worden. Ik vraag Mieke om verschillende manieren te bedenken waarop zij met een dergelijke situatie zou willen omgaan. Bij het positief afsluiten geeft Mieke aan dat ze geleerd heeft dat ze 'er toch wel goed mee om kan gaan', terwijl ze dacht dat ze dat niet kon. We sluiten opnieuw af met: 'Ik ben sterk.'

Derde contact, een week later: videocheck, RDI en evaluatie

Mieke geeft aan dat ze zich minder moe voelt, zich beter kan concentreren en dat zij zich vrolijker voelt. Zij meldt geen negatieve ervaringen. Wanneer zij zich weer concentreert op het beeld van de vorige keer blijkt de SUD nog steeds 0 te zijn.

Videocheck

Mieke heeft twee scenario's bedacht voor de situatie waarin zij haar vader tegenkomt en deze haar vraagt waarom zij onzin over hem verteld heeft. In het eerste geval zou zij doorlopen zonder iets te zeggen, in het tweede geval zou ze tegen haar vader zeggen dat het geen onzin is. Omdat het in deze situaties gaat om assertief gedrag van Mieke, kies ik deze keer niet voor een stilstaand plaatje van de situatie, maar voor een soort film in het hoofd (*videocheck*) waarin Mieke actief het gewenste gedrag uitvoert. Mieke doorloopt in verbeelding de eerste situatie als in een film. Hierna is de uitspraak 'Ik kan het aan' voor haar geloofwaardig.

De tweede situatie blijkt nog te moeilijk. Mieke kan zich hierbij niet voorstellen dat zij dit aankan. Daarom stel ik voor om een hulpbron te installeren door middel van Resource Development and Installation (RDI; zie 'Procedures en begrippen'). Hierbij gaat het erom een positieve kwaliteit of een vermogen waarover de cliënt in andere situaties beschikt als het ware uit te vergroten en mee te nemen naar de moeilijke situatie. Mieke blijkt twee hulpbronnen nodig te hebben: zelfverzekerdheid en durf. Het kost haar weinig moeite om voor deze vermogens uit haar eigen ervaringen te putten. Hiermee toegerust geeft zij aan dat ze denkt de situatie aan te kunnen. Ook nu sluiten we de EMDR-sessie af met de positieve uitspraak: 'Ik ben sterk.'

Mieke vult opnieuw de Schokverwerkingslijst in. De totaalscore is nu 6. Deze score geeft aan dat er geen sprake meer is van posttraumatische stressklachten. Mieke laat weten dat ze graag nog een gesprek wil omdat zij nog bang is in gezelschap van oudere jongens.

Vierde contact: gedragsoefening, RDI en videocheck; evaluatie en afsluiting

Mieke vindt nog steeds dat het goed met haar gaat. Zij heeft geen last meer van de nare herinnering. Bij navraag wanneer zij bang is voor oudere jongens blijkt het te gaan om situaties waarin zij met een jongen alleen is. Allereerst bespreken we wat de reële risico's zijn in dergelijke situaties. Vervolgens oefent Mieke in een rollenspel met het aangeven van haar grenzen. Omdat zij dit wel blijkt te kunnen, maar het moeilijk vindt om het ook echt te doen, installeren we weer hulpbronnen waarmee zij denkt dit wel te kunnen.

Mieke kiest als hulpbronnen moed en overtuigingskracht. We sluiten positief af met de uitspraak: 'Ik ben zelfverzekerd.'

Gesprek met Mieke en haar moeder

In dezelfde sessie evalueer ik de behandeling met Mieke en haar moeder.

Haar moeder merkt dat Mieke minder schrikachtig is en dat zij niet meer steeds in de buurt van haar ouders wil zijn zoals voorheen het geval was. Mieke had er toen grote moeite mee als haar moeder en stiefvader weggingen. Deze informatie was nieuw voor mij. Moeder geeft aan dat ze zich wat beschermend opstelt naar Mieke toe, waar die het niet altijd mee eens is. Hier lijken 'gewone puberproblemen' te spelen. Van Miekes angst om de straat op te gaan is geen sprake meer. Inmiddels heeft zij een vriendje. Mieke en haar moeder geven aan dat er op dit moment geen problemen meer zijn. De behandeling wordt afgesloten. Mochten zich in de toekomst problemen voordoen, dan kan Mieke zich opnieuw aanmelden.

Discussie en beschouwing

Mieke heeft niet verteld wat er precies gebeurd is tijdens het seksueel misbruik. In mijn ervaring is dit bij EMDR niet noodzakelijk om tot verwerking van de traumatische gebeurtenis te komen, maar de vraag is wel in hoeverre er kans bestaat op (cognitieve) vermijding van een deel van de ervaring. In cognitief-gedragstherapeutische behandelingen van trauma's is het uitgebreid bespreken van de traumatische herinnering (het hele 'traumaverhaal') een centraal aspect van de behandeling (zie *EMDR werkt! Maar hoe?*). Dat essentiële aspecten van de traumatische herinnering vermeden worden, probeer ik te voorkomen door duidelijk te bespreken dat niet alles in detail verteld hoeft te worden, maar dat zij wel precies weet wat er gebeurd is en dat het erom gaat dat zij zich daar (in het begin) zo goed mogelijk op concentreert. Een wezenlijk aspect van EMDR is dat de confrontatie met het traumatische beeld slechts het startpunt is in het informatieverwerkingsproces.

Mieke kiest aanvankelijk als negatieve uitspraak (NC): 'Het is mijn eigen schuld', terwijl in de desensitisatie uitsluitend de machteloosheid naar boven komt. Seksueel misbruikte kinderen en jongeren blijken zichzelf vaak de schuld te geven van hetgeen hen overkomen is, hoe irrationeel dat ook mag lijken. Soms heeft dit te maken met wat de dader tegen hen gezegd heeft. Soms geven kinderen zichzelf achteraf de schuld omdat ze niets gedaan hebben om de dader tegen te houden en niet meteen over het misbruik verteld hebben. Dit gedrag wordt ook verklaard als een manier voor kinderen om de illusie dat zij controle over de situatie hadden in stand te houden (zie bijvoorbeeld Cohen, Mannarino en Deblinger, 2008). Tijdens het desensitisatieproces komt kennelijk bij Mieke de werkelijke emotionele beleving naar boven, zonder deze cognitieve vervorming van de realiteit.

Het (in verbeelding) schreeuwen lijkt een belangrijke rol gespeeld te hebben in het verwerkingsproces bij Mieke. Hierbij lijkt het te gaan om een ontlading van spanning, iets wat destijds en waarschijnlijk ook in de periode daarna niet heeft plaatsgevonden.

Mijns inziens is dit lichamelijke aspect een belangrijk onderdeel van het verwerkingsproces bij EMDR en traumabehandeling in het algemeen (Levine, 1997).

Ten slotte omvatte de behandeling een future template, videocheck, gedragsoefening en RDI om Miekes zelfvertrouwen te vergroten, met name in het omgaan met jongens en mannen. Dit sloot aan op haar hulpvraag en is met name bij ervaringen van seksueel misbruik een belangrijk aandachtspunt in de behandeling.

Casus 8 Ik kijk echt met andere ogen!

Via moeder worden de problemen met haar 3-jarige dochter behandeld

Marianne Went
Marianne Went is klinisch psycholoog en psychotherapeut. Zij werkt in Herlaarhof, een polikliniek voor kinderen en jongeren van 0 tot 18 jaar met psychiatrische problematiek. Deze polikliniek is onderdeel van de Stichting Reinier van Arkel. Zij werkt daar binnen het team dat zich, als onderdeel van het Landelijk Centrum voor Vroegkinderlijke chronische Traumatisering (LCVT), speciaal richt op traumabehandeling van kinderen, adolescenten en volwassenen. Daarnaast werkt zij als vrijgevestigd psychotherapeut met cliënten van alle leeftijden. Zij is supervisor EMDR, ook voor kinderen en adolescenten.

Deze casus heeft een aparte plaats binnen het gedeelte van dit boek dat gewijd is aan EMDR bij Kinderen en Jeugd. Het EMDR deel van de behandeling betreft namelijk een volwassene! Toch hoort hij hier: de aangemelde cliënt is een kind. De hulpvraag van de ouders gaat over haar welbevinden. Wanneer we echter de voorgeschiedenis van zowel het kind als haar ouders goed in kaart brengen (anamnese) blijkt dat het kind al voor haar geboorte een last met zich meedraagt, die direct gekoppeld is aan een reeks traumatische ervaringen van de moeder. De moeder kan niet volledig beschikbaar zijn voor haar kind. Hierdoor raakt de hechtingsrelatie vertroebeld. Bij het kind uit zich dat in gedragsproblemen; de moeder ziet zich gesteld voor grote opvoedingsproblemen. Meteen wordt duidelijk hoezeer het leven van een jonge moeder en dat van haar haar kind nog met elkaar verweven zijn!

Eva, een meisje van ruim 3 jaar, stelt haar ouders voor grote problemen. Zij maken zich ongerust over haar ontwikkeling nu ze de grip op haar lijken te verliezen. Moeder Yvonne vertelt dat zij vanaf de eerste aanblik van haar dochter bang werd van haar oogjes en nog steeds het idee heeft dat Eva door haar heen kijkt, waardoor zij zich machteloos voelt. Ook bij een eerdere miskraam zag Yvonne twee doordringende oogjes en in het algemeen vindt ze het lastig om mensen in de ogen te kijken.

Klachten en voorgeschiedenis

Yvonne en Robert, ouders van dochter Eva van ruim 3 jaar en zoon Koen van ruim 1 jaar, melden hun dochter aan in verband met ernstige gedragsproblemen. Ze verleidt hen de hele dag tot een verbale strijd. Zij is in het gezin allesbepalend en erg negatief tegen haar broertje. Ze is snel overspoeld bij drukte en onverwachte gebeurtenissen. Eva krijgt woedebuien waarmee ze haar ouders angstig maakt. 'Ze kijkt dwars door je heen.'

Yvonne en Robert vragen zich af wat de achtergrond kan zijn van dit gedrag. Zij denken zelf aan hoogbegaafdheid, misschien wel in combinatie met een vorm van autisme. Zij vragen of ik Eva kan onderzoeken en hen wil adviseren in de opvoeding.

Ik besluit met de ouders samen te gaan uitzoeken waardoor zij zo machteloos staan in de opvoeding van hun dochter. Ik loop met hen het hele leven van Eva door en betrek daarin ook de periode daarvoor. Want naar mijn idee moet er iets bijzonders aan de hand zijn als een moeder aangeeft dat zij vanaf de eerste aanblik van haar kind bang wordt van haar oogjes.

Beschrijvende diagnose na onderzoek

Eva laat zich in het onderzoek kennen als een meisje dat inderdaad bovengemiddelde intellectuele mogelijkheden heeft. Zij kan opvallend goed praten en redeneren. Ik zie geen aanleiding om te denken aan autisme: Eva kan goed contact maken en reageert heel alert op de mensen en dingen om haar heen. Ze kan goed emoties delen met anderen. Wel valt op dat ze erg koppig kan zijn en zelf graag wil bepalen wat er gebeurt. Daarin gedraagt ze zich eigenlijk wat kinderlijk voor haar leeftijd, want dit gedrag past meer bij kinderen van een jaar of twee. Met haar machteloze woede maakt ze haar ouders bang en daardoor raakt ze zelf alleen maar meer in paniek. De combinatie van het vermogen om te redeneren en het jonge gedrag maakt dat het extra lastig is om een kind als Eva op te voeden: je bent geneigd met haar steeds in discussie te gaan, terwijl ze eigenlijk meer heeft aan heldere en duidelijke regels!

Uit de gesprekken met Yvonne en Robert blijkt dat er vanaf het moment dat ze kozen voor het ouderschap heel veel is gebeurd in hun leven. Op dit moment heeft Yvonne daarvan de meeste last. Ik spreek daarom met hen af dat ik vooralsnog met Eva niks ga doen, maar eerst met Yvonne ga kijken hoe zij traumatische ervaringen uit het verleden kan opruimen om daarmee meer ruimte voor zichzelf en haar dochter te ervaren.

Klachten

Yvonne heeft als voornaamste klacht dat zij zich vanaf het prille begin met haar dochter machteloos voelt. Het gedrag van Eva is naar haar zin vaak te bepalend voor haar en ze is daarvoor vaak zelfs angstig. Het doet haar pijn als ze ziet hoe gemeen en jaloers Eva reageert op Koen. Yvonne is eigenlijk continu moe en uitgeput, maar niet in staat om meer rust te nemen. Ze voelt zich oververantwoordelijk voor het huishouden en de opvoeding en wil alles perfect regelen. In contact met andere moeders voelt ze zich falen omdat ze het plezier in het moederschap dat anderen beleven absoluut niet met hen kan delen. Ze heeft grote heimwee naar de bloeiende eigen praktijk als pedicure, die ze heeft opgezegd bij de komst van het eerste kind. Ze had vroeger echt voldoende zelfvertrouwen, maar de laatste jaren is ze dat helemaal kwijtgeraakt. Eigenlijk al vanaf het moment dat zij koos voor het moederschap en probeerde zwanger te raken.

Veronderstelde samenhang tussen de klachten en herinneringen aan gebeurtenissen

De klachten van Yvonne zijn natuurlijk niet zomaar ontstaan. Die moeten te maken hebben met ervaringen die ze eerder opdeed. Met het grootste gemak komen we tot een hele lijst: acht jaar geleden besloten Yvonne en Robert dat zij graag kinderen wilden. Beide grootouderparen van Yvonne leefden met haar mee, maar overleden korte tijd na elkaar, nog voordat ze zwanger was. Elke dag heeft ze nog pijn rond haar hart wanneer ze denkt aan haar overleden grootouders. Vervolgens eindigde de eerste zwangerschap in een miskraam. De tweede zwangerschap verliep dramatisch omdat Yvonne van het begin tot het eind misselijk was, dagelijks braakte en er geen moment van kon genieten. Toen haar dochter Eva werd geboren hield de misselijkheid op, maar ze voelde zich vanaf de eerste aanblik van haar kind machteloos. Een postnatale depressie kleurde het eerste jaar. Yvonne miste haar oude baan en de erkenning die zij daarin kreeg. Toen Eva 1 jaar was, werd Yvonne opnieuw zwanger. Ook deze zwangerschap gaf veel lichamelijke klachten en eindigde tot haar ontsteltenis al na 26 weken met de geboorte van een heel kwetsbaar jongetje. Er volgde een periode van grote spanning en zorg om het leven van Koen.

Robert verdeelde zijn aandacht tussen het gezin en het familiebedrijf waarin hij werkte. Hulp kwam er van de ouders van Yvonne. Van haar schoonouders kreeg ze veel commentaar op de manier waarop ze met haar dochter omging. Ze had sowieso bij alles wat ze deed het gevoel niet goed genoeg te zijn in de ogen van haar schoonouders.

Yvonne merkte dat ze de grip aan het verliezen was en ging extreem haar best doen in de opvoeding en het runnen van haar huishouden. Ze was wanhopig op zoek naar het gevoel wel goed genoeg te zijn!

Uit de vele voorbeelden die Yvonne aanlevert, maak ik op dat er sprake is van een disfunctionele kernopvatting over zichzelf. Yvonne verwoordt het als volgt: 'Ik stel niks voor (als moeder).'

Wanneer ik haar vraag waarop ze het idee baseert dat zij als moeder niks voorstelt, noemt ze: 'Ik kan mijn grootouders geen achterkleinkind geven, ik kan niet normaal een zwangerschap uitdragen, ik ben een hele zwangerschap ziek, ik word depressief als ik voor mijn kind moet zorgen, ik kan de zorg voor twee kinderen niet combineren, mijn schoonouders vinden dat ik niet deug...'

Ik kies ervoor om de disfunctionele kernopvatting met een EMDR-rechtsom-strategie (zie 'Procedures en begrippen') aan te pakken. We gaan op zoek naar meer concrete gebeurtenissen die zij ervaart als bewijzen voor de disfunctionele kernopvatting dat zij als moeder niks voorstelt. Yvonne levert de volgende voorbeelden aan:

1 Het overlijden van de grootouders voordat Yvonne zwanger is: 'Ik kan mijn grootouders geen achterkleinkind geven.'
   Targetbeeld: Yvonne staat naast haar eigen bed. Daarin ligt haar oma, die bij hen logeert. Het is de nacht waarin opa overlijdt.
2 De miskraam waarin haar eerste zwangerschap eindigt: 'Ik kan niet normaal een zwangerschap uitdragen.'
   Targetbeeld: Yvonne is op het toilet met een embryo van acht weken in haar hand.
3 De tweede en derde zwangerschap: 'Ik ben een hele zwangerschap ziek.'
   Targetbeeld: Yvonne staat te braken boven de wastafel; een vriendin staat naast haar.
4 De geboorte van Eva: 'Ik ben bang van mijn pasgeboren kind.'
   Targetbeeld: Yvonne is net bevallen van haar dochter en heeft haar op haar borst. Ze kijkt haar aan en denkt: 'Ben jij degene die mij zo ziek heeft gemaakt? Met jou krijg ik nog heel wat te stellen!'
5 De bevalling van Koen: 'Hoe kan ik ook nog zo'n kwetsbaar kindje beschermen?'
   Targetbeeld: Yvonne in het ziekenhuisbed op de ochtend na de bevalling (na 26 weken). Robert hangt heftig huilend over haar heen.
6 De afwijzing door schoonouders: 'Ik deug niet in de ogen van mijn schoonouders.'
   Targetbeeld: Yvonne in kraambed, partner, schoonzus met drie kinderen ernaast. Schoonmoeder aan voeteneind met een voor Yvonne zeer denigrerende blik.
7 Paniekaanval nadat Yvonne zich heeft gerealiseerd dat ze een doorbraak heeft bewerkt in de afronding van een groot conflict binnen het familiebedrijf door haar woordje te doen in een belangrijk gesprek: 'Ik stel grenzen aan mijn schoonouders!'
   Targetbeeld: Yvonne ligt op bed in grote paniek.

Verloop van de behandeling

Yvonne komt in een tweewekelijks ritme en bepaalt per sessie welke targetherinnering voor haar belangrijk is. In de eerste sessie kiest ze voor de herinnering aan de miskraam die een relatief lage SUD heeft. Die van haar grootouders lijkt haar nog te moeilijk. Wanneer ze eenmaal doorheeft wat het effect van EMDR kan zijn, wil ze alles gaan opruimen.

Sessie 1

Targetherinnering: de miskraam.

Targetbeeld	Yvonne is op de wc met een embryo van acht weken in haar hand.
Negatieve cognitie (NC)	'Ik stel niets voor.'
Positieve cognitie (PC)	'Ik ben goed genoeg.'
Subjective units of distress (SUD)	daalt van 6 naar 0

PC installeren we deze eerste keer niet: hoewel de SUD 0 is, blijkt het voor Yvonne nog te moeilijk de PC als geloofwaardig te ervaren. Wanneer ik haar vraag hoe waar de uitspraak 'Ik ben goed genoeg' voelt, kijkt ze me verbijsterd aan. Ze geeft aan dat haar schoonfamilie al jaren zozeer benadrukt dat zij niet goed genoeg is dat ze nu echt niet kan geloven dat het anders is. We bewaren de PC voor een later stadium van de behandeling.

Positieve afsluiting Op de vraag wat het meest positieve is dat ze vandaag over zichzelf heeft geleerd, antwoordt Yvonne: 'Ik durf het maar mooi aan zoiets als EMDR te beginnen; ik ben een sterk persoon.'

Desensitisatie: verbatim van Yvonne naar aanleiding van het targetbeeld op de wc met het embryo in haar hand en de vragen tussen de sets van mij: 'Wat komt er in je op?'

- 'Ik zie steeds twee oogjes die me aankijken...'
- 'Ik voel het verdriet en de onmacht...'
- 'Dit kindje had wel willen leven.'

Therapeut	Ga terug naar het oorspronkelijke beeld zoals dat nu in je hoofd ligt opgeslagen. [back to target] Stel je een schaal van 0-10 voor waarbij 0 betekent helemaal niet naar en 10 zo naar als maar kan, hoe naar is het dan nu om naar het beeld te kijken?'

Yvonne	3 [SUD = 3]
Therapeut	Wat in het beeld veroorzaakt nog die 3?
Yvonne	Die oogjes...
Therapeut	Concentreer je daarop. [set]
Yvonne	Het is alsof ze het me vergeeft... Boosheid Schreeuwen... Ik word rustig. Alsof het uit me glijdt... het is gebeurd; het is klaar. Er komt een waas omheen.
Therapeut	Ga terug naar het oorspronkelijke beeld zoals dat nu in je hoofd ligt opgeslagen. [back to target] Stel je een schaal van 0-10 voor, waarbij 0 betekent helemaal niet naar en 10 zo naar als maar kan, hoe naar is het dan nu om naar het beeld te kijken?
Yvonne	0 [SUD = 0]

Sessie 2

Reacties na de vorige sessie 'Ik voelde me anderhalve dag lichamelijk heel erg moe. Ik ben nu geestelijk heel erg opgelucht. Ik ben helemaal verbaasd over het effect dat dit heeft!'

Targetherinnering: het overlijden van de grootouders voordat Yvonne zwanger is.

Targetbeeld	Yvonne staat aan de rand van haar eigen bed waarin haar oma ligt in de nacht dat opa overlijdt.
NC	'Ik ben machteloos.'
PC	'Ik kan het aan.'
SUD	van 10 naar 0 (het valt Yvonne zo zwaar naar dit beeld te kijken dat ze me vraagt of ze voor deze keer ook een 11 mag kiezen!)
VoC	7
Positieve afsluiting	'Verdriet mag er zijn; ik ben een mens!'

Verloop In deze sessie raakt Yvonne het schrijnende verdriet om het overlijden van haar oma kwijt. Ze ervaart dat ze vrede kan hebben met het feit dat oma haar achterkleinkind niet heeft kunnen zien.

Sessie 3

Reacties na de vorige sessie **'Ik ging hier heel moe weg maar voelde me ook weer heel opgelucht!'**

Targetherinneringen: tweede en derde zwangerschap.

Targetbeeld	Yvonne staat te braken boven de wastafel; een vriendin staat naast haar.
NC	'Ik ben machteloos.'
PC	'Ik kan het aan.'
SUD	van 10 naar 0
VoC	7
Positief afsluiting	'Ik ben een vechter.'

Verloop **In deze sessie neemt Yvonne afscheid van het afschuwelijk dilemma waarmee ze worstelde tijdens de zwangerschappen: doordat ze er zo vreselijk ziek van werd, had ze het betreffende kind liever weg gewenst. Ze kan concluderen dat het zo heeft moeten zijn en ze er nu niets meer aan kan en hoeft te veranderen.**

Sessie 4

Reacties na vorige sessie **'Ik was minder total loss en heb twee nachten heel diep geslapen. Het gekke is dat ik een grote rust voel over de onderwerpen die we gedaan hebben. Ik ben wel verdrietig, maar er is geen heel erge emotie meer bij.'**

Targetherinnering: bevalling van dochter Eva.

Targetbeeld	Yvonne is net bevallen van haar dochter en krijgt haar op de borst gelegd. Ze kijkt haar aan en denkt: 'Ben jij degene die mij zo ziek heeft gemaakt? Met jou krijg ik nog heel wat te stellen.' Haar oogjes zijn doordringend.
NC	'Ik ben machteloos.'
PC	'Ik kan ernaar kijken.'
SUD	daalt van 10 naar 0

VoC	7
Positieve afsluiting	Yvonne zoekt dit keer langer dan anders: 'Ik ben heel gevoelig, ik moet eerder om hulp roepen, ik ben iemand die voor zichzelf opkomt, ik ben een normaal persoon!'

Desensitisatie: verbatim van Yvonne naar aanleiding van het targetbeeld van haar pasgeboren dochter Eva op haar borst en de vragen tussen de sets van mij: 'Wat komt er in je op?'

- Spaans benauwd.
- Ik snap het niet.
- Ik moet haar leuk vinden, maar ik kan het niet.
- Waarom kan ik er niet van genieten?
- Ik wil dit niet... het is toch zo...
- Het feit dat ik er mijn hele leven voor moet zorgen...
- Niet het gevoel dat ik dacht...
- Niemand laat me met rust.
- Iedereen wil iets van me.
- Ik ben moe.

Therapeut	[cognitive interweave] Wat zou je willen zeggen?
Yvonne	Ik heb geen tijd! Ik heb een baby!
Therapeut	Oké, zeg dat.
Yvonne	Rustiger. Moe van alles. Ik ga slapen. Leeg. Ik zie de ogen van Eva. Dat zijn mijn ogen... zonder gevoel... Ik wil genieten. De mensen moeten wegblijven. Ik voel me raar bij mijn hart. Verdriet. Het moet anders.
Therapeut	[cognitive interweave] Wat zou je willen zeggen tegen haar?
Yvonne	Laat het los.
Therapeut	Doe dat.
Yvonne	Ik kom er los van. Rustiger. Klaar. Ik voel me opgeruimd in hart en hoofd!

Sessie 5

Reacties na de vorige sessie 'Ik vind het fijn die EMDR. Ik heb me zitten afvragen of het ook gaat helpen tegen mijn perfectionisme?'

Targetherinnering: de afwijzing door schoonouders.

Targetbeeld	Yvonne in kraambed, partner en schoonzus met drie kinderen naast het bed. Schoonmoeder aan voeteneind met voor Yvonne een zeer denigrerende blik in haar ogen.
NC	'Ik ben hulpeloos.'
PC	'Ik kan het aan!'
SUD	daalt van 10 naar 0
VoC	7
Positieve afsluiting	'Ik ben een vechter.'

In deze sessie besluit Yvonne te kiezen voor zichzelf en haar gezin. Ze neemt afstand van haar schoonouders.

Sessie 6

Reacties na de vorige sessie 'We hebben een gesprek gehad met mijn schoonouders en ik voelde me heel stevig in mezelf.

Ik heb de laatste week slecht geslapen door de zorgen over het bedrijf. Wij willen het verkopen zodat we onafhankelijk zijn van mijn schoonouders. De onderhandelingen verlopen heel moeizaam en daar heeft Robert erg veel last van. Ik maak me zorgen om hem. Maar ik pieker niet meer over alle oude dingen en voel een stevigheid en rust binnen in me.'

'Ik heb besloten dat ik weer een salon ga beginnen en er zijn alweer klanten die zich hebben gemeld.

Ik wil vandaag graag het beeld doen na de bevalling van Koen. Hij is bijna jarig en ik heb er geen zin in dat ik weer zo'n last heb van alle herinneringen.'

Targetherinnering: de bevalling van Koen

Targetbeeld	Yvonne in het ziekenhuisbed op de ochtend na de bevalling (na 26 weken). Haar partner hysterisch huilend over haar heen.
NC	'Ik stel niets voor.'
PC	'Ik ben oké.'

SUD	daalt van 10 naar 0
VoC	7
Positieve afsluiting	'Ik ben oké.'

In deze sessie ontdekt Yvonne dat het haar en haar partner gelukt is om samen te vechten voor het leven van hun zoontje. Ze concludeert dat het een afschuwelijke tijd is geweest, maar kan er nu rustig naar terugkijken.

Sessie 7

Reacties na de vorige sessie 'Er is heel veel gebeurd met het bedrijf. Ik ben namens Robert gaan onderhandelen en het is me gelukt om een doorbraak te bewerken in de verkoop dankzij mijn nieuwe kracht. Het heeft me wel heel veel energie gekost en afgelopen zondag kwam de ontlading. Ik raakte ineens helemaal in paniek en heb een vriendin gebeld. Ik had geen controle meer over mezelf.'

Eva reageert sterk op het verdriet van Robert nu hij thuis is. Ze wil voor het eerst sinds lang niet naar school 'omdat pappa zo verdrietig is'.

'Kan het dat we vandaag EMDR doen over die paniekaanval? Zodat ik me weer rustig ga voelen?'

Targetherinnering: paniekaanval nadat Yvonne zich heeft gerealiseerd dat zij een doorbraak heeft bewerkt in de afronding van een groot conflict binnen het familiebedrijf door haar woordje te doen in een belangrijk gesprek.

Targetbeeld	Yvonne ligt op bed in grote paniek.
NC	'Ik kan hier niet naar kijken.'
PC	'Ik kan het aan hiernaar te kijken.'
SUD	daalt van 10 naar 0
VoC	7
Positieve afsluiting	'Dat ik een vechter ben, ik ga net zolang door tot ik bereikt heb wat ik wil, voor iedereen die ik lief heb, dat ik er mag zijn, ik ben iemand om jaloers op te zijn, ik ben een mens om te respecteren.'

'Ik ben een respectabel mens!'

Na stimulatie:

'Het is waar! Ik krijg mijn zelfvertrouwen weer terug!'

Eigenlijk komt hier dus als vanzelf de positieve cognitie naar voren die ze bij het afsluiten van de eerste sessie niet kon formuleren!

Desensitisatie: verbatim van Yvonne naar aanleiding van het targetbeeld van zichzelf in paniek op bed en de vragen tussen de sets van mij: 'Wat komt er in je op?'

- Ik ben dodelijk moe.
- Heel verdrietig.
- Kick.
- Ik ga de strijd aan.
- Dat ik vecht voor degene van wie ik houd.
- Dat ze me niet klein krijgen.
- Dat ik wil dat we vanaf nu rust hebben en dat gaat ook lukken.
- Alles in het extreme meegemaakt.
- Dat de kinderen nu rustig kunnen gaan worden.
- Dat we vanaf nu op een normale manier verantwoordelijk kunnen zijn voor ons eigen geluk.
- Dat ik zo blij ben dat alles achter de rug is.

- Opluchting.
- Dat we er klaar mee zijn.
- Voelt alsof ik 8 jaar terugga in de tijd voordat alles begon.
- Ik voel dat we weer gelukkig gaan worden.
- Dat weet ik zeker.
- Vermoeidheid.
- Dat last van mijn schouders valt.
- Dat de aanhouder eindelijk wint.
- Dat ik goed kan slapen vanaf nu.
- De paniek in mijn ogen.

- Het is heel raar: ik ben in mijn kindertijd.
- Dat ik toen al aan de blikken van mensen dacht te kunnen zien wat ze bedoelden.
- Mensen heel gauw doorheb.
- Dat ik snel kan zien of iemand deugt.
- Dat ik zelf wel deug.
- Dat ik nooit echt een heel onschuldig meisje ben geweest, maar altijd al een volwassene, eigenlijk.
- Dat er niets ergers kan gebeuren.
- Dat ik het gehad heb.
- Dat ik twee mooie kinderen heb die een beetje hetzelfde in elkaar zitten.
- Van die vechters zijn.
- Dat we niet meer hoeven vechten nu.
- Rust!

Therapeut	Ga terug naar het oorspronkelijke beeld zoals dat nu in je hoofd ligt opgeslagen. [back to target] Stel je een schaal van 0-10 voor, waarbij 0 betekent helemaal niet naar en 10 zo naar als maar kan, hoe naar is het dan nu om naar het beeld te kijken?
Yvonne	0 [SUD = 0]

Sessie 8

In deze sessie is er geen targetherinnering meer over en Yvonne heeft ook geen nieuwe. Er is dus alle tijd voor een nabeschouwing!

Ze voelt zich een heel stuk beter. Heeft veel meer rust in zichzelf en merkt dat er weer kracht en energie vrijkomen. Daarbij lijkt het of ze ook weer energie kan opdoen door de dingen die ze doet! Ze ervaart dat ze rustiger staat in de taken van alledag met betrekking tot opvoeding en huishouden. Ze merkt dat ze, nu ze rustiger terugkijkt op haar eigen zwangerschappen, 'beter tegen zwangere buiken kan' als ze die tegenkomt.

Ze heeft ruimte om de opvoedingsadviezen uit te proberen en ervaart hoe dat de kinderen goeddoet. Eva heeft aanmerkelijk minder woedebuien en Yvonne merkt dat ze daarvoor ook niet meer bang is. Ze kan gemakkelijker huishoudelijke taken even laten liggen om iets met de kinderen te doen. Yvonne kan daar nu ook regelmatig echt van genieten; ziet niet meer alles als verplichtingen die ze zichzelf heeft opgelegd.

Wat betreft haar dochter ziet ze nu helder dat ze die eigenlijk onbewust al voor de conceptie had belast met een schuld die zich alleen maar opstapelde: ze werd niet geboren terwijl de grootouders nog leefden; ze nam de plek in van het nooit geboren zusje; ze veroorzaakte negen maanden ziekte van Yvonne; ze eiste te veel verantwoordelijkheid van Yvonne op en ontnam haar ook een carrière als pedicure; ze gunde geen ruimte aan haar kwetsbare broertje; ze was aanleiding tot meer en meer negatieve boodschappen van de schoonouders naar Yvonne.

Vanaf de eerste start is de relatie van Yvonne met haar baby al op een negatieve manier ingekleurd. Zij was toen zelf lichamelijk en geestelijk kwetsbaar en werd vervolgens jarenlang overvraagd. Om nog enigszins grip te houden op alles stortte ze zich met perfectionisme op huishouden en opvoeding, maar liep daarin vast.

De prille start met de pedicurepraktijk geeft energie en zelfvertrouwen. Ze heeft goede hoop dat haar man zich net zo goed kan herstellen als zijzelf.

Discussie en beschouwing

Deze casus is eigenlijk een beschrijving van een variant op mediatietherapie waarbij ik via de ouder de problemen van het kind behandel. Het behandelaanbod dat je in zo'n geval aan ouders doet, lijkt in eerste instantie niet echt aan te sluiten bij hun hulpvraag. Het vraagt een heldere toelichting aan hen, en een scherp oog van de behandelaar voor zowel de dagelijkse (opvoedings)nood van de ouder, als de onderliggende problematiek. Uiteindelijk bewerk je vooral een onderlaag...

De methodiek van de EMDR-casusconceptualisatie helpt mij om snel en gericht op zoek te gaan naar de achtergrond van bepaalde uitspraken die een ouder over het kind doet. Geen baby komt als een angstaanjagend monstertje ter wereld: sommigen worden dat onder invloed van de omstandigheden. Natuurlijk kan er ook sprake zijn van een ontwikkelingsprobleem in aanleg, waardoor de 'gebruiksaanwijzing' van een kind moeilijk te ontcijferen is en ouders met het kind vastlopen. In alle gevallen zal het zinvol zijn om advies en ondersteuning te geven bij het opvoeden. Een EMDR-oudertherapie zoals hier omschreven, geeft de ouder 'schoon' gereedschap om de klus van het opvoeden verder te klaren.

In de aanvullende begeleiding gericht op de opvoeding heb ik de nadruk gelegd op het herstel van de verstoorde hechtingsrelatie tussen moeder en dochter. De opeenstapeling van belastende omstandigheden heeft er weliswaar voor gezorgd dat er zeker sprake is van hechting tussen hen, maar boosheid, angst en onmacht van één ouder hebben het kind belemmerd om zich *veilig* te hechten. Belangrijk voor de basale ontwikkeling van Eva is het feit dat haar vader en grootouders in de periode waarin haar moeder weinig beschikbaar was, voor haar vertrouwensfiguren zijn geweest. Via hen heeft ze het vermogen tot hechten kunnen ontwikkelen.

Veiligheid en contact zijn de kernthema's die ik bij Yvonne heb aangedragen.

Veiligheid: geef heldere instructies en regels; vermijd verbale discussies; beloon positief gedrag met aandacht; geef sturing en rust bij woede-uitbarstingen; plan rustmomenten op de dag voor jezelf en je kinderen.

Contact: benadruk vroegkinderlijke ontwikkelingsaspecten door activiteiten te doen die je met een jong kind zou doen, zoals spiegelen, kiekeboe, liedjes zingen en voorlezen op schoot, masseren en insmeren, met foto's en verhalen de eerste jaren terughalen, zowel in realiteit als fantasie. Omdat Eva inmiddels al 4 jaar is, kan het heel goed werken wanneer je een beroep doet op haar eigen vermogen tot fantasiespel dat zich juist nu ontwikkelt: 'Zullen we nog een keer doen hoe het was toen jij een baby was?'

Naarmate Yvonne zich vrijer gaat voelen, krijgt ze ook meer ruimte om met deze adviezen aan de slag te gaan. Ze besluit daarnaast om op parttimebasis weer in haar vak als pedicure aan het werk te gaan en opent een salon aan huis. Al snel ervaart ze dat het oude gevoel van zelfvertrouwen hierdoor wordt versterkt.

Samen met haar man neemt ze beslissingen over de familie- en werkrelatie met haar schoonouders, waardoor ze letterlijk en figuurlijk meer afstand – en dus ruimte – ervaart.

Haar partner overweegt zich ook te melden voor EMDR.

Deel IV
Angst- en stemmingsstoornissen

Inleiding

Iedereen is wel eens bang. Dat is ook goed, want angst waarschuwt voor naderend gevaar. Angst brengt het lichaam in een staat van paraatheid, zodat er een snelle reactie gegeven kan worden. Maar sommige mensen zijn bang in omstandigheden die daar weinig aanleiding voor geven. Ze durven hun huis niet uit zonder tien keer te controleren of de gaskraan wel dichtgedraaid is. Of het zweet breekt hen uit bij de gedachte dat ze een telefoontje moeten plegen. Mensen met zulke buitensporige angsten neigen ertoe om 'gewone situaties' te vermijden omdat ze die met naderend onheil in verband brengen. Die vermijding gaat hun leven steeds meer bepalen, terwijl hun angst er niet door afneemt. Iemand met zulke angsten heeft een angststoornis.

Er zijn verschillende soorten angststoornissen. Kenmerkend voor alle angststoornissen is de voorspelling van naderend onheil, het zogeheten rampdenken. De aard van de ramp is voor de verschillende angststoornissen verschillend. Bij een specifieke fobie lijkt de ramp duidelijk: iemand met vliegangst is vermoedelijk bang om neer te storten; iemand met een hondenfobie is bang om gebeten te worden. Maar ook een specifieke fobie is minder eenduidig dan het lijkt. Iemand met vliegangst kan ook bang zijn voor gesloten ruimtes (claustrofobie) en daarom niet in een vliegtuig stappen. Of iemand is durft niet te vliegen omdat hij, net als de cliënte van Ad de Jongh uit casus 9, bang is voor misselijkheid en braken (emetofobie).

Een angststoornis wordt dus erg bepaald door de aard van de gevreesde ramp die in het hoofd van de cliënt ligt opgeslagen en het bijbehorende gedrag om die ramp zo goed mogelijk te voorkomen. Een EMDR-therapeut zal zich direct afvragen hoe die 'ramp' in het hoofd van de cliënt terecht is gekomen. Bij een PTSS is dat duidelijk: de schokkende gebeurtenis is per definitie al bekend. Het onheil bestaat uit de eigen herinneringen, en de cliënt is fobisch aan het vermijden om aan de traumatische gebeurtenissen terug te denken, terwijl dit wel om de haverklap gebeurt in de vorm van nare associaties en herbelevingen.

Vaak is het niet zo duidelijk wanneer het 'rampdenken' is begonnen. De therapeut zal vragen: 'Wanneer zijn de klachten in jouw beleving begonnen?' Of: 'Waar heb je geleerd dat: je besmet kunt raken met hiv door vieze handen' (smetvrees); 'dat je afgewezen zult worden' (sociale angst); 'dat je een black-out zult krijgen?' (faalangst). Telkens wordt er gevraagd naar herinneringen met een bedreigende betekenis. Vaak zijn er meerdere herinneringen. Iemand met een paniekstoornis herinnert zich vaak nog de eerste aanval 'toen ik dacht dat ik echt doodging.' Een typische reactie is: 'Dat nooit meer. Als ik daaraan denk, hoe vreselijk benauwd ik het toen had, dan breekt het zweet me opnieuw uit.' Kennelijk zit er in het hoofd van deze cliënt een representatie van een prototypische paniekaanval: de ramp der rampen. Vaak tegen beter weten in. 'Ik weet nu wel dat ik niet echt zal stikken, maar toch ben ik er nog steeds bang voor.'

De EMDR-therapeut, die denkt in termen van mentale representaties (bij angststoornissen zijn dit dus representaties van rampen), gaat dus na hoe deze zijn ontstaan. Via verschillende zoekstrategieën inventariseert de therapeut met de cliënt relevante herinneringen en zet deze op een tijdslijn. Dit is de zogeheten linksom-strategie (zie zie 'Procedures en begrippen'; Ten Broeke & De Jongh, 2008a).

Voorwaarde is dat er een verband verondersteld kan worden tussen de herinneringen aan deze gebeurtenissen en de klachten. Bijvoorbeeld, als de herinnering aan die prototypische paniekaanval met EMDR kan worden gedesensitiseerd (van de nare lading ontdaan), dan is het aannemelijk dat de cliënt in het vervolg minder bang zal zijn voor paniekaanvallen en kan experimenteren met nieuwe situaties. De volgende drie herinneringen staan vaak op de tijdslijn die de cliënt opstelt:

- de eerste keer dat zich de ervaring heeft voorgedaan;
- de meest representatieve (meest nare) ervaring op dit gebied;
- de meest recente ervaring.

Vaak zijn het drie tot vijf herinneringen. Hierop wordt dan het basisprotocol toegepast. Ad de Jongh gebruikt deze methode bij Marijke om alle relevante 'braakherinneringen' met EMDR 'op te ruimen'.

Erik ten Broeke neemt overigens een andere insteek met zijn sociaal angstige cliënt. Hij gaat ervan uit dat bij zijn cliënt Suzanne het rampdenken slechts een onderdeel van haar probleem is. Een belangrijke aanjager van de klachten lijkt haar negatieve zelfbeeld. Erik ten Broeke beschrijft hoe hij via deze zienswijze komt tot een selectie van herinneringen en een succesvolle behandeling van Suzanne.

Bij een stemmingsstoornis (depressie) ligt EMDR nog minder voor de hand dan bij angststoornissen. Soms is er een duidelijke aanleiding, zoals een ontslag, een vernedering, het verlies van gezondheid of gepest worden. Meestal betreft het ervaringen die te maken hebben met verlies en/of falen. Indien dergelijke ervaringen nog actueel betekenisvol zijn voor de cliënt is EMDR te overwegen. Hans-Jaap Oppenheim beschrijft hoe hij bij zijn cliënte Doriene besluit om niet de 'officiële' behandelrichtlijn te volgen, maar op grond van haar klachten en voorgeschiedenis te komen tot een behandeling waarin een belangrijke rol is weggelegd voor EMDR.

Casus 9 Angst voor misselijkheid en braken

Een 35-jarige vrouw wier leven wordt beheerst door haar angsten

Ad de Jongh
Ad de Jongh is GZ-psycholoog en is als bijzonder hoogleraar angst- en gedragsstoornissen verbonden aan de Universiteit van Amsterdam. Daarnaast is hij directeur van de landelijke slachtofferhulporganisatie DOeN te Druten. Hij heeft zich gespecialiseerd in onderzoek naar en de behandeling van traumagerelateerde angststoornissen, waaronder tandartsfobie en de posttraumatische stressstoornis (PTSS). Op dit terrein publiceert en doceert hij veel. Ad de Jongh is bestuurslid van de Vereniging EMDR Nederland en van EMDR Europe. Samen met Erik ten Broeke introduceerde hij EMDR in Nederland in 1993.

Veel mensen vermijden situaties omdat ze er nerveus en gespannen van worden. Anderen laten zich niet kennen en doorstaan deze beproeving met veel angst en moeite. Typische situaties die voor de meeste mensen betekenisloos zijn, maar die sommige mensen angst inboezemen zijn: bruggen, hoogten, storm, poezen, kleine ruimten, vliegtuigen en ziekenhuizen. Als een dergelijke situatie angstig wordt vermeden en het dagelijks leven hierdoor negatief wordt beïnvloed, dan hebben we te maken met een zogeheten specifieke fobie (DSM-IV-TR, APA, 2000). Een bijzondere fobie is de fobie voor misselijkheid en braken, ook wel emetofobie genoemd. De cliënt die hier wordt beschreven, Marijke, heeft hier al jaren last van.

Klachten en voorgeschiedenis

Marijke, 35 jaar, getrouwd met Joop (38 jaar) en moeder van twee jongens (6 en 8 jaar), heeft via-via gehoord dat ik mensen behandel met braakangst. Ze heeft al bijna haar hele leven een extreme angst voor overgeven, maar heeft hier nooit hulp voor gezocht. Zij wist bijna niet beter en deed er daarom alles aan om te voorkomen dat ze zou zien dat anderen, bijvoorbeeld haar eigen kinderen, over hun nek zouden gaan. Ze was bang dat ze daardoor zelf misselijk zou kunnen worden en zou moeten braken. Marijke vermeed allerlei situaties, waaronder bezoek aan ziekenhuizen. Ook durfde ze niet naar bepaalde tv-programma's en films te kijken uit angst dat dit haar zou confronteren met mensen die ziek zouden kunnen zijn (en dus zouden kunnen braken). Doordat Marijke in haar leven langzamerhand steeds meer van deze situaties uit de weg was gegaan, was haar leefwereld behoorlijk ingeperkt geraakt.

Waarom EMDR?

Tijdens het kennismakingsgesprek blijkt dat Marijke een aantal sterke herinneringen heeft die met overgeven te maken hebben. De eerste gebeurtenis die ze zich kan herinneren is op de kleuterschool, waarbij een kind in de klas over de tafel moest kotsen. Volgens Marijke moet ze toen 4 jaar oud zijn geweest. De herinnering is nog steeds helder en spanningsvol als zij eraan terugdenkt. Er zijn nog een paar andere herinneringen, zoals een gebeurtenis met haar broertje toen ze een jaar of 12 was.

Marijkes braakprobleem illustreert het type beschadiging dat wel met de term 'kleine t-trauma' wordt aangeduid: een vervelende, schaamtevolle of machteloos makende ervaring. Op grond van het incident op de kleuterschool heeft Marijke onbedoeld waarschijnlijk de conclusie getrokken dat braken rampzaliger is dan wat het in werkelijkheid is. In haar 'cognitieve brein' heeft ze wel kennis om deze rampgedachten te relativeren, maar op een of andere manier is zij niet in staat in contact te komen met die delen van het emotionele brein die door de gebeurtenis beschadigd zijn en nog steeds angstige signalen uitzenden. Of, zoals Marijke het zegt: 'Ik weet wel dat braken niet gevaarlijk is, maar het voelt wel zo.'

Het is voorstelbaar dat, wanneer Marijke met situaties wordt geconfronteerd die op dit voorval lijken, deze – en mogelijk andere aan misselijkheid gerelateerde herinneringen – min of meer automatisch worden geactiveerd. Hetzelfde geldt voor de gedachten, emoties (bijvoorbeeld walging) en lichamelijke gevoelens, die tijdens het voorval ook aanwezig waren. Zo wordt de angst als het ware in stand gehouden. De behandelhypothese is dan ook dat wanneer deze herinneringen worden verzwakt – en daarna dus minder emotioneel beladen aanvoelen – daarmee ook de angstgevoelens en het daarbij behorende vermijdingsgedrag afnemen of verdwijnen.

In Marijkes geval werd besloten deze en enkele andere sleutelherinneringen met behulp van EMDR te desensitiseren. Na afloop moet dan worden bezien of er nog steeds situaties worden vermeden en of er dus nog een aparte aanpak moet plaatsvinden gericht op het doorbreken van dit vermijdingsgedrag.

Verloop van de behandeling

Eerste behandelzitting

Nadat we hebben kennisgemaakt en haar klachten in kaart hebben gebracht, inclusief de belangrijkste 'braak'herinneringen, stel ik Marijke voor om direct met EMDR te starten, en wel met de eerste nare kleuterschoolherinnering.

Therapeut	Wat deze kleuterschoolherinnering betreft: wat is nu het meest nare plaatje als je het in gedachten neemt?
Marijke	Nou die bende op tafel, het moment dat zij spuugt, midden op tafel.
Therapeut	Sta jij zelf ook in dat plaatje?
Marijke	Ja.

De betekenis die dit plaatje bij Marijke oproept (de NC) is die van pure 'machteloosheid'. De intensiteit van de herinnering (SUD) is een 8. Om het geheugennetwerk nog verder te activeren, vraag ik haar zich op dit herinneringsbeeld te concentreren, en daarbij tegen zichzelf te zeggen: 'Ik ben machteloos.' Verder verzoek ik haar de aandacht te richten op de angstgevoelens en de plaats in haar lichaam waar ze die voelt. Inmiddels heb ik haar gevraagd de koptelefoon op haar hoofd te zetten die verbonden is met een cd-speler waarop 'klikjes' kunnen worden afgespeeld. Nu kan de behandeling worden gestart. Ik geef haar de instructie zich te concentreren op de herinnering – en alles wat ze daar verder bij voelt – en naar de klikjes te luisteren die ze afwisselend in het linker- en in het rechteroor kan horen.

Zoals dat meestal gebeurt bij EMDR komt bij Marijke meteen een stevige gedachtestroom op gang. Er komen gedachten en herinneringen boven, die betrekking hebben op de periode van Marijkes lagere school. En weer een minuut later is het net alsof ze weer in de brugklas van de middelbare school zit. Ze herinnert zich ineens dat ze aan het spijbelen is. Totdat tijdens de daaropvolgende set plotseling tranen opkomen als ze beseft hoeveel plezier ze eigenlijk gemist heeft vanwege het feit dat ze als kind altijd zo angstig was ('Een beetje heftig dit'). Ik vraag haar daaraan te blijven denken tijdens de volgende set ('Volg dat spoor'). De reactie daarop is dat er zich een weldadig gevoel van rust van haar meester maakt. In de volgende set ziet Marijke 'allemaal leuke dingen, plakselpotjes en zo' die zich ooit in haar kleuterklas bevonden. Aan het eind van de keten van associaties zegt Marijke: 'Ik vind het wel heel frappant. Op een gegeven moment kan ik mijn gedachten niet meer vasthouden, want dan hoor ik alleen nog maar de klikjes.' Ik stel haar gerust en breng haar terug naar het eerste beeld (back to target). Ik vraag haar dit opnieuw op te roepen en aan te geven hoe akelig het op dat moment is om ernaar te kijken. 'Het is eigenlijk..., het is heel raar, het is een rare gewaarwording dat ik dit zie gebeuren, het lijkt wel of ik het van heel klein naar veel breder ben gaan zien. Niet alleen van dat tafeltje waar het gebeurde, maar ook alles eromheen, maar in zijn normale proporties.' Toch roept het plaatje ook nog wel een beetje spanning op: 'Het is nog steeds niet helemaal lekker om naar te kijken.' Ik vraag haar: 'Waardoor roept dat plaatje nu nog een beetje spanning op? Wat maakt het niet lekker, wat zie je dan nog?' Marijke: 'Ja, het is toch nog wel vies waar we mee bezig zijn.' Ik vraag aan Marijke zich opnieuw op deze nog enigszins spanning veroorzakende aspecten van het herinneringsbeeld te concentreren. Direct daarna dringen zich weer nieuwe voorvallen aan haar geheugen op. Dan verschijnt er plotseling een uitdrukking van kalmte in haar gezicht: 'Ja, wat is er eigenlijk vies aan?' Een opmerkelijke reactie, maar voor de therapeut, die met EMDR werkt, is het een type reactie die je dag helemaal goedmaakt, omdat je weet dat het ook deze keer weer gaat werken.

Ik vraag haar om zich op deze vraag te concentreren en af te wachten wat er verder opkomt. Marijke reageert verbluft: 'Het beeld dat ik er altijd van op mijn netvlies had, lijkt zomaar te verdwijnen.' Maar op deze verbazing volgt snel weer een ander beeld: 'Mijn ouders waren weg en ik moest op mijn broertje passen. Hij werd niet lekker en dacht nog even de badkamer te halen, maar dat werd de keuken, het was rampzalig...' Marijke voegt hieraan toe dat ze in paniek naar de buurvrouw snelde om hulp te halen, maar de buurvrouw kon ook niet helpen omdat ze zelf ook niet tegen braken en braaksel kon. Marijke weet zich nog heel scherp te herinneren dat ze van de telefoon van de buurvrouw gebruik mocht maken om haar ouders bellen: 'Toen is vader naar huis gekomen om het op te ruimen, maar daarna ging hij wel weer terug.'

Duidelijk geëmotioneerd vertelt Marijke zich bij het opkomen van dit beeld weer opnieuw angstig en in de steek gelaten te voelen: 'Verstijfd lag ik in mijn bed van angst, met gespitste oren of ik wat kon horen.' Maar het pijnlijke van de gebeurtenis is voor Marijke vooral het feit dat haar vader haar probleem niet ziet: 'Ik werd niet gezien met mijn angst. Het hele overgeven wordt zelfs nog naar de achtergrond gedreven door dit.'

Na dit intermezzo starten we de EMDR weer op en maken we de herinnering aan de kleuterschool eerst af. Algauw vindt Marijke het helemaal niet meer erg om naar de gebeurtenis van de kleuterschool te kijken. De herinnering aan vader vind ik als behandelaar evenwel zo belangrijk en betekenisvol dat ik met Marijke bespreek wat ze ervan vindt als we deze herinnering de volgende keer behandelen. Ze vindt dit een goed idee. Daarna spreek ik met Marijke af de eerstvolgende dagen een dagboek bij te houden. Ik vraag haar om steeds even te beschrijven hoe het met haar gaat en of er naar aanleiding van de behandeling nog andere associaties naar boven komen. Ik vraag haar dit aan mij te mailen.

Na de eerste behandelzitting

Marijke mailt vier dagen later de volgende tekst:

'Zoals we hebben afgesproken een reactie van mij op de behandeling. Ik vond het een bijzondere ervaring. Dat je een herinnering die je hebt en die altijd zo hetzelfde is, als het ware kunt verbreden. Het geluid op de oren heeft een kalmerende werking en zo kun je een herinnering lijkt het wel positief bewerken. Ik weet niet of ik het goed omschrijf, maar zo is het in mijn beleving gegaan. Ik was doodmoe van alle emoties die bovenkwamen tijdens de behandeling. Toch heb ik nog geen merkbaar resultaat. 's Avonds stond de tv aan en ik was een beetje aan het rommelen in huis, toen ik ineens het zinnetje opving: "Hij voelt zich niet helemaal lekker." Het was geen medisch programma of zo, maar het programma "Man bijt hond". Ze gaan bij mensen thuis langs om de dag door te spreken. Het was dit keer een jong gezin en een van de kinderen was blijkbaar ziek. Maar terwijl zo'n programma op dat moment achtergrondgeruis is voor mij, filter ik zo'n zinnetje er direct uit. Het lijkt wel twee keer zo hard te klinken. Ik heb dan even een soort schrikreactie. En dat is dan ook wel weer snel voorbij, maar toch... Dus het lijkt alsof ik nog wel even te gaan heb in de behandeling, maar tot zover heb ik een positief gevoel.'

Hierop mail ik Marijke het volgende terug:

'Dank je, Marijke, voor je reactie. Blijkbaar zit de automatische reactie nog diep ingebakken. Maar daar komen we wel uit. Check alsjeblieft de komende tijd de herinneringen nog eens die wij nu hebben behandeld door ze opnieuw even op te roepen en te voelen of ze nog steeds neutraal zijn. Mogelijk zijn er nog andere herinneringen die jouw angst voeden. Als je die tegenkomt, schrijf ze dan op. Dan kunnen we die de volgende keer aanpakken.'

Marijke reageert vervolgens met de volgende tekst:

'Ik kan je nu alvast vertellen dat mijn eerste herinnering van de kleuterschool al heel neutraal aanvoelt. Dat ik er zelfs met plezier aan terugdacht vandaag. Er kwam weer het beeld van het vullen van plakselpotjes boven wat ik altijd zo leuk vond en ook het lieve gezicht van de juf. De tweede herinnering die we behandeld hebben; thuis (flat), broertje die heeft gekotst en mijn vader... die is toch nog niet echt neutraal, moet ik zeggen. Hoewel ik ook wel verrassend vond dat ik me ineens heel veel details van mijn kamertje van toen kon herinneren en dat was wel weer fijn. Maar bij deze herinnering komt behalve dat kotsgebeuren een ander gevoel sterker naar boven, lijkt wel...; niet gehoord, niet gezien. Ik ben er niet. Ik ga een dagboekje bijhouden en ik kijk uit naar de volgende keer.'

Tweede behandelzitting

In het dagboekje van Marijke lees ik dat er een aantal andere gebeurtenissen naar boven is gekomen die mogelijk een rol spelen bij het verergeren en in stand houden van haar angst. Zo beschrijft ze een gebeurtenis van een paar

dagen ervoor, waarbij een auto plotseling vaart minderde en het fietspad opschoot.

'Een ongebruikelijke plek. Ik krijg op dat moment een adrenalinestoot en gedachten flitsen terug naar ik weet niet hoeveel jaar geleden (terwijl ik dit schrijf zie ik de beelden ook weer voor me). Een auto staat stil. Ik zie dat iemand net weer instapt en vervolgens zijn portier weer opendoet en kotst.'

Ik spreek met Marijke af om ook deze herinnering in de behandeling mee te nemen; een mogelijke rol bij de aansturing van haar braakangst lijkt aannemelijk. Maar eerst maken we het werk van de vorige keer af: het beeld van vader die het braaksel van haar broertje opruimt. Deze herinnering wordt opnieuw scherpgesteld. Dat vader geen oog voor Marijke had, geeft haar – erop terugkijkend – het gevoel onbelangrijk te zijn (NC: 'Ik ben onbelangrijk'). Ze voelt het verdriet opkomen. En weer ben ik onder de indruk van wat met EMDR mogelijk is. Want een half uur nadat de EMDR is opgestart, kan de emotionele lading van ook deze herinnering tot 0 worden teruggebracht. Weer vijf minuten later kan ze het plaatje in haar hoofd projecteren en zich daarbij zelfs helemaal de moeite waard voelen (PC met VoC = 7).

Daarna volgt de braakscène van de stilstaande auto en ook dit plaatje wordt in deze (dubbele) sessie van zijn negatieve lading ontdaan.

Na de tweede behandelzitting

Marijke schrijft in haar dagboekje:

'In de trein op weg naar Den Haag zit ik de Metro te lezen. Staat er een strip in over kots. Je ziet een plakkaat op de stoep, tenminste zo is het getekend. Ik heb niet direct een schrikreactie! Wow! Ik sla zelfs nog een keer de pagina terug en blijf een tijdje naar het plaatje kijken, terwijl ik in mijzelf zeg: Niets aan eigenlijk zo'n tekening. Ik kan het bijna niet geloven.'

Derde behandelzitting

Aan het begin van de derde behandelzitting vertelt Marijke dat ze vindt dat ze de afgelopen tijd veranderd is ('Ik ken mezelf niet meer terug'). Ze heeft bemerkt dat ze veel meer dan vroeger voor zichzelf op kan komen. Haar man heeft dit ook gemerkt en haar collega's eveneens.

'We zitten met onderbezetting op mijn werk, en dat is niet de eerste keer. Vorige keren ging ik mij zorgen maken over het werk dat gedaan moest worden en bleef ik extra uren werken. Daar is nooit iets over gezegd; het is nooit gewaardeerd. Nu werk ik mijn normale uren en schuif ik wat niet af is terzijde, zonder schuldgevoel.'

Bij Marijke is deze week wel nog een andere herinnering bovengekomen; ze maakte op de basisschool een schoolreisje met een bus. Onderweg werd iemand misselijk. Het idee niet uit de bus te kunnen, ervoer ze als erg beangstigend. Ook als ze hier deze week weer aan terugdenkt, voelt ze de beklemming. Het heeft allemaal met hulpeloosheid te maken.

Als we deze herinnering vervolgens met EMDR gaan bewerken, komt het beeld op van de degene die naast haar zit, haar vriendin Greetje. Ze realiseert zich ineens dat Greetje het allemaal maar raar vindt. Als Marijke dat beseft, voelt ze zich opnieuw op zichzelf teruggeworpen. De hulpeloosheid neemt toe en blijft set na set voortduren. Dat is de reden om tijdens dit deel van de therapie een cognitive interweave toe te passen (zie 'Procedures en begrippen': een actieve vorm van EMDR, waarbij de therapeut de cliënt een korte vraag stelt met het doel informatie en wijsheid te ontlokken die al ergens in het brein aanwezig is, maar op dat moment niet beschikbaar). In het voorbeeld van Marijke is dat bijvoorbeeld het besef dat ze wellicht niet zo hulpeloos was als ze zelf wel dacht. Ik stel haar daarom tussen de sets door de vraag wat ze zou kunnen doen om meer grip op de situatie te krijgen. Deze vraag ontlokt bij Marijke het idee dat ze in zo'n geval afleiding zou kunnen zoeken door naar buiten te kijken. Deze interventie lijkt inderdaad behoorlijk goed te werken, want na een tijdje geeft Marijke aan dat de herinnering langzamerhand neutraal gaat aanvoelen, zodat ook deze behandelzitting kan worden afgesloten.

Na de derde behandelzitting

Marijke mailt:

'Tijdens de laatste behandeling leek het alsof er een soort scherm werd opgetrokken. Ik zat in de bus tijdens een schooluitstapje. Een van mijn klasgenoten had last van wagenziekte en mijn angst dat hij zou gaan overgeven, hield me in zijn greep. Dat gevoel weer opnieuw te beleven, was heel naar, zeker toen mij werd gevraagd wat ik zou kunnen doen. Als ik het maar aan iemand kon vertellen dat ik me zo opgesloten voelde. Aan wie ik dat zou kunnen vertellen? Wham! Het scherm! Aan diegene die naast mij zit natuurlijk. En wie zit er altijd en overal naast me? Mijn vriendin Greetje. En juist aan haar zou ik dat nooit durven vertellen. Terwijl ik dit schrijf voel ik weer die heftige emotie! Dat het me ineens zo duidelijk wordt hoeveel impact deze "vriendschap" op me heeft gehad. Ik durfde het niet aan haar te vertellen uit angst niet begrepen te worden. De minachting te voelen van Greetje; zij die nooit ergens over zeurde en altijd flink was. Wat zou ik kunnen doen? Ik draaide in hetzelfde cirkeltje rond en wist het niet. Toen werd mij gevraagd of het zin had om gewoon uit het raam te kijken, misschien was er buiten iets interessants te zien. En wonder, dat werkte! En dat werkte in de week daarna ook op mijn werk. Tijdens een vervelende situatie keek ik uit het raam, ofwel ik liet het me gebeuren en gaf er geen betekenis aan. Dat was zo'n bevrijdend gevoel.'

De therapie lijkt goed aan te slaan. Tijdens de zomervakantie mailt Marijke:

'Na een verjaardagsfeestje met een barbecue ga ik eerder naar huis. Ik heb een barstende koppijn. Mijn man komt later en hij voelt zich beroerd en ik hoor hem overgeven. Dit geluid alleen al zou bij mij eerder totale paniek teweeg hebben gebracht. Ik zou mijn

oren dicht hebben gedaan om het niet te hoeven horen en mezelf acuut misselijk gaan voelen. En nu? Wonderlijk. Ik blijf rustig. Ik ga gewoon naast hem in bed liggen zonder me druk te maken over "wat als hij weer gaat overgeven?" of: "Zou dat vlees bedorven zijn, zodat ik straks ook ziek word?" Nee, niets van dat alles. Ik heb gewoon geslapen.'

Vierde behandelzitting

In het begin van de volgende zitting blik ik met Marijke terug op haar herinneringen van het schoolreisje, omdat ik de mail zo heb geïnterpreteerd dat de gebeurtenis in haar gedachten nog steeds emotioneel beladen is. Dat blijkt ook inderdaad het geval te zijn. Het feit dat Marijke toen niet aan haar vriendin durfde te vertellen hoe angstig ze was, roept in de zitting, zoveel jaar later, nog steeds het verdrietige gevoel op niet de moeite waard te zijn. Daarom wordt ten aanzien van dit aspect van de herinnering een nieuwe EMDR-sessie gestart. Na een half uur voelt ook dit deel van de herinnering neutraal aan.

Marijke heeft nu het gevoel dat alle herinneringen die aan de huidige klachten ten grondslag liggen voldoende met EMDR aan bod zijn gekomen. Daarom wordt een volgende stap genomen die onder EMDR-therapeuten met de term 'future template' wordt aangeduid: het installeren van een blauwdruk van een positieve actie in de toekomst. Ik gebruik deze techniek door aan Marijke te vragen wat ze, ten aanzien van haar angst voor misselijkheid en braken, nu nog steeds niet durft of uit de weg gaat. Marijke antwoordt dat zij nu denkt vrijwel alle aan braken gerelateerde situaties in het dagelijks leven aan te kunnen, zoals toen haar man na de barbecue thuiskwam of het kijken naar bepaalde televisieprogramma's. Wat haar nog wel lastig lijkt, is een lange busreis te maken. Dan moet je je voor langere tijd onderwerpen en accepteren dat je niet zomaar weg kunt, bijvoorbeeld als iemand toch onverhoopt zou moeten braken. Daarom vraag ik Marijke zich in gedachten voor te stellen hoe het zou zijn zo'n lange busreis te maken. Een plaatje waar ze ook zelf in zit, en waar ze niet zomaar uit kan stappen. En in de bus zit iemand die misselijk is...

Ik stel haar voor dit plaatje in gedachten vast te houden en tegelijkertijd tegen zichzelf te zeggen: 'Ik kan dit aan.' Daarna introduceer ik een serie nieuwe sets en herhaal deze procedure een paar maal. Het vertrouwen dit plaatje aan te kunnen, neemt elke set een beetje toe. En als ik na een tijdje informeer in hoeverre ze in staat denkt te zijn zo'n busreis te maken, antwoordt ze: 'Helemaal.'

Na de vierde behandelzitting

Als we voor de laatste keer bij elkaar komen vertelt Marijke dat de busreis inmiddels gepland is. Ook zijn er geen situaties meer die nog angst oproepen. Ze heeft de afgelopen weken zelfs helemaal niet meer aan haar braakprobleem gedacht. We spreken daarom af de behandeling voorlopig af te sluiten en dat als het nodig is zij altijd weer opnieuw contact op kan nemen.

Discussie en beschouwing

Voor de behandeling van specifieke fobieën wordt meestal gekozen voor gedragsexperimenten (exposure in vivo, zie 'Procedures en begrippen') als onderdeel van een cognitief-gedragstherapeutische behandeling. Deze aanpak houdt in dat de persoon met een fobie op een systematische wijze, stapsgewijs, wordt blootgesteld aan de situatie die men vreest. Zo wordt iemand met braakangst aangemoedigd om situaties die tot nu toe werden vermeden (ziekenhuizen, tv-programma's) weer op te zoeken. Op die manier leert de persoon dat deze situaties heel gewoon zijn en bijvoorbeeld dat mensen niet zomaar braken. Ook andere rampfantasieën worden op die manier ontkracht. In de praktijk blijken sommige fobieën echter lastiger met exposure in vivo te beïnvloeden dan andere. De braakfobie is een duidelijk voorbeeld van een lastig te behandelen fobie. Een deel van de mensen ziet bijvoorbeeld zo op tegen de gedragsexperimenten dat zij afhaken en de behandeling stoppen uit angst voor misselijkheid of denken door angst volledig overspoeld te raken (zie bijvoorbeeld Quirijnen & Lange, in druk, voor een behandeling van emetofobie van meer dan 100 zittingen).

Voor mensen met een angst die naar aanleiding van een akelige gebeurtenis lijkt te zijn ontstaan, is EMDR een goed alternatief gebleken (De Jongh, Ten Broeke & Renssen, 1999; De Jongh & Ten Broeke, 1994). EMDR richt zich specifiek op het desensitiseren en herinterpreteren ('verwerken') van herinneringen aan gebeurtenissen die een aansturende werking hebben op de angst (De Jongh & Ten Broeke, 2008). Ook voor Marijke was EMDR een goede keuze. Tijdens de behandeling werd op systematische wijze een aantal centrale of sleutelherinneringen geselecteerd en vervolgens van hun emotionele lading ontdaan. Dit bleken overigens niet alleen herinneringen te zijn met het thema controleverlies ('machteloosheid'). In de derde behandelzitting vertelde Marijke bijvoorbeeld dat ze vond dat ze als persoon veranderd was. Ze durfde veel meer dan vroeger voor zichzelf op te komen. Dit is op zich niet geheel onverwacht. In de zitting daarvoor was immers niet alleen een herinnering behandeld die, wanneer ze daar aan dacht, haar opnieuw machteloos maakte, maar ook een die te maken had met het besef waardeloos te zijn. De desensitisatie van deze laatste herinnering en de installatie van de opvatting 'Ik ben de moeite waard' bleek een aantal veranderingen in gang te hebben gezet. Zo durfde Marijke daarna beter voor zichzelf op te komen door daadwerkelijk de uren te schrijven die ze gewerkt had. Dit maakt niet alleen begrijpelijk dat het behandelresultaat verder reikte dan een vermindering van Marijkes braakangst, maar illustreert tegelijkertijd in algemene zin de diepe of brede veranderingen die met EMDR (soms onbedoeld) kunnen worden bewerkstelligd.

Casus 10 De kwetsbaarheid van kracht

Vrouw met depressies en paniekaanvallen na overlijden van haar vader

Hans-Jaap Oppenheim

Hans-Jaap Oppenheim, BIG-geregistreerd psychotherapeut en GZ-psycholoog, is als cognitief gedragstherapeut werkzaam bij de GGZ Duin- en Bollenstreek in Voorhout op de afdeling Volwassenenzorg binnen het SASP-zorgprogramma (stemmings-, angst-, somatoforme en persoonlijkheidsstoornissen). Hij is door de Vereniging EMDR Nederland erkend EMDR-practitioner en EMDR-supervisor. Tevens is hij mede-eindredacteur van het in 2008 verschenen 'Praktijkboek EMDR. Casusconceptualisatie en specifieke cliëntengroepen'. Verder is hij supervisor bij de Vereniging voor Gedragstherapie en Cognitieve therapie (VGCt) en doceert hij op het gebied van de cognitieve gedragstherapie.

In dit hoofdstuk wordt de behandeling beschreven van Doriene, een 39-jarige parttime studente economie, gehuwd en moeder van drie kleine kinderen. In eerste instantie lijkt er niet meer aan de hand te zijn dan een paniekstoornis met agorafobie die nog maar kortgeleden was begonnen. Als echter een aantal maanden later haar moeder komt te overlijden, ontwikkelt zich in korte tijd een ernstige depressie. Pas dan wordt duidelijk dat achter haar klachten een tragische geschiedenis schuilgaat, die bepalend is geweest voor haar ontwikkeling en hoe ze over zichzelf en het leven denkt. Het opmerkelijke in dit verhaal is dat juist de kracht van haar persoonlijkheid ervoor gezorgd heeft dat de hulp die ze als kind al had moeten krijgen, zo lang is uitgebleven. De behandeling vond tussen januari en november 2008 plaats en heeft, naast enkele medicatiecontacten bij de psychiater, 24 zittingen geduurd.

Paniek en agorafobie

Letterlijk betekent agorafobie pleinvrees (agora is Grieks voor markt of plein, en fobos angst of vrees), maar al lange tijd wordt deze term gebruikt voor meerdere situaties waar mensen angst of paniek kunnen ervaren. Kenmerkend is dat ze zich in die situaties niet vertrouwd en veilig voelen. Het zijn vaak situaties met veel mensen, waarbij de angstgedachte opkomt niet of moeilijk weg te kunnen. Het gaat bij agorafobie vaak om het gevoel opgesloten te zitten. Dat kan zowel in een tram, bus of trein plaatsvinden, in een groot warenhuis of, meer in figuurlijke zin, op een plein. Agorafobie gaat vaak samen met paniekaanvallen; dan spreekt men van een paniekstoornis met agorafobie.

Klachten en voorgeschiedenis

Doriene werd in augustus 2007 door de huisarts aangemeld in verband met paniekaanvallen. In het intakegesprek vertelde Doriene dat ze het gevoel heeft dat de angst haar overvalt. Tijdens een paniekaanval heeft ze het koud en warm tegelijkertijd, krijgt ze hartkloppingen, voelt ze een knoop in de maag en tintelingen in de armen. Op zo'n moment is ze bang de controle te verliezen en gek te worden. In mei 2007 heeft ze een aanval gehad in de trein. Zodra de trein reed, ging het wel, maar bij elk station, als ze de mogelijkheid had om uit te stappen, kwam de angst weer terug. In juli kreeg ze opnieuw een aanval, ditmaal tijdens haar vakantie, anticiperend op de vliegreis terug naar huis. Sindsdien was ze constant bang voor nieuwe aanvallen. Vlak voor het eerste gesprek heeft ze voor het eerst ook 's nacht in bed een aanval gekregen. Treinreizen en lange autoritten werden sindsdien zo veel mogelijk vermeden. Doriene vertelde dat ze zich de laatste tijd overwerkt voelt. Ze kon zich nog maar moeilijk concentreren en sliep 's nachts slecht. Ze gaf aan zich veel zorgen te maken om haar moeder die aan chronische bronchitis en longemfyseem (COPD) leed en vermoedelijk niet lang meer te leven had. Doriene blijkt in 1998 eerder een korte periode van paniekaanvallen te hebben gehad. Daarvoor, in 1994 en 1995, is ze een periode ernstig depressief geweest. Zowel de depressie als de paniekstoornis zijn destijds door middel van wekelijkse gesprekken en het innemen van een antidepressivum met succes behandeld.

Conform de landelijke richtlijnen kreeg Doriene een (groeps)behandeling cognitieve gedragstherapie en leek daar goed van te profiteren. Ze maakte de groepsbehandeling echter niet af, aangezien de gezondheid van haar moeder ineens snel achteruitging en Doriene meer tijd wilde besteden aan de verzorging van haar moeder. Moeder zou kort daarna overlijden.

Eind januari 2008, een paar maanden na de dood van haar moeder, meldt Doriene zich opnieuw. De angstklachten zijn weer volledig teruggekomen en daarbij voelt ze zich steeds somberder worden. Ook ligt ze 's nachts steeds langer wakker. Ze kan nergens meer van genieten en elke activiteit kost haar veel energie. Ze vreest opnieuw een ernstige depressie te ontwikkelen zoals ze dat in 1994 heeft meegemaakt. Daarnaast geeft ze aan dat er steeds meer herinneringen van vroeger bovenkomen, zoals van het overlijden van haar vader toen ze elf jaar oud was, maar ook van andere gebeurtenissen uit haar leven.

Verloop van de behandeling

Medicamenteuze behandeling

Aangezien de depressie ernstig was en de angst voor verder afglijden erg op de voorgrond stond, was het zaak om de depressie eerst medicamenteus aan te pakken. Doriene zag daar erg tegenop. Ze had het idee dat ze met het slikken van medicijnen weer 'terug bij af' was, en was bang dat ze er nooit meer vanaf zou komen. Het lukte om deze cognities te relativeren en aan het eind van de zitting stemde ze in met het medicatievoorstel. Een van de psychiaters op onze afdeling schreef haar een antidepressivum (venlafaxine) voor. Daarbij kreeg ze een angstdemper (oxazepam), zowel om wat rustiger te kunnen slapen, maar ook om de instelperiode van venlafaxine te overbruggen (zie kader). Na twee weken leken de klachten iets af te nemen: ze was wat minder somber en ook het slapen ging weer wat beter. Ze was zelfs weer in staat geweest om naar een college te gaan. De angst bleef hoog en fluctueerde enigszins. De dosering venlafaxine werd verdubbeld.

Antidepressiva zoals venlafaxine worden gerekend tot de selectieve serotonineheropnameremmers (SSRI's). Ze worden voorgeschreven bij depressies, maar werken ook goed bij angst en paniek. Antidepressiva moeten een paar weken geslikt worden voordat ze effect hebben. Als ze dagelijks worden geslikt, kan vrij goed een constant effect worden bereikt. Als iemand begint met medicatie, tijdens de instelperiode, kunnen er allerlei tijdelijke bijwerkingen ontstaan, waaronder een toename van de angst- en spanningsklachten. Om deze moeilijke periode te overbruggen, wordt soms een 'angstdemper' voorgeschreven. Angstdempers, zoals oxazepam, hebben binnen een paar uur hun maximale werking, maar dat effect is ook weer relatief snel over. Anders dan angstdempers, zijn antidepressiva niet verslavend.

Psychotherapie

Doriene vertelt dat ze is gaan beseffen hoeveel druk ze zichzelf oplegt in het leven. Ze voelt zich erg verantwoordelijk voor allerlei zaken en doet het liefst alles perfect. Ze geeft aan controle over haar leven te willen hebben, omdat ze anders met een onbestemd naar en somber gevoel wordt geconfronteerd. Deze gevoelens hebben volgens haar 'iets met machteloosheid' te maken en met 'onbelangrijk zijn'. Ze geeft aan deze gevoelens al heel lang te hebben, vermoedelijk al vanaf haar 11de. Zij en haar vier jaar oudere zus waren al jaren 'voorbereid' op een eventueel vroegtijdig sterven van hun moeder, die aan een chronische en ernstige longaandoening leed. De dreiging hing altijd in de lucht. De dood kwam echter uit een andere hoek. Volstrekt onverwacht overleed haar vader aan een hartinfarct. De tijd daarna was er een van chaos, met een opeenstapeling van akelige gebeurtenissen.

Doriene had nog nooit eerder de link gelegd tussen haar terugkerende gevoelens van somberheid en de (gevolgen van de) dood van haar vader. Ze heeft die tijd zo veel mogelijk achter zich willen laten. Ze beseft nu dat die periode in haar leven veel meer invloed op haar heeft gehad dan ze zich al die jaren daarna heeft willen realiseren. Het heeft haar in belangrijke mate gevormd en heeft daarmee mogelijk bijgedragen aan een negatieve kijk op zichzelf en op het leven.

Omdat haar somberheid meer op de voorgrond staat dan haar angst, besluiten we om daar eerst op in te gaan in plaats van opnieuw een angstbehandeling te starten. Ze krijgt het verzoek om eens na te gaan tot welke basale negatieve opvattingen over zichzelf die periode heeft geleid.

De volgende zitting komt ze met vier negatieve gedachten over zichzelf:
- 'Ik ben saai, niet interessant.'
- 'Ik ben niet goed.'
- 'Ik ben een last voor anderen.'
- 'Ik ben onbelangrijk.'

De overtuiging 'onbelangrijk zijn' is volgens haar 'misschien wel de kern' van haar gevoel. We besluiten om hier als eerste mee aan de slag te gaan. Gezien de vele concrete gebeurtenissen die hebben plaatsgevonden sinds de dood van haar vader en die vermoedelijk een grote rol hebben gespeeld bij de ontwikkeling van haar negatieve opvattingen over zichzelf, is het toepassen van de zogeheten EMDR-rechtsom-strategie een goed te beargumenteren keuze (zie 'Procedures en begrippen'; Ten Broeke & De Jongh, 2008). Gezocht wordt naar (herinneringen aan) ervaringen, die hebben geleid tot de vorming van die opvatting en die (dus) als het ware gevoelsmatig bewijzen dat de negatieve opvatting juist is. Dit bewijsmateriaal (deze herinneringen) worden vervolgens met behulp van EMDR gedesensitiseerd.

Na uitleg over de behandelopties (cognitieve gedragstherapie en de EMDR-rechtsom-strategie) kiest Doriene voor EMDR. Ze krijgt de opdracht mee om die gebeurtenissen uit haar leven die nu voor haar het gevoelsmatige bewijs vormen voor de overtuiging dat ze onbelangrijk is, met een trefwoord op te schrijven. Vervolgens destilleren we hieruit de voor haar gevoel drie tot vijf krachtigste bewijzen.

De opdracht wordt goed uitgevoerd. We kunnen meteen met het meest krachtige 'bewijs' beginnen. Het is een herinnering aan het moment dat haar vader net overleden was. De huisarts was langsgekomen en bekommerde zich om moeder. Doriene voelde zich aan haar lot overgelaten.

Targetbeeld	De huisarts en moeder zitten op een bank in de woonkamer en Doriene zit op een andere bank.
NC	'Ik tel niet mee.'
PC	'Ik mag er zijn.'
VoC	2
Emotie	eenzaamheid
SUD	9 (geeft een naar gevoel op de borst). Vrij snel, na een half uur, daalt de SUD naar 0.

De volgende zitting komt ze zichtbaar opgelucht binnen: 'Een pijnlijke herinnering is opgeruimd.' Ze is optimaal gemotiveerd om meteen door te gaan met het volgende 'bewijs'. Dat betreft een conflict dat ze drie jaar geleden met haar zus heeft gehad, waarbij haar zus hun moeder flink onder druk had gezet. Om de situatie voor haar moeder niet ingewikkelder te maken, is Doriene het conflict met haar zus uit de weg gegaan.

Targetbeeld	Doriene, zittend in de kerk naast moeder en zus, wier man en dochter verderop zitten.
NC	'Ik ben laf.'
PC	'Ik ben oké.'
VoC	2
Emotie	woede
SUD	9 (ze voelt veel spanning in haar borst). Binnen 20 minuten daalt de SUD naar 0.
Positieve afsluiting	'Ik ben een goede dochter, ik ben niet niets.'

Na de paasvakantie is Doriene heel positief over de laatste ontwikkelingen. Ze heeft geen paniekaanvallen meer gehad, de angst is veel beter hanteerbaar en ze slaapt beter. Voor de vakantie was ze al gestopt met de oxazepam. Het 'bewijslijstje' is inmiddels wat veranderd. Sommige items zijn minder krachtige bewijzen geworden, andere items zijn daarvoor in de plaats gekomen. Bij de rechtsom-strategie gebeurt dit vaker. Niet alleen kan de emotionele bewijskracht van een of meer gebeurtenissen 'spontaan' afnemen als een andere gebeurtenis met hetzelfde thema verwerkt is. Ook kunnen herinneringen aan gebeurtenissen, die als het ware verscholen liggen achter de meer in het oog springende gebeurtenissen, tijdens de behandeling meer bewust worden. Een herinnering in het bijzonder heeft haar de laatste dagen erg beziggehouden en haar stemming beïnvloed. Ze vertelt het verhaal hoe ze, een paar maanden na het overlijden van haar vader, op een ochtend wakker werd en haar moeder niet meer in huis trof. Het bed van moeder was opgemaakt, beneden waren de gordijnen van de woonkamer open en de keuken was opgeruimd. Doriene maakte haar oudere zus wakker die al snel in paniek raakte. Doriene bleef kalm en ging op zoek naar haar moeder. Haar moeder werd uiteindelijk door een buurman bij de bushalte gevonden. Ze was op weg 'naar huis', naar háár moeder. Ze was 'vergeten' dat ze twee kinderen thuis had liggen. De buurman bracht haar thuis. Diezelfde dag werd ze opgenomen op een psychiatrische afdeling van een ziekenhuis. De beide kinderen werden bij twee verschillende gezinnen ondergebracht, terwijl volstrekt onduidelijk was voor hoe lang dat zou zijn.

We besluiten deze gebeurtenis aan te pakken.

Targetbeeld	Doriene ziet zichzelf staan op de overloop, kijkend naar het opgemaakte bed van moeder, terwijl beneden de gordijnen open zijn.
NC	'Ik ben machteloos.'
Emotie	angst
SUD	8 (dat voelt ze weer in haar borst). Zakt snel naar 0.
Positieve afsluiting	'Ik ben sterk.'

Deze zitting heeft Doriene als een eye-opener ervaren. Ze is in gaan zien dat ze, in tegenstelling tot wat ze altijd heeft gedacht, eigenlijk een heel krachtig kind moet zijn geweest. Het feit dat ze zich vroeger steeds meer voor haar moeder en zus is gaan afsluiten, ziet ze niet langer meer als negatief. Instinctief had ze misschien wel de juiste houding aangenomen, omdat ze van haar moeder en zus weinig steun en veiligheid kon verwachten.

In de sessies die volgen begint ze meer over die periode te vertellen. Moeder is weliswaar maar een paar weken opgenomen geweest, maar heeft daarna nauwelijks steun kunnen bieden aan Doriene. Mede ook omdat een half jaar later de zus van Doriene een ernstig ongeluk kreeg en opgenomen moest worden in het ziekenhuis. Over die periode herinnert ze nog de schaamte over wat haar is overkomen. Ze wilde net zo zijn als de rest: gewoon een vader hebben en een normale moeder hebben.

Ze gaat beseffen hoe moeilijk ze het heeft gehad en hoe eenzaam ze is geweest, en hoe ze later, in de puberteit en jongvolwassenheid, geprobeerd heeft door rebels gedrag (blowen, punkscene) dit te overschreeuwen. Ze had in de eerste klassen van de middelbare school een soulmate: een vriendin die het, vanwege de scheiding van haar ouders, ook moeilijk had in het leven. Ze voelden elkaar volledig aan zonder dat er ook maar één woord over hun moeilijkheden werd gesproken. Echter, juist vanwege de scheiding is haar vriendin van de ene op de andere dag bij haar vader gaan wonen, ver van Doriene vandaan. Daarna heeft Doriene nog wel vriendinnen gehad, maar heeft ze nooit meer dat intense contact beleefd; het bleef oppervlakkig. Sociaal kreeg ze het steeds moeilijker.

De meivakantie breekt aan, de behandeling wordt twee weken onderbroken. Na de vakantie blijkt het zeer goed met haar te gaan. Haar somberheid is weg. Wel heeft ze nog angst in de trein en soms in bed. In bed is het vooral de angst voor de herinneringen aan momenten dat ze angstig was. We besluiten om eerst het bewijslijstje van haar negatieve kernopvatting af te ronden. Er resteert nog één gebeurtenis. Het is de herinnering aan de tijd die ze bij een vriendin moest logeren, nadat moeder plotseling was opgenomen in een (psychiatrisch) ziekenhuis. Ze had de keuze tussen een vriendin met wie het niet meer zo goed klikte, maar waar ze 'kind aan huis' was, en een vriendin waar ze nog niet zo lang mee bevriend was geraakt en van wie ze de ouders nauwelijks kende. Ze koos voor de laatste. Het bleek een verkeerde keuze. Ze heeft zich er ontheemd en onbegrepen gevoeld.

Targetbeeld	De keukentafel bij haar vriendin thuis. Ze had wat verkeerd gedaan. Haar vriendin en een zusje zijn erbij.
NC	'Ik ben stom.'
PC	'Ik ben oké.'
VoC	2
Toelichting	Denkend aan die gebeurtenis kan ze maar heel moeilijk geloven dat ze oké is. Ze voelt zich ter plekke eenzaam en verdrietig worden.
SUD	Stijgt naar 9

Ook het desensitiseren van dit plaatje kost weinig tijd. Na 20 minuten is de SUD 0. Ditmaal gaat de verwerking met zeer heftige emoties gepaard. De zitting daarop blijkt dat Doriene het zichzelf erg kwalijk is gaan nemen dat ze op haar 11de zo'n domme keuze heeft gemaakt. Ze had vertrouwdheid boven vriendschap moeten kiezen. In het gesprek hierover worden haar twee zaken duidelijk. De eerste is dat het wel degelijk een zeer voor de hand liggende keuze is geweest, want natuurlijk kies je als 11-jarige voor je beste vriendin. De tweede, misschien wel veel belangrijker, is dat ze die keuze helemaal in haar eentje heeft moeten maken. Het was een periode waarin niemand zich ook maar enigszins in haar situatie lijkt te hebben ingeleefd: 'Het kwam omdat alles om mama draaide.' Ze herinnert zich hoe eenzaam ze zich heeft gevoeld.

In de weken daarna wordt het verhaal over haar leven voor haar steeds helderder. Ze gaat beseffen dat ze werkelijk ook een zielig en eenzaam meisje is geweest. Kijkend naar die periode kan ze meer begrip voor zichzelf voelen. Meer moeite heeft ze om zichzelf te accepteren zoals ze was tijdens haar depressieve periode op haar 25ste. Het was een periode van losbandigheid en wanhopig zoeken naar geborgenheid. Terugkijkend op die periode voelt ze de overtuiging 'waardeloos te zijn'. In de zittingen die volgen, wordt deze kerncognitie eveneens met de EMDR-rechtsom-strategie aangepakt. Drie herinneringen worden als gevolg daarvan gedesensitiseerd. De NC heeft telkens betrekking op het zelfbeeld ('Ik ben waardeloos'), de emotie is telkens schaamte. Ook deze EMDR-zittingen verlopen vlot.

Vervolgens besluiten we de behandeling te richten op haar angst, die nog sterk aanwezig is. In het verleden, maar ook onlangs in de angstgroep, heeft ze al vanuit een gedragstherapeutische aanpak vaardigheden geleerd om met angst om te gaan, maar dit was kennelijk niet voldoende. Een alternatieve, aanvullende aanpak, niet zozeer gericht op het leren omgaan met de angst, maar meer op het verwerken van de gebeurtenissen die hebben bijgedragen aan de ontwikkeling van de angst, is daarom gewenst. Gezien de goede ervaringen met EMDR, besluiten we de EMDR-linksom-strategie toe te passen (zie 'Procedures en begrippen'; De Jong & Ten Broeke, 2008). We zoeken naar de gebeurtenissen die voor haar gevoel hebben bijgedragen aan het ontstaan of de versterking van de angst. Ze komt op vier gebeurtenissen.

Hoewel het wenselijk is om de ervaring die de klacht heeft doen ontstaan (de eerste conditionerende ervaring) als eerste aan te pakken, kiest Doriene ervoor om te beginnen met de ervaring waar ze de laatste dagen veel mee bezig is, en die destijds de paniekklachten sterk heeft doen verergeren. Het was een herinnering aan de nacht voordat ze met haar gezin terug zou vliegen vanuit haar vakantieadres. Ze kreeg een paniekaanval en was er op dat moment van overtuigd dat niemand haar kon helpen. Het stilstaande beeld is van het balkon van het appartement, waar ze zichzelf tevergeefs tot rust probeert te brengen. Gevoelsmatig is ze nog steeds machteloos als ze daaraan terugdenkt (NC). De SUD is 9 en ze voelt zich verlamd als ze naar dat beeld kijkt.

Binnen 15 minuten zakt de SUD naar 0. Tijdens het proces gaat Doriene zich steeds meer realiseren dat ze, in tegenstelling tot wat ze altijd heeft gedacht, er toen eigenlijk helemaal niet alleen voor stond. Ze herinnert zich weer dat ze in die nacht juist veel steun van haar man heeft gekregen, en zich al snel veel veiliger is gaan voelen. Door al die tijd zo gefocust te zijn op het moment van de paniekaanval was ze dat helemaal vergeten. Bij de positieve afsluiting noemt ze: 'Dat steun van anderen me wel degelijk kan helpen, dat ik in staat ben om steun te vragen.' Op de vraag hoe je zo iemand noemt, antwoordt ze: 'Iemand die goed voor zichzelf kan zorgen.'

De week daarop meldt ze dat de angst wat minder is geworden. We gaan onmiddellijk door met de ervaring die in haar herinnering de eerste paniekaanval vertegenwoordigt. Terugkomend van een afspraak met een jongen op wie ze hevig verliefd was, maar die haar op zeer onprettige wijze had afgewezen, kreeg ze in de trein een paniekaanval. Bij het eerste het beste stationnetje is ze uitgestapt en ze kon niemand anders dan deze vriend bellen om haar te halen.

Targetbeeld	Een verlaten perron, wachtend op haar ex.
NC	'Ik ben slap.'
PC	'Ik ben sterk.'
Emotie	verdriet, boosheid, teleurstelling
SUD	8

De zitting verloopt net zo snel als alle andere EMDR-zittingen. Ditmaal raakt ze ontroerd bij de gedachte hoe moeilijk ze het toen heeft gehad.

De twee EMDR-zittingen hebben al snel effect. Na de laatste zitting is ze met haar dochter met de trein naar Utrecht gegaan. Het ging goed, hoewel ze wel wat last had van de bedompte lucht in de trein: 'oude lucht'. Voor haar is dat lucht die door iedereen al een keer is in- en uitgeademd. Ze vertelt dat 'oude lucht' haar benauwd maakt. En op de vraag hoe het komt dat ze dat zo aan elkaar gekoppeld heeft, ziet ze beelden voor zich van haar moeder die door haar ziekte soms krampachtig hapte naar lucht en bijna stikte van benauwdheid. Als kind, maar ook later als volwassene, heeft ze dat als erg naar en beangstigend ervaren. Doriene denkt dat het nare gevoel bij 'bedompte lucht' vanzelf wel zal slijten. Ze komt terug op de vorige EMDR-zitting en vertelt dat ze is gaan beseffen dat, gezien haar achtergrond, het helemaal niet zo gek en afkeurenswaardig is dat ze zo emotioneel heftig heeft gereageerd op, opnieuw, een afwijzings- en verliessituatie. Integendeel. Ze kan zichzelf daar veel krachtiger en sterker in zien: een vechter.

We besluiten de frequentie van ons contact te verminderen.

Twee weken later meldt Doriene dat het erg goed met haar gaat. Ze heeft een treinreis naar de Ardennen geboekt en gaat over twee weken vliegen naar Kreta. Met name tegen dat laatste ziet ze nog wel op. Aan het eind van het gesprek geeft ze aan dat ze moet wennen aan de veranderde vorm van ons contact (minder frequent). Ze is inmiddels bezig met de vraag hoe het is om in de toekomst afscheid van mij te moeten nemen.

Vier weken daarna zien we elkaar weer. De vliegreis naar Kreta is erg goed gegaan. Haar angst bereikte even 'een piekje' van 3 (op een 10-puntsschaal), maar verder had ze geen noemenswaardige problemen gehad. Ook een treinreis naar Arnhem is goed gegaan. Het is inmiddels een jaar geleden dat haar moeder ziek werd, met alle ziekenhuisbezoeken en momenten van hoop en vrees die daarbij hoorden en uiteindelijk haar overlijden. Doriene gaat daar goed mee om en beseft dat er een hoop is gebeurd het afgelopen jaar. Ze kan daar goed op terugkijken. Ze geeft aan niet langer meer bang te zijn voor de komende periode. We besluiten om over een maand, na de sterfdag van haar moeder, nog één keer af te spreken.

In het laatste gesprek vertelt ze dat het heel goed gaat. De treinreis naar de Ardennen is goed gegaan. Het was 'niet altijd even leuk', de bedompte lucht vindt ze nog steeds niet prettig, maar ze heeft geen angst ervaren. Van haar somberheid heeft ze al maanden geen last meer. Ze voelt zich optimistisch en heeft het gevoel verder te kunnen gaan. Ze is nog steeds bezig om de realiteit van vroeger onder ogen te zien. Ze beseft nu wel dat ze zich niet anders heeft kunnen opstellen dan ze deed, maar heeft nog steeds moeite om er met trots op terug te kijken. In het hier en nu reageert ze zo nu en dan emotioneel (boos) als ze het gevoel heeft dat er geen rekening met haar wordt gehouden. Ze kan dat snel koppelen aan haar achtergrond, waardoor ze haar boosheid gemakkelijker kan accepteren dan voorheen.

Eerste- en tweedelijnszorg

GGZ-instellingen horen tot de zogenaamde tweedelijnsinstellingen. Zij worden geacht meer specialistische zorg te bieden dan de eerstelijnszorg (veelal vrijgevestigde psychologen). In de praktijk vindt de behandeling van de meer ingewikkelde problematiek dan ook in de tweede lijn plaats.

Discussie en beschouwing

In de praktijk van de geestelijke gezondheidszorg, zeker bij de GGZ-instellingen (zie kader) komen cliënten met een enkelvoudige stoornis niet veel voor. Ook bij Doriene waren angst en depressie nauw met elkaar verbonden. Bovendien konden deze klachten niet los worden gezien van een verstoorde persoonlijkheidsontwikkeling. In het nieuwe financieringsplan voor de

GGZ nemen de diagnose-behandelcombinaties (DBC's) een centrale plaats in. Voor elke diagnose moet een behandeling worden toegepast die door de wetenschap het meest ondersteund wordt. Voor enkelvoudige stoornissen kan dit goed uitpakken. Voor meer complexe stoornissen of combinaties van stoornissen lijkt een op de persoon toegesneden behandeling vaak meer gewenst. De behandeling van Doriene illustreert dit goed. EMDR, een wetenschappelijk bewezen effectieve behandeling voor PTSS, mag – in DBC-termen – niet worden toegepast in de behandeling van een depressie of een paniekstoornis. Na de medicamenteuze behandeling van de depressie had een vorm van cognitieve gedragstherapie moeten volgen voor de angstklachten. Daar is niet voor gekozen omdat er in het recente verleden al een vorm van cognitieve gedragstherapie had plaatsgevonden. De technieken die Doriene had geleerd om met angst om te gaan, beheerste ze nog steeds. Ze waren echter niet (meer) afdoende om de angst te beteugelen.

Als angst-copingvaardigheden niet toereikend zijn, zal de behandeling zich moeten gaan richten op de achtergrond van de angst. Van belang worden dan de leerervaringen die hebben bijgedragen aan de ontwikkeling van de angst. EMDR, in wezen een techniek ter 'verwerking van ervaringen', kan daarom een belangrijke rol spelen bij stoornissen die duidelijk gekoppeld lijken aan concrete leerervaringen. Gezien het snelle en doelgerichte karakter van de techniek en de helder omschreven strategieën die zijn ontwikkeld, is het een uitstekende keuze voor de verwerking van leerervaringen. De behandeling van Doriene laat zien hoe EMDR gefaseerd toegepast kan worden, scherp gericht op afzonderlijke doelen op verschillende niveaus.

Het kan gebeuren dat verschillende klachten (deels) gekoppeld zijn aan dezelfde leerervaringen. Daardoor is het mogelijk dat met het toepassen van EMDR, gericht op die leerervaringen, op meerdere klachtgebieden tegelijk progressie wordt geboekt. Bij Doriene was dat goed zichtbaar. De gebeurtenissen uit haar vroege jeugd hadden zowel een rol in de ontwikkeling van haar angst- en depressieklachten als in de ontwikkeling van de persoonlijkheidskenmerken die de klachten in stand leken te houden. Op al deze gebieden trad na de eerste EMDR-sessies dan ook verbetering op. Haar intelligentie en de kracht van haar persoonlijkheid hebben zonder meer een belangrijke rol gespeeld bij het therapieresultaat. Ze kan nu soms met trots terugkijken op het meisje dat ze ooit was en dat zich, grotendeels alleen, zo dapper en volhardend door haar nare omstandigheden heeft heen geworsteld.

Casus 11 'Ze moeten me niet... en dat is terecht'

Zelfbeeldreparatie bij een sociaal angstige jonge vrouw

Erik ten Broeke
Erik ten Broeke is als klinisch psycholoog en cognitief gedragstherapeut verbonden aan Visie, praktijk voor cognitieve gedragstherapie te Deventer (www.visie-psychologie.nl). Hij is supervisor/opleider voor de Vereniging voor Gedragstherapie en Cognitieve therapie (VGCt). Voorts is hij door de Vereniging EMDR Nederland (VEN) en door EMDR Europe erkend als EMDR-supervisor en -trainer.

Bijna iedereen kent wel momenten van onzekerheid in het contact met anderen. In de meeste gevallen gaat het daarbij om een vage angst 'af te gaan' en afgewezen te worden. Vooral als onverwacht de aandacht op je wordt gericht, kan het voorkomen dat je moet blozen of gaat trillen. Gelukkig staat het de meesten van ons niet in de weg om contacten aan te gaan en te onderhouden. Hoewel we tegen bepaalde situaties kunnen opzien, leidt dat zelden tot echte vermijding of tot allerlei maatregelen om te voorkomen dat je wordt afgewezen of belachelijk wordt gemaakt. Voor een flink aantal mensen is dat anders. Die mensen zijn voortdurend bezig met de angst om af te gaan; ze gaan steeds meer sociale situaties vermijden en zijn steeds bezig de zo gevreesde sociale blamage te voorkomen. Deze mensen hebben een sociale fobie.

Er zijn globaal twee typen. Als iemand alleen bepaalde sociale situaties vermijdt die wel aangegaan zouden moeten worden – bijvoorbeeld spreken in het openbaar – dan is sprake van een specifieke sociale fobie. Mensen die daarentegen in nagenoeg alle sociale situaties angstig en onzeker zijn, hebben een zogenaamde gegeneraliseerde sociale fobie. Suzanne heeft een gegeneraliseerde sociale fobie. Ze heeft hiervoor cognitieve gedragstherapie gehad (zie kader), maar dit bleek niet voldoende.

Cognitief-gedragstherapeutische behandeling voor sociale fobie

Deze behandeling is gericht op het onderzoeken en zo nodig aanpassen van onzeker en angstigmakende gedachten. Bij sociale fobie gaan die gedachten meestal over het negatieve oordeel dat anderen over de persoon zouden kunnen hebben. Meestal zijn mensen met een sociale fobie ook erg negatief over zichzelf. Door vragen te stellen, worden bewijzen voor en tegen de oordelen van de cliënt besproken. Mogelijke denkfouten van de cliënt komen daarbij aan de orde. Ten slotte worden meer realistische en minder angstwekkende gedachten geformuleerd. Deze nieuw geformuleerde gedachten zullen niet meteen als geloofwaardig worden beschouwd. Daarom worden gedragsexperimenten uitgevoerd waarbij de cliënt de nieuwe interpretaties gaat toetsen in de dagelijkse werkelijkheid. Door het oefenen met dit nieuwe gedrag wordt 'onderzocht' of de gevreesde sociale 'rampen' al dan niet optreden en of het negatieve zelfbeeld al dan niet terecht is.

Klachten

Suzanne is 30 jaar als ze zich aanmeldt voor behandeling van al lang bestaande en zich steeds verder uitbreidende angst en onzekerheid in het contact met mensen. Het is niet de eerste keer dat zij behandeling zoekt. Een aantal jaren eerder werd zij behandeld met een min of meer geprotocolleerde cognitieve gedragstherapie binnen een Riagg. De resultaten vielen echter tegen en hoewel zij een aantal zinvolle gedragsveranderingen doorvoerde en zich had getraind in een meer realistische manier van denken, staakte zij teleurgesteld de behandeling. Niet in het minst omdat de behandelaar geen mogelijkheden zag de behandeling aan te passen aan het specifieke van Suzannes klachten. Nu zoekt Suzanne opnieuw hulp. Ze heeft via-via gehoord dat EMDR – in combinatie met cognitieve gedragstherapie – vaak goede resultaten geeft bij (sociale) angst.

Suzanne is van jongs af aan onzeker en angstig in het contact met andere mensen. Haar klachten zijn erger geworden toen zij na haar studie bedrijfskunde een leuke baan vond en leiding moest geven aan een groep collega's. Dit betekent dat zij vergaderingen moet voorzitten, 'slechtnieuwsgesprekken' moet voeren en af en toe voordrachten moet geven. Als ik haar voor een eerste kennismakingsgesprek zie, staat het water haar aan de lippen. De spanning loopt zo hoog op dat het zo niet langer kan, volgens Suzanne. Als ik met haar de klachten in kaart breng, blijkt overigens dat Suzanne ook buiten haar werk zo onzeker is dat zij weinig sociale contacten heeft en tot op heden geen partner heeft kunnen vinden, hoewel er zeker belangstellenden zijn geweest. Alleen bij bekende, veilige mensen kan ze zich ontspannen, maar soms zit er zelfs dan een 'stemmetje' in haar hoofd dat neerbuigende opmerkingen maakt, zoals: 'Dat kan jij toch niet', 'Als ze eerlijk zijn, vinden ze je toch niks' en 'Je bent niks waard.' Hoewel Suzanne contacten niet echt uit de weg gaat, heeft ze op subtiele wijze haar hele gedrag aan haar onzekerheid aangepast. Zo zorgt ze ervoor dat ze zo min mogelijk oogcontact maakt, brengt ze in 'onvermijdelijke' gesprekjes het onderwerp zo snel mogelijk op de anderen, en vermijdt ze een-op-eensituaties. Als ze een sociale situatie niet kan vermijden, dan bereidt ze zich goed voor, door van tevoren eventuele gespreksonderwerpen te verzinnen mocht er een stilte vallen. Dit gedrag is zozeer onderdeel gaan uitmaken van Suzannes 'normale' manier van doen dat het voor haarzelf en voor haar omgeving nauwelijks opvalt (zie kader). Pas op het moment dat ik haar vraag wat er zou kunnen gebeuren als zij haar gedrag zou veranderen, wordt ze zich langzamerhand bewust van het feit dat zij veel doet en nog meer nalaat uit angst om afgewezen te worden en – vooral – te voorkomen dat ze nog negatiever over zichzelf gaat denken.

Op grond van de klachten stel ik als diagnose: sociale angst (gegeneraliseerd). Om de klachten beter te begrijpen en vooral om te begrijpen hoe het komt dat de behandelingen die tot dusver zijn gedaan niet voldoende zijn aangeslagen, gaan we in het gesprek nader in op de levensgeschiedenis van Suzanne.

Sociale angst

Bij sociale angst valt in de regel vooral het vermijdings- en vluchtgedrag – men spreekt wel van respectievelijk passieve en actieve vermijding – op. De meest effectieve manier om de gevreesde sociale blamages te voorkomen, is vanzelfsprekend het volledig uit de weg gaan van situaties waarin die zouden kunnen optreden. Vaker komt voor dat mensen bedreigende situaties ontvluchten zodra 'het gevaar' te groot wordt. Mogelijk nog vaker, maar veel minder zichtbaar, komt het zogenaamde veiligheidsgedrag voor. De bedreigende situatie kan niet worden vermeden of worden ontvlucht, zodat de persoon zijn of haar toevlucht moet nemen tot 'trucs' waarmee de gevreesde rampen kunnen worden afgewend. Het is met name dit veiligheidsgedrag waarmee Suzanne haar angst reguleert. Kenmerkend voor vermijdings-, vlucht- en veiligheidsgedrag is dat het weliswaar behoorlijk effectief is, maar als negatieve consequentie heeft dat het de angst in stand houdt doordat geen positieve ervaringen kunnen worden opgedaan en – met name bij veiligheidsgedrag – het gevreesde vaak juist in de hand wordt gewerkt. De sociaal angstige persoon die stilletjes in een hoekje gaat staan, zal aan het einde van de avond bevestigd zijn in de verwachting dat niemand met hem heeft willen praten.

Achtergrondgegevens

Suzanne komt uit een gezin waarin een veilige en (onder)steunende sfeer overheerste. Niettemin werd aan goed presteren veel waarde gehecht. Volgens Suzanne had dat veel te maken met het feit dat vader door onzekerheid en faalangst nooit de carrière heeft gemaakt die eigenlijk werd verwacht op grond van zijn talenten en opleiding. Moeder was vooral huisvrouw en zorgde voor een gezellig thuis en spande zich erg in om sociale contacten te onderhouden, zowel voor zichzelf en haar echtgenoot als voor haar kinderen. Dat laatste liep vaak niet soepel aangezien Suzanne nogal eens werd gepest en niet gemakkelijk aansluiting vond bij de kinderen van haar klas. Haar twee jaar oudere broer ging meer zijn eigen gang en leek nergens last van te hebben. Maar een paar jaar geleden werd duidelijk dat hij al langere tijd perioden kent van intense somberheid en dan vervalt in overmatig alcoholgebruik.

Gedurende haar studie bedrijfskunde was ze een voorbeeldige studente, die overdag wel leuke contacten had maar buiten de studie om weinig tot geen vriendinnen of vrienden had. Regelmatig was ze eenzaam en dacht dan dat het voor haar 'niet was weggelegd' om mensen om zich heen te hebben die om haar gaven en graag met haar wilden omgaan. Niet geheel duidelijk is of dat inderdaad het geval is geweest of dat Suzanne zich op voorhand uit contacten terugtrok om te voorkomen dat ze zou worden afgewezen. Zeker is dat zij er in vrijwel ieder nieuw contact op anticipeert te zullen worden afgewezen of – erger nog – te zullen worden verraden.

EMDR en sociale angst: verwachtingsrelaties en betekenisrelaties

De standaardvisie op sociale angst is dat mensen angstig zijn omdat zij de *verwachting* hebben te worden afgewezen zodra zij zich in sociale situaties begeven. Schematisch:

Sociale situaties → Verwachting van afwijzing → Angst

Zowel bij specifieke (bijvoorbeeld spreekangst) als gegeneraliseerde sociale angst (angstig in alle sociale situaties) probeert de angstige persoon op verschillende manieren te voorkomen dat de gevreesde 'ramp' (afwijzing) optreedt. Dit leidt tot veiligheidsgedrag (inclusief vermijdingsgedrag en vluchtgedrag). De standaard cognitief-gedragstherapeutische (CGT-)behandeling is erop gericht de cliënt in staat te stellen te onderzoeken of de verwachte ramp al dan niet zal optreden. Allereerst wordt – aan de hand van vragen – onderzocht of er in feite reden is aan te nemen dat sociale situaties daadwerkelijk 'gevaarlijk' zijn. Wanneer daarvoor geen bewijs wordt gevonden, worden afspraken gemaakt om in de praktijk via gedragsverandering te gaan onderzoeken wat er gebeurt indien een sociale situatie zonder veiligheidsgedrag wordt aangegaan. Als bij herhaling blijkt dat de gevreesde ramp uitblijft terwijl de cliënt dit niet kan toeschrijven aan het veiligheidsgedrag, zal op een gegeven moment de angst afnemen en plaatsmaken voor zelfvertrouwen en vertrouwen in andere mensen. Het is precies deze behandeling die in het verleden door Suzanne is gedaan en niet voldoende resultaat heeft opgeleverd.

Op grond van bovengenoemde *verwachtingsrelatie* kan ook voor EMDR worden gekozen. In de regel zal dat een benadering zijn waarbij de ontstaansgeschiedenis van de klachten op een tijdslijn wordt uitgezet. De vraag die dan wordt gesteld is bijvoorbeeld: 'Waardoor heb je geleerd dat mensen je afwijzen?' (EMDR-linksom-strategie; zie 'Procedures en begrippen'). De herinneringen aan de meest relevante gebeurtenissen worden achtereenvolgens 'onschadelijk' gemaakt door de toepassing van EMDR (zie De Jongh & Ten Broeke, 2008).

Negatief zelfbeeld

Bij sociale angst lijkt er vaak sprake van een zodanig omvangrijke hoeveelheid negatieve ervaringen dat zich een negatief zelfbeeld heeft ontwikkeld. Sociale situaties *voorspellen* dan niet alleen het optreden van afwijzing, maar *activeren* vooral *een negatief zelfbeeld* met alle heftige emotionele reacties (angst en somberheid) als gevolg (Korrelboom & Ten Broeke, 2004).

Interventies die zijn gericht op het testen van de verwachtingen zullen dan onvoldoende effect hebben: er is geen sprake van een verwachting die kan worden getoetst; sociale situaties activeren telkens het negatieve zelfbeeld, of men nu wel of niet daadwerkelijk wordt afgewezen. Indien – zoals bij Suzanne het geval is – dergelijke situaties niet kunnen worden vermeden, zorgt de combinatie van veiligheidsgedrag en bestendiging van het negatieve zelfbeeld ervoor dat het sociale net zich steeds meer sluit. Deze visie maakt begrijpelijk dat de eerdere behandeling niet voldoende hielp en wijst in de richting van noodzakelijke, aanvullende interventies gericht op 'reparatie van het zelfbeeld'. Dit leent zich goed voor de zogenaamde EMDR-rechtsom-strategie (zie 'Procedures en begrippen'; Ten Broeke & De Jongh, 2008a). Centraal staat daarbij het in kaart brengen van het 'gevoelsmatig' meest overtuigende 'bewijsmateriaal' dat het negatieve zelfbeeld lijkt te ondersteunen. Voorbeelden zijn pestervaringen, verlaten of verraden worden en afwijzende, overmatig kritische ouders of het ontbreken van bevestiging en bescherming gedurende de jeugd.

Waarom EMDR?

Suzanne wil in eerste instantie behandeling voor haar (spreek)angst in groepen. Dit is niet vreemd, gelet op het feit dat ze in haar werk vooral tegen dit probleem oploopt. Nu bekend is wat haar klachten zijn en in grote lijnen te begrijpen is hoe de klachten zijn ontstaan en zo 'vanzelfsprekend' deel zijn gaan uitmaken van de manier van leven van Suzanne, moet ik als therapeut een plan van aanpak opstellen. De volgende overwegingen neem ik daarin mee. Suzanne meldt zich aan met klachten waarvoor een behandeling bestaat waarvan de werkzaamheid overtuigend is aangetoond: cognitieve gedragstherapie (CGt). Een dergelijke behandeling is echter al gedaan, met beperkt resultaat. Voor zover ik kan nagaan, is er geen reden om aan te nemen dat de vorige behandeling niet goed is uitgevoerd. Ik vermoed dat haar negatieve zelfbeeld de reden is voor het uitblijven en niet beklijven van voldoende effecten (zie kader). Ik stel Suzanne een plan van aanpak voor, waarbij we in kaart zullen brengen door welke gebeurtenissen haar zelfvertrouwen verloren is gegaan en waardoor haar zelfbeeld zo negatief is geworden (EMDR-rechtsom-strategie). Ik neem in de behandeling wel op dat het later alsnog noodzakelijk kan zijn specifiek aandacht te besteden aan de spreekangst. Meer in het bijzonder noteer ik in het behandelplan dat gebruikgemaakt zou kunnen worden van RDI (zie 'Procedures en begrippen') gericht op het vaststellen en versterken van vermogens om beter met moeilijke situaties om te gaan. Voorbeelden zijn zelfvertrouwen, moed en doorzettingsvermogen. Hoe dan ook zal Suzanne later in de therapie veel moeten oefenen met sociale vaardigheden en zal zij in een serie gedragsexperimenten de juistheid van de rampzalige verwachtingen moeten onderzoeken. Tot slot moet Suzanne gaan leren haar aandacht te richten op de sociale 'taak' en niet op zichzelf. Dit wordt taakconcentratietraining genoemd. Maar eerst zal ik samen met Suzanne moeten werken aan het 'opruimen' van die ervaringen die vanuit het verleden voeding blijven geven aan de zo negatieve kijk op zichzelf. Alleen dan kan Suzanne op een evenwichtige manier gaan onderzoeken hoe en wie ze is in de ogen van anderen.

Verloop van de behandeling: zelfbeeldreparatie met EMDR

In eerste instantie heb ik samen met Suzanne uitgezocht hoe zij tegen zichzelf, andere mensen en de wereld aankijkt. Wij allen hebben op grond van onze (leer)ervaringen conclusies getrokken over wie wij zijn, hoe anderen (niet) doen en hoe de wereld in elkaar zit. Dat worden kernopvattingen genoemd. Vanuit die opvattingen ontwikkelen we regels die ons helpen met onszelf, de wereld en andere mensen om te gaan. Als – zoals bij Suzanne – er een overmaat aan negatieve ervaringen is geweest, dan zullen de kernopvattingen en de daarvan afgeleide regels veel negatiever en meer rigide zijn dan wanneer je vooral positieve ervaringen hebt opgedaan. Suzanne formuleert de volgende opvattingen:

- Houd mensen op afstand.

- Vertrouw niemand.
- Mensen staan klaar om je af te wijzen.
- Zodra ze je beter leren kennen, wijzen ze je af.
- Geloof niet in 'mooie praatjes'.
- Ik ben minderwaardig.

Om het vinden van het meest relevante 'bewijsmateriaal' mogelijk te maken, moet één centrale opvatting die het belangrijkste fundament vormt onder het negatieve zelfbeeld worden vastgesteld. Suzanne herkent zich het meest in de uitspraak: 'Ik ben minderwaardig'; het uitspreken van die woorden roept direct heftige emoties op. Het is zeker dat de overtuiging 'Zodra ze je beter leren kennen, wijzen ze je af' ook een belangrijke rol speelt bij Suzannes huidige klachten, niet in het minst op haar werk. Voorlopig ga ik ervan uit dat de ervaringen die aanleiding hebben gegeven tot het ontstaan van deze verwachting worden 'meegenomen' bij het vaststellen van de 'bewijzen' voor Suzannes minderwaardigheid, maar geheel zeker is dat niet. Ik weet dat het belangrijk is in de loop van de behandeling deze opvatting goed in de gaten te houden, en zo nodig alsnog de beschadigende ervaringen op een tijdslijn te zetten en aan te pakken.

Nadat Suzanne en ik hebben vastgesteld dat de opvatting 'Ik ben minderwaardig' in zekere zin het centrum vormt van de angstklachten, moeten we op zoek gaan naar de 'oorzaken' van het negatieve zelfbeeld. Ik geef Suzanne daarom een soort 'Google-opdracht'. De 'zoekterm' is dan 'Ik ben minderwaardig' en het leven van Suzanne is het internet. Google ordent de resultaten van een zoekopdracht niet chronologisch, maar op basis van relevantie. Zo moet ook Suzanne het bewijsmateriaal voor haar negatieve zelfbeeld ordenen.

Ik stel Suzanne vragen als:

- 'Waardoor ben je gaan geloven of heb je vooral 'geleerd' dat je minderwaardig bent?'
- 'Welke vroegere situatie 'bewijst' als het ware nu nog dat je minderwaardig bent?'
- 'Welke meer recente situatie maakt voor jou duidelijk dat je minderwaardig bent?'

Vanzelfsprekend kan ik niet van Suzanne verwachten dat zij zomaar even antwoord kan geven op de gestelde vragen. Ik geef daarom de vragen als huiswerk mee met als extra afspraak over ieder gevonden 'bewijs' een kort opstel te schrijven. Suzanne zal mij de opstellen voorafgaand aan de volgende sessie e-mailen.

Suzanne komt uiteindelijk tot de volgende 'bewijzen' voor de overtuiging dat zij minderwaardig is:

- Systematische pesterijen op school.
- Bij herhaling niet uitgenodigd op verjaardagfeestjes van klasgenootjes.
- Uitgelachen worden tijdens een spreekbeurt op school.
- Vader die vaak zei: 'Als je nog beter je best doet, wordt het vast nog wel een keertje wat met je.'
- Niet kunnen meepraten wanneer studiegenoten 'grote verhalen' hadden over het 'stappen'.

- Een kritisch beoordelingsgesprek waarin vraagtekens werden gezet bij haar 'groeimogelijkheden' (niet inhoudelijk maar interactioneel).

Toelichting

Een risico waar de therapeut zich van bewust moet zijn is dat niet te snel wordt besloten dat – in dit geval – zes bewijzende ervaringen zijn vastgesteld. Met name de eerste twee betreffen immers een flinke groep ervaringen en niet een eenmalige gebeurtenis. Vooral de pesterijen hebben zonder twijfel een erg beschadigende invloed gehad op het zelfbeeld van Suzanne. Om recht te doen aan die invloed kan waarschijnlijk niet worden volstaan met één representatief voorbeeld. Daarom werd gekozen voor het identificeren van de drie meest beschadigende ervaringen uit het geheel van pestervaringen. Van het herhaaldelijk niet worden uitgenodigd voor verjaardagsfeestjes werd één representatief voorbeeld vastgesteld.

Therapeut	Suzanne, welke van al deze herinneringen waarover je een opstel hebt geschreven bewijst op dit moment gevoelsmatig het meest overtuigend dat jij minderwaardig bent?
Suzanne	Tijdens het schrijven van de opstellen raakte ik erg van streek door die keer dat ik alle moed had verzameld om te gaan vragen of ik mocht meespelen met een balspel, toen ik letterlijk door een paar kinderen bij de arm werd gepakt waarbij deze werd omgedraaid met de boodschap dat ik maar rechtuit moest gaan lopen, dan kwam het wel goed. Ik hoorde de andere kinderen luid lachen. Ik heb daarna nooit meer gevraagd of ik mocht meedoen en als ik een keertje werd gevraagd, dan zei ik dat daar geen zin in had.
Therapeut	Stel dat er in jouw hoofd een fotoboek bestaat met foto's waarop te zien is hoe jij je deze nare gebeurtenis momenteel nog herinnert. Het zijn allemaal foto's waarop jijzelf te zien bent. Welke foto bewijst in de huidige situatie nog het meest (krachtig) dat jij minderwaardig bent?
Suzanne	Ik zie niet zo veel, ik hoor ze weer lachen.
Therapeut	Sluit dan nu je ogen en als je ze in je hoofd hoort lachen, wat zie je dan nu, op dit moment, voor je?
Suzanne	Dan zie ik mezelf omgedraaid staan, met tranen in mijn ogen, aan weerszijden twee lachende meisjes en daarachter de andere kinderen, ook lachend.
Therapeut	Wat we nu moeten uitzoeken, is hoe het komt dat juist dit plaatje nu nog zo naar voor je is... Waardoor is dit beeld nu nog zo naar voor je?
Suzanne	Dat ze zoveel pret hebben om mijn verdriet.
Therapeut	Wat zegt dat over jou als persoon dat ze zo met jou omgaan?

Suzanne	Dat ik niks voorstel.
Therapeut	Dus als jij kijkt naar dit plaatje dan past daar gevoelsmatig bij: 'Ik ben niks.'
Suzanne	Ja...

Vanaf hier wordt het EMDR-basisprotocol uitgevoerd.

Targetbeeld	Suzanne ziet zichzelf omgedraaid staan met tranen in haar ogen, aan weerszijden twee lachende meisjes en daarachter de andere kinderen, ook lachend. Volgens Suzanne hebben ze pret om haar verdiet.
NC	'Ik ben niks.'
PC	'Ik ben de moeite waard.' Dit is allesbehalve geloofwaardig.
VoC	2
Emotie	wanhoop
SUD	8 (ze voelt het in de buik).

Uiteindelijk heeft Suzanne in elf sessies vijf herinneringen 'opgeruimd'. De overige drie herinneringen bleken geen lading meer te hebben en (dus) gevoelsmatig geen bewijs meer te vormen voor de overtuiging 'minderwaardig' te zijn. De twaalfde sessie werd besteed aan de installatie van de PC's bij de desbetreffende targetbeelden. In de rest van de therapie (sessie 12-20) werd nog het eerdergenoemde RDI-protocol uitgevoerd, werden vaardigheden besproken en geoefend en in een serie gedragsexperimenten ten uitvoer gebracht. Uiteindelijk ontstond een steeds sterker wordend zelfvertrouwen, hetgeen tot uitdrukking kwam in een actiever sociaal leven en een aantal opvallende successen in haar werk. De behandeling werd naar volle tevredenheid van ons beiden afgesloten.

Discussie en beschouwing

De behandeling van Suzanne is tot een goed einde gebracht, hetgeen de juistheid van de gemaakte afwegingen ondersteunt. Op grond van het formuleren van een mogelijke verklaring voor het te beperkte effect van een op zichzelf geëigende behandeling voor de klachten en een (nieuwe) taxatie van de problematiek, werd een behandelplan opgesteld. In dat behandelplan staat, veel meer dan het geval is in de standaardbehandeling voor sociale angst, het bewerken van het negatieve zelfbeeld centraal. Gedragstherapeuten die, zoals ik, werken vanuit de visie van geïntegreerde cognitieve gedragstherapie (GCGt) noemen deze stap herevaluatie van een zogenaamd UCS/UCR-kernthema ('unconditioned stimulus/unconditioned response'; Korrelboom en Ten Broeke, 2004). Daarnaast en daaropvolgend werden opnieuw verschillende min of meer standaardinterventies toegepast. Hier zij nog maar weer eens benadrukt dat een behandeling met EMDR in het overgrote deel van de gevallen deel uitmaakt van een geïntegreerd behandelplan. Zo ook bij Suzanne. Tegelijkertijd moet de bijdrage van EMDR in deze casus geenszins worden onderschat. Zoals gehoopt en verwacht leidde de gekozen strategie tot afname van de actuele bewijskracht van de negatieve (leer)ervaringen en ontstond er ruimte voor herinneringen aan andere, meer positieve ervaringen die het negatieve zelfbeeld ontkrachtten. Hiermee werd ruimte geschapen voor het beter kunnen profiteren van de rest van de therapie waarin gewerkt werd aan het falsificeren van de eerdergenoemde verwachtingsrelatie. Alleen al dat maakt het toepassen van EMDR in een casus als deze de moeite waard.

Deel V
Complex trauma en dissociatieve stoornissen

Inleiding

Dit deel bevat gevalsbeschrijvingen van zwaar getraumatiseerde cliënten. Mensen die in hun leven erg veel hebben meegemaakt en daar de nodige schade door hebben opgelopen. De klachten van deze mensen worden tot de complexe PTSS gerekend. Naast de typische posttraumatische klachten zijn er vaak andere angstklachten, sociale problemen en depressieve klachten. Om van complexe PTSS te kunnen spreken, zijn er bij deze mensen per definitie ook dissociatieve verschijnselen (zie kaders) en vaak is er ook sprake van een persoonlijkheidsstoornis.

Wat is een persoonlijkheidsstoornis?

Mensen met een persoonlijkheidsstoornis hebben een duurzaam en star patroon van stoornissen in denken, voelen en handelen. Dat komt tot uitdrukking in persoonlijke en sociale situaties, zoals in het gezin, in vriendschappen of op het werk. De persoon in kwestie voelt niet meer de vrijheid om flexibel te reageren op de eisen van alledag. Dit leidt tot beperkingen in het persoonlijke en sociale functioneren. De diagnose persoonlijkheidsstoornis is niet altijd gemakkelijk te stellen: er is een groot overgangsgebied tussen 'normale' en 'ziekelijke' afwijkingen in het karakter. Geschat wordt dat persoonlijkheidsstoornissen wel veel voorkomen: 10-15% van de normale bevolking en 40-50% van de cliënten die onder psychologische behandeling zijn in de GGZ of in de verslavingszorg. De aard en de ernst van een stoornis kunnen sterk verschillen. Zo kan een antisociale persoonlijkheidsstoornis de oorzaak vormen van ernstig crimineel gedrag. Maar iemand met een ontwijkende persoonlijkheidsstoornis kan zijn angsten soms zo goed verbergen dat hij ogenschijnlijk 'normaal' functioneert. Persoonlijkheidsstoornissen worden wel 'ontwikkelingsstoornissen' genoemd. Hiermee wordt uitgedrukt dat in iemands ontwikkeling van jong kind tot volwassene reeds problemen aanwijsbaar zijn. Soms houden deze verband met duidelijke trauma's als vroege verlating of seksueel misbruik. Ook kunnen er moeilijke gezinsomstandigheden zijn die hebben geleid tot onvoldoende veiligheid, aandacht, begrenzing of begeleiding. Het gebeurt ook wel dat zulke duidelijk aanwijsbare redenen ontbreken, en dat mensen toch een sterke onvrede met zichzelf en/of anderen hebben. Soms blijkt dan bijvoorbeeld dat iemand zich zo sterk aan zijn omgeving heeft aangepast dat hij vervreemd is geraakt van de eigen behoeften en gevoelens.

Zie ook www.moeilijkemensen.nl.

Bij Eddie, de cliënt van Joany Spierings in casus 12, zijn zowat alle persoonlijkheidsdiagnoses wel eens gesteld: schizotypisch, antisociaal, afhankelijk... De DSM-IV (APA, 2000), het diagnostische handboek van psychologen en psychiaters, schiet tekort om de complexe klachten te beschrijven. De klachten van Marion, de cliënte van Steven Meijer in casus 13, kenmerken zich vooral door haar heftige emoties en impulsiviteit. Bij haar is de diagnose borderline persoonlijkheidsstoornis gesteld, met daarnaast nog een hoop andere klachten en diagnoses.

De klachten van Miranda, de cliënte van Mariëtte Groenendijk (casus 14), zijn ook ontstaan als gevolg van de vroegkinderlijke en langdurige traumatisering. De belevingswereld van Miranda is zo gefragmenteerd dat zij uit verschillende personen lijkt te bestaan. Vroeger sprak men van een meervoudige persoonlijkheidsstoornis (MPS), nu van de dissociatieve identiteitsstoornis (DIS), en wordt dit niet meer tot de persoonlijkheidsstoornissen gerekend. Mensen met DIS kunnen sterk wisselen in hun gedrag. Afhankelijk van hun gemoedstoestand kunnen zij bijvoorbeeld denken, voelen en doen als een verdrietig kind van 6, of als een extreem kritische volwassene. Op andere momenten komen zij juist over als een rustige persoon met een evenwichtige opstelling.

Deze drie casussen hebben gemeen dat de gepresenteerde klachten meer omvatten dan de 'typische' PTSS-klachten (herbelevingen, vermijding en schrikachtigheid). Bij complex trauma zijn er ook ernstige dissociatieve verschijnselen (zie kader) en emotionele, relationele en sociale problemen. Hoe ernstiger en hoe langduriger de traumatisering, hoe groter de kans is op een complexe PTSS. Toch is deze relatie niet eenduidig (Ten Broeke, De Jongh & Oppenheim, 2008). Een enkelvoudig trauma – ook op latere leeftijd – kan leiden tot een complexe PTSS, die het gehele functioneren aantast en met ernstige dissociatieve verschijnselen gepaard gaat. Omgekeerd lijken sommige mensen zo sterk en weerbaar dat ze zelfs van langdurige en herhaalde traumatisering geen blijvende klachten overhouden of 'slechts' een 'gewone' PTSS.

Dissociatie

Dissociatie is in eerste instantie een natuurlijke reactie op ernstige stress en trauma. Dissociatie betekent letterlijk: dis-associëren en staat voor het van elkaar losraken van persoonlijke belevingen, waarnemingen en sensaties. In zekere zin is ook 'verstrooid zijn' of 'dagdromen' een vorm van dissociatie, maar dan met behoud van het 'ik-besef', een besef van de realiteit. Dit besef valt weg bij acute dissociatie als gevolg van psychologische stress zoals bij een ernstig verkeersongeval of als iemand te horen krijgt dat hij zeer ernstig ziek is. In een dergelijke situatie, waarin je niet kunt vechten of vluchten, kan de menselijke geest zich tijdelijk 'onttrekken aan de realiteit'. Dissociatie heeft in die gevallen dus een zekere functie. Dissociatie als blijvend terugkerend verschijnsel zien we bij complexe PTSS, bij enkele persoonlijkheidsstoornissen en bij dissociatieve stoornissen. De persoon maakt bewust of onbewust steeds vaker gebruik van dissociatie. Zo kan iemand gaan dissociëren op momenten dat akelige herinneringen (bijna) bovenkomen. Het 'bewustzijn' schakelt zich als het ware uit. De persoon staart wat voor zich uit en is even 'van de wereld'. Er zijn 'gaten in de dag': zo kijken ze op de klok en opeens is het drie uur later. Ze hebben geen herinneringen aan de afgelopen drie uur en waren even 'helemaal weg'.

De ernstigste vorm van dissociatie is de dissociatieve identiteitsstoornis (DIS), zoals bij Miranda werd vastgesteld, de cliënte van Mariëtte Groenendijk (casus 14).

Bij de behandeling van complexe PTSS kan EMDR nooit meer zijn dan een onderdeel van de behandeling. In vergelijking met een 'gewone' PTSS moeten veel meer voorzorgsmaatregelen worden genomen. Men gaat uit van een gefaseerde behandeling. Dat zie je ook terug in de drie casussen in dit deel. De eerste fase is gericht op stabilisatie en klachtenvermindering. Dit kan soms jaren duren. Soms komt men helemaal niet toe aan fase twee: het identificeren en behandelen van de traumatische herinneringen. De slotfase bestaat uit herintegratie (van de persoonlijkheid) en het voorkomen van terugval.

Zowel in de literatuur (Paulsen, 1995; Fine e.a., 1995) als in de praktijk (opleiding tot EMDR-therapeut), wordt tot voorzichtigheid gemaand bij het inzetten van EMDR in de behandeling van complexe PTSS en andere dissociatieve stoornissen. Voorbarige en ondeskundige traumaconfrontatie kan leiden tot hertraumatisering. De behandeling wordt dan een nieuw trauma, cliënten worden opnieuw overweldigd door de gebeurtenissen (Spierings, 2008). Vanwege de grote risico's voor de cliënt moet de therapeut specifieke deskundigheid hebben op het gebied van EMDR en de betreffende doelgroep. Als dat het geval is, zoals bij de volgende drie casussen, worden wel goede en hoopvolle resultaten geboekt. Hoewel het bij Eddie bijna misging...

Casus 12 Ik ben een vergissing

Uitgekotst door de hulpverlening en nu nog een laatste kans

Joany Spierings
Drs. Joany Spierings is GZ-psycholoog, psychotherapeut en EMDR-supervisor. Zij is werkzaam bij Riagg Rijnmond als senior supervisor, en bij GGZ Oost-Brabant als behandelaar in het ambulante team Persoonlijkheidsproblematiek. Zij behandelt cliënten met complex trauma en gecompliceerde rouw. Dit zijn veelal cliënten die in eerdere behandelingen zijn vastgelopen. Zij is een van de oprichtsters van de Vereniging EMDR Nederland en is voorzitter van de opleidingscommissie.

Het verhaal van Eddie is een bijzonder verhaal. In de eerste plaats omdat hijzelf een bijzonder mens is, een mens van contrasten. Er zijn weinig mensen die zo verliefd kunnen zijn op het leven, maar die daarnaast vaak zo doodongelukkig kunnen zijn. Ik heb vreselijk gelachen met Eddie, maar er zijn ook heel wat tranen gevloeid. Hij schrijft prachtige gedichten, maar krijgt ook tijdenlang geen letter op papier. Sommige hulpverleners konden hem wel schieten, anderen hadden een zwak voor hem. Zijn verhaal is ook bijzonder omdat zijn levensgeschiedenis het script voor een slechte B-film zou kunnen zijn: veel te veel ellende bij elkaar in één verhaal. Jammer genoeg is het echt gebeurd, bittere realiteit.

Ten slotte is deze behandeling bijzonder omdat ik in het begin een ernstige inschattingsfout heb gemaakt en die gelukkig heb kunnen (en mogen) herstellen. Uiteindelijk heeft deze therapie een heel mooi resultaat opgeleverd: van bijna opgegeven naar springlevend.

Klachten en voorgeschiedenis

Wanneer Eddie aangemeld wordt voor behandeling bij mij, heeft hij al een lang hulpverleningsverleden achter de rug. Riagg, Algemeen Maatschappelijk Werk, deeltijdbehandeling, klinische opname. Zo ongeveer alle persoonlijkheidsstoornissen worden in zijn dossier wel een of meer keren genoemd: schizotypisch, narcistisch, borderline, theatraal, ontwijkend, afhankelijk. Zelf schrijft hij:

'Ik had het helemaal gehad met de hulpverlening, en de hulpverlening met mij. Mijn God, wat ik allemaal niet gedaan heb om van mijn klachten af te komen. Van dagtherapie tot schreeuwtherapie en van opname tot thuishulp... Echter, de klachten bleven; angsten en depressies bleven me achtervolgen. Uiteindelijk was de hulpverlening mij beu, ik werkte niet mee, werd uitgekotst. Ik kreeg van de heer H., psychiater, nog één kans. En zo kwam ik bij een zekere J.S. terecht.'

Er is sprake van een grote hoeveelheid angsten, sociaal isolement en eenzaamheid, depressiviteit en posttraumatische stressklachten. Hij is dichter, maar kan niet meer schrijven. Hij is panisch voor sneeuw, kou en honger. Hij heeft een poetsdwang, brievenbusangst en telefoonangst. Hij hamstert levensmiddelen, maar mag van zichzelf vaak niet eten. Hij is alcoholist en leeft als een kluizenaar. Hij wandelt uren per dag, maar is altijd op de vlucht, naar eigen zeggen. Eddie vertelt dat hij een ultiem gevoel van leegte ervaart. Het is net of hij al dood is. Hij heeft geen binding met de wereld, hij neemt alleen maar waar. Hij ziet geen kans om contact te maken, hij ziet zelfs het nut er niet van in. De klachten bestaan al jaren, eigenlijk al zijn hele leven lang. En wat voor leven...

In Eddies eigen woorden:

'Ik ben geboren in het jaar 1956 in Harderwijk. Mijn vader werkte als buitendienstmedewerker door het gehele land en was door de week niet thuis. Mijn moeder oefende, zover ik weet, het oudste beroep ter wereld uit. Mijn herinneringen beginnen rond mijn derde. Mijn duidelijkste herinnering aan die periode is de volgende. Gerinkel van glas. Ik lig in mijn urine op een doorweekte matras. Ik heb het koud en huil van de honger. Ik word door een buurvrouw opgetild en meegenomen. Ik krijg bij haar thuis pap, warme pap.

Mijn moeder was enkel thuis om haar beroep uit te oefenen. In de huiskamer zaten altijd vreemde mannen, voornamelijk soldaten. Zij zaten aan de tafel te kaarten. Wanneer ze genoeg verdiend had, kregen wij een frietje, sloot ze ons op en verdween. Wij werden aan ons lot overgelaten. Vader was een sadist. In het weekeinde werden we geslagen en in de kelder opgesloten. Te eten kregen wij niet. Ik was bang voor alles, vooral voor mijn vader. Ik verafgoodde mijn moeder. Dat heb ik geweten. Ik deed alles voor haar, ook dingen die een kind niet zou moeten doen.

Rond mijn vijfde ging zij ervandoor met een rijke klant. Ik zie haar nog gaan. Rood hoofddoekje, een grote Amerikaanse auto en haar woorden: 'Ik kom zo weer terug.'

Mijn vader kwam daarna vaker thuis, vond werk in een asbestfabriek. De terreur nam toe. We werden nog meer geslagen en verwaarloosd. Iemand moet hebben ingegrepen, want ik belandde rond mijn zesde bij mijn opa. Dat was mijn redding. Dat zo'n lieve man zo'n gedrocht had kunnen verwekken. Van hem kreeg ik veel liefde en aandacht. Ik zat vaak bij hem op schoot, wandelde met hem in zijn volkstuin. De angst dat ik terug moest naar de hel verliet mij echter niet. Rond mijn achtste moest ik terug. Schrijnend was het afscheid. We kregen hulp in de huishouding; ze bleven ook slapen. We kregen beter te eten, maar de angst bleef. Er was een groot verloop onder deze huishoudelijke hulpen. Mijn vader probeerde na twee nachten al met deze dames in bed te duiken. Daar waren de meesten niet van gediend. Ik miste mijn moeder heel erg, ondanks alles. Mijn vader werd steeds gewelddadiger, zijn gedrag grilliger. Uiteindelijk trouwde hij met een van de thuishulpen. Een klassieke stiefmoeder. Slechter kon je het niet treffen. Ze was uiterst streng en harteloos… We kregen wel beter te eten, maar werden des te meer verwaarloosd en geslagen. Op mijn vijftiende ben ik aan de hel ontsnapt. Ik begon het bestaan van een zwerver.'

Later in de therapie schrijft Eddie mij het waarom hiervan:

'Jarenlang heb ik niet gepraat over mijn jeugd. Als ik dat al deed, verzon ik er flink op los.

Verschillende versies over mijn afkomst deden de ronde. Ik loog als het ware mijn eigen leven bij elkaar. Wie liegt, moet per definitie over een goed geheugen beschikken. Maar wie zo veel en gedetailleerd liegt, laat vroeg of laat steken vallen. Dat was dan ook de reden dat ik een zwervend bestaan leidde. Zo gauw de grond te heet werd onder mijn voeten, verdween ik, ging elders wonen. Met relaties ging het niet anders. Wanneer de waarheid aan het licht dreigde te komen, verbrak ik deze.'

Waarom EMDR?

Eddie had al veel klachtgerichte behandelingen achter de rug, die als doel hadden de symptomen te verminderen. Deze hielpen vaak tijdelijk: hij kon weer de straat op, durfde weer winkels binnen te gaan, nam de telefoon weer op, enzovoort. Maar de oorzaak bleef steeds buiten schot. En als het weer slechter ging, kwamen de angsten weer in volle hevigheid terug. Dat deze angsten direct verband hielden met de gebeurtenissen uit zijn kinderjaren, daarover bestond geen enkele twijfel. Toch was tot dan toe in geen enkele behandeling geprobeerd deze traumatische gebeurtenissen te verwerken. Ik vermoed dat zijn eigen houding daartoe heeft bijgedragen: hij liet niemand dicht genoeg bij zich komen en kon enorm cynisch en arrogant van zich afbijten. En wat er werkelijk speelde, vertelde hij niet.

Verloop van de behandeling

Ons eerste gesprek zal ik niet gauw vergeten. Ik had zijn dossier gelezen en bereidde mij voor op een ontmoeting met een man die het al heel wat hulpverleners moeilijk had gemaakt. Maar de man in mijn kamer was vriendelijk, bereidwillig en voor een eerste gesprek heel openhartig. Hij vertelde dat hij alle therapeuten uittestte en daarmee lag het onderwerp op tafel. Ik vond dat een goed idee, zei ik tot zijn verbazing. Want wat heb je aan een therapeut die niet sterk genoeg is om jouw verhaal te dragen? Hoe moet je jezelf toevertrouwen aan iemand die jou niet aankan? Hij verschoot en de tranen sprongen hem in de ogen. Daarmee was de samenwerking geboren. Dat ik zijn gedrag niet afkeurde, maar de zin en waarde ervan onder woorden bracht, was voor hem een belangrijke ervaring.

De therapie ging van start. Het ene na het andere verhaal uit zijn levensgeschiedenis kwam tevoorschijn, de trauma's lagen voor het oprapen. EMDR lag voor de hand. Ik heb achteraf gezien in het begin niet voldoende in de gaten gehad dat hij niet alleen een rijke geest had, maar ook zwaar gehavend was.

Als eerste begonnen we aan een traumatische gebeurtenis die de oorsprong vormde van zijn panische angst voor sneeuw, want de winter was in aantocht en hij raakte in paniek:

'Ik had vooral in de nacht en wanneer ik alleen was last van herbelevingen. Vooral van een koude winter, begin jaren zestig, een van de koudste van die eeuw. In die winter werd ik op plastic sandaaltjes, zonder sokken, buitengezet. Het vroor dat het kraakte, er lag een dik pak sneeuw. Uren heb ik voor het raam gestaan. Mijn vader zag ik binnen zitten bij de kachel. Hij las de krant. Ik huilde zachtjes, ging dood van de kou. Toen het donker werd, mocht ik binnen en werd naar boven getrapt. De aanleiding weet ik niet meer, dat is ook niet belangrijk. Terreur heeft geen aanleiding nodig. Die beelden kwamen steeds terug. Wanneer ze opdoken was ik weer vijf, zes jaar oud. Het was op zulke momenten mijn hele werkelijkheid.'

In het akeligste beeld uit deze herinnering zag hij zichzelf als jongetje voor het raam staan.

Het negatieve idee over zichzelf dat er voor hem aan verbonden was: 'Ik ben een vergissing', wat voor hem zoveel betekende als: volkomen ongewenst. Aan de positieve kant zette hij ertegenover: 'Ik ben een mooi mens', maar daar geloofde hij voor geen cent in: 1 op een schaal van 1 tot 7. De angst kwam onmiddellijk opzetten toen hij het beeld voor zich zag, en de lading was maximaal: 10 op een schaal van 0 tot 10. Buikpijn kreeg hij ervan.

Er volgde een heftig proces, met de doodsangst van toen voelbaar in de kamer. Hij gilde en huilde en kneep mijn hand bijna fijn. En uiteindelijk liet de angst los, de lading daalde en er kwam rust.

'In de eerste EMDR-sessie beleefde ik die herinneringen keer op keer, totdat ze vloeibaar werden, een plaats kregen, de angst afnam en ik ermee kon leven. Vreselijk vond ik het om dat te moeten doen. Toch ging ik door. Uiteindelijk zou ik verlost worden van het pandemonium in mijn hoofd, van de fantomen die op de meest onverwachte ogenblikken opdoken, sisten en sarden. In de dagen daarna liep ik door het park en het begon

te sneeuwen. Voor het eerst zag ik hoe mooi dat was. Ik voelde me bevrijd. Eindelijk ging ik niet meer gebukt onder die herinneringen. Ik was bevrijd.'

Na het helen van deze eerste wond kwamen een voor een de verschrikkelijke verhalen uit zijn kinderjaren aan bod. Eerst zijn moeder die zonder eenmaal om te kijken wegreed uit zijn leven in een grote Amerikaanse auto, terwijl hij daar stond en zwaaide. NC: 'Ik ben absoluut niet de moeite waard', met daartegenover als PC: 'Ik ben een waardevol mens.' Zodra hij dit beeld voor zich zag, kwam een alles vernietigende angst in hem op, een volkomen eenzaamheid. Deze herinnering kon in enkele heftige sessies worden gedesensitiseerd. Daarop volgde de herinnering dat hij tegenover zijn vader aan de keukentafel zat, met een spin in zijn eten, maar hij MOEST dat bord leegeten. NC: 'Ik ben een ding', versus PC: 'Ik ben een mens met een eigen wil.' Iedere keer opnieuw verliepen de sessies dramatisch met hoogoplopende emoties, maar steeds ging de storm liggen en kwam het bevrijdende perspectief.

Tot die keer dat het verkeerd ging. In Eddies eigen woorden:

'Het moet laat in het najaar of vroeg in het voorjaar zijn geweest, dat weet ik niet meer.

Het was in ieder geval op een donkere maandagmiddag. Ik zat die hele week al in zwaar weer. Had veel last van flashbacks. De ergste was het gebeuren met mijn moeder, maar dat vertelde ik haar niet. Ik had ook last van het sadistische gedrag van mijn vader, vooral op een zondagmiddag toen mijn oudere broer over prikkeldraad struikelde en zijn zondagse broek scheurde. Een doodzonde. Hij had een flinke wond. Wij durfden niet naar huis. Toch zat er niets anders op. Thuisgekomen werd hij waar ik bij stond helemaal in elkaar gerost. Het was een vreselijk gezicht. Daarna moesten wij zonder eten naar bed.'

Dit werd de insteek voor EMDR. Eddie schrijft hierover:

'Terwijl ik daarmee bezig was en kermde en gilde en huilde van pijn en angst, kwam er een heel scala aan nare gebeurtenissen naar boven. Alles trok aan mij voorbij. Ik was volledig van slag. Toch kon ik na afloop wel vertellen wie ik was, hoe oud ik was en waar ik was. J.S. liet mij gaan. Van wat er daarna gebeurde, kan ik me niet veel herinneren. Ik – zo bleek achteraf – was warme truien gaan kopen. De volgende dag ben ik op de automatische piloot, herinneringen heb ik er niet aan, naar Harderwijk gegaan en vond mijzelf ontgoocheld terug voor het huis waar alles zich had afgespeeld. Doodmoe ben ik naar huis en naar bed gegaan. Ik was twee dagen zoek geweest. J.S. was vreselijk geschrokken toen zij ervan vernam.

De bakens werden verzet. Voortaan moest de voorbereiding anders. Op safe spelen.

Dit was geloof ik wel het dieptepunt van de therapie. Ik ben nog een keer teruggevallen, maar zo diep als toen is nooit meer voorgekomen.'

Aan het einde van de bewuste sessie leek Eddie teruggekeerd in de realiteit van het veilige hier en nu, een volwassen man van tegen de vijftig, met een dak boven zijn hoofd en brood op de plank. Ik besteed altijd uitdrukkelijk aandacht aan dit soort zaken. Zo mogen cliënten na een intensieve sessie ook niet meteen achter het stuur. Maar de verbinding met de realiteit was niet stevig genoeg en begaf het al op weg naar huis.

Ik ben te optimistisch geweest over Eddies draagkracht en heb onderschat hoe hoog de lading nog was toen hij de deur uitging. Hij is in een schemertoestand geraakt waarin hij bang en alleen rondzwierf door het landschap van zijn jeugd en het contact met de werkelijkheid van nu kwijt was. Gelukkig heeft hij de therapie niet afgebroken en daarmee gaf hij zichzelf en mij een herkansing. We hebben op allerlei manieren op de rem getrapt: het tempo van traumaverwerking omlaag gebracht en tussendoor steeds veel aandacht besteed aan de goede dingen in zijn leven, zoals mooie herinneringen, warme momenten, en natuurlijk de natuur, vooral vogels. Eddie is al van jongs af aan gek van vogels, hij weet het nest van iedere gekraagde roodstaart in de wijde omtrek te vinden.

'Na het onvrijwillige uitstapje naar mijn geboortestad besloot J.S. het roer om te gooien. Tijdens de daaropvolgende gesprekken werd besloten een cirkel van veiligheid rondom mijn ellende te trekken. Houvast, voor wanneer ik weer eens zou vallen in het onpeilbare gat van mijn angsten en pijn. Eerst kreeg ik als opdracht een collage te maken van mijn dierbaren. Ik zocht een foto van mijn opa, een van J.S., van een paar vrienden en de naam van God uiteraard. In een cirkel groepeerde ik die om mij heen op een vel papier. Hing die in huis aan alle deuren. Zij zouden mij gidsen door het duister. Daarnaast praatten J.S. en ik veel over mijn grootvader en de goedheid van mensen om mij heen. Ik voelde me op sombere nachten niet meer zo alleen. Ook werd onderzocht waarmee ik mijzelf tekortdeed. Ik had de neiging mijzelf te straffen. Ik deed wanneer ik me rot voelde met opzet de verwarming en de verlichting uit. Dwong mijzelf naar bed te gaan, het liefst zonder eten. Dat was vertrouwd. Het legitimeerde ook mijn pijn op dat moment. Kijk, zie hoe slecht het met mij gaat. Ik strafte mijzelf zoals mijn ouders dat ooit, lang geleden, deden. Ik herschiep de hel. Dat was herkenbaar, daarmee dacht ik het wel te overleven. We schreven ook een brief met instructies, voor als het mis dreigde te gaan. Ik moest van haar op zulke momenten voortaan alle lampen aandoen, kaarsen opsteken, de verwarming op een behaaglijke stand zetten, een stevig maal koken. Kortom, ik diende mijzelf ook fysiek los te maken van de ellende die er in het hier en nu niet was. Wanneer ik in de nacht wakker werd, deed ik de lampen aan en vooral de radio. De radio bracht mij in het hier en nu. Het hielp, ik kon mij onttrekken aan het zwarte gat van mijn miserabele jeugd. Ik werd stabieler.'

In dit veiliger tempo werkten we door aan de traumatische gebeurtenissen uit zijn leven.

Hoe hij op een ondergepist bedje lag, in een kale kamer, uitgehongerd en doodsbang, tot de buurvrouw het niet meer aan kon horen en een ruitje insloeg om de kinderen uit huis te halen. NC: 'Ik ben een ding', tegenover PC: 'Ik ben een fijn mens.' Ook gebeurtenissen later uit zijn leven kwamen aan de orde, uit de tijd dat hij zwierf en in aanraking kwam met soms heel enge mensen. Uiteindelijk kwam het ergste geheim tevoorschijn. In de tijden dat moeder geen klanten had, riep ze Eddie, toen vier, vijf jaar oud, bij zich in bed om haar seksueel van dienst te zijn. Naast mishandeling en verwaarlozing was er dus ook nog seksueel misbruik. Ook hier weer het steeds terugkerende thema: 'Ik ben een ding', tegenover: 'Ik ben een integer mens.' Nadat dit trauma aangepakt was, werd het veel rustiger. Goede en slechte tijden bleven elkaar afwisselen, maar de goede tijden duurden steeds langer en werden steeds beter en de slechte tijden werden minder zwart en duurden niet meer zo lang. Inmiddels heeft hij vrienden, een vaste baan, en gaat cultuurwetenschappen studeren aan de Open Universiteit.

Discussie en beschouwing

Achteraf heb ik me vaak afgevraagd waardoor ik aanvankelijk te optimistisch ben geweest over Eddies draagkracht, en of ik had kunnen voorzien dat hij zo onderuit zou gaan.

Het gebeurt een enkele keer: ik verkijk me met name bij heel sprankelende, intelligente, levendige cliënten. Het heeft ook een meer fundamentele reden: ik zie vooral mogelijkheden, waar collega's vaak onmogelijkheden zien. Iedere visie heeft ook zijn eigen blinde vlekken.

Inmiddels heb ik er een vaste gewoonte van gemaakt om bij iedere cliënt systematisch de draagkracht te onderzoeken. Sleutelbegrip daarbij is het zogenaamde 'window of tolerance', het tolerantiebereik. Bij ieder mens heeft de spanning in de hersenen een ondergrens en een bovengrens; zolang de spanning zich beweegt tussen deze grenzen kunnen onze hersenen informatie verwerken. Onder de ondergrens vindt geen verwerking meer plaats, en boven de bovengrens schakelen de hersenen over naar de alarmtoestand, zoals bij Eddie gebeurde. Ook dan is er geen sprake meer van verwerking. Liggen onder- en bovengrens te dicht bij elkaar, dan is er onvoldoende 'werkruimte'. In dat geval moet eerst aan verbreding van het tolerantiebereik gewerkt worden, hetgeen wordt aangeduid met 'stabilisatie' (Spierings, 2008). De draagkracht van de cliënt wordt dan versterkt door aanwezige positieve mogelijkheden te benutten en te versterken en door nieuwe vaardigheden aan te leren. Tijdens de stabilisatiefase wordt bijvoorbeeld aandacht besteed aan het herstel van de dagstructuur, het opbouwen of herstellen van een sociaal netwerk (steunsysteem) en het leren omgaan met heftige emoties als angst, verdriet en woede (affectregulatie). Een gestructureerd programma voor stabilisatie is beschreven door Spierings (2008).

Casus 13 Zoals mijn leven nu gaat mag het altijd blijven...

Een borderlinecliënte met ernstige PTSS en terbeschikkingstelling

Steven Meijer
Steven Meijer (1963) is klinisch psycholoog en gedragstherapeut en werkzaam in een eigen praktijk. Als EMDR-trainer en -supervisor is hij actief in EMDR-opleidingen. De afgelopen jaren heeft hij zich – naast het behandelen van cliënten met minder complexe problematiek – in het bijzonder gericht op het behandelen van posttraumatische stressstoornis bij cliënten met een borderline persoonlijkheidsstoornis. Daarnaast is hij trainer dialectische gedragstherapie (DGT), een behandelvorm speciaal ontwikkeld voor chronisch suïcidale en zelfbeschadigende borderlinecliënten.

Marion verblijft op de resocialisatieafdeling van een tbs-instelling en wil graag werken aan haar traumatische ervaringen. Ze heeft hier in toenemende mate last van. Vooral het niet goed kunnen slapen door allerlei nare beelden is voor haar een reden om dit te willen. Daarnaast is zij van mening dat deze beelden of herbelevingen ook een rol spelen bij het in stand houden van haar andere klachten, namelijk stemmingswisselingen, stemmen horen, zelfbeschadiging (snijden, krassen), impulsief gedrag, middelenmisbruik (blowen, slaappillen, alcohol), suïcidaliteit en neiging tot brandstichting.

Wellicht is er geen cliëntengroep die meer behoefte heeft aan zorg dan de ernstig ontregelde, getraumatiseerde, ter beschikking gestelde borderliners zoals Marion. Veel therapeuten zullen het niet aandurven een (intensieve) behandeling te starten uit angst voor verdere ontregeling. De veiligste optie is dan niets doen of 'toedekken'. Maar dit geeft geen verbetering en als de ontregeling extreem is, is deze optie niet vol te houden: het is dweilen met de kraan open. Als er dan toch overgegaan wordt op behandeling, zal gekozen worden voor een 'op controle gerichte behandeling'. Bij borderlineproblematiek is dialectische gedragstherapie (DGT; Linehan 1993a.) dan een eerstekeusbehandeling (zie kader), maar er zal niet snel overwogen worden om deze aanpak te combineren met een behandeling gericht op verwerking van een trauma. Dat is op zichzelf begrijpelijk, want cliënten dienen vaak eerst enige mate van (zelf)controle te hebben bereikt om vervolgens een traumabehandeling te kunnen doorstaan. Maar wat te doen als, zoals bij Marion, een op 'controle gerichte behandeling' onvoldoende tot controle leidt doordat traumagerelateerde problematiek het vuur onder de klachten voortdurend verder aanwakkert? Er is maar één manier om daar achter te komen: durven te doen.

Dialectische gedragstherapie

De dialectische gedragstherapie (DGT) van Marsha Linehan is een cognitieve gedragsbehandeling die ontwikkeld is voor mensen met een borderline persoonlijkheidsstoornis (BPS). DGT ziet het onvermogen om emoties te reguleren als het kernprobleem van de BPS; vaak is er zwart-witdenken en een onvermogen om tegenstrijdigheden te verdragen. De behandeling van BPS speelt in op een belangrijke tegenstrijdigheid, namelijk de noodzaak voor de cliënt om zichzelf te accepteren en om te veranderen. DGT probeert daarin een balans te vinden. De behandeling bestaat uit een groepstraining psychosociale vaardigheden en individuele psychotherapie.

Klachten en voorgeschiedenis

Marion is een 28-jarige vrouw die eind 2003 een tbs krijgt opgelegd vanwege een poging tot brandstichting. Haar zus doet aangifte. Er zijn geen eerdere veroordelingen geweest, maar Marion heeft wel eerder brand gesticht. In 1996 sticht zij voor het eerst brand en zij merkt dat dit haar spanningen vermindert; ze wordt er rustig en zelfs vrolijk van. Er is sprake van een borderline persoonlijkheidsstoornis; deze wordt in 2000 vastgesteld gedurende een behandeling in een psychotherapeutische gemeenschap. Marion verbetert niet tijdens deze opname en breekt de behandeling tegen advies in af. In die periode is er sprake van ernstige automutilatie en suïcidaliteit. Er zijn diverse suïcidepogingen en rond 2002 neemt Marion een grote hoeveelheid pillen in. Daaropvolgend wordt Marion opgenomen. Na vijf maanden wordt de klinische behandeling afgerond met de boodschap: 'We kunnen niets meer doen.' De aangeboden poliklinische behandeling kon door Marion niet worden gevolgd omdat zij toen reeds was opgepakt.

In de voorgeschiedenis is sprake van ernstig seksueel misbruik door vader van haar tiende tot zestiende, de leeftijd waarop Marion het huis verlaat. Vader wordt hier uiteindelijk voor veroordeeld. Op haar dertiende jaar wordt zij tevens een aantal keer verkracht door een neef. Per ongeluk is zij getuige van een vriend die seks heeft met zijn vriendin en vanaf dat moment dwingt hij haar te kijken en verkracht hij haar. Zij raakt zwanger van hem. Zij poogt zich te ontdoen van de vrucht en zichzelf van het leven te beroven door heel veel te drinken. In 1994 wordt zij opgenomen in het ziekenhuis en er volgt een miskraam.

Waarom EMDR?

Op het moment dat mij gevraagd wordt de behandeling van Marion op me te nemen, verblijft ze op de resocialisatieafdeling van een tbs-kliniek. Ze heeft dan al een uitgebreide behandeling met onder andere een aantal maanden dialectische gedragstherapie achter de rug. Gezien mijn contacten met de instelling (onder andere als supervisor EMDR) viel mijn naam en kwam de verwijzing tot stand.

Opvallend is haar enorme motivatie om aan het werk te gaan; ze wil liever vandaag dan morgen beginnen. Ik bespreek met haar de stappen die we in het kader van de traumaverwerking zullen nemen en we starten met de 'commitment'-fase, wat zoveel betekent als het aangaan van een goede therapeut-cliëntrelatie waarbij beiden zich verbinden (committeren) aan de afgesproken behandeldoelen.

EMDR bij borderlineproblematiek

Het mag duidelijk zijn dat EMDR alléén nooit een afdoende behandeling kan zijn voor borderlineproblematiek, maar niettemin een waardevolle procedure kan zijn in een totale behandeling (Meijer & Ten Broeke, 2007; 2008). Een indicatie voor EMDR ligt er wanneer (1) er sprake is van comorbide PTSS, (2) het borderlinegedrag (zoals de automutilatie) mede wordt aangestuurd door PTSS-symptomen, of (3) een negatief zelfbeeld onderdeel uitmaakt van de borderlineproblematiek (Meijer & Ten Broeke, 2007).

Verloop van de behandeling

Marion vertelt mij dat zij vanaf haar zestiende jaar last heeft van nachtmerries gerelateerd aan het seksueel misbruik. Daar wil zij vanaf, omdat zij ervaart dat deze nachtmerries haar zodanig ontregelen dat zij voortdurend terugvalt. We leggen samen een duidelijk verband tussen het hebben van herbelevingen en het zelfbeschadigende gedrag. Ik ben het dan ook met haar eens dat het verminderen van de herbelevingen haar niet alleen zal helpen om beter te slapen, maar ook mogelijk het zelfbeschadigende gedrag zal verminderen.

Inventariseren ernst van probleemgedrag (dagboekkaarten)

Marion overlegt in het gesprek zogenaamde dagboekkaarten waarop zij haar probleemgedrag en klachten heeft geregistreerd. Daaronder vallen zelfbeschadiging (automutilatie), suïcidepogingen en -gedachten (suïcidaliteit), maar ook middelengebruik, weglopen, het horen van stemmen, neiging tot brandstichting, agressie, andersoortig impulsief gedrag en contact met hulpverleners uit de weg gaan. Zij heeft op de kliniek enige tijd DGT ondergaan en daarom is zij bekend met deze dagboekkaarten. Ik vraag Marion of zij bereid is om tijdens de EMDR-behandeling deze dagboekkaarten in te blijven vullen, om zo zicht te kunnen houden op haar probleemgedrag. Zij stemt daarin toe. Tevens leg ik haar uit dat tijdens de EMDR-behandeling dergelijke gedragingen (of de aandrang daartoe) kunnen toenemen. We maken samen een afspraak over wat een toelaatbaar niveau van probleemgedrag is: als het gedrag vaker voorkomt dan de volgens afspraak toelaatbare frequentie, wordt de EMDR-behandeling tijdelijk opgeschort en wordt de aandacht verlegd naar stabilisatie en het verbeteren van coping. Dit om te voorkomen dat de behandeling haar extreem ontregelt, wat haar zou kunnen demotiveren, hetgeen kan leiden tot afbreken van de behandeling.

Inventariseren coping: emotie- en regulatievaardigheden

Marion heeft tijdens de DGT diverse vaardigheden geleerd om haar (aandrang tot) probleemgedrag af te wenden. Zij hanteert daarvoor diverse emotieregulatievaardigheden (zie Linehan, 1993) en mindfulness. Daarnaast weet zij dat het helpt om de (zelf)controle te behouden of te herstellen als zij aan hulpverleners kenbaar maakt dat zij het moeilijk heeft en daarmee hun hulp inroept. De succesvolle behandeling op de polikliniek is steeds gericht op het verbeteren van de coping. Ik stel vast dat zij over een voldoende mate van zelfcontrole beschikt, zodat in de aanloop naar het gebruik van EMDR geen verdere training van vaardigheden noodzakelijk is. Een aandachtspunt blijft het niettemin: we houden een vinger aan de pols en wanneer de vaardigheden onvoldoende blijken om enige mate van controle te houden, zal ik met haar overgaan tot het trainen van (nieuwe) vaardigheden.

Relatie tussen PTSS-symptomen en probleemgedrag

Zoals eerder vermeld heeft Marion de overtuiging dat er een sterke relatie bestaat tussen de herbelevingen en haar probleemgedrag. Wanneer zij last heeft gehad van nachtelijke herbelevingen neemt de frequentie van automutilatie toe. Hier licht zij deze relatie toe:

Therapeut	Hoe gaat het nu op de dag na zo'n nacht?
Marion	Niet goed, ik heb mezelf nauwelijks meer in de hand.
Therapeut	Waar leidt dat dan toe?
Marion	In ieder geval tot een sterke drang tot snijden en ja... soms gebeurt dat ook.
Therapeut	Zeg je daarmee dat de herbelevingen het automutileren in de hand werken?
Marion	Ja, daarom wil ik er zo graag vanaf...
Therapeut	Jouw idee is dus: als ik minder last heb van herbelevingen, zal het automutileren afnemen.
Marion	Daarom wil ik ook die EMDR-behandeling krijgen...

Daarnaast laat zij mij weten dat na slechte nachten een sterke drang tot brandstichting ontstaat, de gedachten aan de dood toenemen en zij meer last van stemmen krijgt. Problematisch voor haar behandeling is dat de neiging tot weglopen ook toeneemt, hetgeen onlangs is uitgemond in het daadwerkelijk ontvluchten van de afdeling. Dit brengt niet alleen de behandeling in gevaar maar kan ook consequenties hebben voor het beloop van haar tbs.

Inventarisatie intrusieve beelden

PTSS naar aanleiding van veelvuldig trauma (type 2-trauma) leidt doorgaans tot diverse herbelevingen. Vaak zijn dat niet meer dan een handvol 'nare plaatjes'. Aan het einde van de eerste zitting heb ik Marion de huiswerkopdracht meegegeven om de vijf meest ontregelende herbelevingen kort en krachtig op te schrijven. In de volgende zitting inventariseerde ik met haar deze herbelevingen. Daarnaast besprak ik globaal de traumatische gebeurtenissen die in haar leven hebben plaatsgevonden. Deze globale inventarisatie en de bespreking van de vijf meest ontregelende herbelevingen zijn voor mij tevens een 'toets'. Wanneer Marion hierop al heftig zou ontregelen, dan zou de EMDR-behandeling wellicht qua timing voorbarig zijn. Marion had de vijf meest ontregelende herbelevingen opgeschreven:

1 gezicht van vader (tijdens misbruik)
2 misbruik op verjaardag
3 na abortus zoontje: seksueel misbruik
4 misbruik in het bos door vader
5 seksueel misbruik in de badkamer door vader

Tevens heeft Marion de Schokverwerkingslijst (Brom & Kleber, 1985) ingevuld en scoort 60 punten (ernstige PTSS-klachten). Deze vragenlijst is bedoeld om de ernst van de posttraumatische stressklachten aan te duiden en niet om een PTSS vast te stellen.

Bespreking van de EMDR-procedure

Na de eerste zitting heb ik Marion een informatieve folder gegeven over EMDR. Na de inventarisatie van de herbelevingen heb ik de EMDR-procedure besproken en vragen beantwoord. Marion kreeg daarbij uitleg over het protocol. Marion had de folder goed gelezen en had nauwelijks vragen. Daarna ben ik overgegaan om met haar de eventuele valkuilen te bespreken zoals (nadelige) effecten, bijverschijnselen en procesmatige problemen waaronder dissociatie, om samen goed voorbereid te kunnen starten:

Therapeut	Als je zo hoort hoe EMDR in verschillende stappen verloopt, welke zorgen heb jij over de uitwerking bij jou?
Marion	Ik vraag me af of ik er wel bij kan blijven.
Therapeut	Wat bedoel je?
Marion	Ik ben bang dat als het erg zwaar wordt dat ik wegzak, een beetje buiten mijzelf kom te staan en het verder niet meer meekrijg.
Therapeut	Je bent bang om te dissociëren, heb je daar ervaring mee?
Marion	Ja.
Therapeut	Het zou dus kunnen gebeuren, maar er zijn natuurlijk diverse manieren om jou uit die dissociatie te krijgen, mocht het optreden. Laten we samen bespreken hoe ik dat kan doen...' (zie onder andere Meijer & Ten Broeke 2007, 2008).

Het goed afronden van een EMDR-zitting is belangrijk, zeker als het gaat om borderlinecliënten. Uiteraard wil ik niet dat Marion volledig ontregeld de zitting verlaat, maar Marion en ik weten allebei dat de eerste zittingen zwaar zullen zijn, omdat EMDR nog niet meteen een merkbaar effect zal hebben. Vooraf bespreken we hoe Marion hiermee om kan gaan.

Therapeut	We zullen ook afspraken moeten maken over wat je gaat doen direct na de EMDR-zitting.
Marion	Wat bedoel je?
Therapeut	Het is goed mogelijk dat je na een EMDR-zitting ontregeld bent omdat je er in zekere zijn nog middenin zit op het moment dat de tijd ons gebiedt om te stoppen.
Marion	Ik zou het wel prettig vinden om nog even na te praten voor we stoppen, iets van 10 minuten voor tijd.
Therapeut	Lijkt mij een goed idee, dat gaan we doen. In ieder geval even kort stilstaan bij hoe het is gegaan. Daarnaast moeten we samen kijken hoe je de week goed door kunt

	komen. Het zou immers jammer zijn als je de volgende zitting niet haalt.
Marion	[lacht] Ja... [wordt weer ernstig] Op de afdeling hebben ze in mijn behandelplan opgenomen dat ik na de zitting moet vertellen wat we hebben gedaan en hoe het is gegaan. Dat zie ik eigenlijk helemaal niet zitten.
Therapeut	Dat is echt geen goed idee. Helpt het praten over de ervaring, na de EMDR, om je beter te voelen of om meer controle te krijgen?'
Marion	Nee, dat heb ik ook al geprobeerd duidelijk te maken.'
Therapeut	Wat kan wel helpen?
Marion	Ik moet echt iets gaan doen om mezelf af te leiden?
Therapeut	Waar denk je dan aan?
Marion	Even bellen met mijn zus en een praatje maken, vooral niet over waar wij hier mee bezig zijn geweest?
Therapeut	Oké, heel goed. Stel dat zij niet beschikbaar is of het gesprekje met haar helpt onvoldoende om je controle te hervinden, wat zijn dan nog andere mogelijkheden?

Het verhogen van de eigen redzaamheid en de controle over de behandeling is een belangrijk punt. Een probleem bij borderlinecliënten is vaak dat zij zich te afhankelijk opstellen naar hulpverleners en dat hulpverleners vaak te betuttelend zijn in een behandeling. Vanuit de filosofie van de dialectische gedragstherapie (DGT; Linehan, 1993a) is het streven de cliënt eigen casemanager te laten zijn over de behandeling. Om die reden heb ik Marion gevraagd om zelf stappen te ondernemen om haar behandelplan te laten wijzigen met betrekking tot het punt 'nabespreken EMDR-behandeling'.

EMDR-behandelfase

Besloten wordt om meteen te starten met de meest ontregelende herbeleving: het gezicht van vader ten tijde van het seksueel misbruik.

Targetbeeld	Gezicht van vader tijdens seksueel misbruik.
NC	'Ik ben niets waard.'
PC	'Ik ben waardevol.'
VoC	2
Emotie	machteloosheid
SUD	8 (dit voelt ze in de buik)

Opvallend is dat de NC 'Ik ben niets waard' de meeste lading creëert terwijl er doorgaans sprake is van 'machteloosheid' bij een herbeleving (dat is immers het karakter daarvan).

In de eerste zitting wordt 50 minuten gedesensitiseerd en na afloop is de SUD 2 punten gezakt, van 8 naar 6. Dat is wellicht geen sterke daling, maar bij veelvuldig trauma leert de ervaring dat het doorgaans lang duurt voordat de naarheid van (het eerste) herinneringsbeeld tot 0 gedaald is.

Hieronder volgt een gedeelte vanaf halverwege de tweede zitting. Op dit punt in de zitting lijkt het proces vast te lopen. Ik poog met diverse technieken het proces weer op gang te brengen en te houden. Ik maak daarbij gebruik van onder andere aangepaste *rescripting*-technieken. Tevens experimenteer ik met een variant op contraconditionering zoals beschreven door Korrelboom en Ten Broeke (2004; zie ook Meijer en Ten Broeke, 2007). Hierbij ligt het accent op het veranderen van de lichaamshouding in overeenstemming met het zogenoemde tegen-thema: kracht in plaats van zwakte. In termen van EMDR is in feite sprake van *'cognitive interweaves'* (zie 'Procedures en begrippen'; Ten Broeke & De Jongh, 2008). Daar waar deze technieken worden ingepast, staat achter de tekst tussen haken:

Therapeut	Wat komt er in je op?
Marion	Hij staat voor me.
Therapeut	Concentreer je daarop. [set]
Marion	Hij wordt steeds groter, ik word steeds kleiner.
Therapeut	Concentreer je daarop. [set]
Marion	Ik voel me klein, hij wordt steeds groter.
Therapeut	Concentreer je daarop. [set]
Marion	Hij wordt steeds groter...
Therapeut	Concentreer je daarop. [set] Wat zou je nu willen doen als je opnieuw tegenover hem staat? [aanzet tot rescripting]
Marion	Hem een schop willen geven.
Therapeut	Concentreer je daarop. [set] Wat komt er in je op?
Marion	Ik kan het niet!
Therapeut	Wat heb je nodig het te doen? [aanzet tot contraconditioneren]
Marion	Kracht.
Therapeut	Beschik je nu over die kracht?
Marion	Ja.
Therapeut	Neem een houding aan waarmee je die kracht uitdrukt, ga zitten als iemand die krachtig is, goed zo, wat zou je willen zeggen en doen, waarmee je die kracht tot uitdrukking brengt?

	[contraconditioneren: oproepen van tegengestelde lichaamshouding]
Marion	Dat ie op moet rotten. [neemt stevige houding aan]
Therapeut	Zeg het zo dat het je lukt om hem op te laten rotten. [rescripting]
Marion	DAT IE OP MOET ROTTEN!
Therapeut	Zeg het tegen hem! [rescripting]
Marion	ROT OP!!
Therapeut	Concentreer je daarop.

Aan het einde van de zitting was de SUD nog steeds een 6. Hoewel de naarheid van het beeld niet is afgenomen, heb ik toch de indruk dat er iets veranderd is. Het lijkt erop dat een 'blokkade' in het proces in enige mate is opgeheven en dat de weg meer is vrijgemaakt voor het verwerkingsproces.

Aan het begin van de volgende zitting bespreek ik allereerst de dagboekkaart. Marion heeft één keer sterke aandrang gevoeld tot automutileren, maar heeft dit kunnen voorkomen. De aandrang ontstond na een nacht waarin zij weer heel erge last had van de herbelevingen. Zij beschrijft dat zij na de EMDR-zitting vaker last had van het beeld, maar dat de naarheid van het beeld wel minder was geworden. Dit bevestigt mijn vermoeden na de eerste zitting: vanaf dat moment is het proces spontaan doorgegaan.

Na zes zittingen is het SUD-niveau van het eerste targetbeeld gedaald naar 2. Ik vervolg de EMDR niet met dit beeld, tegen de gewoonte in. Marion geeft aan dat er een nieuwe herbeleving bij is gekomen, die naarder is dan de andere in het lijstje en haar in het dagelijks leven zeer ernstig ontregelt. Derhalve wordt afgesproken om eerst de scherpte van dit beeld af te halen en daarna het eerste targetbeeld af te maken.

Targetbeeld	Zichzelf zien kijken naar een vriend die seks heeft met zijn vriendin (zij staat daar en hij kijkt haar aan tijdens de seks).
NC	'Ik ben vies'
PC	'Ik ben oké'
VoC	1
SUD	9

Na twee zittingen is het tweede targetbeeld gedaald naar SUD is 0 en de VoC is 7. Vervolgens werk ik verder met het eerste targetbeeld (het gezicht van vader). Hoewel het voor Marion niet erg naar meer is om naar te kijken, is het toch belangrijk het beeld af te maken. Ook bij psychische 'verwondingen' wil je immers geen 'ontstoken' resten achterlaten, maar een schone wond hechten zodat deze volledig kan genezen. In twee zittingen komt het eerste targetbeeld op 0. Dat is opmerkelijk snel in mijn ervaring; het had ook goed gekund dat we hier langer aan hadden moeten werken. Waarom het hier sneller verloopt dan verwacht, daar heb ik geen verklaring voor. Hier volgt het laatste stukje van de afsluiting van het eerste targetbeeld:

Therapeut	Als je dat beeld nu voor je ziet [gezicht van vader], hoe naar is het om naar het beeld te kijken?
Marion	Nu is het niet meer zo naar, een 2 of zo, zijn ogen zijn nog naar om naar te kijken.
Therapeut	Oke, concentreer je daarop, op zijn ogen! [set] Wat komt er in je op?
Marion	Ik probeer hem aan te blijven kijken.
Therapeut	Lukt dat?
Marion	Ik ben steeds de eerste die wegkijkt.
Therapeut	Kijk hem aan. [set] Wat komt er in je op?
Marion	Het blijft hetzelfde.
Therapeut	Ga eens terug naar het beeld, hoe naar is het nu?
Marion	Nog steeds die 2, het blijven die ogen.
Therapeut	Wat is er naar aan die ogen?
Marion	Zoals ze me aankijken.
Therapeut	Concentreer je daarop! [set]
Marion	Hij keek weg, en daarna keek hij weer naar mij, ik bleef kijken.
Therapeut	Wie van jullie is nu het sterkst?
Marion	Ik denk ik.
Therapeut	Concentreer je daarop. [set]
Marion	Hij keek weg.
Therapeut	Concentreer je daarop. [set]
Marion	Een gevoel van opluchting, ik heb gewonnen!
Therapeut	Concentreer je daarop! [set]
Marion	Het blijft zoals het is.
Therapeut	Ga terug naar het beeld, hoe naar is het nu om naar het beeld te kijken?
Marion	Niet meer naar.
Therapeut	Als je nu naar het beeld kijkt en je zegt 'Ik ben oke', hoe waar voelt dat dan nu aan?
Marion	Ik denk een goeie 6?

Na die zitting blijkt dat alle (!) andere beelden die we aan het begin bij de inventarisatie hadden opgeschreven van hun lading zijn ontdaan. Alle targetbeelden geven direct een SUD is 0. Ook op de Schokverwerkingslijst is een forse afname van klachten te zien: van 60 (start) naar 20 (na 3 maanden) naar 9 (laatste sessie). De behandeling wordt geëvalueerd en voorlopig afgesloten. Hier volgt een stuk verbatim van de laatste zitting:

Therapeut	Hoe is het gegaan?
Marion	De nachten gaan helemaal prima. Ik ga vroeg slapen en wordt 's ochtends van de wekker wakker.
Therapeut	Dat is wel revolutionair! Geen nachtmerries meer?
Marion	Nee, heerlijk.
Therapeut	Nou, want hoe lang heb je daar last van gehad?
Marion	Van de nachtmerries: vanaf mijn 16de.
Therapeut	Tjonge, dat is dan nu wel even anders. En met de andere dingen? Alcohol bijvoorbeeld?
Marion	Niet gedronken.
Therapeut	En geen behoefte gehad?
Marion	Ja, dat wel.
Therapeut	En met de zelfbeschadiging, nu is dat al een tijdje niet meer, maar voor de zekerheid vraag ik het toch.
Marion	Nee, niet meer.
Therapeut	En met de aandrang?
Marion	Nee, ook niet, niet meer dan anders.
Therapeut	Niet meer dan anders?
Marion	Nou ja, ik heb dat altijd wel, maar zeker niet zo erg als voorheen in de zin dat het dan ook echt moet.
Therapeut	Nog andere bijzonderheden?
Marion	Nee.
Therapeut	...Wat hebben we dan eigenlijk nog te doen?
Marion	[lacht] Ik zou het niet weten.

Discussie en beschouwing

De behandeling lijkt in alle opzichten geslaagd. Niet alleen zijn de herbelevingen verdwenen, er is eveneens een forse afname van andere (specifieke) borderlineprobleemgedragingen, waaronder de automutilatie. Er valt het een en ander op bij deze behandeling. In de eerste plaats de relatieve snelheid waarmee het effect is bereikt: totaal 27 zittingen waarvan 12 zittingen 'pure' EMDR. De resterende 15 zittingen bestonden uit de intake en taxatie (4 zittingen) en het voorbereiden en nabespreken van de EMDR (11 zittingen). Daarin is, aan de hand van de dagboekkaarten, vooral aan bod gekomen hoe het tussen de zittingen door is gegaan. Hier en daar zijn technieken besproken die zij zich al eerder in haar behandeling had eigen gemaakt, zoals het opvangen van crises, mindfulness, sociale vaardigheden en emotieregulatievaardigheden.

Opvallend genoeg was na het behandelen van slechts twee targets ('gezicht van vader' en 'zichzelf zien kijken naar een vriend die seks heeft met zijn vriendin') verdere traumabehandeling niet (direct) nodig. Dit, terwijl ervaring leert dat er doorgaans meer dan twee targets behandeld moeten worden om de PTSS-symptomen terug te dringen. Vaak moet er ook gewerkt worden aan ervaringen die hebben geleid tot interpersoonlijk wantrouwen, een negatief zelfbeeld en schuld. Ten Broeke, De Jongh & Oppenheim (2008) noemen dat 'brandpunten'. In het geval van Marion bleek dit niet nodig. In dat opzicht is de behandeling niet prototypisch te noemen voor deze (ernstige) doelgroep, ook al is er nog onvoldoende ervaring om te weten wat dan precies een prototypische behandeling is! Andere casussen zullen waarschijnlijk anders uitpakken qua duur en complexiteit. Niettemin is er reden optimistischer te zijn over de behandelbaarheid van deze doelgroep die doorgaans vooral tot pessimisme leidt. En hoe gaat het met Marion? Is zij teruggevallen? Tot op heden heb ik contact gehouden met Marion. Zij laat mij zo nu en dan weten hoe het met haar gaat. Hier volgt een passage uit een mailtje dat zij mij onlangs stuurde:

'Slapen gaat prima, geen vervelende dromen meer, ben niet meer bang om me te snijden 's nachts, stemmen zijn goed te hanteren en werken gaat goed. Zoals mijn leven nu gaat, mag het voor altijd blijven...

Nu weet ik wat mensen bedoelen met gelukkig in het leven staan. Dat ervaar ik nu ook.

Het leven lacht me eindelijk toe en dat heb ik verdiend, vind ik zelf (juli 2008).'

Met dank aan mijn vriend en collega Erik ten Broeke.

Casus 14 Ik! Ben! Goed!

Een cliënte van 55 jaar met een dissociatieve identiteitsstoornis (DIS)

Mariëtte Groenendijk
Mariëtte Groenendijk is GZ-psycholoog en klinisch psycholoog/psychotherapeut. Zij is leidinggevende en behandelaar bij Transit (De Meerkanten, Ermelo), een behandelcentrum voor traumagerelateerde en persoonlijkheidsproblematiek. Transit is een erkend 'topreferent' traumacentrum, aangesloten bij het Landelijk Centrum voor Vroegkinderlijke chronische Traumatisering (LCVT). Samen met collega's heeft zij een eendaagse groepsbehandeling opgezet voor cliënten met een dissociatieve identiteitsstoornis (DIS). Zij geeft les over dissociatieve stoornissen en complexe PTSS en verzorgt workshops over de ervaringen met en mogelijkheden van EMDR bij deze doelgroep. Mariëtte is EMDR-practitioner.

Miranda heeft 7 jaar behandeling achter de rug als ze wordt aangemeld bij Transit. Ze heeft dan erg veel klachten, die alleen maar lijken toe te nemen. Miranda heeft een zogeheten dissociatieve identiteitsstoornis (DIS), haar identiteit bestaat uit verschillende deelpersoonlijkheden (zie kader). Net als bij complexe PTSS begint traumabehandeling dan met een stabilisatiefase. Deze eerste fase van traumabehandeling kan soms jaren in beslag nemen. Dit was ook bij Miranda het geval. De tweede fase van traumaverwerking (met EMDR) heeft integratie tot doel van de traumatische herinneringen, die verdeeld zijn over de verschillende delen van de persoonlijkheid. In deze fase gaat Miranda zich realiseren dat de trauma's met *haar* gebeurden en dat het *toen* gebeurde. Daarna nemen haar klachten af. Hoe dit proces van integratie van traumatische herinneringen bij Miranda in zijn werk gaat, wordt in deze casus uitgebreid beschreven.

Dissociatieve identiteitsstoornis (DIS)

DIS is een complexe dissociatieve stoornis en het waarschijnlijke gevolg van vroegkinderlijke, ernstige en chronische traumatisering (Kluft, 1999; Putnam, 1989; Ross, 1997). Meestal is er ook sprake van hechtingsproblematiek en vele andere klachten. Het beste kan DIS begrepen worden met het model van structurele dissociatie van Onno van der Hart en zijn collega's (Van der Hart, Nijenhuis & Steele, 2006). Dit model verwijst naar een opsplitsing in de persoonlijkheid die het aanvankelijk mogelijk maakt om onverdraaglijke gebeurtenissen/ervaringen (trauma's) zodanig af te splitsen dat (ogenschijnlijk) normaal kon worden doorgefunctioneerd. Deze opsplitsing bestaat uit emotionele delen (EP's; emotional part of the personality) en ogenschijnlijk normale delen (ANP's; apparently normal part of the personality). Emotionele delen (EP's) zijn verbonden met het trauma en zijn gevangen in de tijd van toen. Ogenschijnlijk normale delen (de ANP's) zijn gericht op het dagelijks functioneren in het heden. Zij 'weten niet' van het trauma of vermijden dat sterk. Het structurele dissociatiemodel beschrijft drie niveaus van dissociatie (Van der Hart, Nijenhuis & Steele, 2006):

1. Bij enkelvoudige PTSS is de cliënt het ogenschijnlijk normale deel van de persoonlijkheid (doorfunctionerend maar traumavermijdend) en behoren de intrusieve PTSS-symptomen, zoals herbelevingen en andere zich opdringende beelden, tot het emotionele deel van de persoonlijkheid. Dit wordt primaire structurele dissociatie genoemd.
2. Bij complexe PTSS (zoals de traumagerelateerde borderline persoonlijkheidsstoornis en de dissociatieve stoornis NAO; niet anderszins omschreven) is er sprake van een opdeling van de persoonlijkheid in één ogenschijnlijk normaal deel en meerdere emotionele delen (secundaire structurele dissociatie). Deze emotionele delen kunnen de controle overnemen of invloed op het gedrag van de cliënt uitoefenen. Meestal lijdt de cliënt wat dit aangaat aan amnesie (geheugenverlies), maar wordt wel met de gevolgen ervan geconfronteerd. Bijvoorbeeld een cliënte die 's nachts wakker wordt onder haar bed en zich niet herinnert hoe of waarom ze onder het bed is gekropen. Dit gedrag kan te maken hebben met een emotioneel deel van de persoonlijkheid (bijvoorbeeld een kinddeel) dat 's nachts bang is dat er iemand op de slaapkamer komt en zich gaat verstoppen.
3. Bij DIS is er sprake van een opdeling in meerdere ANP's en meerdere EP's. In de praktijk zien we vaak groepen delen (tertiaire structurele dissociatie): destructieve delen (geïnternaliseerde daderdelen), helpers en (getraumatiseerde) kinddelen. De complexe opbouw van de persoonlijkheid leidt in het dagelijks leven van de cliënt tot veel discontinuïteit en allerhande problemen. Dit komt bovenop de lijdensdruk die het gevolg is van de complexe posttraumatische stresssymptomen die altijd in meer of mindere mate aanwezig zijn. En tot slot ervaren de meeste cliënten ook existentiële

eenzaamheid en problemen in relaties als gevolg van vroege hechtingsproblematiek.

Voorgeschiedenis en klachten

Miranda is 55 jaar en getrouwd met Peter, garagehouder. Zij hebben twee volwassen kinderen (een zoon en een dochter) en twee kleinkinderen. Miranda woont in een klein dorp in het noorden van het land. Tot acht jaar geleden werkte ze als administratief medewerkster op een kantoor, maar zij kwam in de ziektewet wegens problemen op het werk en in haar huwelijk. Ze meldde zich aan voor behandeling en bij haar werd als diagnose gesteld: reactieve depressie en sociale fobie bij een persoonlijkheid met ontwijkende trekken. Na een ambulante start werd ze aangemeld voor klinische psychotherapie en gedurende deze opname kwam voor het eerst haar geschiedenis met ernstig seksueel misbruik ter sprake. Op de deeltijdbehandeling die daarop volgde, kreeg ze steeds meer last van dissociatieve klachten. Ook thuis namen deze klachten toe en kreeg ze woedeaanvallen. Ze ging 's nachts geregeld zwerven. Ze werd heropgenomen en nu werd de diagnose DIS gesteld. In de kliniek werden in het kader van traumaverwerking enkele EMDR-sessies gedaan, maar dit had weinig resultaat. Miranda herinnert zich er nauwelijks iets van.

Tijdens de ambulante vervolgbehandeling bleek dat zij nog onvoldoende stabiel was. Er waren nog steeds klachten van zwerven, amnesie, automutilatie en suïcidaliteit. Haar echtgenoot en kinderen raakten overbelast en haar behandelaar vroeg om een second opinion en behandeladvies bij Transit. Miranda is dan inmiddels zeven jaar in behandeling, inclusief twee opnames van circa acht maanden.

De voorgeschiedenis van Miranda vermeldt dat zij is opgegroeid in een boerengezin, waar ze door moeder en een oudere broer emotioneel en fysiek ernstig werd mishandeld. Daarnaast werd ze door haar vader van haar vierde tot achtste jaar seksueel misbruikt (met medeweten van haar moeder). Naar de buitenwereld toe werd ze zo veel mogelijk verborgen gehouden. Door haar huwelijk kon ze het ouderlijk huis ontvluchten, maar ze bleef zeer angstig, vooral voor haar moeder, die macht over Miranda en haar kinderen bleef uitoefenen.

Tijdens het diagnostisch onderzoek bij Transit worden, naast de dissociatieve symptomen, de volgende klachten en verschijnselen bij Miranda vastgesteld: stemmen horen, spullen vernielen waar ze later niets meer vanaf weet, het gevoel dat alles niet echt is (derealisatie), identiteitsverwarring en identiteitsfragmentatie met zichtbare switches. Er is sprake van structurele dissociatie op het tertiaire niveau; er zijn meerdere EP's en meerdere ANP's (zie ook figuur 14.1). Het voortdurend onderdrukken van de PTSS-klachten

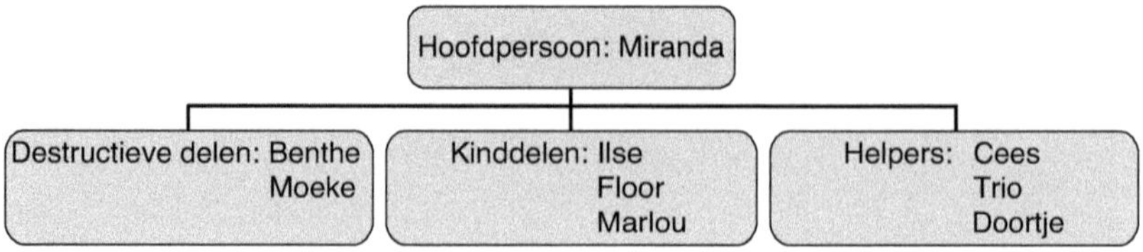

Figuur 14.1
Overzicht van het interne systeem bij Miranda.

leidt tot energieverlies, inperking van activiteiten en eenzaamheid. Haar depressieve klachten zien we als gevolgschade.

Miranda wordt opgenomen bij Transit en er volgt een intensief multidisciplinair therapieprogramma in een steunend therapeutisch milieu, waarbij ze de weekenden thuis doorbrengt. In het kader van de eerste fase van traumabehandeling zijn haar behandeldoelen: veiligheid (vooral controle over zelfdestructief gedrag), interne samenwerking (tussen ANP's en EP's), beter omgaan met alle symptomen, verbeteren van zelfzorg en van emotieregulatie. Na anderhalf jaar hard werken bereikt Miranda deze doelen grotendeels.

In het kader van een overgang naar de tweede fase van traumabehandeling werkt Miranda in de individuele therapieën (psychotherapie en creatief beeldend) aan: openheid geven, trauma's ordenen, herbelevingen begrijpen en proberen te voorkomen, de functies van de betrokken dissociatieve delen analyseren, mildheid en begrip gaan opbrengen voor deze inmiddels inadequate overlevingsmechanismes (en onderhandelen over alternatieven), via interne communicatie de amnestische barrières doorbreken, emoties exploreren en vormgeven (ook in psychomotorische therapie), schrijven etc.

Verdeeld zijn

Iemand met DIS ervaart zichzelf niet als één persoon omdat er meerdere, van elkaar gescheiden, dissociatieve delen zijn. Soms kunnen bepaalde delen het gedrag volledig overnemen. Vaak weet de oorspronkelijke 'hoofdpersoon' (een ANP) niets van de andere delen. Dissociatieve delen weten soms wel af van de 'hoofdpersoon' en van elkaar. De delen zijn bij DIS dermate uitgewerkt dat je kunt spreken van een eigen stijl van denken en doen, een eigen verleden en soms ook van eigen uiterlijke kenmerken, zoals een bepaalde mimiek en een ander stem- en taalgebruik. Dissociatieve delen kunnen een eigen naam hebben, maar dat hoeft niet. De 'hoofdpersoon' hoort vaak stemmen in het hoofd; deze horen dan meestal bij de delen. Leren om intern te communiceren is een belangrijk onderdeel van de behandeling van DIS.-Overigens moet DIS (voorheen meervoudige persoonlijkheidsstoornis) niet verward worden met schizofrenie.

Waarom EMDR?

Hoewel veiliger en stabieler, zijn de PTSS-klachten van Miranda wel fors toegenomen. Ze ziet steeds duidelijker het gemis van geaccepteerd en geliefd te zijn geweest. Ze wordt overspoeld door afschuwelijke herinneringen, maar de bijbehorende emoties kunnen onvoldoende worden geuit, waardoor Miranda uitgeput dreigt te raken. Ze wordt belemmerd door schaamte en door angst voor afhankelijkheid. Het lukt haar niet om hier doorheen te breken. Wat dan dreigt is imploderen (met risico op hartproblemen ook in verband met haar hoge bloeddruk) of exploderen (ernstige acting-out).

We indiceren op dat moment EMDR om tussen beide de middenweg te vinden, namelijk op een veilige manier haar emoties kunnen uiten en verwerken. Vanwege de kracht van EMDR verwachten we een bepaalde catharsis die, dankzij het bereikte niveau van interne samenwerking, voldoende therapeutisch te bewerken zal zijn. We hopen dat hierdoor haar hoge spanningsniveau wat kan afnemen en dientengevolge ook de uitputting zal verminderen.

De resultaten van de eerste EMDR-sessie zijn boven verwachting en daarom indiceren we meerdere sessies waarbij we verwachten dat de heftigheid van de PTSS-symptomen (en de lijdensdruk) af zal nemen.

De eerste sessies vinden nog plaats in de klinische setting (met als cotherapeut de creatief therapeut beeldend), het vervolg vindt plaats na ontslag (met als cotherapeut een sociotherapeut) waarbij het wel mogelijk is de aansluitende nacht in de kliniek door te brengen. Ze krijgt in totaal zes (lange) EMDR-sessies waarbij de verschillende traumatische relaties achtereenvolgens centraal staan.

EMDR bij DIS

In de literatuur (Paulsen, 1995; Fine et al.,1995) wordt in verband met de risico's op hertraumatisering en decompensatie van de cliënt gemaand tot grote voorzichtigheid bij het indiceren van EMDR bij dissociatieve stoornissen. De EMDR-practitioner moet in ieder geval specifieke deskundigheid hebben van de behandeling van dissociatieve stoornissen alvorens aan EMDR bij deze complexe doelgroep te beginnen. EMDR is hooguit een onderdeel van de behandeling van DIS en moet als zodanig goed zijn ingebed in de gefaseerde opzet daarvan, waarbij het kader wordt bepaald door het model van structurele dissociatie.

Kern van de beoogde traumaverwerking is de integratie van traumatische herinneringen. Dit omvat twee mentale processen: synthese en realisatie. Bij synthese gaat het om het samenvoegen van alle aspecten van de ervaring (die bij DIS verdeeld zijn over de verschillende EP's). Realisatie is het vervolgens betekenis verlenen aan de traumatische ervaringen en het zich toeëigenen ervan. Dit gebeurt middels personificatie, namelijk het besef dat het jouw ervaringen zijn, en middels presentificatie, namelijk het besef dat het in het verleden is gebeurd terwijl je nu leeft.

EMDR bij DIS moet dus zorgvuldig worden geïndiceerd; het moet behalve nodig ook haalbaar zijn. EMDR kan pas worden overwogen als de doelen uit de stabilisatiefase zijn bereikt. Bij DIS betekent dit dat er een overzicht moet zijn van het interne systeem van EP's en ANP's. Verder moet de cliënt in staat zijn tot cobewustzijn (de hoofdpersoon kan dan tegelijkertijd met delen aanwezig zijn en alles waarnemen) en/of interne communicatie. Er moet aldus een bepaald niveau van interne samenwerking zijn bereikt. Deze stabilisatiefase neemt vaak jaren in beslag.

Andere specifieke voorwaarden voor een goede indicatiestelling van EMDR bij DIS betreffen de erkenning en de bereikbaarheid van de trauma's. Tot slot is veiligheid nodig, zowel ten aanzien van zichzelf (zelfdestructief gedrag) als in relaties (check goed of de traumatisering niet nog steeds aan de gang is!) en in de therapiesetting.

Het slagen van EMDR bij DIS staat of valt met een tijdige en zorgvuldige voorbereiding. Duidelijkheid vooraf over wat er gaat gebeuren in de sessie (bij alle betrokken ANP's en EP's) vergroot de kans op maximale medewerking en verkleint de kans op verstorende interrupties vanuit de binnenwereld. Na het bepalen van de targetherinneringen moet worden voorbereid welke delen van de persoonlijkheid zullen participeren. Vervolgens worden hun posities en taken vastgesteld. Niet-participerende delen gaan imaginair naar een zogeheten veilige plek. De therapeut en cliënt maken afspraken over wat te doen in geval van acting-out. Tot slot moet ook vooraf duidelijk zijn hoe na de sessies veiligheid wordt gegarandeerd, en hulp en rust kunnen worden gevonden.

Verloop van de behandeling

We beginnen met de traumatische relaties waar ze in het heden het meeste last van ondervindt in de vorm van flashbacks, herbelevingen en overlevingsgedrag van betrokken dissociatieve delen. Een voorbeeld van dat laatste is het uitschelden van Miranda door deel Moeke (in haar hoofd). De functie van dit uitschelden destijds was dat Moeke, door het gescheld van moeder intern te herhalen, Miranda ook als ze alleen was, alert en gepantserd kon houden, zodat een plotselinge sadistische actie van moeder minder hard aankwam.

Bij het bepalen van de targetherinneringen wijken we bij Miranda af van het protocol, in die zin, dat we niet kiezen voor een enkele gebeurtenis maar voor een samenvatting van een reeks onderling samenhangende traumatische gebeurtenissen, namelijk een weergave van de kern van de traumatische relatie. Zo heeft Miranda in de aanloop naar het EMDR-traject in de creatieve therapie beeldend haar pijn en emoties over mishandeling door moeder weergegeven in een werkstuk, wat vervolgens als targetbeeld op de grond ligt bij die EMDR-sessie waarbij de relatie met haar moeder centraal staat.

Miranda heeft in de therapieën veilige plekken kunnen maken voor haar EP's en er worden afspraken gemaakt over wie waarheen zal gaan om de EMDR-sessie niet mee te hoeven maken (dit is constructief gebruikmaken van het vermogen tot dissociëren). Vooraf bepalen we gezamenlijk welke dissociatieve delen zullen deelnemen aan de EMDR-sessie (altijd in co-bewustzijn met de hoofdpersoon) en wat ze mee willen nemen om steun of stabiliteit aan te ontlenen (bijvoorbeeld een knuffel). Ook bepalen we welke delen (helpers) op de achtergrond aanwezig zullen zijn om problemen te voorkomen of op te lossen. Zo blijft deel Ilse een keer aanwezig om de angst en het verdriet van de (kleinere) kinddelen te kunnen geruststellen en troosten.

Heel belangrijk is ook het vooraf onderzoeken van eventuele risico's tijdens een sessie, zodat daar al afspraken over gemaakt kunnen worden. Bij heftige boosheid van deel Benthe bijvoorbeeld kan een impuls ontstaan van wegvluchten naar het treinspoor (vlakbij de therapieruimte), met het risico op een suïcidepoging. De afspraak is dat de therapeuten in dat geval een (klaargelegde) koude natte handdoek aanreiken voor om haar nek, omdat die sensorische prikkel Benthe/Miranda terugbrengt naar het hier en nu (waarbij we dan herhalen dat we afgesproken hebben niet weg te lopen) en (corrigerend) intern contact met helpers weer mogelijk is.

De eerste EMDR-sessie

De eerste sessie speelt zich af in het lokaal van de creatief therapeut. Miranda creëert desgevraagd zelf een zitje met drie stoelen op de plek die ze kiest. Uit haar eigen la haalt ze een schilderwerkstuk. Het werkstuk verbeeldt met zwarte verf de haat van moeder en ernaast een lege plek: 'Want ik bestond niet'.

Vooraf check ik de posities van de betrokken delen (kinddelen op veilige plek, Moeke en Benthe dichtbij) en maken we afspraken over veiligheid en opvang. De koude handdoek bij heftige boosheid. Bij angst en verdriet zullen wij blijven praten en haar hand vasthouden. Tot slot herhaal ik voor Miranda en de meeluisterende Moeke en Benthe de uitleg en instructie over EMDR.

Targetbeeld	De haat van moeder en ernaast een lege plek: 'Want ik bestond niet.'
NC	'Ik ben waardeloos' (aangegeven door Miranda in cobewustzijn met Moeke en Benthe).
Gewenste PC	'Ik ben waardevol en verdien respect.'
VoC	1 (ze voelt angst en verdriet)
SUD	8 (ze voelt de narigheid vooral in haar maag, haar keel en haar benen)

Als ik start met de oogbewegingen stijgt de spanning onmiddellijk. Ze zegt: 'De deur gaat dicht' en 'watten' en blijft stil. Er treedt dus dissociatie op.

Therapeut	[vervolgt de oogbewegingen]
Miranda	Een intern gevecht... je mag moeder niet beschuldigen.
Therapeut	geeft toestemming voor openheid en eerlijkheid en benadrukt het uitgangspunt dat het gaat om de beleving van Miranda (en de delen).
Miranda	heeft een boze gezichtsuitdrukking. De uitdrukking van Benthe (dit is een boos deel).
Therapeut	[vervolgt de oogbewegingen]
Miranda	[zwijgt] [set]
Therapeut	Wat merk je?
Miranda	[zwijgt] [set]
Therapeut	Zijn er gedachten of gevoelens?
Miranda	Ja, maar ik wil het niet zeggen.
Therapeut	Wil je iets doen?
Miranda	Benthe staat op en loopt naar een hoek om te schoppen. De cotherapeut begeleidt haar en begrenst haar. Ze komen samen weer terug naar het zitje.
Therapeut	[vervolgt de oogbewegingen]
	Benthe benoemt kort wat moeder haar aandeed. [set]
Miranda	boos [set]... pijn... [set] ... ik wil schreeuwen... ik ben bang...
Therapeut	We gaan terug naar het oorspronkelijke beeld. Ik pak het werkstuk er weer bij. [SUD = 9]
	Wat maakt het een 9?
	Benthe kijkt naar het werkstuk dat voor haar op de grond ligt: 'Zij [moeder] is een duivel.'
Therapeut	Concentreer je daarop. [set]
	Haar boosheid neemt toe. Als we even pauzeren en ik vraag wat lager te ademen en met de voeten de grond goed te voelen, komt er kort verdriet.

Therapeut	[vervolgt de oogbewegingen]
	Benthe gaat stampen op het werkstuk. 'Mag alles?'
Therapeut	Ja.
Miranda	Benthe spuugt twee keer op het werkstuk. Ervaart zichtbaar genoegdoening. Dan staat ze op, gaat naar het toilet om over te geven (later blijkt dat dit Moeke is).
	[Bij terugkomst moet ze even herstellen en dan vervolgt de therapeut de oogbewegingen]
Miranda	Triomf! Het is haar niet gelukt, ik ben oma!
Therapeut	Miranda, ben jij nu meer op de voorgrond?
Miranda	[verrast] Ja, maar Benthe is heel dicht bij mij.
Therapeut	Oké. [vervolgt de oogbewegingen]
Miranda	Ik hoef niet meer waakzaam te zijn! Ze is dood. Echt waar? [kijkt de therapeut vragend aan]
Therapeut	Ja, moeder is dood. Concentreer je daarop.
	[vervolgt de oogbewegingen]
	De spanning neemt zichtbaar af. Benthe realiseert zich dat het verleden voorbij is. [presentificatie]
	Er komt nog meer rust. [set]
	Meer rust. [set]
Therapeut	Jullie kunnen meer samen doen, het hoeft nu niet meer apart.
	[n.a.v. de verschuiving in posities waarbij een destructief deel naast de hoofdpersoon komt, dus minder afgesplitst.]
	We gaan terug naar het oorspronkelijke beeld. Ik pak het werkstuk er weer bij. SUD = 6.
	Wat veroorzaakt die spanning van 6?
Miranda	[kijkt naar het vertrapte en bespuugde werkstuk] Duivelsogen.
Therapeut	Concentreer je daarop. [set]
Miranda	Ze vertekenen; ik zie er angst in.
Therapeut	Duivelsogen met angst erin?
Miranda	[lacht] Ik hoef niet meer bang te zijn!
	Dan hoef ik ook niet meer weg te lopen! En dan hoef ik ook niet meer dood.
	[suïcidaliteit als overlevingsmechanisme; liever zelf dood gaan dan vermoord worden door moeder]
	Terug naar het beeld (werkstuk). SUD = 4.
Therapeut	Wat maakt het nog een 4?
Miranda	Dat het gewoon een rotkop is.
Therapeut	Je kunt het iets verder wegleggen.
	Ze schuift het werkstuk met haar voet iets verder weg.
	[vervolgt de oogbewegingen]
Miranda	Er komt ook afstand. En meer rust.
Therapeut	Wat merk je?

Miranda	Het voelt als geboren worden!
Therapeut	Doel je dan op de kleine oorspronkelijke Miranda?
Miranda	Nee, nieuw!
	Miranda noemt een naam zoals ze zou willen heten, los van haar verleden. Ze straalt.

Back to target: SUD = 0.

PC: 'Ik ben waardevol en verdien respect.' Tijdens de installatie stijgt de geloofwaardigheid (VoC) van 1 via 4 naar maximaal 5,5.

Therapeut	Hoe vond je het gaan?
Miranda	Goed! Benthe is minder boos en veel dichterbij. Dat maakt mij sterker. Ik moet er nog wel aan wennen. Moeke heeft zich na het overgeven teruggetrokken, het werd te veel voor haar. Nu ben ik moe.

Bij de tweede sessie staat ook de traumatische relatie met moeder centraal, en nu krijgt deel Moeke (introject van moeder die de afwijzing herhaalt, maar ook veel pijn draagt) meer ruimte. Omdat Moeke nauwelijks spreekt, is vooraf afgesproken dat deel Doortje de keel van Miranda los zal laten, zodat Moeke wel zou kunnen spreken. Doortje hielp vroeger door te zwijgen, wat gevoeld werd als een dichtgeknepen keel. Tot slot is ook Benthe aanwezig. Miranda start de zitting met een switch naar Moeke die een brief voorleest waarin ze gericht moeder aanspreekt over het onrecht van vroeger.

NC: 'Ik ben niks.

PC: 'Ik wil iemand zijn en liefdevol zijn.'

SUD = 10 [set] → 9,5 [set] → 3 [set] → 2,5.

Moeke laat verdriet, angst en pijn zien, waarbij ze tussendoor opvang nodig heeft van de cotherapeut. Hoewel ze letterlijk kromligt van de pijnscheuten in haar buik zetten we de stimulatie toch door (en moedigen haar aan geluid te maken). Na een poosje wordt ze rustiger en komt ook dit deel tot het besef dat ze niet meer bang hoeft te zijn voor moeder. Dora laat de keel los en Moeke is verheugd over het beter kunnen praten.

Ze moet overgeven nadat ze zegt dat moeder ziekmakend was.

Miranda volgt het van nabij en kan op een gegeven moment zeggen dat Moeke haar in het vervolg kan helpen met verdrietig zijn (zelf vindt ze dat moeilijk, terwijl ze ook wel weet dat het hoort bij verwerken). Het verdriet gaat ook over wat Marlou (de kleinste EP) heeft moeten missen. Ze zegt op het laatst spontaan: 'Marlou, dat ben ik!' (personificatie).

Omdat er een 'zee vol verdriet' is, kan de SUD niet verder zakken. De therapeut kiest toch voor de installatie van de PC: 'Ik ben iemand vol liefde' en deze stijgt van 2 naar 6.

De derde sessie gaat over de incest met vader waarbij Miranda als targetbeeld een foto van vader meeneemt, en twee tekeningen die ze maakte bij creatieve therapie, namelijk van de boerderij waar de incest plaatsvond en van een situatie waarbij moeder ook aanwezig is tijdens de incest. Deze keer is afgesproken dat de kinddelen 'vooropstaan'. Moeke, Benthe en Miranda staan erachter. Miranda heeft voor alle delen persoonlijke dingen meegenomen die hen helpen in contact te blijven en het veilig te houden.

De therapeut vraagt bij aanvang of Marlou en Floor naar voren willen komen. Miranda pakt dan hun knuffels, concentreert zich en trekt zich terug, waarop we een switch zien naar een kinddeel. De therapeut legt dan (weer) in kindertaal uit wat we gaan doen.

NC: 'Ik ben slecht.' De PC en VoC slaan we over omdat dat te moeilijk is voor de kinddelen. De SUD (bepalen we door de armen te spreiden) is hoog. Emotie: bang. De bilaterale stimulatie hebben we ter voorbereiding al uitgeprobeerd en gezamenlijk gekozen voor tappen op de binnenkant van de handen. Tijdens de desensitisatie is de therapeut actief. Een samenvatting:

Miranda	Ik ben stout. [even later] Wat is een slet? [kijkend naar de tekening met moeder bij de incest met vader]
Therapeut	Dat is een scheldwoord.
Miranda	Ze zei dat en pappa was boos op mij. Pappa zei dat alle pappa's dat doen.
Therapeut	Dat is niet waar. [legt uit] Het is andersom als jij denkt: jij was lief en pappa was stout. [Angst loopt op, er dreigt een herbeleving van in het kolenhok bij de muizen gestopt worden. Therapeut helpt haar zich te oriënteren op het hier en nu. Dat lukt, de herbeleving zet niet door. Therapeut legt uit dat vader en moeder al overleden zijn. Dat het soms nog wel lijkt alsof het nog steeds gebeurt, maar dat ze om dat te verminderen, nu in therapie is. Na het ervaren van eenzaamheid en een beetje huilen (waarbij ze duimt), zien we ook pijn en een beetje boosheid.]
Miranda	Mag ik er dan zijn? Mag ik kind zijn? Mag ik ook spelen?
Therapeut	Ja.

De SUD is dan al gezakt, maar vanwege vermoeidheid en de tijd vraagt de therapeut of Moeke naar voren wil komen en als dat gebeurt, of zij de twee kleintjes op wil vangen, wat lukt.

Dan vragen we Miranda terug en ze zegt grote stukken te hebben kunnen volgen en zich vreemd te voelen en heel moe. De terugrapportage doen we de dag erna.

Na deze sessie zijn er nog pijnklachten (Moeke), herbelevingen van de incest (Marlou) en oplaaiende boosheid daarover (Benthe). We richten ons nogmaals op (de pijn van) de incest met vader. Behalve deze delen zijn dan aanwezig: Miranda zelf en op de achtergrond helper Cees (ANP) voor de stevigheid. Na het herbeleven van pijn (het past niet) gevolgd door verdriet, zegt Moeke: 'Ik wil graag goed zijn.' Dat geeft sterke onrust bij Benthe en Cees waarschuwt ons dat hij bang is dat Benthe de controle zal verliezen (over boosheid). We vragen haar toch naar voren te komen waarop ze zegt: 'Ik ben het zat!' We zien vervolgens looping (steeds dezelfde associaties) rond de NC ('Ik ben slecht') en de therapeut doorbreekt dat via een directieve interventie: 'Stel je eens voor dat je wel gelooft dat jullie goed zijn (net zoals wij dat geloven), wat gebeurt er dan?' Na een serie van oogbewegingen zegt Benthe: 'Dan zou het veel gemakkelijker zijn.'

Hierna zien we de omslag naar presentificatie en kan Benthe voor het eerst ook verdriet laten zien. Dat beschouwen we als een stap voorwaarts richting meer integratie van de persoonlijkheid, omdat emoties niet meer afgesplitst hoeven te worden naar een EP.

Op de standaardvraag 'Wat merk je?' komt als antwoord: 'Wat als er vijf door elkaar praten?!'

Nadat de SUD tot nul is gedaald, stijgt de PC ('Ik ben goed') tot 6,5 en Miranda glundert.

De pijn is verminderd en draaglijker geworden, aldus Miranda. Het belangrijkste voor haar in deze sessie verwoordt ze als volgt: 'Mijn grootste struikelblok heb ik een plaatsje kunnen geven, namelijk dat ik lief moest zijn door pijn te geven en toch in de steek gelaten ben.' Ze doelt hiermee op de illusie dat de incest betekende dat vader van haar hield en dat verloor ze toen de incest plotseling op haar achtste stopte en vader niet meer naar haar omkeek.

Hierna wordt duidelijk dat moeder ook actief betrokken was bij de incest en dat beide kinddelen verschillende soorten herinneringen aan de incest bewaren. Miranda rapporteert nog bijna dagelijkse herbelevingen. Daarom staat bij de vijfde sessie opnieuw de incest met vader centraal, inclusief de actieve rol van moeder. Het targetbeeld is de tekening uit sessie 3 van moeder en vader met Miranda in het kolenhok.

De twee kinddelen staan voorop en de NC is: 'Ik ben rot' (verbonden aan de rotte plek die Moeke altijd in haar buik voelt). Als we willen beginnen, zien we een switch naar EP Ilse die ons angstig vraagt: 'Zullen jullie niet slaan?' T: 'Nee dat zullen we niet doen, dat doen we nooit.' Ze vervolgt: 'Ook niet als ik stout ben?' Als we haar hebben gerustgesteld, trekt ze zich terug en geeft ze ruimte aan Floor en Marlou.

Na het passeren van pijn en verdriet en twee heftige herbelevingen waarbij het wel lukt om ook contact in het heden te behouden (en de spanning ook weer kan afnemen), blijft de spanning steken op: 'Dat ik niet wegkan, ik wil weg.' De therapeut plaatst dan de volgende cognitive interweave: 'Als het weer zou gebeuren, zou je nu wel weg kunnen. Sta daar bij stil.' Daarna daalt de spanning en beginnen de kinddelen over: 'de zee zien en willen spelen in het zand.' Dan is de timing goed om ook deze kinddelen te oriënteren in het heden en herhaalt de therapeut dat pappa en mamma allang dood zijn. Ze gaan samen met de pop duimen.

Wat dan nog resteert is 'een stukje boosheid' en de therapeuten geven toestemming om deze te uiten waarop ze gaat stampen op de tekening. We zien de bewegingen groot worden en onderbreken met: 'Benthe, we zien dat jij ook boos bent, maar wil je het niet helemaal overnemen om ook de kleintjes de kans te geven boos te zijn?' Meteen hierna worden de bewegingen kleiner en neemt de frequentie van het stampen toe. Erna verdriet en moeheid.

De SUD daalt tot 2 en is 2 omdat: 'De tekening daar nog ligt!' Ze verscheurt de tekening en de cotherapeut haalt een prullenbak alwaar de stukjes in verdwijnen.

Dan is de SUD 0 en na een succesvolle PC-installatie ('Ik ben goed en lief') doen we een future template gericht op de thuissituatie. Het gaat dan om onveilig gedrag 's nachts (zwerven, pillen slikken) als gevolg van herbelevingen. De kinddelen zijn na herbelevingen namelijk gedesoriënteerd en denken dat de echtgenoot van Miranda die ze naast zich zien in bed, pappa is. Dat roept enorme angst op, waarop door destructieve delen met vluchten of zelfdestructief gedrag wordt gereageerd. De echtgenoot verstopt de sleutel om te voorkomen dat Miranda 's nachts naar buiten gaat.

Gaandeweg de behandeling had Miranda in de slaapkamer een knuffelhoek voor zichzelf (met name voor de kinddelen) gecreëerd om hen zo meer veiligheid te bieden.

De future template richten we dan op het sneller herstellen (in de slaapkamer) na een herbeleving door veiligheid te zoeken in de knuffelhoek en te weten dat het niet pappa maar manlief is die daar ligt en dat hij lief is voor Miranda. Miranda vraagt spontaan aan Benthe of ze in die situatie ook wil gaan helpen en dat wil ze wel.

Aan het eind van de sessie is de pijn weg, is er opluchting over de presentificatie van de kinddelen en is er hoop op het kunnen voorkomen van escalatie thuis tijdens de moeilijke nachten.

De PTSS-symptomen nemen verder af en Miranda gaat met ontslag uit de kliniek, maar krijgt nog een periode om de individuele therapieën ambulant af te bouwen. In die periode heeft ze nog wel veel last van herbelevingen van mishandeling door haar broer en besluiten we tot een EMDR-sessie waarbij Miranda de avond en nacht aansluitend aan de sessie wel de mogelijkheid krijgt om van de kliniek gebruik te maken.

In deze (laatste) zesde sessie is de sociotherapeut de cotherapeut, en zij vraagt vooraf wat helpt als het moeilijk wordt, waarop Miranda antwoordt: 'Mijn hand vastpakken.'

Miranda heeft de kinddelen naar imaginaire veilige plekken gebracht. Ze zegt dat deel Cees moeite heeft met deze EMDR en daarom mogelijk ertussendoor kan komen. Miranda en deel Trio zijn op de achtergrond aanwezig. Benthe en Moeke zullen deze sessie doen en desgevraagd wil Benthe naar voren komen.

Miranda heeft als targetbeeld een lelijke knuffel meegenomen, namelijk een varkensbeer die symbool staat voor broer. Daarnaast heeft ze een boerenkiel (vader) bij zich en het rouwkaartje van de begrafenis van moeder.

Benthe verwoordt de volgende NC: 'Ik ben de meest platte hoer die er is', en ze start op een SUD van 9. Meteen na het starten van de oogbewegingen neemt de spanning toe. Benthe drukt met haar polsen haar oren dicht en knijpt met haar vingers hard in haar keel. Ze loopt rood aan.

Benthe	Ik hoor ze schelden.
Therapeut	Wie?
Benthe	Broer en moeder. Ze spannen samen.
Cotherapeut	Niet te hard knijpen, je bezeert jezelf!
Benthe	[schrikt, kijkt rond en zegt:] Ik ben op Transit.
Therapeut	Ja, het is nu… (het jaartal) en je bent hier veilig. [Na de volgende set zien we een verdrietige uitdrukking waarna de spanning toeneemt. Verdriet wil er niet uit!]
Therapeut	Heeft dat te maken met Trio (= EP)?
Benthe	Mag geen gezicht hebben.
Therapeut	Dat was vroeger, toen heeft Trio geholpen door geen gezicht te hebben. Trio, zou je toestemming willen geven voor het uiten van verdriet?
Benthe	[Het is even stil. Dan gaat ze huilen.] Mag ik gezien worden dan? Mag ik een eigen gezicht hebben dan? [Dan richt ze (waarschijnlijk Trio) zich naar de cotherapeut en vraagt haar direct:] Kun jij mijn gezicht zien? [De therapeuten bevestigen haar vragen en verwonderd betast ze haar eigen gezicht.]
Benthe	Ik mocht nooit een eigen gezicht hebben. [Dit maakt haar boos en Benthe uit deze boosheid zoals in eerdere sessies. Moeke herbeleeft de pijn van de schoppen die ze in haar buik heeft gehad. Na een poosje is de SUD gedaald tot 5,5 en wat dan als meest spanningsvol wordt ervaren is:]
Benthe	Ik kan nog niet helemaal geloven dat ik het helemaal los kan laten.
Therapeut	Jij of jullie?
Benthe	Wij

Therapeut	En wat loslaten?
Benthe	De afhankelijkheid van hen.
Therapeut	Wat belemmert jullie dat los te laten?
Benthe	We hebben nooit anders gekend. [En dan plotseling (mogelijk is dit Cees):] Ik wil weg.
Therapeut	Ik denk dat jij het omdraait: niet jij wilt weg, maar je wilt dat zij weggaan! [Er volgt verdriet en dan wantrouwen naar de therapeut.]
Therapeut	Ben je bang dat ik het niet geloof?
Benthe	Ja.
Therapeut	Maar ik zie de pijn aan je eigen gezicht.

Na het besef dat het allemaal voorbij is en duidelijkheid over wie verantwoordelijkheid draagt (de daders), resteert nog boosheid die Benthe afreageert op de symbolen.

Bij het rouwkaartje geeft Benthe aan dat Miranda zelf moet komen om de tekst erop voor te lezen. In de tekst wordt de goedheid van moeder geprezen.

Miranda vraagt of Benthe en Moeke haar willen helpen om verder te gaan met het leven zonder moeder op hun hielen en gezamenlijk de kaart te verscheuren. Aldus geschiedt, terwijl Miranda beide dissociatieve delen hardop toespreekt.

Tijdens dergelijke acties probeert de therapeut zo veel mogelijk de bilaterale stimulatie voort te zetten.

Nadat de spanning tot 0 is gedaald, lukt de PC-installatie ('Ik ben goed') maximaal. Miranda: 'Hier moet ik aan denken als ik uit nachtmerries kom!' We sluiten de sessie na twee uur af.

Therapeut	Je hebt hard gewerkt, goed!
Miranda	[lachend] Ik bén goed!

Resultaten

Miranda voelt zich door de EMDR-sessies 'herboren': 'Er was altijd een gat in mij, en nu heb ik een bodem gekregen.' Deze positieve identiteitsontwikkeling hebben we ook kunnen observeren in haar manier van contact maken en relaties onderhouden. Ze leerde zich te uiten en haar autonomie is toegenomen. In haar huwelijk leidt dat tot meer gelijkwaardigheid.

Haar arousalniveau lijkt blijvend gedaald en het vermijdingsgedrag is verminderd. De andere (intrusieve) PTSS-klachten zijn nog wel aanwezig, maar in frequentie afgenomen en Miranda heeft grote vooruitgang kunnen boeken in het omgaan met deze klachten.

Haar leven is veiliger geworden, zowel op belevings- als op gedragsniveau. Miranda leefde al 41 jaar met het verlangen naar de dood, en rapporteert sinds de eerste EMDR-sessie dat de suïcidaliteit verdwenen is. Ook andere zelfdestructieve neigingen zoals 's nachts zwerven en automutilatie heeft ze beter onder controle.

Hoewel Miranda al is begonnen met de fase van rouwen, zijn de depressieve symptomen niet meer aanwezig. Haar lijdensdruk is duidelijk afgenomen, hoewel deze soms nog oplaait als ze geconfronteerd wordt met haar verleden (door interne of externe prikkels).

Miranda heeft haar DIS kunnen accepteren. Cliënten met DIS kijken niet achterom, kijken niet vooruit, maar overleven voortdurend in dit moment. Miranda heeft geleerd om haar leven op een realistische manier aan te passen aan het verdeeld zijn. Ze heeft geleerd te reflecteren, te evalueren en te anticiperen. De dissociatieve delen zijn minder afgesplitst en er is een goede interne samenwerking met waar nodig cobewustzijn. De EMDR-sessies hebben in dit resultaat een rol kunnen spelen, maar zijn ook een goede oefensetting gebleken.

Al met al is Miranda voor het eerst bestaansrecht gaan ervaren en heeft ze een overgang kunnen maken van het overleven van haar verleden naar het echt leven in het heden. In haar dagelijkse leven uit zich dat in een inhaalslag die ze maakt op allerlei gebied (contacten, hobbyontwikkeling, cursussen).

Bijna twee jaar na de laatste EMDR-sessie is Miranda nog in ambulante therapie alwaar ze bezig is met de derde en laatste fase van haar behandeling: re-integratie. Dat betekent voor haar behalve leven met het besef van ernstig getraumatiseerd te zijn (het gemis verdragen), ook leven met een verdeelde binnenwereld, waarmee voortdurend samengewerkt moet worden. Ze heeft daarbij ook veel aan het lotgenotencontact in de ambulante DIS-groepen.

Terugkijkend op haar behandeling binnen Transit geeft ze een belangrijke plaats aan de zes EMDR-sessies (binnen een half jaar tijd) waarvan ze zegt dat deze nog steeds doorwerken in haar binnenwereld.

Discussie en beschouwing

Dat de behandeling van Miranda succesvol is gebleken, betekent niet dat het gemakkelijk was. Gedurende die ruim twee jaar hebben we gezamenlijk allerlei moeilijkheden moeten overwinnen. Weerstand tegen de therapie, heimwee, ontkenning van DIS, een uit elkaar groeien van de wereld op Transit en de wereld thuis, life-events, het zich bekend maken van saboterende EP's die ze niet kende, terugvallen in zelfdestructief gedrag, uitputting, etc.

EMDR was maar één onderdeel van de behandeling. Ook de individuele psychotherapie, de non-verbale therapieën, de systeemtherapie, de groepstherapieën en de psycho-educatie over dissociatie waren belangrijke onderdelen. De EMDR heeft wel op een moeilijk moment in de behandeling een doorbraak veroorzaakt op zowel belevings- als op gedragsniveau, waardoor Miranda weer perspectief kreeg op wel verder kunnen leven (met trauma en met DIS).

We zijn de EMDR begonnen met een klein doel: het verlagen van de hoge spanning. Toen in de eerste sessie bleek dat er spontane presentificatie en personificatie (dus realisatie!) plaatsvond, hebben we de fase van traumaverwerking verder uitgewerkt met als doel het verminderen van de PTSS-klachten. De EMDR-sessies bleken ook een positieve uitwerking te hebben op een heel ander doel, namelijk de interne samenwerking tussen de afgesplitste delen! EP's zijn meer gaan helpen in het dagelijkse leven en ANP's zijn meer emotie gaan voelen.

Zoals eerder vermeld, is gekozen voor targets vanuit een helikopterview.

Miranda kijkt terug op de vernedering, verwaarlozing en mishandeling door moeder, ze kijkt terug op de incest door vader, waarbij moeder een actieve rol speelde, en ze kijkt terug op de vernedering en mishandeling door haar broer waarbij hij samenspande met moeder.

Ik denk dat deze werkwijze pas mogelijk is wanneer vooraf voldoende is stilgestaan bij de reeks van traumatiserende gebeurtenissen en er al procesmatig gewerkt is aan ordenen, beseffen, voelen en uiten. In die zin kan EMDR een heel krachtige afsluiting vormen van een al langer durend proces van traumaverwerking. Gezien het chronische karakter van de traumatisering bij cliënten met DIS, is het richten van de EMDR op herinneringen aan concrete gebeurtenissen (dus op de gebruikelijke targetbeelden) per definitie praktisch onhaalbaar, maar mijns inziens ook ondraaglijk voor de cliënt.

In verband met de eerdergenoemde benodigde synthese, hebben we per traumatische relatie die centraal stond, heel bewust alle betrokken (groepjes) EP's aan bod laten komen, steeds in cobewustzijn met de betrokken ANP's. Gaandeweg de sessies ontstond zo een compleet beeld van welke gevoelens en sensaties veroorzaakt zijn en welke cognities verbonden zijn met desbetreffende traumatisering. Hiermee nam ook de amnesie af. Deze werkwijze bevorderde ook de compassie van de hoofdpersoon met de EP's die haar weliswaar in het heden veel last bezorgen, maar in het verleden zeer behulpzaam zijn geweest. Afsplitsingen verliezen hun noodzaak en we merkten verschillende keren tijdens de sessies verschuivingen in posities, die later structureel bleken en meer richting integratie gingen. Realisatie bij de EP's kon dankzij de onderlinge toenadering gemakkelijker generaliseren naar de ANP's, wat ook het integratieproces bevorderde.

We zagen bij Miranda een opmerkelijk snelle processing, ze had heel weinig sessies nodig voor een goed resultaat (wanneer ze in de regio had gewoond, hadden we ambulant meer sessies aangeboden, met name om de herbelevingen te stoppen).

Mijn ervaringen met EMDR bij andere cliënten met structurele dissociatie op het secundaire en het tertiaire niveau, doen vermoeden dat de snelle processing en de interne constructieve verschuivingen die kunnen optreden, misschien ook inherent zijn aan het verdeeld zijn.

DIS-cliënten zijn gewend aan een veelheid van prikkels en voortdurend vindt in de binnenwereld parallelle informatieverwerking plaats. De intelligentie is meestal hoog.

DIS-cliënten zijn verhoogd suggestibel en komen gemakkelijk in een tranceachtige bewustzijnstoestand. Een cliënte zei het zo: 'Als ik jouw vingerbewegingen moet volgen, dan kom ik al snel van niet-weten (zo is het normaal) naar een situatie van alles-weten. Zij bedoelt dat ze (alleen) dan toegang heeft tot alle trauma's en alle dissociatieve delen.

Een andere cliënte gaf aan dat er bij alle therapieën een beweging wordt gevraagd van binnen naar buiten; iets vanuit haar moet naar de therapeut toe, maar bij EMDR ervaart ze dat juist omgekeerd: de vingerbewegingen komen naar haar toe en zij kan zich vervolgens naar binnen richten. Dit werd als zo intensief en kwetsbaar ervaren dat ze de eerste keer voortdurend wegdraaide met haar hoofd. De kracht van EMDR kan dus tegelijkertijd ook beangstigend zijn. Dit laatste is minder aan de orde bij het gebruik van de EMDR-techniek in de vorm van RDI en future templates, die ook onderdeel kunnen uitmaken van de eerste fase van stabilisatie en symptoomreductie.

We hopen dat meer EMDR-practitioners zich gaan bekwamen in de behandeling van dissociatieve stoornissen, zodat de groeiende hulpvraag naar traumaverwerking vanuit deze doelgroep, deskundig, zorgvuldig en efficiënt beantwoord kan gaan worden met daarin een potentieel krachtige rol voor EMDR!

Deel VI
Verstandelijke beperking en autisme

Inleiding

Wat zijn de mogelijkheden van EMDR voor cliënten met een verstandelijke beperking en voor cliënten met een autismespectrumstoornis (ASS)? De combinatie van deze twee in een en hetzelfde deel heeft een triviaal karakter. Het gaat weliswaar om beperkingen die zich al vroeg in de ontwikkeling manifesteren en vaak samen voorkomen, ze zijn echter principieel verschillend (Kraijer, 2004). De verstandelijke beperking verwijst naar een harmonieuze maar vertraagde en gelimiteerde ontwikkeling die een uitgroei tot volledige zelfstandigheid per definitie onmogelijk maakt. Hier is sprake van een ontwikkelings*tekort*. De ASS verwijst naar een ontwikkeling die anders verloopt en heeft vooral het karakter van een *stoornis*, die in alle ontwikkelingsgebieden doordringt en daarmee de zelfstandigheidsontwikkeling sterk in de weg staat. Een ASS gaat vaak samen met een verstandelijke beperking, maar dat hoeft niet.

Waarom dan toch samen in één deel? Mensen met een verstandelijke beperking hebben vaak bijkomende problemen. Denk hierbij aan genetische afwijkingen, bepaalde hersenafwijkingen, epilepsie, gedragsproblemen en de hele range aan psychiatrische problemen die we ook in de normale populatie aantreffen, waaronder dus ook ASS. Net als mensen met een ASS presenteren zij zich daardoor in het contact vaak op een 'vreemde' wijze en vraagt het veel creativiteit van de therapeut om het standaard EMDR-protocol op een juiste wijze aan te passen.

Beide groepen cliënten kunnen vaak moeilijk onder woorden brengen wat hen bezighoudt. Ze zijn verbaal vaak beperkt en hebben minder draagkracht. Aan de andere kant komt traumatisering onder deze cliëntengroepen veel voor (De Bruin, 2006), hoewel het nagaan van posttraumatische stressklachten door genoemde beperkingen vaak lastig is (Cook e.a., 1993; Howlin, 1995). Maar, ook al is een trauma vastgesteld, dan nog zien therapeuten vaak af van behandeling uit angst voor verergering van klachten. Dit geldt overigens niet alleen voor een traumabehandeling. Meer in het algemeen is er terughoudendheid bij hulpverleners als het gaat om op verandering gerichte, individuele behandeling bij mensen met een verstandelijke beperking en bij mensen met een autismespectrumstoornis. Meestal bestaat de behandeling uit ondersteuning, structurering en het coachen van begeleiders en ouders (Berckelaer-Onnes, 2008).

EMDR als methode is betrekkelijk non-verbaal, werkt relatief snel en lijkt minder belastend dan andere 'traumatherapieën'. Juist hierom is EMDR bij deze doelgroepen het proberen waard. De therapeuten in dit deel laten dit op heldere wijze zien. Ook al kunnen hun cliënten over hun nare herinneringen niet goed praten, met enige creativiteit zijn deze herinneringen vaak wel goed terug te halen. Een tekening maken blijkt een goed hulpmiddel, waarbij de therapeut bijvoorbeeld tekent en de cliënt helpt en corrigeert. Het vragen naar de negatieve cognitie (NC) is eveneens lastig, soms onmogelijk. Hier is veel flexibiliteit bij nodig. De protocollaire aanpak van EMDR en de focus op informatieverwerking lijken echter goed aan te slaan bij deze doelgroep (Van Deursen, 2006; Mevissen, 2008), getuige ook de casussen in dit deel. Hiervoor is wel nodig dat de therapeut bekend is met de specifieke beperkingen van deze cliëntengroepen en hiervoor aandacht heeft tijdens het EMDR-proces. Vooral de voorbereidingsfase vereist extra aandacht, zoals de auteurs van de volgende vier casussen zullen laten zien.

Autismespectrumstoornissen

Autismespectrumstoornissen (ASS) worden tot de pervasieve ontwikkelingsstoornissen gerekend. Pervasief wil zeggen dat de stoornis in alle ontwikkelingsgebieden doordringt. Kenmerkend voor alle mensen met een ASS is dat zij minder goed sociaal contact kunnen maken. Bij kinderen komt de hechting met de ouders moeilijk tot stand. Bij volwassenen is er weinig wederkerigheid in de relaties. Oogcontact verloopt 'anders' of is afwezig. Emoties zijn er niet waar je ze wel verwacht of ze zijn juist onbegrijpelijk extreem aanwezig. Ongeveer 70% van de autistische kinderen functioneert op het niveau van een verstandelijk gehandicapte. Opvallend is dat een deel van de autistische kinderen, ook zij die verstandelijk gehandicapt zijn, op een bepaald gebied juist heel goed kunnen functioneren.

Binnen het autismespectrum worden vijf stoornissen onderscheiden:

1 Autistische stoornis
2 Stoornis van Asperger
3 PDD-NOS
4 Stoornis van Rett
5 Desintegratiestoornis van de kinderleeftijd

De stoornis van Rett en de desintegratiestoornis van de kinderleeftijd zijn zeer zeldzaam.

1 Autistische stoornis

De autistische stoornis is de ernstigste aangeboren ontwikkelingsstoornis. Er zijn vrij ernstige beperkingen op het gebied van sociale interacties, emotionele beleving en communicatie. Kenmerkend zijn de herhalingen van bepaald typisch gedrag, en een beperkte belangstelling en activiteit. Er zijn grote verschillen in de ernst van de beperkingen en in de mogelijkheden om enigszins in de samenleving te kunnen functioneren.

2 Stoornis van Asperger
De stoornis van Asperger is naar Hans Asperger (1906-1980) genoemd, die deze vorm van contactstoornis als eerste beschreef. Het gaat om kinderen en volwassenen die zich sociaal onaangepast gedragen. Ze kunnen moeilijk normale contacten op gang brengen en vasthouden. Verder zie je dat ze stereotiepe gedragspatronen, interesses en activiteiten hebben. Deze kinderen maken wel een normale taalontwikkeling door en er is ook geen vertraging of afwijking in de cognitieve ontwikkeling. Hun intelligentieniveau is hoog genoeg om het reguliere onderwijs te volgen. Deze kinderen worden ook wel hoog functionerende autisten genoemd.

3 PDD-NOS
De pervasieve ontwikkelingsstoornis (PDD-NOS; 'pervasive developmental disorder - not otherwise specified') vormt de restgroep van de autismespectrumstoornissen. Onder de PDD-NOS vallen alle wat lichtere vormen van autisme die niet onder autistische stoornis of Asperger vallen. Je kunt PDD-NOS zien als een geheel van verschillende uitingsvormen van een contactstoornis. De volgende kenmerken zijn vrijwel altijd aanwezig: weinig wederkerigheid in contacten, vreemd taalgebruik, anders dan gewoon gebruik van gebaren en mimiek, geen of weinig fantasie en verbeelding.

Verstandelijke beperking
Kenmerkend voor mensen met een verstandelijke beperking is een beperkte intelligentie, die zich voor het 18de jaar manifesteert en die samengaat met beperkte aanpassingsvaardigheden.

Deze kenmerken worden nader toegelicht in de definitie van de American Association on Intellectual and Developmental Disabilities (Luckasson et al., 2002).

Als grens voor het intellectueel functioneren wordt een IQ van 70 à 75 aangehouden.

De volgende niveaus van verstandelijke beperking worden onderscheiden (zie ook DSM-IV, APA, 2000):

Mate van verstandelijke beperking	**IQ**
licht	50/55-70
matig	35/40-50/55
ernstig	20/25-35/40
diep	lager dan 20/25

Bij een IQ tussen 70/75 en 85/90 spreekt men van 'zwakbegaafdheid'. Formeel is er dan geen sprake van een verstandelijke beperking. We vinden deze mensen wel geregeld in de zorg voor mensen met een verstandelijke beperking.

Met de aan de intelligentie gerelateerde beperkte aanpassingsvaardigheden worden significante beperkingen bedoeld in conceptuele, sociale en praktische vaardigheden, zoals communicatie, zelfverzorging, relationele vaardigheden, zelfstandig beslissingen nemen en zorg voor gezondheid en veiligheid.

Casus 15 Groetjes van de tandarts

Meisje met ernstige verstandelijke beperking en ingrijpende medische voorgeschiedenis

Liesbeth Mevissen
Liesbeth Mevissen is orthopedagoog, klinisch psycholoog en geregistreerd practitioner bij EMDR Europe. Zij is gespecialiseerd in diagnostiek en behandeling van psychische en gedragsproblemen bij mensen met een verstandelijke beperking. Zij is werkzaam bij Stichting Accare, divisie Kinder- en Jeugdpsychiatrie Drenthe/Overijssel, bij de polikliniek voor kinderen en jongeren (tot 23 jaar) met een (lichte) verstandelijke beperking. Dit werk combineert zij met wetenschappelijk onderzoek naar de mogelijkheden van EMDR bij mensen met een verstandelijke beperking.

EMDR bij mensen met een verstandelijke beperking staat nog in de kinderschoenen. Als het gaat om iemand met een lichte verstandelijke beperking zonder bijkomende stoornissen kun je een heel eind komen met de specifieke aandachtspunten voor EMDR bij kinderen en adolescenten, zoals gegeven door Beer & De Roos (2008). Maar hoe pas je EMDR toe bij een meisje als Nina, 10 jaar oud, verstandelijk vergelijkbaar met een kind van 2 à 3 jaar, nauwelijks sprekend, lichamelijk uiterst kwetsbaar en bang voor alles wat haar niet vertrouwd is? Hieronder volgt het verslag van Nina. Nina lijdt aan het zeer zeldzame Marshall-Smith-syndroom. In tegenstelling tot de namen van de meeste andere cliënten in dit boek is Nina haar echte naam. De ouders van Nina hebben ingestemd met deze publicatie. Ook zijn zij medeoprichters van een stichting om wetenschappelijk onderzoek naar het Marshall-Smith-syndroom te stimuleren.
Zie www.marshallsmith.org; via deze website zijn ook opnames van Nina te zien.

Klachten en voorgeschiedenis

Nina is 10 jaar oud als ze bij mij wordt aangemeld. Voor de ouders zijn Nina's hevige angsten het kernprobleem. Ze hebben altijd overal oplossingen voor kunnen vinden, maar als de paniek bij Nina toeslaat en Nina blokkeert, dan helpt geen enkel pedagogisch middel meer. Nina heeft last van paniekaanvallen als ze (para)medische behandelingen moet ondergaan. De angst voor ziekenhuizen en artsenbezoeken is het sterkst. In verband met haar aandoening moet zij iedere zes weken naar de oorarts. Deze bezoeken zijn het allermoeilijkst. Haar angsten zijn ook het gewone dagelijkse leven gaan beheersen. Dan is de aanleiding voor een paniekaanval niet altijd zichtbaar.

Nina heeft een ernstige verstandelijke beperking, samenhangend met het Marshall-Smith-syndroom. Dit syndroom gaat gepaard met lichamelijke afwijkingen zoals een vernauwd ruggenmergkanaal, vernauwde luchtwegen, afwijkingen aan de schedel rond de hersenen en het gezicht, zwakke botten, oorproblemen en een aangetast evenwichtsorgaan. De levensverwachting van kinderen met dit syndroom is beperkt.

In cognitief opzicht functioneert Nina op het niveau van een 3-jarig kind. In het dagelijkse leven gedraagt ze zich als een 2-jarig kind en haar emotionele ontwikkeling is in enkele opzichten nog zwakker. Er lijkt sprake van een basale onveiligheid. Er hoeft maar iets te gebeuren of ze valt emotioneel terug in gedrag dat je ziet bij een baby: gillen en van zich af slaan. Nina kan zich ook nog onvoldoende hechten aan personen. Ze is opvallend vluchtig in haar bezigheden en in het contact met mensen.

Overdag bezoekt ze een mytylschool. Ook daar zijn haar angsten zichtbaar. Ze is steeds alert. Ze lijkt haar omgeving voortdurend te scannen: van welke kant komt het gevaar? Met bewegingsspelletjes durft ze niet mee te doen. Aanraking verdraagt ze niet. Fysiotherapie laat ze niet toe. Als een ander kind verdrietig is, is Nina ook meteen van slag.

Nina's voorgeschiedenis is een aaneenschakeling van ingrijpende gebeurtenissen. Meerdere malen heeft zij levensbedreigende situaties doorstaan. Daarbij heeft ze pijnlijke onderzoeken en operaties moeten ondergaan. De eerste drie maanden van haar leven verbleef Nina in het ziekenhuis. Deze periode was zeer traumatiserend vanwege ademhalingsproblemen. Dan moest er met regelmaat een buis in de luchtpijp worden aangebracht. In haar vijfde levensjaar moest zij dit vervelende onderzoek weer ondergaan.

Nina heeft nachtelijke apneu vanwege haar vernauwde luchtwegen. Elke nacht moet een neus-keelcanule worden ingebracht die ook tussendoor nog schoongemaakt moet worden. Lange tijd was dit een drama.

Naarmate de leeftijd vordert, kunnen op verschillende plaatsen in het lichaam zenuwen bekneld raken. Gevaarlijke vergroeiingen moeten operatief worden behandeld. Ook in de toekomst staan haar dus nog vervelende onderzoeken en operaties te wachten.

Vanzelfsprekend hebben deze ingrijpende gebeurtenissen ook intense angsten bij haar ouders opgeroepen. Moeder heeft hiervoor zelf EMDR-therapie gehad. Omdat ouders een belangrijke functie vervullen in het therapeutisch proces, zeker bij (cognitief) heel jonge kinderen, is dit een voordeel: moeder zal daardoor minder gehinderd worden door eigen emotionele reacties en dus voor Nina een sterkere steun kunnen zijn.

Waarom EMDR?

Via school wordt Nina aangemeld bij het Centrum voor Consultatie en Expertise (CCE). Deze instantie coördineert de inzet van experts bij cliënten met een verstandelijke beperking en bijzondere zorgvragen. De conclusie na uitvoerig psychodiagnostisch onderzoek en consultatie van een AVG (arts verstandelijk gehandicapten) is dat haar angsten een gevolg zijn van traumatisering. De vraag aan mij is of ik mogelijkheden zie om haar hiervoor te behandelen. Omdat EMDR niet noodzakelijk een beroep doet op verbale vaardigheden en al toepasbaar is vanaf een mentale leeftijd van ongeveer een jaar is deze behandelmethode bij uitstek geschikt. Moeder is bereid en in staat om de noodzakelijke medewerking te bieden. De verwachting is dat deze behandeling zal bijdragen aan een betere kwaliteit van leven en toekomstig medisch handelen minder bedreigend voor Nina zal maken.

Traumabehandeling maakt deel uit van een breder advies voor Nina. Dit advies omvat onder andere ook:

a sensorische integratietherapie, gericht op verandering in de manier waarop het kind zintuigprikkels organiseert (Rost & Horowitz, 2004);
b differentiatietherapie, gericht op het ontwikkelen van gehechtheidsgedrag (Thoomes-Vreugdenhil, 2006);
c video-interactiebegeleiding, om opvoeders sensitief te maken voor de initiatieven en signalen van hun kind (Speetjens & Van den Berg, 2002);
d het maken van een levensboek waarin Nina gebeurtenissen uit haar eigen leven terug kan zien;
e het gebruik van visuele ondersteuning om haar leefwereld zo voorspelbaar mogelijk te maken.

Als we de EMDR-therapie starten heeft Nina al een dagboek waarin beide ouders en de leerkracht de leuke en minder leuke gebeurtenissen uit Nina's leven met behulp van foto's en tekeningen vastleggen. Dit boek reist overal mee naartoe. Het heeft een ik-versterkende functie en is ook prima geschikt om de communicatie met Nina op gang te brengen. Daarnaast proberen ouders en leerkrachten nadrukkelijker aandacht te besteden aan structurering van de leefomgeving om het veiligheidsgevoel te bevorderen.

Verloop van de behandeling

De voorbereiding

Nina komt meteen op de eerste afspraak met moeder mee. Behalve de open stand van de mond en haar tere lichaamsbouw vallen de lichamelijke beperkingen niet op. Nina is vlot en vrolijk gekleed. Ze houdt de omgeving nauwlettend in de gaten en onderweg naar de therapieruimte heeft ze moeders hand voortdurend vast. Ik had verwacht moeder eerst alleen te kunnen spreken om samen tot een plan van aanpak te komen. Ik moet mijn doel dus bijstellen. Het is nu in de eerste plaats van belang om Nina's vertrouwen te winnen. Aanvankelijk weert ze contact af: 'Niet dokter toe.' Moeder licht toe dat mijn witte bloes meteen de associatie oproept met medische zaken. Een complimentje over hun kleren of de speldjes in hun haren kan bij de meeste kinderen de spanning breken. Bij Nina werkt het averechts: 'Niet uitdoen!' Dat is immers wat er bij een dokter kan gebeuren. Al snel is duidelijk dat moeder positief betrokken en steunend is voor Nina. Ze lijkt goed te begrijpen wat in Nina omgaat en speelt daar steeds op in op een manier die enerzijds Nina geruststelt en anderzijds mij helpt om Nina snel te leren kennen.

Ik praat met moeder terwijl Nina op haar schoot zit, even in de ruimte rondloopt of met blokken speelt. Dan is alle aandacht weer gericht op Nina. De videocamera herkent ze en die boeit haar. Ik laat haar even kijken.

Al na ongeveer 10 minuten doet zich in deze eerste sessie een gelegenheid voor om gerichte voorbereidingen te treffen voor het EMDR-proces. Nina zit bij moeder op schoot. Ik zit ernaast aan een ronde tafel en kan vanuit deze positie goed contact met haar maken.

Therapeut	We gaan een spelletje doen... kom je op de video... kun je trommelen op mijn handen? [doet de beweging voor]
Nina	Nee... [intussen kijkt ze naar me en wijst op de camera]
Therapeut	[houdt handpalmen geopend voor Nina] Toe maar.
	[Moeder doet de beweging voor. Nina trommelt enkele seconden op mijn handen.]
Th. en moeder	
	Goed zo!!!
Moeder	Dat doe je met A. ook bij de muziek!
	[Nina doet het nog een keer, nu harder en met een behoorlijk tempo. Ze lacht.]
Th. en moeder	
	Goed zo!!!
Therapeut	Mag ik ook bij jóu op de handen trommelen?
Nina	Nee! [ze keert zich van therapeut af]

	[Moeder gebaart dat dit wel eens niet zou kunnen lukken. Na enkele speelse pogingen mag ik toch even op haar handen trommelen. Het gaat echter veel beter als ze zelf de regie mag voeren.]
Therapeut	Wat kun jij goed?
Moeder	[vertelt waar Nina goed in is als ze samen met papa boodschappen doet.]
	Croissantjes kopen... goed luisteren... goed helpen zoeken.
Therapeut	En wat ben je dan als je zo goed boodschappen doet?... een heel grote meid... trommel maar eens op mijn handen.
	[terwijl Nina trommelt] Nina is een hele grote meid.
Moeder	En wat zeggen wij dan altijd?
	[ze steekt haar duim omhoog] ...knappe duim...
Therapeut	[terwijl Nina op mijn handen trommelt]
	Ik ben knap... denk maar hoe goed je kunt helpen zoeken in de winkel... ik ben knap... zeg maar: ik ben knap...
	[Dit herhalen we enkele keren. Nina heeft er plezier in.]

Hiermee is een resource of hulpbron gevonden: 'Ik ben knap' als sterke, zelfgerichte krachtbron. In combinatie met de handtaps als bilaterale stimulus (BLS) zal deze hulpbron gedurende het hele EMDR-proces op daartoe geëigende momenten worden geïnstalleerd. Dit zal haar innerlijke kracht in moeilijke situaties vergroten.

Tijdens het desensitisatieproces zal ik echter gericht en langere tijd achter elkaar een bilaterale stimulus moeten kunnen aanbieden. Omdat bij de handtaps de regie te veel bij Nina zelf ligt, zoek ik een alternatief. Wat is mogelijk met oogbewegingen? Zoals te verwachten bij haar ontwikkelingsleeftijd lukt het haar niet om mijn vingers te volgen als ik die van links naar rechts op korte afstand voor haar ogen heen en weer beweeg.

Bij peuters kunnen de oogbewegingen worden uitgelokt door iets wat voor het kind aantrekkelijk is, bijvoorbeeld een handpop op grotere afstand van het kind heen en weer te bewegen. Ik spreek met moeder af om dit de volgende keer uit te proberen.

Als ik met moeder in gesprek ben, komt Nina er geregeld tussendoor. Ze hoort het woordje 'straks' en noemt de naam van een ander kind bij wie ze na de therapie gaat spelen. Dan wijst ze naar het tekenbord op de muur. Dit is de ingang voor een volgend hulpmiddel in het EMDR-proces: tekeningen om de targetbeelden van nare herinneringen vast te leggen. Gebruikmakend van aanvullende informatie van moeder maak ik een tekening op het bord en diezelfde tekening maak ik later ook in de map waarin ik mijn eigen aantekeningen van de sessies maak. Deze map gaat een belangrijke rol spelen in het komende proces. Hier pas ik het standaardprotocol aan: in plaats van te vragen om het oorspronkelijke beeld weer in gedachten te nemen ('back to target') zal ik de map pakken en zullen we samen de desbetreffende tekening bekijken. Ook het SUD-niveau kan niet op de gebruikelijke manier worden nagevraagd. Haar mimiek, lichaamshouding, stemverheffing en taalgebruik zullen telkens een indicatie zijn voor de hoeveelheid spanning die een herinneringsbeeld nog oproept. Ook hier is de hulp van een vertrouwenspersoon onmisbaar. Beide ouders – ook vader zal af en toe met Nina meekomen – kunnen hun dochter immers 'lezen' als geen ander.

Met moeder maak ik een plan van aanpak voor de volgende sessie. Gezien Nina's cognitief ontwikkelingsniveau van ongeveer 3 jaar, zal de 'story telling'-techniek van Lovett als basis dienen (Lovett, 1999; Beer & De Roos, 2006). Deze techniek is speciaal ontwikkeld voor peuters bij wie vele elementen van het standaard EMDR-protocol niet uitvoerbaar zijn. De hulp van ouders en/of vertrouwde begeleiders is hierbij onontbeerlijk (zie ook casus 5).

Nina heeft vooral nare herinneringen aan situaties waarin ze onder narcose werd gebracht. Bij het zien van een mondkapje ontstaat er grote paniek. De angst voor ooronderzoeken is het meest actueel. Er is volgens moeder veel gewonnen als de angst hiervoor zou afnemen. Ik vraag moeder om voor de volgende keer een verhaal voor te bereiden over een ooronderzoek dat Nina als traumatisch heeft ervaren. Het verhaal moet beginnen en eindigen met een aangename, veilige situatie. Veel zintuiglijke informatie in het verhaal ('Wat hoor je, wat zie je, wat voel je, wat ruik je?') verhoogt de kans op een zo volledig mogelijke activering van deze herinnering inclusief de sterke emoties die hieraan verbonden zijn. Foto's, tekeningen of voorwerpen mogen het verhaal ondersteunen. Het desensitisatieproces kan worden bevorderd als in het verhaal de gedachten, gevoelens en lichamelijke sensaties aan bod komen die de herinnering aan een zeer vervelend ooronderzoek bij Nina in het hier en nu zal oproepen. Dit vraagt een sterk inlevingsvermogen van moeder en veel kracht om je kind weer in die nare ervaring terug te brengen.

Als Nina voor de tweede keer komt, is ze zichtbaar sneller op haar gemak. Ze grijpt naar de map waarin de tekeningen staan. We kijken er even samen naar. Dan vraag ik naar positieve ervaringen van de afgelopen week. Moeder neemt Nina's levensboek erbij en zo vinden we er een paar. Nina weet het blijkbaar nog van de vorige keer: 'Ik ben kap', ze trekt mijn handen naar zich toe en trommelt erop.

Later ga ik in gesprek met moeder en terwijl wij de werkwijze voor het verhaal over het te behandelen trauma samen doornemen, tekent Nina in de map. Ik houd het potlood samen met haar vast en volg haar bewegingen. Mijn gesprek met moeder verloopt intussen op een rustige, monotone wijze en we vermijden woorden die Nina angstig kunnen maken. Ze lijkt dit te ervaren als een rustgevend achtergrondgeluid.

Pogingen om handpoppen te gebruiken, lopen op niets uit. Die van thuis mag ik niet gebruiken, die houdt ze voor zichzelf, en de mijne hebben haar interesse niet. Een koptelefoon met afwisselend links en rechts geluid is geen optie, want die moet op haar oren, haar meest gevoelige plek. Tactiele stimulering met behulp van apparaatjes die om beurten in de linker- en rechterhand trillen is evenmin een alternatief: onbekende voorwerpen die haar lichaam raken roepen spanning op.

Deze sessie gebruik ik nog de handtaps. Soms duwt ze mijn handen weg en duurt het even voordat ze de taps weer toelaat. Vanaf de derde sessie heb ik twee gemakkelijk te verplaatsen geluidsboxen op tafel, waaruit afwisselend links en rechts klikjes hoorbaar zijn. Nina went er snel aan. Deze bilaterale stimulus (BLS) is voor haar het minst belastend en voor mij het beste te reguleren.

Het verhaal

Moeder	Eerst is Nina thuis bij papa, mama en de poes; daar doet ze leuke dingen. [Moeder benoemt allerlei favoriete bezigheden van Nina. Zo begint het verhaal op een veilige plek.] En soms moeten we ook een keer iets anders doen... dan moeten we naar de dokter toe en dan nemen we het kaartje mee. [moeder pakt het verzekeringskaartje uit haar agenda en een foto van het ziekenhuis.]
Nina	[verstijft en er komt een angstige blik in haar ogen] Waar is dat kaartje voor?
Therapeut	[ik bied Nina mijn handen aan] Trommel maar op mijn handen, mama vertelt. Nina slaat er even op, trekt haar handen terug en staat tot mijn verbazing toe dat ik het van haar overneem. [Nina lijkt al te zeer in beslag genomen door nare gevoelens en terwijl moeder verder vertelt, trommel ik zachtjes op haar handen; ze heeft haar gezicht op mij gericht]
Moeder	Dan gaan we naar het ziekenhuis...
Nina	Niet praten.
Moeder	Dan gaan we naar de dokter toe, de dokter heeft een witte jas aan.
Nina	Niet dokter toe. [met trillende bewegingen probeert ze de foto weg te duwen en beweegt onrustig op moeders schoot] [Ik kan haar handen niet meer raken en zeg dat ik op haar knieën zal gaan trommelen; moeder helpt haar in een houding die dit mogelijk maakt... ik kan zachtjes op haar knieën trommelen (!!) terwijl Nina's aandacht nu vooral op moeder is gericht.]
Moeder	Dan gaat de dokter bij Nina in de oren kijken.

Nina	Niet oren kijken! Klaar! Nee!
Moeder	Nina vindt het helemaal niet leuk, nee.
Nina	[stilte.. Nina zit stokstijf in zichzelf gekeerd.] Ikke niet uit de buggy. [Nina gaat huilen en schreeuwen en schoppen en slaan. Ze draait haar hoofd naar beneden] Dan is Nina héél boos en héél verdrietig. [stilte... Nina blijft stokstijf in zichzelf gekeerd zitten.] Nee!
Moeder	En dan gaat hij in je oren kijken [moeder houdt haar hand tegen Nina's oor] en dat is héél akelig. Even kijken of jij mooie oren hebt. [moeder beweegt Nina's hoofd zoals de dokter dat ook doet]
Nina	Nee.
Moeder	Kijken of ze schoon zijn.
Nina	Oren klaar.
Moeder	Ja, dan zeg jij oren klaar, maar ze zijn niet zo snel klaar. Dan ga je bij papa op schoot zitten en dan moet papa jou héél goed vasthouden.
Nina	Niet leuk. [terwijl moeder vertelt houdt Nina haar blik op mij gericht]
Moeder	Dan gaat papa jou heel goed vasthouden. [moeder slaat beide armen om Nina's middel en klemt haar naar zich toe]
Nina	Niet leuk!
Moeder	En dan ga je heel hard schoppen en slaan. [Nina probeert zich uit moeders armen te wringen; ik kan nog steeds op haar knieën trommelen]
Nina	Ziekenhuis klaar. [ze kijkt me heel verdrietig aan]
Moeder	Ja, en dan gaan we weer naar huis.
Nina	Dokter zwaaien.
Moeder	Ja, dan gaan we naar de dokter zwaaien.
Nina	Niet oren kijken, beetje pijn.
Moeder	Doet het een beetje pijn bij de dokter.
Nina	Ja!
Moeder	En waar heb je dan pijn?
Nina	Daar [wijst naar oor] nee niet oor!
Moeder	Nee, niet hier. Hier gaan we niet oren kijken [heldere boodschap: hier is het veilig! onderscheid toen en nu]; hier alleen vertellen over de oren. ... Gaat de dokter even kijken en dan schoonmaken sjjjjjjj. [imiteert geluid van apparaatje en beweging van het ene naar het andere oor]

	Stilte, Nina is in zichzelf gekeerd, staat op, loopt even rond, komt terug, we gaan weer verder.
Moeder	Dan is Nina heel verdrietig. [Nina begint hartstochtelijk te huilen. Dikke tranen.] Heel verdrietig, is ook niet leuk.
Nina	Sirene.
Moeder	Ja, sirene vind je ook akelig. [associatie met pijn in oren?]
Nina	Pijn.
Moeder	Waar doet het pijn? [Nina wijst op haar oor]
Nina	Klaar! [met huilende stem]
Moeder	Dan ga je de dokter een handje geven.

De spanning wordt nu zichtbaar minder en ze duwt mijn handen weg.

Ik geef moeder een teken om nu af te ronden met een veilige plek.

Het verhaal eindigt thuis waar positieve gevoelens overheersen. De goede afloop krijgt nadruk. Ook tijdens dit gedeelte wordt de bilaterale stimulus (BLS) gegeven. We hebben ruim een half uur met het verhaal gewerkt.

Deze sessie sluit ik af met een compliment: je hebt hard gewerkt, je hebt het goed gedaan, Nina is knap. Enthousiast trommelt Nina dan op mijn handen: 'Ik ben k(n)ap.'

En natuurlijk ook een compliment voor moeder!

Evaluatie

De eerstvolgende sessie meldt moeder dat Nina de afgelopen week bijzonder ontspannen is geweest. Voor het eerst vroeg ze: 'Oren tekenen?' Ze wilde er nooit over praten; het was te beladen. Ook zeer opmerkelijk vindt moeder het feit dat Nina geen enkele keer gespannen bleef roepen 'Niet dokter toe' als ze met haar de deur uitgingen.

Vervolg

Vanaf nu ontwikkelt zich een werkwijze die als een rode draad door de volgende twaalf sessies loopt. Eerst kijken we in haar levensboek. Van sommige gebeurtenissen wordt ze zichtbaar blij. We zoeken daar acties bij waar een positieve uitspraak aan te koppelen is: 'Ik ben knap' of 'Ik ben sterk' of 'Ik ben lief.' Met behulp van de BLS wordt dit goede gevoel versterkt. Aan haar houding en mimiek is te zien dat dit werkt.

Ik ben aangenaam verrast als Nina uit zichzelf over een andere moeilijke ervaring begint te praten: de 'sirene'. Iedere eerste maandag van de maand is die te horen. Daarvan raakt ze in paniek. Op vergelijkbare wijze als bij het 'oren kijken' vertelt moeder het verhaal. Ze kan hierbij natuurlijk minder ingaan op details omdat ze daar zelf nooit bij is, want Nina is dan altijd op school. Nina noemt ze echter steeds gemakkelijker zelf! We tekenen de sirene in de map en komen er een volgende keer weer op terug. Ze kan er steeds gemakkelijker naar kijken en over praten.

Door Nina's inbreng aan te grijpen, kan ze eigen invloed ervaren. Naast de uitwerking van het EMDR-proces zelf is ook dit een manier om tegenwicht te bieden aan het allesoverheersende gevoel van machteloosheid, dat zoveel boosheid oproept over al die medische handelingen.

Verder laat ik moeder de prioriteit van de te behandelen thema's bepalen. Actuele gebeurtenissen zijn daarbij meestal leidend: bezoek aan de 'schoenmaker' die gipsen mallen van haar voeten maakt, een spuit krijgen, naar de tandarts gaan en nagels knippen.

Zelf houd ik in de gaten dat ook het 'mondkapje' aan bod komt. Hiermee werd de narcose toegediend, voorafgaand aan de zware operaties die zij in het verleden heeft moeten ondergaan. Deze belangrijke targetherinnering is ook voor moeder zelf het moeilijkste om aan te werken. Na zes sessies komt dit voor het eerst aan bod.

Zo is er elke sessie een akelige gebeurtenis die nog veel spanning oproept. Tegelijkertijd kunnen we in de map naar tekeningen kijken van situaties die Nina intussen heel goed aankan. Natuurlijk praat ze daar het liefst over. Ze is dan zichtbaar trots!

Drie sessies vonden plaats met vader, waarvan de eerste keer samen met moeder zodat hij onze werkwijze leerde kennen en het proces probleemloos kon worden voortgezet.

Effect

Wat de ouders in de sessies terugrapporteren.

Sessie 4 Vakantie is opmerkelijk goed verlopen: slapen vanaf de eerste nacht probleemloos, kon beter ontspannen op het bed in de huifkar. In het algemeen 'gezeglijker' (niet meer op één thema blijven hangen als een kapotte grammofoonplaat). Thuis bij weggaan met de auto niet meer roepen 'Niet dokter toe', vanaf vakantieadres weer wel.

Sessie 5 Onderzoek oorarts even moeizaam als voorheen.

Wat beter kunnen spelen en concentreren op school, ondanks dat ze na drie jaar twee nieuwe leerkrachten heeft.

In het algemeen rustiger.

Nieuw gedrag: 'bezitterig'. Voorbeelden: 'Is míjn schrift', maar ook: 'Het zijn míjn eigen oren' (een teken van groei: toenemend gevoel van controle, besef eigen individu te zijn, emotioneel beladen lichaamsdelen accepteren als van haarzelf).

Sessie 6 Sirene op school: Nina schrok even en wachtte vervolgens rustig totdat het weer over was.

De angst om met de auto ergens naartoe te gaan, is verdwenen. De spanning 'niet oren kijken' is helemaal verdwenen en zelfs toen moeder een keer 10 minuten om moest rijden bleef Nina rustig.

Aanmeten van schoenen nog heel moeilijk, maar minder paniek van tevoren en iets gemakkelijker uit de paniek te halen.

Sessie 7 Nina moedigde een klasgenootje aan toen die bij de schoenmaker was. Thuis wilde ze met haar eigen klei een mal maken voor haar voet. Een teken van minder angst.

Sessie 8 Het bezoek aan de tandarts verliep opvallend beter: ze opende haar mond en hield haar benen stil. (Ze ligt altijd op moeder en de andere keren trapte ze zo hard dat moeder er blauwe plekken aan overhield.)

Ook bij de kinderarts ging het beter: ze liet haar rug bekijken, gaf antwoord toen de dokter iets vroeg en toen het klaar was, liep ze nog even door de kamer, terwijl ze anders niet wist hoe snel ze in haar buggy kon komen.

Sessie 9 Moeder is bijzonder enthousiast: Nina heeft twee griepspuiten gehad. Vader was erbij. Nadien pakte ze de dagelijkse dingen snel weer op.

De tandarts heeft voor het eerst een behandeling uitgevoerd (voorheen alleen controles). Moeder is vol vertrouwen meegegaan; vader voorzag nog grote problemen. De behandeling verliep heel goed. Ze heeft er in de klas uitgebreid over verteld, zelfs over de boor. Wilde met klasgenootjes tandarts spelen maar niemand wilde, toen maar met de poppen. Moeder heeft het gevoel dat de behandeling ook op haarzelf een positief effect heeft.

Tijdens de sessie haalt Nina een brief van de tandarts uit moeders tas. Die neemt ze voor zich en 'leest': 'Groetjes van de tandarts!' Ze noemt zichzelf knap en vraagt mijn hand om taps te doen.

Sessie 10 Moeder meldt dat nu op school gestart wordt met fysio- en ergotherapie en sensorische integratietherapie.

Sessie 11 Nina heeft genoten van het sinterklaasfeest. Ze was opvallend geduldig: 'We zijn wel een uur bezig geweest met uitpakken, ze kon zelfs rustig wachten en kijken als een ander aan de beurt was!'

Ook motorisch is sprake van een opvallende vooruitgang: ze durft meer. Stapte voor het eerst een stoepje af zonder moeders hand vast te houden.

Sessie 12 Geen bijzonderheden.

Sessie 13 De leerkrachten worden angstig omdat Nina nu veel meer durft. Ze lieten haar niet meer op het luchtkussen uit angst dat er iets zou gebeuren vanwege haar fysieke kwetsbaarheid.

Fysiotherapie gaat prima. Er is geen indicatie meer voor sensorische integratietherapie: oefeningen worden in de fysiotherapie geïntegreerd.

Sessie 14 Na de vorige sessie bij terugkomst op school, greep ze moeders tas, haalde het mondkapje eruit en liet dit aan de leerkrachten zien: 'Voor het eerst dat ze zoiets doet, dat ze dit durft, het was een beladen thema waar ze nooit over sprak.' De leerkracht maakte er een grapje over. Nina: 'Nee, daar is het niet voor' en ze zette het kapje even op haar gezicht.

Resultaten en follow-up

Na 14 sessies staat Nina meer ontspannen in het leven. Thuis en op school is ze vrolijker, ze kan zich beter concentreren en de ontwikkeling komt op gang. Nina gaat zonder problemen met haar ouders op stap en durft nieuwe situaties aan. Onderzoeken zijn geen drama meer. Ook negen maanden later gaat het nog steeds goed met Nina. Ze heeft onlangs met succes een zindelijkheidstraining doorlopen. Moeder is erg tevreden over de behandeling en de blijvende resultaten.

Discussie en beschouwing

Vanwege hun aangeboren kwetsbaarheid lopen mensen met een verstandelijke beperking extra risico om negatieve ervaringen op te doen (Rayan, 1995; Mevissen, 2005). Omdat EMDR niet noodzakelijk een beroep doet op verbale vaardigheden is deze behandelmethode bij uitstek geschikt voor deze doelgroep. Toch wordt EMDR in de zorg voor deze mensen nog maar op zeer kleine schaal toegepast en dan voornamelijk bij cliënten met een lichte verstandelijke beperking (Benjamin, 2007; Giltaij, 2004; Seubert, 2005; Tharner, 2006). Naarmate het cognitief niveau lager wordt en bijkomende psychische stoornissen een rol spelen, zijn verdergaande aanpassingen nodig. Bij mensen met een lichte verstandelijke beperking kan het standaard EMDR-kinderprotocol soms in zijn geheel worden toegepast. Kijken we naar de toepassing van NC, PC en VoC in deze casus, dan lukt het niet om in deze termen met de cliënt te praten. Het ligt voor de hand dat de NC zich bevindt in het domein van controle (bijvoorbeeld: 'Ik ben machteloos') of veiligheid ('Ik ben in gevaar'). We kunnen er echter niet in deze termen expliciet mee werken.

Anders dan bij normaal begaafde kinderen en volwassenen is bij deze doelgroep nog geen wetenschappelijk onderzoek gedaan naar de effecten van EMDR op traumagerelateerde klachten. Voor zover bekend is dit de eerste casusbeschrijving over de toepassing van EMDR bij een cliënt met een ernstige verstandelijke beperking. Valide en betrouwbare meetinstrumenten voor traumagerelateerde klachten bij deze doelgroep zijn niet goed mogelijk. Voor evaluatie zijn we voorlopig afhankelijk van het gedetailleerd bevragen van ouders en van hun observatievermogen.

Aandachtspunten

Een gedegen voorbereidend gesprek met ouders, begeleiders en/of andere belangenbehartigers is noodzakelijk als het gaat om cliënten die afhankelijk zijn van de zorg van anderen. Bij mensen met een verstandelijke beperking is dit per definitie het geval.

Na Nina heb ik ook andere cliënten met een vergelijkbaar cognitief niveau met EMDR behandeld. Dan blijkt in de voorbereidende fase soms dat de opvoedingsrelatie is verstoord, bijvoorbeeld doordat ouders zelf nog getraumatiseerd zijn of dat vertrouwenspersonen onvoldoende in staat zijn om de cliënt te steunen uit angst voor de agressie waar de cliënt hen in het dagelijkse leven mee heeft geconfronteerd (vaak ook een traumagerelateerde klacht).

In het eerste geval is behandeling van de ouders zelf een eerste stap. In het tweede geval moet de werkwijze zodanig worden aangepast dat je als therapeut, op basis van gegevens van betrokkenen, zelf het verhaal vertelt. Het heeft de voorkeur dat vertrouwenspersonen wel de sessies bijwonen, waarbij de situatie zo wordt ingericht dat ook zij zich veilig kunnen voelen. Voorbereiding van de cliënten zelf is bij een ernstige verstandelijke beperking niet haalbaar. Gaandeweg zullen zij met behulp van steeds terugkerende patronen gewoon moeten gaan ervaren hoe het werkt. Ik heb nog niet teruggehoord dat ze weerstand tonen om terug te komen.

Als er sprake is van een eenmalig op zichzelf staand trauma kan de behandeling doorgaans na drie of vier sessies worden afgesloten. Een frequentie van een sessie per week is wenselijk. De tijdsduur per sessie is gemiddeld een uur. De tijd die zuiver aan het EMDR-proces besteed wordt, is sterk afhankelijk van wat de cliënt aankan.

Met dank aan Reinout Lievegoed voor het kritisch doorlezen van de tekst.

Casus 16 Er gaan stukjes van de nare foto af

Het bijzondere verwerkingsproces van een 9-jarige jongen met PDD-NOS

Tineke Backer van Ommeren-Van der Meer
Tineke Backer van Ommeren-Van der Meer is vrijgevestigd klinisch psycholoog en doet in samenwerking met de Vrije Universiteit in Amsterdam en het wetenschappelijk bureau GRIP van de Gelderse Roos in Wolfheze, onderzoek naar diagnostiek en behandeling bij autismespectrumstoornissen. Voorheen was zij lid van het Autismeteam Gelderland en werkzaam bij de GGZ, afdeling Jeugd in Arnhem.

In dit hoofdstuk wordt de behandeling van Tobias beschreven. Deze behandeling verloopt niet altijd vanzelf en soms verrassend anders dan verwacht. Niet aanwezig lijkende traumatische herinneringsbeelden moeten als het ware 'opgebouwd' en bewust gemaakt worden. Ook blijkt Tobias tijdens het desensitisatieproces in zijn hoofd een geheel eigen verwerkingsproces te ervaren: 'Er gaan stukjes van de nare foto af.' Hij weet daarbij precies aan te geven wat nodig is om dit goed te laten verlopen. Er wordt behoorlijk wat flexibiliteit en creativiteit van mij als therapeut gevraagd om te zorgen dat het therapieproces goed verloopt. Juist dit 'uniek zijn' maakt dit verslag zo interessant en leerzaam voor iedereen die affiniteit met PDD-NOS heeft.

Klachten en voorgeschiedenis

Tobias wordt door zijn moeder aangemeld bij de GGZ, afdeling Jeugd, omdat hij zowel thuis als op school (buitengewoon onderwijs gespecialiseerd in autistische kinderen) steeds vaker blokkeert. Dan krijgt hij zelfs de meest eenvoudige vaardigheden, zoals zijn veters strikken, niet meer voor elkaar.

Hij wordt daarbij steeds somberder en sluit zich in toenemende mate af. Creatieve therapie en gesprekjes met de orthopedagoge op school hebben geen verbetering opgeleverd. School en ouders zijn ten einde raad.

Tobias is een normaal begaafde 9-jarige jongen met PDD-NOS, een lichte vorm van autisme.

Hij is wel in staat contact te maken met anderen, maar heeft vaak moeite met duidelijk maken wat hij wil. Ook begrijpt hij de ander niet altijd goed en geeft hij de verkeerde betekenis aan wat er om hem heen gebeurt. Emoties kunnen hem overspoelen en blokkeren.

Zijn vermogen om ingrijpende gebeurtenissen te verwerken, is hierdoor logischerwijs beperkt. De moeder van Tobias vertelt bij de intake dat Tobias z'n vader anderhalf jaar geleden een herseninfarct heeft gehad. Hij is daardoor nu lichamelijk gehandicapt en kan zich nauwelijks verstaanbaar maken. Kort daarop overleed vrij onverwacht de oppas van het gezin. Nu moeder haar gezin weer enigszins op orde heeft, ziet ze dat het met Tobias in plaats van beter alleen maar slechter lijkt te gaan. Het contact met vader, aanvankelijk goed en belangrijk voor Tobias, is na het infarct zeer moeizaam geworden. Tobias lijkt zijn vader zo veel mogelijk te ontlopen. Volgens moeder komt dat niet alleen doordat hij niet weet hoe hij nu met zijn vader om moet gaan. Ze vraagt zich af of hij wel heeft kunnen verwerken wat er allemaal gebeurd is. Hij lijkt daar echter niet over te kunnen praten, ondanks pogingen van haar en anderen, zoals de orthopedagoge op school, om hem daarbij te helpen.

Een posttraumatische stressstoornis

Het intaketeam besluit advies in te winnen bij mij als autismespecialist, alvorens een indicatie voor behandeling af te geven. Zou het bij Tobias om een posttraumatische stressstoornis kunnen gaan en zo ja, wat zijn dan de eventuele behandelmogelijkheden?

Ik inventariseer na contact met Tobias z'n moeder en zijn leerkracht de huidige klachten en vergelijk die met Tobias' functioneren voor het infarct. Er is nu sprake van:

- Verergering van contactproblemen: blokkeren, zich afsluiten en onbereikbaar zijn.
- Verhoogde prikkelbaarheid en toenemend onvermogen informatie te verwerken.
- Toename van concentratieproblemen.
- Uitval van vaardigheden (maken van schoolse taakjes) en motorische vaardigheden, zoals zijn veters strikken.
- Vlakke tot sombere stemming.
- Chaos en geagiteerd gevoel in het hoofd, 'flitsende' beelden.
- Inslaapproblemen.

De contactproblemen, de informatieverwerkingsproblemen en de prikkelbaarheid als gevolg van een teveel aan informatie, zijn klachten die op zich passen bij de diagnose PDD-NOS. De stemmingsklachten, de chaos en agitatie in zijn hoofd, de concentratie- en inslaapproblemen en de verhoogde prikkelbaarheid kunnen tekenen zijn van een posttraumatische stressstoornis. Als Tobias z'n klachten alleen verergerd of ontstaan zouden zijn door het ontstane gebrek aan structuur en onduidelijkheid in de gezinssituatie, zou er verbetering opgetreden moeten zijn nu de rust in het gezin is weergekeerd. Dit is niet het geval, integendeel: de klachten nemen toe. De flitsende beelden in zijn hoofd die vaak vooraf blijken te gaan aan zijn blokkeren, zouden wel eens traumatische herbelevingen kunnen zijn! Ook de moeder van Tobias is ervan overtuigd dat Tobias' problemen deels verergerd en deels veroorzaakt zijn door de ingrijpende gebeurtenissen in het gezin. Mijn ervaring is dat ouders door hun specifieke kennis over en ervaring met hun eigen kind, vaak het beste in staat zijn om een dergelijk verband te kunnen leggen. Ik concludeer dat het beeld past bij een posttraumatische stressstoornis.

Waarom EMDR?

EMDR is een behandelmethode met een sterk non-verbaal karakter en lijkt juist daarom bij uitstek geschikt voor Tobias. De 'flitsen' in zijn hoofd zouden onverwerkte 'flarden' van herinneringsbeelden kunnen zijn, die met enige bewerking een geschikte targetbeeld zouden kunnen opleveren voor EMDR. De indicatie wordt gesteld en Tobias en zijn moeder worden uitgenodigd voor de eerste sessie.

Verloop van de behandeling

De voorbereiding

Tobias z'n moeder heeft zich al goed ingelezen over EMDR. Tobias vindt het wel spannend om er meer over te horen. Ik laat hem met de procedure kennismaken door het installeren van een veilige plek (een uitje met het gezin op het strand). Hij blijkt goed in staat te zijn om zich visueel iets voor te stellen. Tobias is meteen heel stellig in de keuze van de bilaterale stimuli: hij wil per se de klikjes, die werken het best! Hij geeft aan het eind van de sessie aan dat zijn moeder de volgende keer in de wachtkamer kan gaan zitten; hij kan het verder alleen aan.

De eerste sessies

Tobias spreekt over 'langsflitsende' beelden in zijn hoofd als hij zich naar voelt, hij kan niet zien wat deze voorstellen. Ik wil gaan proberen om aan de hand van foto's en door tekeningen te maken, deze beelden 'in te vullen' om zo 'targetbeelden' te krijgen voor de EMDR-behandeling.

De tweede sessie heeft hij desgevraagd een fotoboekje bij zich en laat hij de foto's stuk voor stuk zien. Foto's van zijn vader voor en na het herseninfarct krijgen extra aandacht, evenals die van zijn oppas. Langzamerhand begint

Tobias over hen te praten en over wat er gebeurd is. We maken samen een tijdslijn waarop de belangrijkste gebeurtenissen worden aangegeven.

De vierde sessie, het op scherp zetten

Tobias blijkt het niet moeilijk te vinden de naarste herinnering uit te kiezen: 'Toen mijn vader zijn herseninfarct kreeg.' Ik teken op instructie van Tobias een stripverhaal van de gebeurtenissen van die avond. Het allernaarste plaatje is waarop Tobias in bed ligt in zijn slaapkamer boven en hoort wat er beneden gebeurt: gestommel, hard geroep, telefoneren om een ambulance. Wat het nu nog steeds 'te naar' maakt om ernaar te kijken, is dat hij 'helemaal niks kan doen'. Als ik daarop voorstel dat dan misschien bij het plaatje hoort: 'Ik kan er niet tegen, ik ben machteloos', blijft hij bij zijn formulering: 'Ik kan helemaal niets doen' als het beste passend bij dit plaatje. Ik accepteer zijn formulering. Aan zijn gezicht is te zien dat hij het nare weer helemaal beleeft en dat is het belangrijkste voor het verwerkingsproces. De actueel geldende negatieve cognitie is dus: 'Ik kan helemaal niks doen.'

Wat hij bij het plaatje zou willen denken (de positieve cognitie) is: 'Ik kan het aan.' Een cijfer geven aan: hoe 'waar' (VoC) deze laatste uitspraak is, kan Tobias niet. Wel kan hij precies aanwijzen hoever mijn handen uit elkaar moeten zijn: de handen moeten bijna tegen elkaar (ver uit elkaar betekent helemaal waar, handen tegen elkaar is helemaal niet waar).

Als Tobias naar het plaatje kijkt en tegen zichzelf zegt: 'Ik kan helemaal niks doen', dan voelt hij zich nu: 'Heel naar, niet goed, niet lekker, bangig.'

Mijn handen moeten heel ver uit elkaar (handen tegen elkaar is helemaal niet naar). Tobias voelt dat nare gevoel in zijn hele lijf.

Tobias heeft de koptelefoon opgedaan en ik start de cd met de klikjes.

Hij krijgt de instructie om het plaatje voor zich te zien, waarop hij zegt: 'Ik zie nu het plaatje in mijn hoofd, het is een foto.' Vervolgens moet hij tegen zichzelf zeggen: 'Ik kan niks doen' en het 'nare bangige' gevoel in zijn hele lijf voelen. Dat lukt.

Therapeut	[set klikjes] Wat komt er in je op?
Tobias	Ik zie de foto, maar er gaat een heel klein stukje af, rechtsboven.
Therapeut	Wat komt er in je op?
Tobias	Wacht nou effe… [Op zijn gezicht is grote concentratie af te lezen]
	Ik laat vanaf dit moment de klikjes doorlopen om Tobias zo veel mogelijk in zijn proces te laten. Stoppen zal te veel afleiden.
Tobias	Nu gaat er weer een stukje af…
	[klikjes blijven doorlopen]
	Nu gaat er nog een stukje af, van de andere kant…
	[na weer een tijdje]

	Er gaat nog een stukje af... [na weer een tijdje] Er moet nog een stukje weg, maar dat lukt niet, dat blijft... [na weer een tijdje] Dit stukje blijft.
Therapeut	Zoals het plaatje nu in je hoofd zit, hoe naar is het nu nog om ernaar te kijken?
Tobias	Wijst aan hoever mijn handen uit elkaar moeten: er moet nog een klein stukje tussen de handen blijven.
Therapeut	Wat in het plaatje maakt dat mijn handen nog niet tegen elkaar kunnen?
Tobias	Ik moet opeens aan mijn oppas denken.
Therapeut	Ja, aan dat nare moeten we ook nog werken hè, maar is er iets in het plaatje van je vader, wat het nu nog naar maakt om daar naar te kijken?
Tobias	Er is nog een heel klein stukje van de foto over, dat gaat nog niet weg, mogen de klikjes nog even aan? [Ik zet de cd-speler weer aan en Tobias zit zeer geconcentreerd naar de klikjes te luisteren terwijl hij commentaar geeft:]
Tobias	Van de foto met mijn oppas gaat nu ook een stuk af...
Therapeut	[besluit op dat moment, uit angst om het proces te zeer te verstoren (en een eerdere poging bij zijn vader te blijven mislukte) niet te vragen zich alleen op de foto van zijn vader te focussen]
Tobias	Er is nog een stukje over, maar dat gaat er nog niet af. [zet vervolgens de koptelefoon af, zucht en zegt:] Ik heb heel hard gewerkt...
Therapeut	[Ik beaam dit volmondig en vraag daarna hoe naar het nu nog is om naar het plaatje in zijn hoofd te kijken]
Tobias	Een stuk minder naar [de handen mogen nog wat dichter naar elkaar], van allebei de foto's is een heleboel weg, maar meer gaat nog niet...
Therapeut	[Ik geef aan dat Tobias het heel goed heeft gedaan en dat de volgende keer weer verder gewerkt kan worden. Dat vindt Tobias een goed plan.]

De sessie wordt besloten met het oproepen van de fijne herinnering (het uitje met het gezin op het strand). Daarna gaat Tobias vrolijk zijn moeder halen, aan wie hij enthousiast vertelt over hoeveel er van de foto's in zijn hoofd is afgegaan. Ik neem mij voor om de volgende sessie te starten met het weer scheiden van de twee herinneringsbeelden (vader en oppas) en eerst de EMDR-behandeling van 'vader' af te ronden.

Verloop na de eerste EMDR-sessie

Al direct na de eerste desensitisatie met de bilaterale stimulatie is Tobias rustiger, ook in zijn hoofd, vertelt hij zelf. Hij blokkeert minder en hij is er nu wel uit te halen en te helpen. Moeder vertelt dat het ongelooflijk is, maar nu al lijkt het alsof ze de 'oude' Tobias weer terug gaan krijgen: hij is steeds vaker opgewekt en gezellig!

In de volgende sessie wordt nog verder gewerkt aan de eerste nare herinnering. Ik leg uit dat de 'foto' van de oppas daarna aan de beurt is: 'We doen niet alles tegelijk, dan raak je misschien in de war.' Dat vindt Tobias goed. Tobias focust op het stukje wat nu nog naar is in het beeld over pappa's herseninfarct; hij kan niet zeggen wat het nog naar maakt. Bij aanvang is het nog een beetje naar om er in zijn hoofd naar te kijken. Door de klikjes 'verdwijnt' het beeld uit zijn hoofd en is het meteen niet meer naar.

In een volgende sessie is nog een tweede nare ervaring met zijn vader (raakte nog een keer bewusteloos in het bijzijn van Tobias) met behulp van de bilaterale auditieve stimulatie gedesensitiseerd. Daarna blijkt Tobias weer meer met zijn vader te willen ondernemen.

Het verdere verloop en resultaat van de behandeling

In het vervolg van de behandeling (nog vijf sessies) is verder gewerkt aan het krijgen van meer zelfvertrouwen met behulp van onder andere het Resource Development and Installation (RDI; leren gebruikmaken van hulpbronnen; zie 'Procedures en begrippen'). De traumatische ervaring met zijn oppas, die overleed na een half jaar het gezin te hebben bijgestaan, is niet verder behandeld met EMDR.

Desgevraagd geeft Tobias aan dat, om dit niet meer zo naar te vinden, het nodig is om haar nog iets te geven. Dit had hij eerder niet kunnen doen, omdat hij niet bij de begrafenis in het buitenland aanwezig kon zijn. Tobias heeft uiteindelijk alsnog een tekening voor haar gemaakt en deze opgestuurd naar haar familie. Dan verdwijnt het laatste stukje van de nare foto uit zijn hoofd. Het inslapen gaat goed en zijn concentratie verbetert. Tobias heeft geen last meer van flitsende beelden in zijn hoofd en het nare gevoel is verdwenen.

Na in totaal elf sessies wordt de behandeling afgesloten omdat het goed gaat met Tobias.

Na acht maanden blijkt uit contact met moeder dat de positieve ontwikkeling zich nog steeds heeft voortgezet en dat het prima gaat met Tobias.

Discussie en beschouwing

De EMDR-behandeling bij Tobias is succesvol verlopen. De protocollaire aanpak blijkt goed aan te sluiten bij zijn behoefte aan controle, structuur en voorspelbaarheid. Verrassend was het feit dat hij aan het protocol 'nog een eigen draai' gaf: de klikjes als bilaterale stimulatie leken een magische werking te hebben op het verdwijnen in zijn hoofd van nare beelden. Deze moesten dan ook precies op zijn aanwijzingen worden toegediend. Ook de focus op de informatieverwerking wierp zijn vruchten af: informatie over traumatische gebeurtenissen werden door de EMDR-aanpak overzichtelijk en visueel waarneembaar bij elkaar gebracht. Hierdoor is Tobias in staat gebleken deze nare gebeurtenissen te gaan verwerken. Het feit dat er voortdurend rekening gehouden werd met het eigen karakter van de PDD-NOS bij Tobias was doorslaggevend bij het krijgen van vertrouwen in zichzelf, de therapeut en de behandeling.

EMDR bij autismespectrumstoornis (ASS): aandachtspunten

1. De gerichtheid op details en het onvermogen het grote geheel te overzien
Details over een ingrijpende gebeurtenis worden door de therapeut elke keer weer geplaatst in een groter samenhangend geheel. Het ordenen en visueel hanteerbaar maken van targetherinneringen middels via een tijdslijn, betekent voor het eerst een overzicht van belangrijke gebeurtenissen in het leven van cliënten met ASS. Hierdoor kan er rust in hun hoofd komen en kunnen zij stilstaan bij wat hen is overkomen en proberen er woorden voor te vinden. Het focussen op de essentie van de traumatische herinnering (het zich beperken tot de hoofdzaak) en het stapsgewijze afwerken van het protocol betekenen een belangrijke beperking en afbakening van de informatiestroom. Hierdoor komt er gedoseerd toegang tot essentiële informatie en wordt de cliënt zich bewust van wat het nog steeds zo naar maakt in het heden. De eerste stap op weg naar verwerking kon zo gezet worden.

2. Prikkelgevoeligheid
Veel tijd en zorg moet worden besteed aan het uitkiezen van de juiste bilaterale stimuli, zodat cliënten niet overprikkeld raken door de stimuli. Dat kan zowel zintuiglijk zijn als het gevolg van het niet kunnen verwerken van te veel binnenkomende informatie. Soms moet net zo lang worden gezocht en geoefend totdat het goed is. Informatie over het trauma wordt gedoseerd aangereikt. Overige informatie wordt soms letterlijk doorgestreept, afgedekt en weggelegd.

3. De trage en beperkte informatieverwerking
Bij cliënten met ASS lijkt het van belang extra te letten op het tempo van informatieverwerking. Je kunt aansluiten bij cliënten door alleen kleine stapjes per sessie te doen, door langdurig bilaterale stimulatie aan te bieden, en door hen in de desensitisatiefase voldoende tijd te geven om iets 'in hen te laten opkomen'.

4. De behoefte aan structuur, voorspelbaarheid en controle
Het werken met een tijdslijn, vaste rituelen voor de aanvang en het afsluiten van een therapiesessie en het steeds weer gebruiken van hetzelfde protocol

geven structuur en voorspelbaarheid aan de sessies. Er wordt zo veel mogelijk controle over zijn eigen proces gegeven aan de cliënt; zo kon Tobias aangeven wanneer de klikjes moesten stoppen.

5. Problemen bij het verbeeldend vermogen
Bij de voorbereiding op de behandeling wordt extra aandacht besteed aan het goed activeren van de nare herinnering. Er wordt ruim de tijd genomen voor het verkrijgen van het 'verhaal', ondersteund met foto's en tekeningen, waardoor mogelijke targetbeelden ingevuld kunnen worden. Na ordening in het traumatische materiaal en het nemen van rust en tijd om elke herinnering als een samenhangend geheel te kunnen ordenen, is het verrassend hoe goed deze cliënten uiteindelijk bij hun 'nare' beelden kunnen komen.

6. Communicatieve problemen
Door hun moeite om de ander te begrijpen en zelf begrepen te worden, luistert het taalgebruik erg nauw. Dit betekent een permanente afstemming op de cliënt door de therapeut. Het verwoorden van de emoties en interne processen op een wijze die hen aanspreekt, is belangrijk om het verwerkingsproces op gang te houden. Er wordt bewust in eenvoudige en heldere taal gesproken en niet te veel informatie tegelijk ingebracht en behandeld.

7. Het onvermogen op emotioneel gebied
Zo nodig kan gebruikgemaakt worden van richtlijnen voor het kinderprotocol (Beer & De Roos, 2006) door af te stemmen op de emotionele ontwikkelingsleeftijd van de cliënt. Dit betekent vaak dat de therapeut gezien de emotionele ontwikkelingsleeftijd actiever, directiever en meer sturend is dan passend bij de kalenderleeftijd. Het onvermogen op emotioneel gebied kan bestaan uit: overspoeld raken, te veel of te weinig voelen, weinig controle, niet (her)kennen van de gevoelens enzovoort.

Casus 17 'Dat met die jongen'

Autistische jongen van 16 dringt aan op behandeling seksueel trauma

Esther Leuning
Esther Leuning is als GZ-psycholoog verbonden aan het Dr. Leo Kannerhuis in Doorwerth, een instelling die gespecialiseerd is in de behandeling van kinderen/jongeren en volwassenen met een autismespectrumstoornis. Daarnaast is zij werkzaam bij het Ambulatorium te Zetten, waar ze individuele behandelingen uitvoert bij jongeren die binnen de besloten jeugdzorg en justitiële jeugdzorg behandeld worden.

Edwin was niet echt de meest aangewezen cliënt om EMDR mee te oefenen, een nieuwe techniek die ik me net eigen had gemaakt. Hij zat in een groep van de jongerenkliniek waar ik behandelcoördinator van was en Edwin vroeg herhaaldelijk aandacht voor zijn emotionele problematiek. Hij liep vast in het dagelijks leven doordat de verwerking van een aantal nare ervaringen nooit op gang was gekomen. Vele hulpverleners/behandelcoördinatoren voor mij hadden besloten dat Edwin maar niet individueel behandeld moest worden, maar dat het accent op stabilisatie moest liggen. Edwin bleef echter aandringen op behandeling. Ik ging overstag, hoewel de complexiteit van zijn beeld en zijn klachten mijn net verworven EMDR-vaardigheden leken te overstijgen. Ik was bang hem tekort te doen vanwege het feit dat ik niet ervaren was in EMDR, maar realiseerde me ook dat ik Edwin ondertussen heel goed kende, en daarmee de aangewezen persoon was om met hem aan het werk te gaan. Een ervaren EMDR-therapeut zou lange tijd nodig hebben om de communicatie af te stemmen op de contactuele bijzonderheden van Edwin, wat ook tot complicaties in de behandeling zou leiden. Toen ik uiteindelijk, in overleg met andere behandelaars, besloot met Edwin te starten, gingen wij een avontuur aan, waarvan we de uitkomst niet helemaal konden voorspellen, maar dat grote indruk op ons beiden heeft gemaakt. Twijfels over de effectiviteit van de EMDR-behandeling heb ik sindsdien niet meer gehad.

Klachten en voorgeschiedenis

Edwin werd op 13-jarige leeftijd opgenomen in de kinderkliniek van het Dr. Leo Kannerhuis (LKH) in verband met zijn stoornis in het autistisch spectrum. Na enkele jaren in de kinderkliniek wordt hij doorgeplaatst naar de jongerenkliniek waar hij, inmiddels 16 jaar oud, behandeling krijgt in een groep van zes adolescenten. Edwin is een jongen met een forse autistische stoornis, wat zich met name uit in een zeer vertraagde informatieverwerking, moeite met sociale contacten en gebrekkig sociaal inzicht. Daarnaast is er bij Edwin sprake van preoccupaties in het denken (steeds dezelfde herhalende gedachten). Edwin raakt snel overprikkeld wanneer hij te veel informatie krijgt of te veel sociale interacties moet verwerken. Hij raakt dan in de war en probeert weer grip te krijgen op zijn verwarring door verklaringen te zoeken. Door Edwins beperkte inzicht in de omgeving zijn deze verklaringen vaak niet conform de werkelijkheid en veroorzaken ze bij hem nog meer verwarring. In het verleden is er daardoor sprake geweest van prepsychoses. Verder is bekend dat Edwin op jonge leeftijd zeer waarschijnlijk te maken heeft gehad met seksueel misbruik door zijn vader. In een later stadium heeft een jongen seksuele handelingen verricht bij Edwin en moest hij bij hem seksuele handelingen verrichten.

Onlangs is Edwin bij mij (zijn behandelcoördinator) gekomen met het verzoek te mogen praten met een therapeut over alle dingen die hij heeft meegemaakt. Als behandelteam worden we daarmee in een lastig parket gebracht omdat we bang zijn dat gesprekken over zijn verleden een ontregeling van het wankele evenwicht van Edwin tot gevolg zou kunnen hebben. Het team is aanvankelijk van mening dat zijn behandeling zich niet moet richten op de verwerking van eerdere ingrijpende gebeurtenissen, maar dat vooral de nadruk gelegd moet worden op stabilisatie, ordening en overzichtelijk maken van de omgeving. De antidepressieve medicatie die hiervoor wordt gegeven (een SSRI) wordt op zeker moment door Edwin hardnekkig geweigerd. In overleg met de behandelend psychiater wordt dit noodgedwongen toegestaan, waarbij in de omgeving naar meer rust gezocht moet worden om het wankele evenwicht van Edwin niet te ernstig te laten verstoren. Naar aanleiding van het stoppen van de medicatie vertelt Edwin dat hij oude herinneringen over onveilige situaties op een eerdere leefgroep terugkrijgt en ook flashbacks heeft met betrekking tot beelden/sferen van ‘dat met die jongen’ en ‘dat met zijn vader’.

Hij blijft aandringen op ‘therapie’ om deze en andere zaken die hij heeft meegemaakt te verwerken. Uiteindelijk stemt het team in met gesprekken waarin de gebeurtenissen geordend worden, in de hoop dat dat Edwin voldoende overzicht geeft om verder te kunnen. Mij wordt gevraagd deze gesprekken te voeren en te beoordelen of verdere behandeling mogelijk en nodig is. Voordeel hiervan is dat ik in de dubbelrol van behandelaar en coördinator ook kan beoordelen wat nodig is om voor stabiliteit te zorgen in het functioneren van Edwin.

Posttraumatische stressklachten Na een eerste inventarisatie worden de volgende problemen bij Edwin gerapporteerd:
- Hyperalertheid
- Slaapproblemen en nachtmerries
- Niet tegen grapjes over seks kunnen
- Zich heel ongemakkelijk voelen/onveilig voelen bij bezoeken aan zijn vader
- Niet met anderen alleen kunnen zijn en dit vermijden
- Niet aangeraakt willen worden
- Hyperventilatie
- Herbelevingen
- Moeite met het vertrouwen van anderen en geen vriendschappen aan durven gaan
- Altijd willen weten waar iedereen is en wat ie doet, om niet meer overvallen te worden door nare gebeurtenissen

Bij deze inventarisatie wordt onmiddellijk duidelijk dat er een overlap is van klachten die vanuit autisme verklaard kunnen worden en klachten die het gevolg kunnen zijn van een posttraumatische stressstoornis. Het niet aangeraakt willen worden en het niet kunnen aangaan van sociale contacten/vriendschappen zijn mijns inziens symptomen die heel goed vanuit autisme verklaard kunnen worden. De slaapproblemen en nachtmerries alsook hyperventilatie zien we regelmatig als symptomen van overprikkeling bij ASS en hoeven niet onmiddellijk tekenen van een posttraumatische stressstoornis te zijn. Daarnaast zien we bij mensen met autisme ook de behoefte om van iedereen te willen weten wat ie doet en waar hij is, omdat ze erg bang zijn voor onverwachte gebeurtenissen. Toch weet Edwin me te overtuigen dat deze symptomen voor hem gekoppeld zijn aan de gebeurtenissen in het verleden. Hij zet verbazingwekkend precies (voor iemand met zoveel chaos in zijn hoofd en zoveel communicatieve beperkingen) op een rijtje van welke zaken hij last heeft gehad en welke klachten daarbij horen: de nachtmerries gaan over de seksuele toenaderingen die er zijn geweest. De herbelevingen overvallen hem wanneer iemand dicht bij hem in de buurt is of hem per ongeluk aanraakt, waarbij hij flarden ziet van de jongen die hem seksueel misbruikt heeft en de sfeer voelt (geen beelden, wel een hele donkere kleur, een nare geur en een eng gevoel) van 'dat met zijn vader'. Dat hij anderen niet in vertrouwen wil nemen komt doordat hij bang is dat ze weer dingen bij hem gaan doen die hij niet wil.

Waarom EMDR?

Het verwoorden van sensaties, gedachten en gevoelens is zo moeilijk voor Edwin dat gekozen wordt voor EMDR als 'niet-verbale' behandelmethode. Een ander behandelalternatief lijkt niet voorhanden: imaginaire exposure, het meest gangbare alternatief binnen de cognitieve gedragstherapie, lijkt veel te belastend voor een jongen die zo weinig verstoring verdraagt en zo'n trage informatieverwerking heeft. Het behandelend team gaat akkoord met de behandeling, maar is bang dat Edwins draagkracht overschreden gaat worden en dat hij psychotisch wordt. Om dit te voorkomen, wordt met Edwin afgesproken dat hij weer aan medicatie begint wanneer hij te veel in de war raakt. Ook wordt de behandeling in de zomervakantie gestart, zodat de belasting van schoolzaken minimaal is. Edwin hoeft in de groep ten tijde van de behandeling geen extra taken te verrichten en andere leerdoelen worden zo veel mogelijk opgeschort. Daarnaast is er intensief overleg met moeder en met de groepsleiding om bij ontsporing snel in te kunnen grijpen.

Verloop van de behandeling

Keuze van de stimulatie

Voor de start van de EMDR-sessies wordt uitgebreid stilgestaan bij de wijze van bilaterale stimulatie die voor Edwin passend is. Dit is een moeilijke klus. De 'veilige plek' wordt geoefend met de koptelefoon en de klikjes. Edwin vindt het afschuwelijk. De klikjes zijn te hard voor hem en komen te heftig binnen. Daarnaast verdraagt hij de koptelefoon niet op zijn oren (ook niet de later zelf meegenomen oordopjes). Hij geeft aan er te veel door afgeleid te worden. De oogbewegingen vindt hij niet fijn: hij wordt er duizelig van en kan de vingers van de therapeut niet volgen. Daarna worden de handtaps geprobeerd: Edwin vindt het dermate onprettig om aangeraakt te worden, dat dit niet als alternatief gebruikt kan worden. We besluiten toch tot gebruik van de oogbewegingen, waarbij het tempo van de vingers fors wordt aangepast en Edwin uitzicht heeft op een witte muur. Met deze aanpassingen kan hij het tempo bijbenen, zonder duizelig te worden.

Keuze van therapieonderwerp

Omdat Edwin snel van slag raakt wanneer hij controle verliest over het therapieproces, kies ik ervoor om Edwin zelf te laten kiezen met welk van de drie trauma's hij als eerste aan de slag wil gaan. Zo kan hij zelf beoordelen wat hij op dit moment wel of niet aankan. Hij wil met het minst nare beginnen ('Dat met die jongen').

Voorbereiding

Edwin lijkt voornamelijk behoefte aan structuur, overzicht en controle te hebben, om niet te verdwalen in zijn herbelevingen en de chaos in zijn hoofd. De volgende voorbereidingen worden getroffen. Op een groot vel papier wordt een levenslijn van 0 tot 16 gemaakt met ingrijpende gebeurtenissen waarbij ook mooie ervaringen in zijn leven worden aangegeven (zoals een hele fijne vakantie en dergelijke). De ingrijpende gebeurtenissen worden samen met Edwin geclusterd in drie te onderscheiden onderdelen, geordend naar ernst van de ervaringen:

1.	Dat met zijn vader	5 jaar	meest nare
2.	De tijd in de instelling	10 jaar	
3.	Dat met die jongen	7 jaar	minst nare

Ervaring 1 en 3 hebben een seksueel karakter, ervaring 2 gaat om het zich volstrekt onveilig voelen in een leefgroep waar onvoldoende personeel was en het personeel door jeugdigen met ernstige gedragsproblemen werd bedreigd en belaagd. Op een tweede papier teken ik drie hokjes met daarin de bovenstaande gebeurtenissen. Op het derde papier wordt de ervaring 'Dat met die jongen' in vier meest nare beelden uitgewerkt. De beelden krijgen een naam, zoals: 'Dat met die jongen onder de trap', waarbij hij in een kelder door de jongen gedreigd wordt met een touw en verplicht wordt seksuele handelingen bij hem te verrichten. Een andere naam is 'Dat met het onweer', waarbij hij weer in de kelder zit, het buiten onweert, waardoor de sfeer heel dreigend is, en hij weer seksuele handelingen moet verrichten. Een andere naam is: 'In de taxi' waarin hij met de jongen die hem misbruikt in de taxi naar huis rijdt en deze jongen het beentje breekt van het kleinkind van de taxichauffeuse. Edwin hoort dat beentje kraken.

Deze drie vellen papier worden bij iedere sessie gebruikt om te beginnen en te eindigen. Het beeld waarmee gewerkt wordt is in zicht, de andere beelden worden afgedekt met lege vellen papier en zijn tijdens de sessie niet zichtbaar.

Start van de tweede sessie

Therapeut	[laat het eerste vel zien] Kijk Edwin, hier is je tijdslijn. Hierop staan naast een aantal leuke dingen in je leven ook de nare dingen die je hebt meegemaakt. Kijk, dit zijn die drie nare dingen [laat tweede vel papier zien]. We zijn de

	vorige keer bezig geweest met 'Dat met die jongen'. [therapeut dekt andere twee beelden af], weet je dat nog?
Edwin	Ja.
Therapeut	[laat derde vel papier zien] En toen zijn we bezig gegaan met een onderdeel van 'Dat met die jongen', namelijk 'Dat met die jongen onder de trap'. Kun je je dat nog herinneren van de vorige keer?
Edwin	Ja, dat weet ik nog.
Therapeut	Oké, hartstikke goed. En daarmee waren we nog niet helemaal klaar, want jij voelde nog wel spanning als je naar dat plaatje kijkt. Klopt hè?
Edwin	Ja, dat is waar.
Therapeut	Goed, dan gaan we vandaag daarmee verder. Kunnen we aan de slag?
Edwin	Ja.
Therapeut	Oké, Edwin, als je nu naar het plaatje kijkt, hoe naar is het dan nu nog om naar het plaatje te kijken op een schaal van 0 tot 10? Wat maakt het nu nog zo naar om naar dat plaatje te kijken?

Einde van de desensitisatie

Edwin	Dat gaat me niet nog een keer gebeuren, dat ik helemaal niks kan doen... Wat gek, het lijkt net alsof ik alles om me heen helderder zie... Het lijkt wel of ik meer contact heb met de dingen om me heen... Het is niet naar meer om aan te denken nu...

Einde van de sessie

Therapeut	Prima Edwin, we gaan stoppen. Je hebt veel gedaan vandaag. De hele situatie 'Dat met die jongen onder de trap' is klaar (wijst op het derde vel waarop het vakje 'Dat met die jongen onder de trap' nog open ligt en de rest is afgedekt). Hartstikke goed. Kijk daar kunnen we nu een streep doorzetten. Zet de streep maar (Edwin zet de streep). Dit was een van de drie nare dingen die er in je leven zijn gebeurd, kijk maar (legt tweede vel papier met de drie vakjes met nare gebeurtenissen bovenop). En deze

	drie nare gebeurtenissen zijn onderdeel van je hele levensgeschiedenis (legt tijdslijn bovenop de andere vellen), waarin naast de vervelende dingen ook veel leuke dingen zijn gebeurd, zoals de vakantie met je moeder. Weet je nog?
Edwin	Ja, ik weet het.
Therapeut	Goed, dan stoppen we nu en ga je terug naar de groep. Daar kun je nog een half uurtje achter de computer voordat je gaat eten, precies zoals we met de groep hebben afgesproken. Je hebt het hartstikke goed gedaan!
Edwin	Oké.

De volgende sessies

Er volgen nog zes sessies, waarvan vier EMDR-sessies en twee sessies waarin Edwin niet in staat is om EMDR te doen omdat hij te zeer overprikkeld is door zaken die in de groep speelden. Wanneer alle beelden die gekoppeld zijn aan het seksueel misbruik door die jongen zijn gedesensitiseerd, is er bij Edwin sprake van een opmerkelijke verbetering in zijn functioneren. Zijn nachtmerries zijn over, hij heeft geen herbelevingen meer, hij slaapt beter en is meer ontspannen. De hyperalertheid en hyperventilatie verdwijnen, hij durft meer initiatief te nemen in het contact en is minder angstig bij aanraking.

Na de behandeling van het eerste trauma, 'Dat met die jongen', blijken bij Edwin de herinneringen rondom het onveilige verblijf in een vorige leefgroep als het ware langzaam te verbleken. Hij kan zich steeds minder van die situaties herinneren en heeft ook geen last meer van herbelevingen wanneer er in de groep ruzies of conflicten zijn. Edwin lijkt weer in staat te zijn deze nare ervaringen zelf te verwerken.

De gebeurtenissen met zijn vader wil Edwin uiteindelijk niet met EMDR aangaan. Hij geeft aan hier toch te weinig beelden bij te hebben. Daarnaast is hij zo opgelucht door het verminderen van een groot aantal van de klachten, dat de lijdensdruk voor hem niet meer zo hoog is om nog een keer met het voor hem zo vermoeiende EMDR aan de slag te gaan. Omdat dit een afgewogen besluit van Edwin is, kan ik hier alleen maar achterstaan. Edwin gebruikt de daaropvolgende behandelsessies om zijn verhouding met zijn vader opnieuw te bezien en gezamenlijk wordt een manier bedacht om het seksueel misbruik door zijn vader 'achter zich te laten' en 'een plek te geven'.

De totale behandeling van Edwin neemt anderhalf jaar in beslag met een aantal keer een pauze van een maand, wanneer Edwin overprikkeld is of te veel aan zijn hoofd heeft. De voorbereidingen (vanaf de start van de gesprekken tot de eerste echte EMDR-sessie) hebben ongeveer 15 sessies in beslag genomen. De periode dat EMDR-behandeling heeft plaatsgevonden duurde drie maanden. Zowel Edwin als zijn moeder geven twee jaar na afronding van de totale behandeling nog steeds aan dat de EMDR-behandeling de meeste verbetering in het functioneren van Edwin heeft gebracht.

Discussie en beschouwing

De protocollaire aanpak van EMDR blijkt vanwege de structuur en voorspelbaarheid voldoende houvast te geven om de behandeling te kunnen verdragen. De aandacht voor de specifieke beperkingen en eigenaardigheden bij een autismespectrumstoornis zijn hierbij cruciaal geweest voor het nodige basisvertrouwen in zichzelf ('Ik kan het aan, ik houd controle') en de therapeut ('De therapeut begrijpt mij, houdt rekening met mij').

De inzet van EMDR bij Edwin bleek succesvol te zijn. Hij imponeerde door zijn moed om ondanks zijn autistische stoornis en de ernst van zijn klachten, in staat te zijn ingrijpende gebeurtenissen onder ogen te zien en daarover te communiceren met zijn therapeut.

Deze casus bewijst dat EMDR een zeer geschikte en succesvolle traumabehandeling kan zijn bij jeugdigen met een autismespectrumstoornis. Van de therapeut wordt wel het nodige gevraagd aan inlevingsvermogen, sensitiviteit, creativiteit en flexibiliteit. Dat zijn juist die eigenschappen die bij de cliënt zelf regelmatig ontbreken. Dit maakt het toepassen van een EMDR-behandeling bij deze speciale doelgroep tot een uitermate spannende en boeiende ervaring.

Casus 18 Getraumatiseerd door een eigen misdrijf

Behandeling van een 15-jarig meisje dat vrijkomt uit de jeugdgevangenis

Arianne Struik
Arianne Struik is GZ-psycholoog, systeemtherapeut en programmaleider emotionele stoornissen binnen het Centrum voor kinder- en jeugdpsychiatrie Herlaarhof, onderdeel van de Reinier van Arkelgroep in Vught. Herlaarhof is een 'topreferent' traumacentrum, aangesloten bij het Landelijk Centrum voor Vroegkinderlijke chronische Traumatisering (LCVT). Binnen Herlaarhof worden kinderen en jongeren van 0 tot 18 jaar behandeld binnen een poliklinische en (dag)klinische setting. Arianne Struik is gespecialiseerd in de behandeling van ernstig vroegkinderlijk getraumatiseerde kinderen. Ze behandelt kinderen met EMDR binnen een poliklinisch en (dag)klinische setting. Zij is EMDR-practitioner en -supervisor.

De plegers van een misdrijf behandel je toch niet voor hun trauma's? Hadden ze maar beter moeten nadenken. Ze hebben hun eigen klachten veroorzaakt en ook nog eens slachtoffers getraumatiseerd. Het verhaal van de jonge Gea laat zien dat de werkelijkheid veel gecompliceerder kan zijn.

Klachten en voorgeschiedenis

Gea is een meisje van 15 jaar met PDD-NOS (een stoornis in het autistisch spectrum; zie kader in de inleiding bij deel VI), waarvoor ze in behandeling is binnen de kinder- en jeugdpsychiatrie. Ze heeft gesprekken met een van mijn collega's waarin psycho-educatie centraal staat. Haar ouders hebben ouderbegeleiding om te leren omgaan met de handicap van hun dochter. Gea leeft in haar eigen wereld en het is voor haar moeilijk om zich in te leven in gedachten en gevoelens van de mensen om haar heen. Ze reageert vaak vanuit haar eigen behoeften en gevoelens op anderen. Ze heeft problemen op school in de omgang met andere jongeren en wordt regelmatig gepest. Ze lijdt daar erg onder en begrijpt niet goed waarom het haar niet lukt om contacten te leggen. Een half jaar geleden ging het minder goed met Gea. Ze werd ontoegankelijker, brutaler en er was meer ruzie tussen Gea en haar ouders. Haar ouders geven bij de behandelaar aan dat ze zich zorgen maken en samen met de ouders en Gea zal een plan worden gemaakt. Totdat er ineens politie op de stoep staat bij Gea's ouders, met de mededeling dat Gea is gearresteerd. Tot hun verbijstering vertelt de politie dat Gea iemand heeft neergestoken. Gea is op het bureau en het slachtoffer is met de ambulance naar het ziekenhuis gebracht.

De ouders van Gea kunnen het in eerste instantie niet geloven, maar als ze Gea mogen zien, vertelt Gea hun het hele verhaal. Gea is met twee vriendinnen naar de stad gegaan om te winkelen. In een sieradenwinkel staan de meiden lang te kijken naar oorbellen. Gea vindt ze schitterend, maar veel te duur. Haar vriendinnen Kimberly en Samanta dagen haar uit ze gewoon mee te nemen. 'Wat maakt dat nou uit, je hebt er recht op', zeggen ze. Gea steekt de oorbellen in haar zak. De verkoopster, die hen hoort smoezen, heeft door dat er iets niet klopt. Ze dwingt de meiden hun zakken leeg te maken. Gea heeft een schaar op zak en steekt in paniek de verkoopster neer. De vrouw raakt ernstig gewond en zakt neer op de grond in een plas bloed. De meiden rennen de winkel uit, maar worden tegenhouden door voorbijgangers die het hebben zien gebeuren en de politie bellen.

Aan haar ouders vertelt Gea dat ze dacht dat ze er recht op had, ze wilde ze gewoon hebben. De schaar had ze op zak om zich te verdedigen, want ze voelde zich al langer bedreigd. Ze is erg in de war en huilt. Ze moet in hechtenis blijven en wordt naar de jeugdgevangenis gebracht. Haar ouders bellen radeloos naar hun behandelaar, omdat zij vinden dat Gea in de gevangenis niet op haar plek is. Ze heeft het gedaan omdat ze in de war was door haar autisme en niet omdat ze een gewetenloze crimineel is. Het lukt uiteindelijk om Gea op een psychiatrische afdeling geplaatst te krijgen, maar ze brengt eerst wel enkele weken in de jeugdgevangenis door. Ze is daar erg bang en houdt er veel nare herinneringen aan over.

Op de psychiatrische afdeling wordt er voor Gea eerst rust gecreëerd, door haar dag te structureren en haar naar een school voor speciaal onderwijs te laten gaan. Daarna krijgt Gea veel uitleg over autisme en de beperkingen die dit meebrengt op het gebied van sociale interacties, emotionele beleving en communicatie. Gea staat nu veel meer open voor psycho-educatie dan voorheen, omdat ze erg graag wil begrijpen waarom ze zo reageerde, zodat ze weer grip op zichzelf kan krijgen. De consequenties van haar gedrag en het effect daarvan op anderen worden stap voor stap met haar besproken, waardoor ze steeds meer gaat beseffen wat ze gedaan heeft. Ze vindt het heel moeilijk om geconfronteerd te worden met haar misdrijf en heeft regelmatig nachtmerries over het bloed en de periode in de jeugdgevangenis.

Gea krijgt spijt en begrijpt niet hoe ze ooit zo dom heeft kunnen zijn. Ze realiseert zich dat Kimberly en Samanta eigenlijk geen goede vriendinnen zijn. Ze zetten haar aan om dingen te stelen, ook van haar ouders, en hebben weinig respect voor anderen. Gea wilde graag bij hen horen. Ze voelt zich erg schuldig ten opzichte van de neergestoken verkoopster en stuurt haar een brief met verontschuldigingen.

Gea heeft een reclasseringsambtenaar die moet beoordelen hoe de behandeling verloopt. Bij onvoldoende vorderingen kan ze worden teruggeplaatst in de jeugdgevangenis. Daar is Gea bang voor, maar de behandeling verloopt goed en Gea krijgt steeds meer zelfinzicht en zelfcontrole. Ze krijgt beter contact met haar ouders en vraagt hen vaker om hulp bij het oplossen van problemen. Gea heeft nog wel posttraumatische stressklachten, zoals herbelevingen, nachtmerries en concentratieproblemen. Ze droomt regelmatig over de neergestoken winkelverkoopster en over de jeugdgevangenis. Ze is bang om ruzie te maken en te worden teruggestuurd naar de gevangenis, wat haar blokkeert om te leren conflicten goed op te lossen. Gea wordt voor deze klachten bij mij als deelbehandelaar aangemeld.

Waarom EMDR?

Bij de indicatiestelling overwegen we in het team uitgebreid of het wel goed is om Gea traumaverwerking aan te bieden. Immers, haar traumagerelateerde klachten zouden haar kunnen weerhouden van een volgend misdrijf en haar blijvend herinneren aan haar slechte daad, waardoor ze op haar hoede zou blijven. Is dat zo verkeerd? Zou het niet goed zijn dat Gea blijft voelen wat ze gedaan heeft?

Gea is in de jeugdgevangenis en in de kliniek echter al tot inkeer gekomen en ze lijkt – zeker gezien haar autisme – een goed besef te hebben van wat ze verkeerd heeft gedaan. Gea zal zich het voorval en de gevolgen daarvan altijd blijven herinneren, dat zal EMDR niet wegnemen. De posttraumatische stressklachten lijken niet bij te dragen aan dit leereffect, maar juist het integreren van die ervaring en het leren van een levensles in de weg te staan. Je leert immers meer van een verwerkte ervaring dan van het keer op keer herbeleven van een onverwerkte ervaring. Bovendien is het misdrijf niet voortgekomen uit een stoornis in de impulscontrole, waarbij een herbeleving als scherpe prikkel wellicht wel zou kunnen bijdragen aan het weerhouden van een impulsieve daad. Gea kan door haar integratieprobleem de gevolgen van haar daden niet overzien. Ze richt zich uitsluitend op haar vriendinnen en het 'erbij willen horen', ten koste van alles. Doordat ze erg overvraagd was, kreeg ze een impulsdoorbraak. Dat zou zich naar alle waarschijnlijkheid niet herhalen wanneer de stress voor Gea hanteerbaar zou blijven. Daarom wordt besloten om de EMDR-behandeling te starten.

Verloop van de behandeling

Gea krijgt in totaal vijf therapiesessies, waarin drie beelden worden behandeld; de laatste sessie wordt afgesloten met een oefening om krachtbronnen in zichzelf te versterken (RDI).

Targetbeeld	Het moment nadat Gea de vrouw heeft neergestoken.
Negatieve cognitie (NC)	'Ik ben een egoïst.'
Positieve cognitie (PC)	'Ik ben oké.'
Validity of Cognition (VoC)	1
Subjective Units of Distress (SUD)	9

Omdat Gea autistisch is, vertelt ze de film (de beelden van de gebeurtenis) heel gedetailleerd en uitgebreid. Dat neemt veel tijd in beslag, maar het is voor haar onmogelijk om het op een hoger abstractieniveau te vertellen. Ook het zoeken naar het naarste beeld is lastiger, omdat ze niet kan zoeken, maar de hele film moet langslopen en dat duurt even, net als een oude videoband die je terugspoelt.

Het kost Gea veel moeite om zo geconfronteerd te worden met haar misdrijf en ze voelt zich erg schuldig.

Desensitisatie: verbatim van Gea naar aanleiding van het targetbeeld van de neergestoken vrouw en de vragen tussen de sets van mij: 'Wat komt er in je op?'

- Bloed
- Wat heb ik gedaan?
- Ik wil dit niet.
- Ze valt.
- Ik moet weg.
- Ik ben egoïstisch, dat alleen om die oorbellen.

De sessie wordt afgesloten met een SUD van 3. Gea heeft erge hoofdpijn.

De volgende sessie is een week later en Gea vertelt geen nachtmerries meer gehad te hebben. We gaan verder met het targetbeeld en bij het opstarten is de SUD nog 3. Het bloed op de schaar geeft haar nog de meeste spanning.

Desensitisatie: verbatim van Gea naar aanleiding van het zelfde targetbeeld van de neergestoken vrouw en de vragen tussen de sets van mij: 'Wat komt er in je op?'

- Ik ben heel egoïstisch geweest.
- Ik zou dat nooit meer doen, ik begrijp nu beter hoe andere mensen denken en voelen.
- Ik heb hulp gehad en ervan geleerd.
- Toch kan ik het mezelf niet vergeven, wat ik die mevrouw heb aangedaan.
- Ik ben slecht.
- Ik was toen slecht, nu heb ik geleerd.
- Wat ik gedaan heb was heel slecht, maar ik kan het niet terugdraaien.
- Ik heb ervan geleerd.
- Ik ben nu niet meer egoïstisch.

Gea komt tijdens deze sessies tot een SUD van 0 en vergeeft zichzelf min of meer dat ze dit gedaan heeft. De uitspraak 'Ik ben oké' heeft een geloofwaardigheid van 4 bij aanvang en Gea sluit af met een VoC van 7. Ze vindt het knap van zichzelf dat ze naar dit beeld heeft durven kijken.

In sessie 3 neemt ze een targetbeeld uit de gevangenis.

Targetbeeld	Gea zit in de cel. Buiten de cel vindt een gevecht plaats waarbij zij zich heel bang en alleen voelt.
NC	'Ik ben waardeloos.'
PC	'Ik ben oké.'
VoC	1
SUD	0

Het desensitiseren gaat sneller en we ronden het targetbeeld af met VoC = 7. Gea zegt erg opgelucht te zijn.

Gedurende de vierde sessie werkt ze aan een laatste targetbeeld uit de gevangenis: het vervoer naar de rechtbank via alle gevangenissen. NC: 'Ik ben waardeloos' en PC: 'Ik ben oké', bij een VoC = 3. Gedurende het desensitiseren komen er herinneringen op waarbij ze, voor haar misdrijf, getuige was van het neersteken van een klasgenoot op school.

Desensitisatie: verbatim van naar aanleiding van het targetbeeld van het vervoer naar de rechtbank en de vragen tussen de sets van mij: 'Wat komt er in je op?'

- Het rijden in de auto duurt zo lang, we rijden maar en ik zit daar maar.
- Ik ben waardeloos.
- Ik ben op school in de kantine.
- Er is ruzie.
- Twee jongens duwen elkaar en schreeuwen heel hard.
- Ik weet niet wat ik moet doen.
- Ik zie bloed, veel bloed.
- Hij heeft een mes.
- Niemand doet iets.
- De jongen loopt weg.
- Hij is ongestraft.

Tijdens de vierde sessie sluit Gea ook deze sessie af met een SUD van 0 en een geloofwaardigheid van 7 voor de uitspraak: 'Ik ben oké.' Gea zegt geen klachten meer te hebben, maar vraagt zich af of dat door de EMDR komt. Behandelaars en ouders merken een groot verschil. Gea slaapt beter, concentreert zich beter en is toegankelijker en meer open. Ze lijkt ook meer zelfvertrouwen te hebben. In de vijfde sessie werken we met Resource Development and Installation (RDI; zie 'Procedures en begrippen') aan het versterken van de zelfbeheersing in een conflictsituatie waarin Gea wordt uitgedaagd. Een jongere waar ze vaak ruzie mee heeft scheldt haar uit voor 'watje' en duwt haar van zich af. Gea versterkt haar hulpbron zelfbeheersing met een herinneringsbeeld uit de gevangenis waarin ze ook erg werd gepest, maar zichzelf wist te beheersen. Door aan dat beeld terug te denken en het gevoel van zelfbeheersing op te roepen, ontdekt Gea dat ze die eigenschap eigenlijk wel in zich heeft, ook al lijkt deze soms even niet beschikbaar.

Als ze daarna kijkt naar het plaatje waarin Gea wordt uitgedaagd en de zelfbeheersing die ze heeft opgeroepen meeneemt, dan zegt ze te zullen weglopen uit de situatie. Ze zegt: 'Eigenlijk ben ik dan veel sterker dan zij, omdat ik me kan beheersen. Dat is veel moeilijker dan je laten gaan. Ik wil niet terug naar de gevangenis en ik laat me door niemand meer zover krijgen dat ik iets doe wat ik niet wil. Dan ben ik veel sterker dan zij.'

In de klinische groep oefent Gea onder andere veel sociale vaardigheden en de groepsleiding vertelt later dat het hun opvalt dat Gea, na de EMDR, zoveel beter met conflicten kan omgaan.

Discussie en beschouwing

Gea is tevreden. Ze vond het moeilijk en confronterend om alles in detail te moeten vertellen. Ze is blij dat ze het gedaan heeft en voelt grote opluchting. Bij de laatste sessies bedankt ze me en zegt dat ze het fijn vindt dat er toch mensen zijn die dit willen doen. 'Wat bedoel je?', vraag ik en dan legt Gea uit: 'Dat je jongeren die een misdrijf hebben gepleegd toch wilt helpen en wilt behandelen, ondanks dat ze straf verdienen. Niet iedereen wil een kind die iemand heeft neergestoken helpen.'

Met die opmerking van Gea geeft ze eigenlijk zelf het antwoord op de vraag die ons bezighield voorafgaand aan het stellen van de indicatie EMDR. Uit deze casus blijkt dat het zeker zinvol en ethisch verantwoord is om plegers van misdrijven te behandelen voor hun traumagerelateerde klachten. Bovendien is het maar de vraag of het ethisch verantwoord is om plegers van misdrijven een behandeling voor hun traumagerelateerde klachten te onthouden. Zelfs als de angst voor herbelevingen het enige zou zijn dat de pleger nu nog weerhoudt van een volgend misdrijf, dan is het weliswaar voorstelbaar dat hulpverleners moeite hebben hem of haar van die klachten af te helpen, maar daarmee is het zeker niet ethisch om hem of haar een behandeling te onthouden. Volgens mij moet behandeling dan zeker plaatsvinden en vervolgens moet er naar andere manieren worden gezocht om nieuwe misdrijven te voorkomen. De behandeling van Gea laat zien dat met behulp van EMDR onverwerkte herinneringen kunnen veranderen in goed opgeslagen herinneringen, waaruit levenslessen worden gedestilleerd waarmee verdere misdrijven voorkomen worden.

Deel VII
Lichamelijke verschijnselen en reacties

Inleiding

De uitdrukking 'Een gezonde geest in een gezond lichaam' geeft al aan dat onze psyche en ons lichaam elkaar sterk beïnvloeden. Wanneer onze maag leeg is, kunnen we al heel snel aan niets anders meer denken dan aan eten. Omgekeerd kan onze keel dichtgeknepen worden door angst, kunnen we een vertrokken gezicht krijgen van woede en krijgen we rimpels en grijze haren van de zorgen. Extreme voorbeelden van de invloed van onze psyche op ons lichaam zijn de zogeheten conversieverschijnselen: het hebben van bepaalde lichamelijke verschijnselen of zelfs handicaps (bijvoorbeeld verlamd, blind of doof) zonder een duidelijk aanwijsbare lichamelijke oorzaak. Christina uit casus 20 heeft last van afonie, een conversieverschijnsel waardoor ze écht van het ene op het andere moment niets meer kan zeggen. Het lijkt erop dat de psychologische stress bij Christina zo hoog oploopt dat ze niet weet hoe ze deze stress anders moet hanteren dan met dit vreemde conversieverschijnsel. Conversie geschiedt onbewust. Het is de lichamelijke tegenhanger van dissociatie (zie deel V). Er is beslist geen sprake van opzet of het voorwenden van de klachten en het is vrijwel altijd een reactie op acute psychologische stress. Om die reden besluit de therapeute van Christina, Indra Spierts, om EMDR in te zetten.

Een andere relatie tussen lichaam en geest is het watertanden wanneer we aan ons lievelingsgerecht denken of de rillingen die weer over ons lichaam lopen wanneer we ons een enge gebeurtenis herinneren. Merlijn van Eijk beschrijft in casus 21 een fenomeen dat vaak tijdens EMDR-sessies optreedt: hoe haar cliënte Karin tijdens de EMDR-sessies veel reacties en herbelevingen op fysiek niveau ervaart, zoals benauwdheid, de neiging te moeten overgeven en schokbewegingen. Bijzonder zijn de stigmata die zij in de thuissituatie ervaart: om haar mond rode irritatieplekken, exact in de vorm en op de plek waar de pleisters hebben gezeten die tijdens een operatie de intubatieslang vasthouden.

Ook pijn wordt beïnvloed door onze geest. Dé manier om de pijn erger te maken, is er voortdurend mee bezig te zijn, terwijl ze door afleiding dikwijls minder hevig wordt. Geïnspireerd door een aantal casusbeschrijvingen van succesvolle EMDR-behandelingen van chronische pijn in de internationale literatuur, zijn in Nederland Carlijn de Roos en Sandra Veenstra al enige jaren bezig met de toepassing van EMDR bij diverse typen chronische pijn

(De Roos & Veenstra, 2008). Een bijzondere vorm van pijn is fantoompijn: pijn die gevoeld wordt in een geamputeerd lichaamsdeel. Fantoom betekent letterlijk 'spook' of 'hersenschim'; je ervaart pijn, terwijl het pijnlijke lichaamsdeel er in werkelijkheid niet meer is. Samen met anderen (De Roos e.a., ter publicatie aangeboden) verrichtten Carlijn de Roos en Sandra Veenstra een pilotstudie naar EMDR bij fantoompijn en werd een aangepast EMDR-protocol voor pijn ontwikkeld. Tien cliënten die na beenamputatie ruim 13 jaar fantoompijn hadden, kregen gemiddeld 5,9 EMDR-sessies van anderhalf uur aangeboden. Bij vier cliënten verdween de pijn geheel, bij vier verminderde de pijn en bij twee cliënten had de behandeling geen effect. Er werd een significante vermindering van pijnintensiteit voor de gehele groep gevonden, een effect dat gehandhaafd bleef bij follow-up na drie maanden (De Roos & Veenstra, 2008). Hoewel vervolgonderzoek natuurlijk nodig is, blijft het verbazingwekkend dat bij vier cliënten na enkele EMDR-sessies al ruim 13 jaar durende fantoompijn volledig verdwijnt. Sandra Veenstra beschrijft in casus 19 hoe bij mevrouw Tiggelaar chronische fantoompijn die al 17 jaar bestaat met EMDR in enkele weken tijd vrijwel volledig wegtrekt en ook wegblijft. In de discussie gaat zij in op de theoretische achtergronden voor het toepassen van EMDR bij deze problematiek.

Casus 19 Op jacht naar het spook

Chronische fantoompijn die al 17 jaar bestaat

Sandra Veenstra
Sandra Veenstra is klinisch psycholoog en psychotherapeut. Zij is tevens EMDR-practitioner en cognitief gedragstherapeut, werkzaam in een solopraktijk voor volwassenen. Zij heeft zich gespecialiseerd in het werken met cliënten met chronische medische klachten en chronische pijn.

Van fantoompijn is bekend dat deze niet goed behandelbaar is en er zijn tevergeefs vele behandelingen uitgeprobeerd (zie hiervoor een overzicht van Chahine, 2007). Toch zijn er de laatste tijd steeds meer aanwijzingen dat na behandeling met EMDR deze pijn kan verminderen of zelfs geheel kan verdwijnen. In 2001 publiceerde een Amerikaanse EMDR-therapeute, Linda Vanderlaan, in een EMDR-nieuwsbrief een anekdote van een verrassende genezing van fantoompijn bij een 15-jarig meisje, terwijl zij haar cliënte behandelde voor verwerkingsproblematiek rondom de amputatie van een been (Vanderlaan, 2001). Diverse andere EMDR-therapeuten volgden met publicaties over succesvolle fantoompijnbehandelingen (Tinker & Wilson, 2005; Schneider et al., 2007, 2008; Wilensky, 2006). De hier beschreven casus laat zien hoe chronische fantoompijn, die al 17 jaar bestaat, met EMDR in enkele weken tijd vrijwel volledig wegtrekt en ook wegblijft. In het besef dat wetenschappers en artsen melden dat fantoompijn niet goed behandelbaar is en wetende dat de hier beschreven cliënte in haar wanhoop al het nodige had geprobeerd aan behandelingen, is de behandeling en het effect ervan een bijzondere gebeurtenis en een keerpunt in haar leven.

Chronische fantoompijn

Chronische fantoompijn is een vorm van pijn die optreedt na amputatie van een lichaamsdeel, waarbij de cliënt ervaart dat het betreffende lichaamsdeel nog aanwezig is en pijn doet. Deze pijn kan tientallen jaren aanhouden en wordt ervaren als een zeer intense en nare pijn. Ongeveer 80% van de mensen die een arm of been moeten laten amputeren, krijgt fantoompijn. De vorming van fantoompijn blijkt gekoppeld te zijn aan wat er in de hersenen en het zenuwstelsel gebeurt na verwijdering van een lichaamsdeel. Uit hersenonderzoek blijkt dat de gebieden in de hersenen waarmee we ons lichaam voelen en bewegen (sensorische en motorische cortex) na de amputatie van een arm of been toch nog activiteit blijven vertonen. Deze hersengebieden blijken – in combinatie met het gevoeliger worden van het centraal zenuwstelsel – pogingen te doen om tot een nieuwe taakverdeling te komen (zogeheten corticale reorganisatie). Wanneer dit niet goed lukt, resulteert dit in fantoompijn: het geamputeerde lichaamsdeel wordt toch nog gevoeld door deze spontane activiteit in de hersenen.

Klachten en voorgeschiedenis

Mevrouw Tiggelaar komt met haar scootmobiel mijn spreekkamer binnengereden. Ze is 66 jaar en mist haar linkerbeen. Haar rechterbeen ligt horizontaal op een steun. Ze is verwezen door haar internist omdat ze niet meer wil leven met de fantoompijn die al 17 jaar lang, elke dag, elk uur, aanwezig is.

Voorgeschiedenis

Het was allemaal begonnen toen mevrouw Tiggelaar 17 jaar geleden ernstige problemen kreeg met de doorbloeding van haar benen. De slagader van haar linker bovenbeen bleek ernstig vernauwd en haar been was als gevolg daarvan koud en pijnlijk geworden. Ze kon er niet goed meer mee lopen. De bloedvatvernauwing werd geopereerd door een vaatchirurg waarbij een bypass werd aangebracht. Na de operatie zat haar linkerbeen in strak verband. Enkele dagen na de operatie kreeg zij heftige pijn en koorts. Er bleek sprake te zijn van een ernstige ontstekingsreactie en de artsen besloten na enkele weken dat er geen andere oplossing meer was dan het been te amputeren. Mevrouw Tiggelaar herinnert zich het moment waarop dit haar werd meegedeeld nog goed. De arts had kortaf meegedeeld: 'Je been moet eraf' en was direct weggelopen. Als ze hieraan terugdenkt, voelt ze zichzelf nog steeds woedend over hoe bot deze arts dit zei en ze begint te huilen bij de herinnering. Ze vertelt dat ze nog regelmatig aan dat moment moet terugdenken en ervan droomt.

Het linkerbeen is boven de knie geamputeerd. Mevrouw Tiggelaar heeft in haar rechterbeen nog steeds soortgelijke problemen met de doorbloeding, waardoor dit zo veel mogelijk horizontaal gehouden moet worden om de doorbloeding optimaal te maken. Daardoor is het lopen met een prothese niet mogelijk en is ze nu rolstoelafhankelijk

Hoofdklacht

Mevrouw Tiggelaar heeft altijd pijn. Zij heeft het gevoel dat haar geamputeerde linkerbeen er nog zit en dat het enorm pijn doet, dezelfde pijn als in de dagen tussen de operatie van de bloedvatvernauwing en de amputatie. Ze beschrijft dat het nog steeds lijkt alsof er een strak verband om haar bovenbeen zit en ze voelt de rand van het verband knellen. Maar er is noch een bovenbeen, noch een verband. Ze ervaart geen fantoomknie en kan haar fantoombeen voor haar gevoel niet bewegen. Verder voelt ze in haar fantoomvoet scherpe en prikkende pijnen alsof er naalden in worden gestoken. Waneer haar gevraagd wordt haar pijn in een getal aan te geven op een schaal van 0 tot 10 waarbij 0 staat voor 'geen pijn' en 10 voor 'de ergste pijn die denkbaar is', geeft ze aan dat haar pijn schommelt tussen een 8 en een 10. De pijn is meestal op niveau 8, vertelt ze. Maar enkele malen per dag zijn er uitschieters naar niveau 10. Op zo'n moment kan ze de pijn niet verbergen en mensen die dan bij haar in de buurt zijn zien haar ineenkrimpen van de pijn.

Haar leven is totaal veranderd door het dagelijks lijden – al zeventien jaar lang – onder de helse pijnen. Ze beschrijft dat ze door de pijn prikkelbaar is en daardoor sneller boos uitvalt. Verder is ze depressief en sluit zich meer en meer af van anderen. Behalve de hulpverleners van de thuiszorg komt er bijna niemand meer op bezoek. Familie en vrienden blijven uit de buurt en mevrouw is in de loop van de jaren steeds verder vereenzaamd. Vroeger was ze een levensgenieter en heel sociaal. Nu heeft ze nergens meer zin in en wil eigenlijk liever niet meer leven.

Medicatie en eerdere behandelingen

Mevrouw Tiggelaar heeft diverse soorten pijnmedicatie geprobeerd, maar geen enkel medicijn heeft de fantoompijn beïnvloed. Via een fysiotherapeut kreeg zij TENS (transcutane elektrische neurostimulatie), ofwel zenuwprikkeling met een lichte elektrische stroom die door de huid gaat. Ze leerde de TENS zelf thuis toe te passen. Bij plaatsing van de TENS-elektroden op de stomp daalt de fantoompijn een beetje. Het effect is altijd tijdelijk en als zij het apparaat weer uitzet, is helaas het pijnstillend effect ook weer weg.

Woon-leefsituatie

Mevrouw Tiggelaar woont zelfstandig in een zorgflat en krijgt dagelijks persoonlijke verzorging door de thuiszorg. Ze heeft verder geen hobby's of bezigheden en besteedbare tijd brengt ze door met televisiekijken.

Waarom EMDR?

De belangrijkste reden om bij fantoompijn te denken aan EMDR is dat er meerdere voorbeelden uit de literatuur en uit onze klinische praktijk bekend zijn, waarbij EMDR de fantoompijn verminderde of deed verdwijnen. Voor veel voorgeschreven medicijnen geldt dat medici wel weten dat ze effect hebben, maar niet waarom. Ditzelfde is van toepassing voor EMDR bij fantoompijn. Met recent onderzoek naar de functies van de hersenen komen we wel steeds dichter bij mogelijke verklaringen voor de werking van EMDR bij fantoompijn.

Zowel emoties als pijn ervaren we met onze hersenen. Bij elk type ervaring werken meerdere hersengebieden in een onderling verbonden netwerk – een *neuraal netwerk* – samen. Bij de cliënt met chronische pijn zijn sommige hersengebieden overgevoelig of overactief, terwijl in andere gebieden de activiteit juist terugloopt. De hersenen zijn bij chronische pijn als het ware uit balans. Ook bij uitval van zenuwbanen naar de hersenen, zoals gebeurt bij een amputatie, kunnen de hersenen uit evenwicht raken. Bij zowel emotionele problemen als bij chronische (fantoom)pijn is er te veel activiteit in het limbisch systeem (het binnenste deel van het brein) en te weinig activiteit in het voorste deel, de neocortex (het buitenste deel van het brein). Het evenwicht dat we in gezonde toestand wel hebben in onze hersenen, is zoek: de neocortex kan het limbisch systeem niet goed meer afremmen. Wanneer EMDR helpt de activiteit van emotionele neurale netwerken af te remmen (de angst en spanning nemen immers af), zou het dan ook niet de activiteit van fantoompijnnetwerken kunnen afremmen?

Bovendien is er een feitelijke overlap tussen de neurale netwerken van (fantoom)pijn en die van posttraumatische stress. Bij beide netwerken is onder meer de amygdala in het emotionele brein actiever. Waarschijnlijk versterken beide netwerken elkaar wederzijds: het posttraumatisch stressnetwerk jaagt het pijnnetwerk aan en het pijnnetwerk jaagt het posttraumatisch stressnetwerk aan. Een voorbeeld hiervan uit de praktijk: een cliënt die bij een motorongeluk zijn been verloor en nu bij het zien of horen van een motor een aanval van fantoompijn krijgt. De emotionele reactie op de motor activeert de pijn. En andersom: bij een aanval van fantoompijn moet hij steeds weer op emotionele wijze aan het ongeluk terugdenken.

Bij de beantwoording van de vraag waar de behandeling zich achtereenvolgens op moet richten, kiezen wij ervoor om eventuele traumatische herinneringen eerst te behandelen. Wanneer verwerking van deze herinneringen plaatsvindt, worden pijnherinneringen die onderdeel zijn van het traumatische emotionele netwerk ook meegenomen, waarna pijndaling het gevolg kan zijn. De resterende pijn kan dan als het ware toegeschreven worden aan het neurale netwerk van de fantoompijn zelf. Deze volgorde van behandelen voorkomt dat posttraumatische stress de fantoompijn blijft 'aanjagen', waardoor het werken met de fantoompijn zelf belemmerd wordt.

Verloop van de behandeling

In het intakegesprek werd het ontstaan, verloop en de actuele situatie van de fantoompijn in kaart gebracht. Daarna noteerde mevrouw Tiggelaar haar fantoompijnklachten gedurende twee weken driemaal daags in een pijndagboek op een pijnschaal van 0 (geen pijn) tot 10 (de ergst denkbare pijn). Hieruit bleek dat de pijn zich vrijwel continu op niveau 8 bevond, met uitschieters naar 10. Er volgde een tweede gesprek waarin de behandeling met EMDR werd voorgesteld en uitgelegd.

Mevrouw Tiggelaar had enkele posttraumatische stressklachten. Zo toonde ze heftige emoties bij het vertellen over hoe de arts haar meedeelde dat het been geamputeerd moest worden en ook had ze spontane herbelevingen van deze gebeurtenis. Het lag voor de hand deze beladen herinnering als eerste te behandelen.

Targetbeeld	Mevrouw Tiggelaar ligt in het ziekenhuisbed, de arts zegt 'Je been moet eraf,' draait zich om en loopt weg.
Negatieve cognitie (NC)	'Ik ben waardeloos.'
SUD	9 (ze vond de herinnering nog steeds erg naar en voelde zich misselijk worden in haar maag)

Deze EMDR-sessie verliep heel voorspoedig en de spanning (SUD) daalde van 9 naar 0. Mevrouw Tiggelaar bleek bij het volgende contact niet meer aan de herinnering gedacht te hebben en ook dromen kwamen niet meer voor. Ze had echter geen effect gemerkt op de fantoompijn en daar kwam ze toch eigenlijk voor.

In de tweede EMDR-sessie is alleen met de actuele fantoompijn zelf gewerkt (zie De Roos en Veenstra, 2008). Dit houdt in dat de behandelaar de cliënt vraagt zich volledig op de pijn te concentreren, daarna de pijn te volgen tijdens de fase waarin bilaterale stimulatie wordt toegepast en te benoemen wat hij merkt. Regelmatig checkt de behandelaar hoe sterk de pijn is op een schaal van 0 tot 10.

Bij de start van de sessie gaf mevrouw Tiggelaar de sterkte van de fantoompijn een 8 op een schaal van 0 (geen pijn) tot 10 (ergst denkbare pijn). De 'pijnherinnering' was scherp aanwezig, ze voelde het verband weer knellen om haar bovenbeen. Daarnaast was er de scherpe, prikkende pijn in haar fantoomvoet die leek op kleine naaldjes die in haar voet prikken. De voet voelde heet aan. Tijdens het EMDR-proces nam de fantoompijn een beetje af. Het prikken in de voet werd minder en de voet voelde iets koeler, hetgeen mevrouw Tiggelaar prettig vond. Vanwege de beperkte daling van de fantoompijn is ervoor gekozen een 'antigiffantasie' in te voegen, een bewust gekozen fantasiebeeld dat klachtverbetering kan geven (Grant, 2002). Zo werd aan mevrouw Tiggelaar gevraagd of ze een fantasiebeeld kon bedenken om de voet nog koeler te krijgen. Ze dacht vervolgens aan het schommelen van haar voet in een bak koud water met ijs. Aan het eind van de sessie was de fantoompijn op niveau 6. In de sessie een week later vertelde mevrouw Tiggelaar dat haar fantoompijn rustiger is geworden. Ze gaf de pijn nu gemiddeld het cijfer 5 en vertelde dat de plotselinge aanvallen met pijn tot niveau 10 niet meer waren voorgekomen. In deze derde EMDR-sessie werd opnieuw alleen met de fantoompijn gewerkt. Onderstaande dialoog is een deel uit deze sessie.

Verbatim

Therapeut	Hoe voelt de fantoompijn op dit moment?
Mevr. Tiggelaar	Bij het bovenbeen voelt het alsof er een drukkend verband zit en in de voet voel ik stekende, prikkende pijn, vooral in de tenen. De pijn voelt ongeveer zoals het voelt als je voet slaapt. De voet voelt ook dik.
Therapeut	Op een schaal van 0 tot 10, hoe erg is de pijn op dit moment?
Mevr. Tiggelaar	Tsja, een 8.
Therapeut	Eerst wil ik graag dat je je zo goed mogelijk concentreert op hoe de fantoompijn nu voelt. Je geeft twee gebieden in je fantoombeen aan waar je iets voelt, het bovenbeen en de tenen. Met welke van de twee zullen we beginnen?
Mevr. Tiggelaar	Doe maar de voet.
Therapeut	Oké. Doe je ogen dicht en ga met al je aandacht naar je voet en hoe het daar nu voelt. Neem er even de tijd voor. Al je aandacht naar je voet? [set] Hoe is het nu? Wat merk je op?
Mevr. Tiggelaar	Het lijkt of die prikkels wat minder zijn.
Therapeut	Oké. Let daarop. Volg met al je aandacht wat er gebeurt in je voet. [set] Wat merk je?
Mevr. Tiggelaar	Hetzelfde. Het lijkt wel of mijn tenen kouder worden. Voelt wel prettig dat mijn voet wat koeler wordt.
Therapeut	Let daarop. [set] En nu?
Mevr. Tiggelaar	Het prikkende gevoel zakt opeens.
Therapeut	Oké. Let daarop. [set] En nu?
Mevr. Tiggelaar	Het is bijna weg! [set]
Therapeut	En nu?
Mevr. Tiggelaar	Ik voel bijna geen prikken meer, mijn voet voelt wel dik aan.

Therapeut	Welk getal zou je nu aan de pijn geven op die schaal van 0 tot 10?
Mevr. Tiggelaar	Een 4 of 5.
Therapeut	Goed, blijf letten op hoe het nu voelt in je voet. [set] En hoe voelt het nu?
Mevr. Tiggelaar	De prikkels zijn weg volgens mij! En ik heb er ook iets voor teruggekregen. Ik voel opeens wel een knie!
Therapeut	Hoe voelt de knie?
Mevr. Tiggelaar	Een beetje dik, maar niet pijnlijk. En die prikkels in de tenen zijn echt weg. Ik vind het allemaal wel raar dit. Maar het is toch wel zo.
Therapeut	Goed, ga nu met je aandacht naar je bovenbeen. Hoe is het daar nu?
Mevr. Tiggelaar	Ja, een drukkende pijn alsof er te strak verband omheen zit. Dat verband heeft er voor de amputatie gezeten en dat voelt nog precies hetzelfde als toen.
Therapeut	Oké, let daarop, hoe het voelt. [set] Wat merk je nu?
Mevr. Tiggelaar	Het verband lijkt los te komen.
Therapeut	Concentreer je daarop. [set]
Mevr. Tiggelaar	Het voelt alsof het verband weg is. Het been is nog wel dik, maar de pijn is weg. Als ik nu een getal moet geven, is het gewoon 0!

Bij het vervolggesprek drie weken later vertelde mevrouw Tiggelaar dat de fantoompijn na de laatste sessie vrijwel helemaal weggebleven is. Soms was er een klein 'steekje' pijn, maar dit trok na een seconde weer weg. Mevrouw Tiggelaar was erg blij met het resultaat. Ze voelde meer energie en had meer zin om leuke dingen te doen. Ze had zich opgegeven voor een bootreis voor gehandicapten en voor rolstoeldansen. Bij een extra contact na vier maanden bleek de pijn nog steeds afwezig. Het fantoombeen voelde nog steeds wat dikker aan (fantoomgevoel), maar dit was niet hinderlijk. Mevrouw Tiggelaar meldde dat ze veel vrolijker gestemd is en minder moe is. Ze onderneemt meer en samengevat is haar kwaliteit van leven aanzienlijk verbeterd. Na 17 jaar ernstige en chronische fantoompijn was mevrouw Tiggelaar nu al maandenlang pijnvrij na een behandeling met slechts drie EMDR-sessies. Inclusief intake- en evaluatiegesprekken hebben in totaal zeven contacten plaatsgevonden, waarbij de sessies 45 minuten en de EMDR-sessies 90 minuten duurden.

Discussie en beschouwing

In ongeveer dezelfde periode (2001) dat de Amerikaanse EMDR-therapeute Linda Vanderlaan in een EMDR-nieuwsbrief een anekdote publiceerde van een verrassende genezing van fantoompijn bij een 15-jarig meisje, bestudeerde Mark Grant in Australië de toepassing van EMDR bij drie cliënten met andere vormen van chronische pijn. Ook hij rapporteerde pijnvermindering na behandeling (Grant, 2002). Deze berichten brachten beroering onder EMDR-therapeuten: zou EMDR ook kunnen werken bij chronische pijn? Diverse andere EMDR-therapeuten volgden met publicaties over succesvolle fantoompijnbehandelingen (Tinker & Wilson, 2005, Schneider et al, 2007; 2008, Wilensky, 2006). In Nederland werd tussen 2002 en 2005 een gestructureerd pilotonderzoek verricht (De Roos et al., ingediend voor publicatie) naar de toepassing van EMDR bij fantoompijn bij tien cliënten. Na gemiddeld 5,9 sessies van anderhalf uur verdween bij vier cliënten de pijn helemaal en trad bij vier cliënten pijnvermindering op. Bij de overige twee cliënten had de behandeling geen effect. Ondanks het feit dat er nog geen gecontroleerd onderzoek heeft plaatsgevonden, zijn de klinische ervaringen met EMDR bij fantoompijn erg hoopgevend.

Hoewel de toepassing van EMDR bij fantoompijn zich nog in een experimenteel stadium bevindt, zijn er diverse manieren van aanpak mogelijk en bouwen EMDR-therapeuten hun werkervaringen uit, hetgeen leidt tot het aanscherpen van de toepassing van EMDR bij fantoompijn (zie ook De Roos en Veenstra, 2008). In de diagnostische fase is een belangrijke valkuil dat de therapeut te veel mee kan gaan in de focus van de cliënt op de pijn en daarmee onderliggende traumatische stressreacties niet goed in kaart brengt. Het gebeurt regelmatig dat de cliënt meldt het ongeluk goed verwerkt te hebben, maar nu alleen nog last heeft van de pijn. Bij doorvragen op details van het ongeluk komen dan toch posttraumatische stressreacties naar boven, die als het ware verstopt lijken te zijn achter de pijn. Wanneer dit zo is, is de traumatische ervaring een goede ingang voor EMDR-behandeling. Een andere valkuil is juist te lang doorzoeken naar traumatische stressreacties en vanwege de aarzeling de aandacht op de pijn te richten. Voor de meeste EMDR-therapeuten is het werken met cliënten met chronische pijn als klacht immers nog onwennig. Tijdens de behandeling kan de therapeut schrikken als de pijn in de EMDR-sessie verandert en bijvoorbeeld eerst toeneemt, wat regelmatig gebeurt zodra de pijn 'in beweging komt'. Juist dan is het belangrijk door te gaan: het in beweging komen van de chronische pijn mag gezien worden als een positief teken omdat de subjectieve ervaring van de cliënt samengaat met veranderprocessen in het neurale netwerk van de pijn in de hersenen. Verdergaan vraagt van cliënt en therapeut dan wel enige moed. Bij de behandeling van chronische (fantoom)pijnklachten met EMDR gebeurt het regelmatig dat de pijn vermindert, maar dat er toch een bepaalde 'restpijn' aanwezig blijft. Wanneer er twee of drie sessies lang geen verdere pijndaling meer plaatsvindt, lijkt het verstandig om de behandeling te beëindigen. Tot nu toe is er geen aanleiding om aan te nemen dat het langer voortzetten van EMDR leidt tot meer pijnvermindering.

De behandeling van deze cliënte was effectief. Maar wat zou er gebeurd zijn als de targetherinnering, gerelateerd aan de posttraumatische stressklachten (arts die zegt dat het been eraf moet), was overgeslagen en direct met de fantoompijn was begonnen? Of als bij de traumagerelateerde targetherinnering met de arts aan het einde van de EMDR-sessie in de bodyscan uitgebreid de aandacht op de fantoompijn was gericht? Een groot onderzoek waarin deze varianten in volgorde met elkaar worden vergeleken, zou antwoord kunnen geven op dit soort vragen. Verder onderzoek zal misschien ook duidelijk maken voor welke subgroep van fantoompijncliënten EMDR verlichting biedt.

Voor mevrouw Tiggelaar zelf is geen discussie of beschouwing achteraf meer nodig. Zij is gelukkig met het feit dat haar fantoompijn nagenoeg weg is en ze geniet van haar nieuwe leven. Voor haar heeft EMDR een groot verschil gemaakt.

Met dank aan Carlijn de Roos voor haar bijdrage aan deze casus en het nadenken over EMDR bij pijn.

Casus 20 Met stomheid geslagen

Een 50-jarige vrouw vindt haar stem en zelfvertrouwen terug

Indra Spierts
Indra Spierts is gezondheidszorgpsycholoog, kinder- en jeugdpsycholoog en praktijkhoudster van Mensano Psychologie te Lieshout. Haar speciale belangstelling gaat uit naar traumagerelateerde stoornissen en arbeidsgerelateerde problematiek. Zij is EMDR-practitioner en supervisor.

Christina is haar stem kwijtgeraakt nadat ze op een plek was gekomen die traumatische ervaringen activeerde. Ze is al tien weken onder behandeling bij de logopedist, maar het helpt niet om haar stem terug te krijgen. Ze is letterlijk haar stem kwijtgeraakt en geeft aan: 'Ik kan niet meer praten over wat er allemaal is gebeurd.'

Klachten en voorgeschiedenis

Christina is een 50-jarige huisvrouw die – via maatschappelijk werk – bij mij wordt aangemeld. Dit vanwege ernstige depressieve klachten en stagnatie in een al twee jaar durende behandeling bij het reguliere maatschappelijk werk. Christina heeft last van herbelevingen van traumatische gebeurtenissen en krijgt steeds meer moeite om de dagen door te komen.

Christina is de oudste van zeven kinderen uit een sociaal zwak gezin milieu met veel fysieke en psychische onveiligheid. Haar vader was alcoholist en haar moeder werd door vader veelvuldig fysiek mishandeld en seksueel misbruikt. Christina is hier regelmatig getuige van geweest. Meteen na de geboorte van het jongste zusje werd Christina door haar ouders uit huis geplaatst omdat de ouders het te druk vonden worden. Christina werd naar een internaat gestuurd; ze was toen 12 jaar oud. 'Ik ben een dumpkind', zegt ze over deze ervaring.

Op 15-jarige leeftijd werd Christina door vader seksueel misbruikt. Vader werd regelmatig opgenomen in een kliniek vanwege zijn alcoholmisbruik, moeder kon de opvoeding van de kinderen niet aan en Christina nam – hoe jong ze ook was – de opvoeding van haar broers en zussen over.

Op 20-jarige leeftijd wilde Christina trouwen met haar huidige man. Haar aanstaande schoonmoeder beloofde haar zoon een nieuwe auto als hij niet met Christina zou trouwen, omdat ze Christina geen goede partij voor haar zoon vond. Ze trouwden uiteindelijk toch, maar de dag verliep zeer negatief en niet zoals ze had gehoopt. Toen ze eenmaal getrouwd was en op zichzelf woonde, nam ze twee- à driemaal per jaar haar zes broers en zussen en haar moeder in huis, omdat vader werd opgenomen in een kliniek en moeder de opvoeding niet aankon. Ook ondersteunde ze haar moeder en broers en zussen tien jaar lang financieel. Op 22-jarige leeftijd kreeg ze een zoon, Kees, en op 25-jarige leeftijd een dochter, Lieke. Dochter Lieke overleed toen ze 17 jaar was ten gevolge van een verkeersongeval. Na deze gebeurtenis stopte Christina met de opvang van haar eigen familie en koos ze voor haar eigen gezin.

Haar vader en moeder scheidden in de periode rondom het overlijden van Christina's dochter. Vader bedreigde Christina in die periode meermalen fysiek en met een pistool, omdat hij vond dat hij aandacht nodig had en niet Christina vanwege het verlies van haar dochter. Christina kreeg uiteindelijk politiebewaking. Ze heeft nooit meer contact gehad met haar vader. Wel nog met haar moeder en ze heeft een warm contact met haar zussen. Ze heeft een beperkt maar goed sociaal netwerk en veel steun aan haar echtgenoot.

Enkele jaren na het overlijden van Lieke kreeg Christina's zoon een nieuwe vriendin. Het contact met haar schoondochter verliep vanaf het begin erg moeizaam. Schoondochter verweet Christina dat ze van haar zoon profiteerde omdat hij haar moest helpen bij het schrijven van brieven (Christina heeft moeite met lezen en schrijven). Zoon nam de verwijten van zijn vriendin over en in een brief meldde hij Christina dat ze het niet waard was om zijn moeder te zijn. Hij eiste dat Christina haar excuus aanbood voor wat ze hem had aangedaan, want anders zou ze hem en de mogelijk toekomstige kleinkinderen niet meer te zien krijgen. Christina werd volledig gesteund door haar man en familie en was niet van plan haar excuus aan te bieden omdat ze vond dat ze niets verkeerd had gedaan. Haar zoon trouwde vervolgens in het buitenland om te voorkomen dat Christina erbij zou zijn. Ze had daarna geen contact meer met haar zoon.

Als ze tijdens een uitstapje met vrienden langs het nieuwe huis van haar zoon rijdt, raakt ze in paniek en raakt ze acuut haar stem kwijt. Vanaf dat moment heeft ze last van herbelevingen van onder andere gesprekken met haar zoon en schoondochter, van de brief van haar zoon, van het ongeluk van haar dochter, van het seksueel misbruik door vader, van haar schoonmoeder die haar voor een auto wilde ruilen, etc. Haar depressieve gevoelens nemen toe en ze voelt zich helemaal niet meer de moeite waard. Allereerst zoekt ze hulp bij haar maatschappelijk werkster, waar ze al langer in behandeling is, en bij een logopedist. Als ze na tien weken haar stem nog steeds kwijt is en ze nog altijd herbelevingsklachten heeft, wordt ze naar mij verwezen.

Aanmeldingsklachten: stemmingswisselingen, hoofdpijn, concentratieproblemen, herbelevingen, depressieve gevoelens en sinds tien weken is ze haar stem volledig kwijt. Ze voelt zich afgewezen en niet de moeite waard. Ze is nooit eerder in haar leven haar stem kwijtgeraakt en ze koppelt het zelf aan het geconfronteerd worden met het huis van haar zoon. Er lijkt sprake te zijn van een complexe posttraumatische stressstoornis, gecombineerd met een lichte depressieve stoornis, recidiverend.

Waarom EMDR?

Christina verloor haar stem (klacht) op het moment dat ze geconfronteerd werd met een locatie die traumatische ervaringen activeerde. Mijn hypothese is dat er in termen van klachtgericht 'linksom' werken (zie 'Procedures en begrippen') een relatie bestaat tussen het geconfronteerd raken met een plek die traumatische ervaringen activeert en het kwijtraken van haar stem. Ook omdat zij nooit eerder spontaan haar stem is kwijtgeraakt, is dit voor mij een reden om aan traumabehandeling te denken.

Omdat Christina letterlijk niet meer uit haar woorden kan komen, ligt cognitieve gedragstherapie, waarbij het praten over de gebeurtenissen centraal staat, niet voor de hand. Ik kies voor EMDR aangezien bij deze methode het verwoorden van ervaringen veel minder centraal staat en ook lichaamsensaties focus van behandeling zijn. In overleg met Christina wordt overeengekomen om allereerst de PTSS te behandelen aangezien deze ten grondslag lijkt te liggen aan de depressieve klachten.

Verloop van de behandeling

Gezien de hoeveelheid traumatische gebeurtenissen in haar geschiedenis, wil ik eerst weten in hoeverre Christina voldoende stabiel is om traumaverwerking aan te kunnen. Bovendien lijkt de balans tussen draaglast en draagkracht zwak te zijn. Christina heeft een beperkt steunend netwerk en ze heeft depressieve gevoelens. Ze is echter niet suïcidaal en zeer gemotiveerd om haar trauma's te laten behandelen. Aan de hand van drie stabiliteitstesten van Joany Spierings (Ten Broeke, de Jongh & Oppenheim, 2008) beoordeel ik haar draagkracht.

Hoewel hieruit blijkt dat er redelijk voldoende stabiliteit aanwezig is, besluit ik voor alle zekerheid nog enkele hulpbronnen (Resource Development and Installation [RDI]; zie 'Procedures en begrippen') te versterken alvorens te beginnen aan traumaverwerking. De hulpbronnen kracht en zelfvertrouwen worden geïnstalleerd en Christina gaat hiermee thuis oefenen. Dit lukt goed en ze is steeds beter in staat om haar zelfvertrouwen en kracht op te roepen als ze die nodig heeft. Met de maatschappelijk werkster wordt afgestemd wie welke rol als hulpverlener op zich neemt. Zij om te stutten en steunen en voor opvang bij acute crisis, ik om aan traumabehandeling te werken.

Het ligt voor de hand om de klacht van het verlies van de stem volgens de EMDR-linksom-strategie te behandelen (klacht – tijdslijn; zie 'Procedures en begrippen'). Maar mijn hypothese is dat niet zozeer specifieke gebeurtenissen hebben geleid tot specifieke klachten, maar dat de problemen van Christina worden aangestuurd door algemene, disfunctionele opvattingen (bijvoorbeeld: 'Ik ben niet de moeite waard'), die de emotionele reactie en het daaruit voortkomende gedrag bepalen. Bovendien dreigen er – gezien het traumatische verleden van Christina – in de linksom-strategie te veel gebeurtenissen op de tijdslijn terecht te komen zonder dat duidelijk is welke vervolgens geselecteerd moeten worden om voor verwerking met EMDR in aanmerking te komen. Daarom besluit ik volgens de EMDR-rechtsom-strategie voor de gefaseerde behandeling van complexe posttraumatische stressstoornis te werk te gaan (zie 'Procedures en begrippen' en Ten Broeke, De Jongh & Oppenheim, 2008). Dit betekent dat er een ordening wordt aangebracht in het scala aan ingrijpende ervaringen. Allereerst worden die herinneringen geordend die zich in de actualiteit het sterkst aandienen in de vorm van intrusies, waardoor Christina zich als het ware opnieuw machteloos voelt. Deze veroorzaken veelal hoge lijdensdruk, hebben vaak hoge subjective units of distress (SUD) bij aanvang, maar kennen relatief snelle dalingen en geen problemen bij de installatie van de positieve cognitie (PC). Ik vraag Christina daarom het volgende: 'Tegenover welke concrete herinneringen of herinneringsbeelden sta je in het dagelijkse leven nog het meest machteloos?' Dit leidt tot de volgende herinneringen:

- Zoon trouwt zonder mij als moeder.
- Dochter overlijdt aan ongeluk.

Beide machteloosheidsherinneringen werden in twee sessies naar een SUD-niveau van 0 teruggebracht. Opmerkelijk was dat Christina al tijdens de desensitisatie van de eerste herinnering, 'Zoon trouwt zonder mij als moeder', haar stem een beetje terugvond. Tijdens de sessie werd haar stem beter, haar kracht nam zichtbaar toe en haar zelfvertrouwen ook. Christina's conclusie over haar zoon was: 'Mijn zoon heeft zijn eigen leven en ik het mijne, hij mag altijd terugkomen, maar ik mag wel gelukkig zijn, los van wat hij van mij denkt.' Doordat haar stem steeds beter werd en na drie sessies weer volledig terug was, hoefde Christina niet meer naar logopedie te gaan.

Vervolgens besluit ik samen met Christina de traumatische gebeurtenissen in te delen aan de hand van de volgende kernopvattingen:

- *Interpersoonlijk wantrouwen*, bijvoorbeeld: 'Niemand is te vertrouwen.'
- *Negatief zelfbeeld*, bijvoorbeeld: 'Ik ben waardeloos', 'Ik ben niet de moeite waard', 'Ik ben een gebruiksvoorwerp', 'Ik ben vies.'

Ik vraag Christina om per kernopvatting drie tot vijf concrete herinneringen uit het grote geheel van herinneringen te selecteren en deze in een hiërarchie te plaatsen op basis van wat gevoelsmatig de meest overtuigende bewijzen zijn dat een bepaalde opvatting over haarzelf of anderen waar is. En ik vraag Christina om deze bewijzen te beschrijven in een kort opstel met een duidelijke titel.

Dit leidt tot de volgende ordening:

Interpersoonlijk wantrouwen: 'Niemand is te vertrouwen'

1 Schoondochter weet dat Christina een schrijfprobleem heeft en zegt daarover: 'Je kunt niks, je profiteert van je kinderen door ze zaken te laten regelen.'
2 Zoon zegt dat Christina een leugenaar is.

Negatief zelfbeeld: 'Ik ben niet de moeite waard'

1 Naar het internaat moeten na de geboorte van het jongste zusje.
2 Seksueel misbruik door vader.
3 Haar eigen trouwdag. Genegeerd worden door haar schoonfamilie.
4 Zoon zegt tegen zijn moeder: 'Je bent niet de moeite waard om mijn moeder te zijn.'
5 Geschreven brief aan zus vol taalfouten, waarop ze commentaar kreeg.

Ik vervolg de behandeling met de bewijzen binnen de kernopvatting interpersoonlijk wantrouwen ('Niemand is te vertrouwen'). Deze desensitisatie verliep goed en de bewijzen bereikten een SUD-waarde van 0.

Daarna werd de kernopvatting negatief zelfbeeld ('Ik ben niet de moeite waard') behandeld. Telkens werd begonnen met de herinnering met de sterkste actuele bewijskracht.

Verbatim van een EMDR-sessie in de kernopvatting zelfbeeld: 'Ik ben niet de moeite waard.'

Betekenisvolle en ontwrichtende ervaring: het op haar eigen trouwdag genegeerd worden door haar schoonfamilie.

Targetbeeld	De receptie waarbij schoonmoeder met de rug naar Christina toe staat.
Negatieve cognitie (NC)	'Ik ben niet de moeite waard.'
Positieve cognitie (PC)	'Ik ben de moeite waard.'
Validity of Cognition (VoC)	1
Emotie	verdriet
SUD	10 (ze voelt het in haar nek)

Desensitisatie: verbatim van Christina naar aanleiding van het targetbeeld van de receptie met schoonmoeder en de vragen tussen de sets van mij: 'Wat komt er in je op?'

- Ik wil wel de moeite waard zijn.
- Dat ik de moeite waard wil zijn en dat na 33 jaar huwelijk wil bewijzen.

- Ik wil echt dat ik daarboven sta en dat mijn schoonmoeder me niet zo'n pijn kan doen.
- Dat ik mijn schoonmoeder wil zeggen: Zo denk ik erover! Al is ze nu zo oud.
- Dat ik gelukkig wil zijn en daar heel erg aan wil werken.
- Dat mijn man gelukkig is met mij en ik met hem en dat de rest van de wereld...
- Dat wij samen de diepste dalen gehad hebben, dus we zijn gewoon goed samen.
- Dat wij het voor de kinderen goed gedaan hebben, wat de rest er ook van denkt.

Therapeut	Ga terug naar het oorspronkelijke beeld zoals dat nu in je hoofd ligt opgeslagen (back to target na ±7 minuten); op een schaal van 0-10, waarbij 0 betekent helemaal niet naar en 10 betekent zo naar als maar kan, hoe naar is het dan nu om naar het beeld te kijken?
Christina	3
Therapeut	Wat in het beeld veroorzaakt nog die 3?
Christina	Dat mijn schoonmoeder zich met haar rug naar mij toedraait.
Therapeut	Concentreer je daarop. [set]

Desensitisatie: verbatim van Christina naar aanleiding van de vragen tussen de sets van mij: 'Wat komt er in je op?'

- Ik accepteer niet meer dat mijn schoonmoeder mij nog een keer pijn doet.
- Dat ik die pijn niet wil en toch weer hoofdpijn krijg.
- Als ik dit gedaan heb, dat ik die pijn dan nooit meer voel... Dat zou toch geweldig zijn.
- Dat er vandaag een wonder gebeurt.

Therapeut	Ga terug naar het oorspronkelijke beeld zoals dat nu in je hoofd ligt opgeslagen (back to target); stel je een schaal van 0-10 voor, waarbij 0 betekent helemaal niet naar en 10 zo naar als maar kan, hoe naar is het dan nu om naar het beeld te kijken?
Christina	0
Therapeut	[na het installeren van de PC en de bodyscan besluit ik een future template te installeren.] Neem een toekomstige situatie met betrekking tot je schoonmoeder in gedachten die je tot nu toe vermijdt of met veel angst doorstaat.

Christina	Dat ik bij mijn schoonmoeder op bezoek ga en ik in de keuken sta en zij in de kamer is met bezoek en ze mij negeert.
Therapeut	Neem dat beeld in gedachten en zeg tegen jezelf: 'Ik kan dit aan'; ja heb je dat? [sets totdat VoC is 7]

Positief afsluiten

Therapeut	Wat is het meest positieve dat je het afgelopen uur over jezelf hebt geleerd met betrekking tot deze gebeurtenis?
Christina	Ik ben de moeite waard.
Therapeut	Zeg tegen jezelf: 'Ik ben de moeite waard', en concentreer je daarop. [set] Is er nog iets positiefs wat bij je opkomt?
Christina	Ik ben sterk.
Therapeut	Zeg tegen jezelf: 'Ik ben sterk,' en concentreer je daarop. [set]

Bij de nabespreking over deze sessie zegt Christina:

'Ik ben niet meer bang om fouten te maken, want ik voel me de moeite waard. Ik durf de confrontatie met mijn schoonmoeder aan. Het is een wonder dat ik vandaag wel op zijn plek krijg waar ik al jaren mee bezig ben, ik ben niet meer bang voor mijn schoonmoeder. Het is nu niet meer dan gewoon een plaatje.'

Enkele dagen na deze sessie heeft Christina haar schoonmoeder bezocht. Ze heeft toen ervaren dat ze zich niet meer minderwaardig voelde ten opzichte van haar schoonmoeder en dat ze stevig in haar schoenen stond. Dit bewijst haar dat ze de moeite waard is.

Uiteindelijk zijn alle bewijzen binnen de kernopvatting 'Ik ben niet de moeite waard' gedesensitiseerd naar een SUD van 0.

Tijdens de behandeling was er duidelijk vooruitgang te zien bij Christina. Al tijdens de eerste sessie kreeg Christina deels haar stem terug. Tijdens de volgende sessies werd haar stem steeds beter en kwam uiteindelijk weer volledig terug. Ze kon weer letterlijk over haar problemen praten en ze werd levenslustiger.

Haar zelfvertrouwen nam toe. Ze begon weer activiteiten te ondernemen met vriendinnen en met haar man en kon daar ook van genieten. De plek waar haar dochter was overleden vermeed ze niet meer en ze kon het graf van haar dochter bezoeken zonder dat ze destabiliseerde. Ze bezocht haar schoonmoeder zonder angst of gevoelens van afwijzing.

Haar zoon kwam op een dag langs om verhaal te halen en eiste dat Christina haar excuses aanbood. Terwijl vroeger Christina's man het woord zou hebben gevoerd, was Christina nu in staat haar gevoelens duidelijk te verwoorden. Ze vertelde haar zoon – vol zelfvertrouwen – dat er geen enkele reden was voor haar om excuus aan te bieden, dat ze in haar ogen niets verkeerd had gedaan, dat ze hem met alle liefde maar met haar eigen beperkingen had opgevoed en dat de deur altijd openstond voor hem.

Omdat haar huwelijksdag voor haar gevoel in het water was gevallen, heeft Christina samen met haar man het plan opgevat om in 2009 in stilte in het buitenland wederom met elkaar te trouwen en elkaar nieuwe trouwringen te geven. Ze willen nu een positief gevoel koppelen aan hun trouwdag.

Driekwart jaar later

Driekwart jaar later heb ik een follow-upgesprek met Christina. Ze heeft zelf een aantal zaken veranderd en in gang gezet in haar leven. Ze is in Italië opnieuw getrouwd met haar man en ditmaal heeft ze fijne herinneringen aan haar trouwdag. Christina is sinds de behandeling werkzaam als vrijwilligster in de begeleiding van zieken en stervenden. Ze volgt op het Regionaal Opleidings Centrum (ROC) de opleiding Nederlandse taal, gedurende twee halve dagen per week. Ze komt er nu openlijk voor uit dat ze niet goed kon lezen en schrijven en schaamt zich er niet meer voor. Ze is van plan een boek over haar leven te gaan schrijven en heeft daarmee een begin gemaakt. Daarnaast is ze gevraagd om een coördinerende rol op zich te nemen binnen de ROC-opleiding Nederlandse taal.

Haar zoon zoekt uit zichzelf – zonder dat zijn vrouw dat weet – geregeld contact met haar en komt ook op bezoek. Daarover zegt Christina: 'Als ik een slechte moeder zou zijn dan zocht hij geen contact met mij.' Haar zoon heeft haar verteld dat ze oma gaat worden. Christina is hier heel verheugd over, maar is ook bang dat ze haar kleinkind niet mag zien. Qua zelfvertrouwen gaat het goed met haar, maar deze nieuwe gebeurtenis maakt haar weer wat onzeker. Christina heeft geen negatief zelfbeeld meer, haar depressieve gevoelens zijn niet meer aanwezig en ze voelt veel meer eigenwaarde, waardoor ze goed in staat is beslissingen te nemen.

Discussie en beschouwing

Het zo snel horen terugkomen van Christina's stem tijdens de eerste EMDR-sessie en de snelheid waarmee ze de behandeling doorliep, heeft ons beiden verrast. Christina zelf was zeer verbaasd over de snelle werking van EMDR en haar hernieuwde gevoel van eigenwaarde. Ook de maatschappelijk werkster was getroffen door de enorme positieve verandering in de gesteldheid van Christina.

Wanneer ik niet de beschikking had gehad over de EMDR-strategieën zou ik eveneens een ordening gemaakt hebben van actueel geldende bewijzen dat kernopvattingen gevoelsmatig waar zijn. Ik zou dan met behulp van cognitieve gedragstherapie, contraconditioneren, herstructureren van herinneringen en gedragsexperimenten geprobeerd hebben het belastende materiaal op te ruimen. Het gegeven dat Christina haar stem kwijt was, zou daarbij een complicerende factor kunnen zijn geweest en voor vertraging in de behandeling kunnen hebben gezorgd. Bij EMDR speelde deze complicatie niet, bovendien is het maar de vraag of de snelle resultaten ook met cognitieve gedragstherapie zouden zijn bereikt.

Wel is tijdens de beschreven behandeling gebruikgemaakt van cognitieve gedragstherapie als aanvulling op EMDR. Christina ontdekte door gedragsexperimenten (op bezoek bij haar schoonmoeder, confrontatie met haar zoon, etc.) dat bepaalde disfunctionele overtuigingen niet geloofwaardig zijn. In het dagelijkse leven vindt ze bevestiging van de overtuiging dat ze wel degelijk de moeite waard is, onder andere in de waardering door vriendinnen en door haar man.

Casus 21 Het geheugen van het lichaam

Stigmata en lichaamsreacties bij vrouw met ernstig ziekenhuistrauma

Merlijn van Eijk
Merlijn van Eijk is werkzaam als klinisch psychologe/psychotherapeute in het Meander Medisch Centrum te Amersfoort en tevens zelfstandig gevestigd te Maarsbergen. Ze behandelt volwassenen, kinderen en jeugdigen. Aandachtsgebieden waarin zij vaak EMDR als behandelvorm kiest: psychosomatiek, somatopsychische problemen, psychotrauma, medisch onverklaarde lichamelijke klachten, angsten, fobieën en zelfwaarderingsproblemen.

Deze casus handelt over Karin, een vrouw die op haar 42ste hulp zoekt naar aanleiding van een ziekenhuistrauma. Twee jaar daarvoor werd zij binnen vier dagen op onverklaarbare wijze zeer ernstig ziek. Haar lichaam was in shock; haar hart functioneerde niet goed en zij had een extreem lage bloeddruk. Een acute opname volgde op een intensive care-afdeling. Hier werd zij in coma gehouden, terwijl de functie van de organen werd overgenomen; ze werd beademd, gedialyseerd en gekatheteriseerd. In dit kunstmatige coma kreeg Karin 'dromen' die zo reëel en beangstigend waren dat zij na herstel niet alleen posttraumatische klachten heeft naar aanleiding van haar werkelijke ervaringen, maar ook naar aanleiding van haar dromen en hallucinaties tijdens dit coma. Het meest bijzondere aan deze casus is echter dat zij tijdens de EMDR-behandeling niet alleen heftige emotionele herbelevingen heeft, maar ook lichamelijke herbelevingen vertoont, zoals veranderingen in het gelaat, spontane hematoomvorming onder de teennagel, het tijdelijk uitblijven van de slikreflex en het tijdelijk verliezen van haar stem.

Klachten en voorgeschiedenis

Karin is een 42-jarige, hoogopgeleide vrouw, werkzaam als zelfstandig gevestigd adviseur en samenwonend. Ze omschrijft zichzelf als een persoon die de neiging heeft veel te denken en overzicht te zoeken; als iemand die geleerd heeft om controle te vinden en te houden.

Dit heeft naar haar idee onder meer te maken met haar fysieke geschiedenis: haar lichaam heeft haar in haar leven regelmatig in de steek gelaten en teleurgesteld. Dit begon al met haar geboorte: zij kwam prematuur ter wereld en leed aan een eiwitintolerantie. Door een dieet zonder eiwitten bouwde zij een calciumgebrek op, waardoor er een vergroeiing optrad van de botten. Daarom kreeg zij als kleuter spalken aangemeten.

Als 13-jarig meisje ontwikkelde zij een ziekte aan de knieën terwijl ook de ziekte van Pfeiffer gediagnosticeerd werd. Ze herinnert zich dat de arts aanvankelijk een vermoeden van leukemie uitsprak. De schrik was groot, maar het vermoeden bleek gelukkig onjuist.

Karin geeft aan dat ze van jongs af aan erg vatbaar is voor allerlei ziektes en ze vermoedt dat er iets mis is met haar immuunsysteem. Ze is veel ziek geweest. De knieproblemen verergerden in het 17de en in het 25ste levensjaar, waarbij ondanks herhaaldelijk opereren, een beknelling van de zenuwbanen optrad die niet meer verdween. Hierdoor leerde ze met pijn omgaan, deze te verdragen en te negeren.

Karin geeft in de eerste contacten aan dat een leven met een lichamelijke zwakte zoals het hare, bij haar heeft geleid tot een vermogen om de signalen van haar lichaam te negeren en soms vrijwel los te koppelen van zichzelf. Deze vaardigheid om 'op commando' te kunnen dissociëren (dat wil zeggen haar gevoel los te koppelen van zichzelf om zo de pijn niet te voelen), heeft haar geholpen om zich in haar ontwikkeling niet te laten dwarsbomen door de lichamelijke problemen en pijnen. Een voorbeeld dat zij ter illustratie geeft: wanneer zij haar handen, die aan de uiteinden vaak pijnlijk zijn (neuropathische symptomen), in te heet afwaswater steekt, kan ze dit toch verdragen.

Hoewel de acute opname op 40-jarige leeftijd voor de specialisten niet goed duidbaar is geweest, is het voor haarzelf helder dat er sprake moet zijn geweest van een probleem op het gebied van de immuniteit. Door de medisch specialisten van het ziekenhuis is de diagnose 'toxische shock' gesteld.

Na haar fysieke herstel is zij na zeer korte tijd weer gaan werken. Op het gebied van ratio en handelen was zij opvallend snel weer in het ritme. Zij bleef echter voortdurend last houden van herbelevingen. Daarnaast leidden tv-beelden die ziekenhuisleed bevatten tot emotionele ontregeling en trillingen over het lichaam. In de hoop dat dit haar zou helpen, heeft zij zich gewend tot een internetsite waarop zij kon communiceren met lotgenoten over haar ervaringen. Dit leidde niet tot verdere verwerking van haar ervaringen en verminderde de emotionele ontregelingen evenmin. Ze bleef last houden van huilbuien, angst voor confrontatie met de herinnering aan de ziekenhuisperiode, rillingen over het lichaam, niet meer goed uit de woorden kunnen komen wanneer haar gevraagd werd over haar toestand te vertellen en ten slotte verergering van de pijnen in handen en voeten.

Zij is vervolgens met een haptotherapeut in zee gegaan. Dit heeft tot enig succes geleid in het verminderen van de emotionele en fysieke onrust, maar zij bleef klachten houden, vooral als iemand haar vroeg hoe het met haar ging, of als zij tv-beelden van ziekenhuisscènes zag.

EMDR en de keuzemomenten tijdens de behandeling

Karin lijdt aan een posttraumatische stressstoornis (PTSS). Zij vertelt bij aanvang van de behandeling uit zichzelf helder over enkele indringende ervaringen tijdens de ziekenhuisperiode. Aangezien EMDR voor mij een eerstekeuzebehandeling voor PTSS is – zeker wanneer dit samengaat met lichamelijke verschijnselen – stel ik aan Karin voor EMDR in te zetten. Samen met haar weeg ik in de eerste sessie af welke ervaringen haar op dat moment het meest ontregelen zodat een leidraad ontstaat voor de eerste sessies. Van de voorgenomen volgorde wordt echter enkele malen afgeweken, omdat zich bij Karin na bepaalde sessies hinderlijke symptomen ontwikkelen, zoals het niet meer kunnen slikken. Om de last hiervan in het dagelijks leven te verminderen, besluit ik op die momenten om de behandeling eerst daarop te richten. Wij zoeken dan samen naar de betekenis van deze symbolische taal van haar lichaam. Voor Karin zelf is bijvoorbeeld direct duidelijk met welke traumatiserende ervaring het niet kunnen slikken verbonden is, namelijk met de intubatiefase, het inbrengen van de 'tube' in de luchtpijp.

Verloop van de behandeling

Allereerst vraag ik Karin het verhaal in grote lijnen te vertellen. Een van de eerste en tevens naarste herinneringen is er een die ze ook nu nog vaak 'herbeleeft'. Het betreft een delier uit haar comateuze toestand van destijds.

'Ik ga naar Amerika, New York, voel me niet goed, moet naar een ziekenhuis en word in slaap gebracht. Van daaruit word ik overgebracht naar een Victoriaans huis waar mijn familie en vriend zijn. Ik verlaat mijn lichaam om terug te gaan naar het ziekenhuis daar, om een belangrijke missie te volbrengen, namelijk los te komen uit de situatie waarin ik op dat moment in realiteit ook lig: gevangen in het bed, vast aan slangen en tubes die mij op dat moment in leven houden. Er zijn vier handelingen die ik moet uitvoeren om los te komen uit deze toestand. De eerste drie stappen zijn gelukt. (...) Een Amerikaans arts biedt hulp en lijkt me te willen helpen met de laatste stap. Maar dan wordt zijn dienst overgenomen en de nieuwe arts wil het niet doen. Uiteindelijk is er een jonge vrouwelijke arts in opleiding die me wil helpen, maar die niet alles kan doen wat nodig is om mij te bevrijden. Wel voldoende om terug te kunnen gaan naar het Victoriaanse huis. Er wordt me beloofd dat ik met mijn familie en vriend mag zijn als zij thee gaan drinken. Ik moet wel eerst nog verschoond worden. Een verpleegkundige

rijdt mijn bed weg naar enkele etages lager. Daar is de kelder. Ik word niet losgemaakt, maar opnieuw vastgebonden en niemand heeft het door.'

Dit wordt later door haar aangewezen als het meest emotionerende moment: targetbeeld 1.

Het vertellen gaat gepaard met veel emotie. Voor Karin is het moeilijk onderscheid te maken tussen hetgeen zij werkelijk heeft beleefd en hetgeen zij als gevolg van de comateuze toestand heeft meegemaakt.

In een andere nare herinnering ziet zij zichzelf liggen, geïsoleerd van de significante personen in haar leven, die even verderop op de gang staan en niet beter weten dan dat zij 'slaapt', terwijl zij zich tot deze personen wil wenden om te roepen: 'Haal me hieruit, ik kan niet communiceren.' Daar voegt zij later aan toe: 'Als ik niet communiceer, ga ik dood' (targetbeeld 2). Als men ziet dat zij onrustig wordt, wordt zij extra verdoofd. Dit leidt weliswaar tot spierverdoving, maar inwendig blijft zij zeer onrustig en maakt dit alles voor het gevoel bewust mee. Ze heeft braakneigingen vanwege de intubatie en beschrijft haar situatie van dat moment als iemand die levend begraven wordt (targetbeeld 3).

Na een aantal dagen coma komt ze weer gefragmenteerd in de realiteit en begint zich te realiseren dat zij in Nederland in het ziekenhuis ligt. Aldaar probeert zij de verpleger op alle mogelijke manieren te roepen, om met hem te communiceren. Als hij over haar heen buigt, probeert ze met haar tanden een briefje uit zijn borstzak te trekken. Als het haar lukt om haar hoofd zijwaarts te houden, probeert zij met haar tong in haar kussen letters te maken. Ze voelt dat ze de 'tube' uit haar keel moet halen en dat ze dood zou gaan als ze geen contact meer zou kunnen maken met haar omgeving. Op een moment dat de verpleger weggeroepen wordt, lukt het Karin om haar hand naar de mond te brengen en de tube uit haar keel te trekken. Hoewel de omgeving volledig in paniek is omdat ze in deze staat niet meer voldoende zuurstof zal krijgen en wellicht zal stikken, voelt Karin: 'Nu blijf ik leven.' Vanaf dat moment herstelde het hartritme zich. Met een kap met zuurstof over haar hoofd mag zij nu zonder intubatie de laatste nacht op de IC in. Daar overkomt haar een volgende traumatiserende gebeurtenis in half delirante staat.

'Ik lig daar met die kap over mijn hoofd. Het zou mijn laatste nacht zijn op de IC, maar dat wist ik toen nog niet. Links van mij ligt een man en daarachter is het raam. De man is depressief, dat weet ik. Ik raak in paniek als ik een benzinelucht ruik. Ik denk: "Hij wil zichzelf opblazen of verbranden." Ik merk dat hij met een aansteker vuur probeert te maken. Ik zie dat ook: kleine vonkjes. (...) Ik kan niets doen. Ik lig vast. Mijn spieren kunnen niets meer. Ik raak in paniek. Eerst probeer ik de verpleegkundige te waarschuwen, maar die sust, stopt me in en gaat weer weg. De man naast me blijft met zijn aansteker proberen zichzelf in brand te steken. Ik ben bang dat ik ook word getroffen. Ik probeer zo veel mogelijk de delen van mijn lichaam in veiligheid te brengen

waar ik mee kan communiceren. Ik kan mijn hoofd een beetje afdraaien.' (Dit is targetbeeld 4).

Hier eindigt vrij plotseling haar verhaal. Over het voorgaande is ze erg geëmotioneerd. Als ze tot rust gekomen is, vertelt ze zonder verdere problemen over de laatste dagen in het ziekenhuis, over het opnieuw leren lopen en de effecten van de medicatie op haar lichaam, waaronder haaruitval en huidproblemen.

De totale behandeling heeft bestaan uit zes dubbele sessies (elk van anderhalf uur). Voorafgaande aan elke EMDR-sessie bespreken we de effecten van de vorige sessie en bekijken we of de volgorde van de targetherinneringen nog van toepassing is. De bilaterale stimuli zijn aangeboden via een koptelefoon met afwisselend links en rechts klikgeluiden.

Eerste EMDR-sessie

Targetbeeld 1	Karin ligt in het ziekenhuisbed, met familie en partner kijkend naar haar.
Negatieve cognitie (NC)	'Ik ben machteloos.'
Positieve cognitie (PC)	'Ik kan het (herinneringsbeeld) aan.'
Emotie	verdriet
Subjective units of distress (SUD)	7 (ze voelt het in haar buik)

Vanaf de allereerste EMDR-sessie zie ik dat Karin veel reacties en herbelevingen ervaart op fysiek niveau, zoals benauwdheid, de neiging te moeten overgeven en schokbewegingen.

De vraag 'Wat komt er in je op?' lijkt blokkerend te werken, het lijkt alsof Karin uit haar concentratie wordt gehaald om te bedenken wat er in haar opkomt. Om beter aan te sluiten bij Karin, wordt na een set bilaterale stimulatie aan haar gevraagd wat ze voelt en waar ze het in haar lichaam voelt. Voorbeelden van haar reacties waaruit blijkt dat het vooral om ervaringen gaat op fysiek niveau: 'Mijn mond hing net naar links, dat is nu over', 'Mijn keel zit vol, het moet eruit', 'Mijn hand is er weer.' Maar feitelijk is geen stimulans tot associëren nodig, de lichamelijke reacties volgen elkaar vanzelf op. Karin kan nauwelijks praten en blijft tot de een na laatste (vijfde) sessie een dichtgeknepen keel houden. De 'abreactions' (emotionele ontladingen) zijn langdurig en hevig, Karin is zeer geëmotioneerd. Ze huilt met de ogen dicht en roept met dichtgeknepen keel wat er in haar opkomt. Ik kies ervoor om de bilaterale stimulatie per set beduidend langer aan te bieden dan de aanbevolen 30-45 seconden om haar verwerkingsproces niet te onderbreken. Karin 'regelt' het zelf: het proces loopt goed; ze laat zich meevoeren door wat er in haar opkomt bij het targetbeeld, en na een heftige abreaction komt zij weer tot rust. Sets van 2 à 3 minuten komen herhaaldelijk voor. De SUD daalt geleidelijk naar 0 in deze eerste sessie.

Behalve de lichamelijke reacties en de gebruikelijke machteloosheid in medische situaties, lijkt er bij Karin ook sprake van schuldgevoelens:
- 'Ik moet de zorgen van mijn ouders wegnemen...'
- 'Ik kan niets doen, ik zie hoeveel pijn zij lijden.'
- 'Ik kan niets doen, ik zie hoeveel pijn ik lijd.'
- 'Dom! Ik *kan* niet eens communiceren.'

Na desensitisatie van het herinneringsbeeld en installatie van de PC 'Ik kan het aan', blijkt ook haar schuldgevoel verdwenen, hetgeen bevestigd wordt door een VoC van 7 bij de uitspraak: 'Ik heb gedaan wat ik kon.'

Na de eerste EMDR-sessie

Na afsluiting van deze emotionerende eerste keer gaat Karin naar huis. Daags nadien ziet haar partner dat zij om haar mond rode irritatieplekken heeft ontwikkeld, exact in de vorm en op de plek waar de pleisters hebben gezeten om de intubatieslang vast te houden. Ze beschrijft de vorm als de afdrukken van de pleisters die destijds op haar gezicht hebben gezeten. Deze stigmata[1] zijn de volgende dag weer verdwenen en komen niet meer terug. Dit is het eerste fysieke verschijnsel dat zich in de thuissituatie voordoet tijdens de EMDR-behandeling.

Vanaf de tweede sessie rapporteert Karin haaruitval en huidproblemen. De haaruitval lijkt een volgende herinnering van het lichaam: ze leed ook aan haaruitval kort na de ziekenhuisopname. Dit was destijds het gevolg van de medicatie, en nu is het een gevolg van de herbeleving hiervan. Na enkele sessies EMDR stopt de haaruitval en verdwijnen de huidproblemen.

Tweede EMDR-sessie

Tijdens de tweede (dubbele) EMDR-sessie, negen dagen na de eerste, richten wij ons op targetbeeld 2. Het betreft een herinnering aan Karins laatste dag op de IC. Zij is zich bij momenten goed bewust van de realiteit, maar het denken is nog niet geheel ongestoord en delirante belevingen worden nog niet als zodanig ervaren. In die toestand ligt zij naast een man en, in haar verwarring, is ze ervan overtuigd dat deze depressief en mogelijk suïcidaal is. Ze ruikt benzine en ziet kleine lichtjes die zij duidt als het vuur van een aansteker. Ze is panisch maar kan niets doen. Ze ligt vast aan lijnen en zuurstof, kan niet praten of gesticuleren en haar spierkracht is onvoldoende om zich te draaien.

1 *Term die gegeven wordt aan zichtbare markeringen op het lichaam, die door innerlijke (psychogene) mechanismen worden veroorzaakt.*

Targetbeeld	Karin ziet zichzelf in het ziekenhuisbed met naast zich de man die bezig is zichzelf in brand te steken.
NC	'Ik ben in gevaar.'
Toelichting	Ik vraag haar of 'Ik ben machteloos' niet beter past, maar voor Karin is de uitspraak 'Ik ben in gevaar' toepasselijker en krachtiger. Zodra ze aan dit moment terugdenkt, is zij gevoelsmatig weer in gevaar. Ze voelt onrust; alsof er elk moment brand kan uitbreken. Ze kan die geur bijna weer ruiken...
PC	'Ik ben veilig.'
VoC	1
SUD	9 (zij voelt het in haar linkerschouder)

Na een aantal minuten waarin haar angst voor verminking naar voren komt, volgt een verrassende ontdekking waardoor alle spanning plots verdwijnt: zij komt er tijdens een set achter dat de geur die zij destijds rook niet van benzine is, maar van vuurwerk buiten het ziekenhuis. In de straat van het ziekenhuis is die avond een prijs in de postcodeloterij gevallen. Ze begrijpt dan ook dat de lichtjes die zij ziet niet van de aansteker komen, maar van het vuurwerk dat oplicht door het raam.

Derde EMDR-sessie

Karin geeft aan dat het volgende targetbeeld besloten ligt in het delier waarbij ze zorgvuldig, in vier stappen moest zien los te komen van het ziekenhuisbed. Bij de vierde stap lijkt zij bijna vrij, maar wordt dan op het laatste moment door een verpleger geheel onverwacht opnieuw volledig vastgebonden. Op dat moment lijkt het delier over te gaan in realiteit. Karin ziet reële beelden, namelijk de naam van het ziekenhuis waar ze ligt en ook ziet zij haar partner.

Targetbeeld	Opnieuw het beeld van zichzelf in het ziekenhuisbed, waar geliefden bij staan, terwijl niemand haar worsteling ziet of hoort.
NC	'Ik kan niets doen.'
Emotie	machteloosheid
SUD	10

Deze sessie gaat opnieuw gepaard met heftige emoties en lichamelijke reacties. Karin raakt benauwd, snakt naar adem en laat tijdens inademen een dichtgeknepen stemgeluid horen. Ze grijpt ook naar haar keel en lijkt de paniek van het vastzitten en geïntubeerd te zijn opnieuw te ervaren.

Ik laat de bilaterale stimulatie voortduren en bied Karin veiligheid in het hier en nu aan door dicht bij haar te zitten en haar soms aan te raken. Na een zeer intensieve, vermoeiende periode van ongeveer 40 minuten zakt de SUD snel. Ze geeft aan dat de droom niet echt gebeurd is, dat ze ernstig ziek was en dat ze zich dat niet eerder heeft gerealiseerd. Ze realiseert zich ook dat ze in het ziekenhuisbed (waarin zij in werkelijkheid lag) wel degelijk veel pogingen heeft ondernomen om los te komen. Het lukt vanaf dat moment ook steeds beter om woorden te geven aan haar gevoel, iets dat bij aanvang van deze sessie niet goed lukte.

Als de SUD tot 0 is gedaald, merkt Karin op dat ze nu los en vrij is en dat ze daarin zelf een aandeel heeft gehad. De VoC bij de PC 'Ik kan het aan' is 7.

Na de derde sessie

De sessie wordt beëindigd en Karin gaat naar huis. De volgende morgen zit zij thuis aan de ontbijttafel. Als zij een hap neemt, merkt ze dat ze niet meer kan slikken. Ze krijgt haar eten ook na een aantal pogingen niet doorgeslikt en ze is genoodzaakt om het eten uit de mond te verwijderen. Dit herstelt zich maar gedeeltelijk. Ze kan eigenlijk alleen maar vloeibaar voedsel tot zich nemen.

Vierde EMDR-sessie

De slikproblemen veroorzaken zoveel lijdensdruk dat wordt besloten om dit thema voorrang te geven. We zoeken naar eenzelfde soort fysieke beleving, mogelijk in de ziekteperiode. Karin geeft aan dat het niet meer kunnen slikken te maken moet hebben met haar ervaringen tijdens de intubatie, waarbij de verdoving haar vermogen tot handelen stillegde en haar machteloos maakte, terwijl de stikangst en de doodsangst toenamen.

Karin herinnert zich nog een situatie waarin ze in het ziekenhuisbed ligt en geïntubeerd is. Zij is erg onrustig, de buis in haar keel leidt tot braakneiging, maar ze voelt zich verlamd door de anesthesie en kan haar onmacht niet uiten. De arts ziet haar fysieke onrust en geeft haar nog meer kalmerende medicatie. Daarop ziet men uiterlijk geen onrust meer, maar innerlijk voelt Karin nog steeds de benauwdheid en de neiging tot overgeven.

Ter verduidelijking van haar ervaring gebruikt zij twee metaforen: 'Het is alsof je wilt roepen en gillen, maar je tong is afgesneden' en: 'Het is alsof je levend begraven wordt.'

Targetbeeld	Karin ligt in het ziekenhuisbed, vlak voor het lostrekken van haar tube, toen ze dacht dat ze zou stikken.
NC	'Ik ben machteloos.'
PC	'Ik kan het aan.'
VoC	1
SUD	10

Vanaf dat moment krijgt Karin de meest heftige en langdurige reactie die ik van haar heb gezien. Ze is aanvankelijk kortdurend zeer in paniek, heeft het gevoel dat haar keel net zo 'verlamd' is als destijds en wil de bilaterale stimulatie afbreken omdat ze op dat moment bang is dat ze niet meer zelfstandig kan ademen en zal stikken. Ze trekt de koptelefoon van haar hoofd.

Om het verwerkingsproces te bespoedigen, bied ik een cognitive interweave aan en vraag ik aan haar: 'Loopt er nu nog een lijn met een drip naar je arm die ervoor zorgt dat je spieren uitgeschakeld zijn?' Karin kijkt dan op, schudt met haar hoofd en zet de koptelefoon weer op haar oren. Verdere desensitisatie kan volgen, waarbij ze extreem benauwd raakt en het gevoel heeft geen lucht te krijgen. Later geeft ze aan dat zij niet doorgegaan was met deze sessie als de cognitive interweave niet uitgesproken zou zijn geweest.

Na de vierde sessie

Na deze sessie rapporteert Karin problemen met haar stem die zij omschrijft als heesheid. Het is exact dezelfde heesheid als zij eerder had, drie maanden na de ziekenhuisopname. Verder laat zij mij een van haar teennagels zien, die vanaf de laatste sessie zwartgekleurd is geraakt. Zij heeft zich echter niet gestoten. Haar teennagels zijn ook zwart geweest in de periode na het ontslag uit het ziekenhuis. Destijds verklaarde men dit als gevolg van problematische bloedcirculatie.

Vijfde sessie

In deze sessie gaat Karin vooral in op het feit dat zij met haar spieren niets kon doen door de verdoving, terwijl zij wel de neiging tot braken voelde. Ze beschrijft de machteloosheid die ze ervaren heeft door geen spier te kunnen bewegen. Ze gebruikt de volgende metafoor: 'Het is zoals het gevoel dat je tong is afgesneden terwijl je wilt schreeuwen en gillen.'

Zesde sessie: follow-up

In het laatste gesprek vindt een zogeheten videocheck plaats. Karin kiest ervoor om het verhaal opnieuw te vertellen. Ditmaal vertelt ze het niet meer met onderbrekingen en raakt ze niet meer geëmotioneerd. Een belangrijk gedeelte van haar verhaal betreft ditmaal het einde, waarin zij aangeeft hoe haar revalidatiefase is verlopen, hoe zij weer in het arbeidsproces stapte en hoe zij ten slotte op een dag contact met mij zocht voor behandeling.

In een mailcontact, maanden na beëindiging van de behandeling, vertelt Karin dat het goed met haar gaat. Als zij een film ziet over een ziekenhuisthema kan zij dit volgen zonder geëmotioneerd te raken. De herbelevingen en angsten zijn verdwenen. Als men informeert naar haar ziekte of ziekenhuisperiode, kan zij daar gewoon op reageren en wordt ze niet meer gehinderd door emotionele ontregeling of angst en onvermogen om over de ervaring te vertellen. 'Het enige dat ik soms nog merk is een lichte rilling over mijn lichaam.' Verder zijn ook de zenuwpijnen in haar handen verdwenen na de laatste sessie.

Discussie en beschouwing

De hier beschreven casus laat duidelijk zien dat ervaringen op het cognitieve, het emotionele maar ook op het lichamelijke niveau worden opgeslagen. Traumatisch materiaal dat op fysiek niveau wordt vastgehouden, lijkt niet altijd bereikbaar door het te zoeken via 'logisch redeneren' of via taal. Het is zeer begrijpelijk dat Karin door haar fysieke problemen in het verleden afweermechanismen hanteerde, zoals ontkenning en verdringing van de signalen van haar lichaam. Het traumatisch materiaal dat door de ziekenhuisperiode in het lichaam werd opgeslagen, kon niet gehanteerd of gepareerd worden door het te verdringen of 'weg te redeneren', zoals dit haar in het verleden wel goed lukte. Met EMDR is het bij Karin wel gelukt om de nare lichamelijke ervaringen te helpen verwerken.

Het denken over lichamelijk opgeslagen informatie is niet nieuw. Over het onderwerp bestaat interessante literatuur. Rotschild (2000) geeft in haar boek 'The body remembers, the psychofysiology of trauma and trauma treatment' een heldere analyse van de psychofysiologische reacties op stress, zowel bij een normale reactie op dreiging als bij een PTSS. Het verschil tussen beide hangt samen met het uitblijven van een reactie van de adrenale klieren, waardoor bij de PTSS-wijze van reageren geen cortisol wordt afgescheiden en de 'alarmreactie' ook niet stopgezet kan worden. Het lichaam blijft als het ware constant in de 'fight, flight or freeze'-houding staan. Door het lichaam via EMDR te helpen om deze alarmreactie te voltooien, kan het ook zijn 'mobilisatie tot vechten of vluchten' afronden.

De metafoor die Levine (1997) gebruikt in zijn boek 'Waking the Tiger, healing trauma' is even treffend als verklarend: bij de 'aanval' die de tijger voelt als hij een injectienaald ingeschoten krijgt, wil hij zich verdedigen of de tegenaanval inzetten. Na ontwaken uit zijn verdoving, maakt de tijger alsnog de beweging van de aanval af. Zoals Levine zegt:

'Trauma can make a person blind, mute, or deaf; it can cause paralysis in legs, arms, or both; it can bring about chronic neck and back pain, chronic fatigue syndrome, bronchitis, asthma, gastro-intestinal problems, severe PMS, migraines and a whole host of so-called psychosomatic conditions. Any physical system caused by trauma is fair game. The trapped energy will use any aspect of our physiology available to it.'

In het geval van Karin kan de neiging tot overgeven gezien worden als de behoefte van het lichaam om de beweging (waarin het tijdens traumatisering vastzat) 'af te maken' (De Roos & Veenstra, 2008).

In deze casus was EMDR de meest geschikte methode voor de behandeling van psychotraumata die voor een groot deel fysiek opgeslagen lagen. Daarbij is gebruikgemaakt van enkele variaties op het basisprotocol, zoals langere sets met bilaterale stimulatie en vragen die meer gericht waren op de veranderingen in de lichamelijke beleving. Dit om zo veel mogelijk bij het proces van de cliënt en haar fysieke associaties te blijven. Verder is in dit geval bij evaluatie voorafgaande aan iedere sessie belangrijk gebleken om te kunnen afwijken van de vooraf afgesproken volgorde. De cliënt kreeg de ruimte om lichamelijke verschijnselen als leidraad te nemen en te zoeken naar eerdere, gelijkwaardig opgeslagen fysieke ervaringen.

Karin heeft, voorafgaande aan de eerste sessie, aangegeven – en nogmaals na de eerste sessie bevestigd – dat haar ervaringen met EMDR weliswaar erg heftig waren, maar dat ze altijd voldoende stabiliteit bemerkte om deze behandeling te tolereren. Zij heeft – behoudens in de eerste minuten van de vierde sessie, waar een cognitive interweave uitkomst bood – altijd de overtuiging gevoeld dat zij ook tijdens de heftige reacties geen echte controle over zichzelf verloor. Het is echter voorstelbaar dat cliënten met heftige lichamelijke ontladingen een hoog angst- en spanningsniveau hebben en bang zijn om de behandeling niet te verdragen. Variatie in de lengte van de bilaterale stimulusperiode kan bijdragen aan veiligheid (korte sets) of aan snelle voortgang van verwerking (langere sets). Ook RDI en andere interventies gericht op stabilisatie (bijvoorbeeld de CIPOS-methode, zie Knipe, 2007) zullen soms nodig zijn voorafgaand aan of tijdens het EMDR-proces.

Casusmateriaal zoals dit van Karin, en de effecten van EMDR bij (fantoom)pijn en whiplash (De Roos & Veenstra, 2008) werpen nieuw licht op het probleem van onverklaarde lichamelijke klachten, conversieverschijnselen en stigmata. Tot nog toe werd van dergelijke fenomenen vooral de neurotische basis onderzocht, bijvoorbeeld gelieerd aan dissociatie (Van der Hart, 1995). De snelle curatieve mogelijkheden van EMDR wijzen op de rol van geheugenrepresentaties en een psycho-neurobiologische basis van deze klachten.

Deel VIII
Specifieke probleemgebieden

Inleiding

Aanbeland bij het laatste deel van dit boek zal duidelijk zijn dat EMDR een bewezen effectieve behandelmethode is voor de posttraumatische stress-stoornis. Francine Shapiro gaf in haar eerste boek (Shapiro, 1995) al aan dat EMDR ook bij andersoortige problemen kan worden toegepast. Naast de 'grote T-trauma's' (overvallen, ongevallen, geweldsdelicten, rampen, et cetera met een levensbedreigend karakter) onderscheidde zij 'kleine t-trauma's' (ruzies, faalervaringen, vervelende opmerkingen, enzovoort met een niet-levensbedreigend karakter) die kunnen bijdragen aan klachten als fobieën, vermijdingsgedrag, faalangst, et cetera. Ook hiervan zijn in dit boek reeds meerdere voorbeelden aan bod gekomen.

In het laatste deel van dit boek komt nog een aantal cliënten voorbij met klachten waarvoor EMDR weliswaar niet wetenschappelijk onderbouwd is, maar soms toch met groot succes wordt toegepast. Begonnen wordt met een behandeling van vaginismeklachten door Moniek Verster (casus 22) waarbij een klein t-trauma aan de basis van de klachten lijkt te staan. Dit voorbeeld laat duidelijk zien dat een behandeling vaak meer omvat dan alleen het 'met EMDR desensitiseren' van de eerste akelige ervaring die aan de basis staat van de klachten (de 'conditionerende ervaring'; zie Ten Broeke, De Jongh & Oppenheim, 2008). Vaak hebben latere ervaringen de negatieve betekenis van de oorspronkelijke ervaring versterkt en zullen ook deze gedesensitiseerd moeten worden om tot blijvende klachtenvermindering en gedragsverandering te komen. Pas wanneer bij de vaginismebehandeling ook de latere faalervaringen op seksueel gebied met EMDR zijn behandeld, meldt de cliënte van Moniek Verster dat ze klachtenvrij is.

Bij de behandeling van de 70+-dame met rouwproblematiek en een beroerte in de voorgeschiedenis door Wendy Kok (casus 23) blijkt het desensitiseren van twee grote T-trauma's voldoende te zijn om tot blijvende klachtenvermindering te komen. Deze behandeling laat zien dat het belangrijk is om bij gestagneerde rouw alert te zijn op een onderliggende posttraumatische stressstoornis en dat een oudere leeftijd én een hersenbeschadiging geen beperkingen hoeven te zijn voor een effectieve behandeling met EMDR.

In de behandeling van een mevrouw met overgewicht en relatieproblematiek door Jeanette Niehof (casus 24) blijkt het met EMDR desensitiseren van grote T- en kleine t-trauma's een belangrijk onderdeel van de behandeling te zijn.

Na alle succesverhalen sluiten we af met een mislukte behandeling. Zoals bij veel behandelingen in dit boek, bewandelt Hellen Hornsveld met EMDR nieuwe paden en haalt ze op creatieve wijze alles uit de kast (linksom, rechtsom, RDI, future template, grote T- en kleine t-trauma's, et cetera) om de hardnekkige problematiek van een nicotineverslaving aan te pakken. Hoewel het uiteindelijke doel – stoppen met roken – niet gehaald wordt, zijn de resultaten toch bemoedigend. Zowel de cliënte als Hellen Hornsveld vindt dat het de moeite waard is om het nog een keer te proberen.

Casus 22 Vage kinderherinnering als sleutel naar herstel

Vaginismeklachten bij een jonge vrouw

Moniek Verster
Moniek Verster is klinisch psycholoog en psychotherapeut. Tevens is zij EMDR-practitioner en -supervisor en cognitief gedragstherapeut, en heeft ze een privépraktijk in Amsterdam. Ze heeft zich gespecialiseerd in de behandeling van psychotrauma met behulp van EMDR en de behandeling van arbeidsgerelateerde problemen. Tevens houdt zij zich bezig met verzuim- en re-integratiebegeleiding, coaching en mediation.

Na jaren van frustratie over het hebben van vaginisme en vele teleurstellende behandelingen, blijkt een vage kinderherinnering de sleutel te zijn naar herstel. Als kleuter werd Eva geconfronteerd met een exhibitionist. Hoewel de herinnering vaag is en aanvankelijk nauwelijks spanning opriep, blijkt een EMDR-behandeling met betrekking tot deze gebeurtenis de ommekeer in het herstelproces. Deze behandeling laat zien hoe onzichtbaar (voor de therapeut en voor de cliënt) en hoe langdurig de schadelijke effecten van een nare gebeurtenis kunnen zijn.

Klachten en voorgeschiedenis

Eva wordt naar mij verwezen nadat verschillende behandelingen in verband met vaginisme geen resultaat hadden. Eva is 24 jaar en heeft zolang zij zich kan heugen problemen met vrijen. Vanaf haar eerste seksuele ervaring toen zij 16 jaar was heeft zij last van pijn bij het vrijen en lukt het haar niet om geslachtsgemeenschap te hebben. Eva heeft sinds viereneenhalf jaar een vaste relatie en woont sinds een jaar samen. Eva is tevreden over haar relatie, al is seksualiteit sluimerend altijd een beladen onderwerp tussen hen beiden gebleven. Er zijn geen relatieproblemen en op seksueel gebied heeft Eva geen problemen om opgewonden te raken of klaar te komen. Zij is best trots dat het haar lukt om een redelijk bevredigend seksleven met haar vriend te hebben. Toch wil ze zich niet bij haar vaginismeklachten neerleggen. Het zit haar erg dwars.

De gynaecoloog van Eva stelde enkele jaren geleden vast dat er sprake is van vaginisme. Bij uitgebreid medisch onderzoek werden geen lichamelijke oorzaken gevonden. Eva deed via de afdeling Gynaecologie van het ziekenhuis een oefentherapie die doorgaans wordt toegepast bij vaginisme. Bij deze oefentherapie wordt geoefend met het inbrengen van steeds groter wordende staafjes in de vagina en wordt geleerd om beter te ontspannen met behulp van ontspanningsoefeningen. Het inbrengen van de staafjes lukte uiteindelijk wel, maar in de praktijk namen de seksuele problemen met behulp van deze aanpak niet af. Eva kreeg om die reden daarna het advies om met psychotherapie te starten.

Op advies van de psychotherapeute, met wie Eva het afgelopen jaar wekelijks gesprekken heeft gehad, meldt zij zich bij mij met de vraag of zij met EMDR misschien van haar seksuele problemen af zou kunnen komen. Eva vertelt dat de gesprekken haar best goed bevielen. Ze heeft geleerd meer open te zijn over haar gevoelens, meer te praten met haar vriend en beter haar grenzen aan te geven. In de psychotherapie werd nauwelijks gesproken over haar seksuele problemen (!). Het ging meer over het ouderlijk gezin en de scheiding van haar ouders toen Eva 18 jaar was. De gesprekken hielpen haar niet verder met haar vaginisme en na een jaar volgde de verwijzing naar mij.

Als ik kennismaak met Eva vraag ik haar of zij in haar leven nare gebeurtenissen heeft meegemaakt die mogelijk van invloed zijn geweest op haar klachten. Die zijn er volgens Eva niet. Eva was 16 jaar toen ze haar eerste seksuele ervaring had. Ze had veel pijn en het lukte niet om gemeenschap te hebben. Daarna zijn er verschillende nare seksuele ervaringen geweest. Eva weet niet goed of deze gebeurtenissen hebben geleid tot haar seksuele problemen. Immers, de eerste keer was direct al pijnlijk en gemeenschap bleek onmogelijk. Alle ervaringen daarna zijn voor Eva steeds weer een bevestiging geweest van haar seksuele probleem. Op mijn vraag of ze mogelijk vóór haar zestiende wel eens nare, mogelijk seksuele of seksueel getinte ervaringen heeft gehad, aarzelt Eva. Ze vertelt dat ze zich heel vaag kan herinneren dat ze als klein meisje van ongeveer 4 jaar achter de supermarkt in het dorp waar zij woonde plotseling oog in oog stond met een man die zijn penis liet zien. Eva weet nog dat ze samen met een vriendinnetje was. Ze stond aan de grond genageld en bleef staan terwijl haar vriendinnetje wegrende. Eva moet er nu enigszins beschaamd om lachen. Ze twijfelt. Ze denkt dat het zo is gegaan, maar ze herinnert zich er eigenlijk nauwelijks iets van. Wel kan ze zich nog herinneren dat ze thuis door haar moeder niet werd geloofd, waarna er nooit meer over werd gesproken. Eva heeft sindsdien zelden meer aan deze gebeurtenis gedacht en kan zich eigenlijk niet goed voorstellen dat deze gebeurtenis te maken zou kunnen hebben met haar huidige seksuele klachten.

Waarom EMDR?

Wanneer er geen fysieke oorzaken worden gevonden voor vaginisme of pijn bij het vrijen (dyspareunie), ligt psychologische behandeling het meest voor de hand. Hierbij wordt doorgaans gekozen voor cognitieve gedragstherapie, in combinatie met relaxatietraining en/of partnerrelatietherapie. Uit wetenschappelijk onderzoek komt systematische desensitisatie (oefentherapie, al dan niet in combinatie met ontspanningsoefeningen) als effectief naar voren (McGuire & Hawton, 2001), maar er zijn weinig gecontroleerde studies en de criteria voor vaginisme lopen in deze studies zeer uiteen (Reissing, Binik & Khalife, 1999). Over behandeling van vaginisme met behulp van EMDR is geen literatuur bekend. Studies naar de behandeling van pijn met behulp van EMDR laten bemoedigende resultaten zien (Grant & Threlfo, 2002; De Roos en Veenstra, 2008).

Omdat Eva in de oefentherapie, onder andere samen met haar vriend, al op een gedragstherapeutische wijze geprobeerd heeft van haar vaginisme af te komen en de gesprekken met haar psychotherapeute eveneens niet tot een afname van haar seksuele klachten hebben geleid, wordt gezocht naar andere behandelmogelijkheden. Bij vaginisme of dyspareunie ligt het voor de hand om op zoek te gaan naar nare seksuele ervaringen. Er zou een samenhang kunnen zijn tussen de nare ervaring van Eva toen zij 4 jaar was, en haar huidige vaginismeklachten. Mogelijk is toen een 'stijve penis' gekoppeld geraakt aan 'machteloosheid' of 'verkramping'. Deze associatie kan zijn gebleven, maar heeft kennelijk nooit een rol gespeeld totdat ze 16 jaar was en ging experimenteren met seks. Sindsdien is de associatie tussen een 'stijve penis' en 'machteloosheid' en 'verkramping' steeds weer bevestigd. Vanuit deze hypothese wordt gekozen voor EMDR.

Verloop van de behandeling

Alle nare seksuele gebeurtenissen uit het leven van Eva worden op een tijdslijn gezet. Eva plaatst hierop als eerste de gebeurtenis op 4-jarige leeftijd. De volgende gebeurtenis is haar eerste seksuele ervaring met haar eerste vriendje toen zij 16 jaar was, gevolgd door een nare ervaring met een andere vriend die dronken was en wilde vrijen. Tot slot komen op de tijdslijn verschillende herinneringen van pogingen tot gemeenschap met haar huidige partner.

Vanwege de mogelijke samenhang tussen de nare ervaring van Eva toen zij 4 jaar was en haar huidige vaginismeklachten, kies ik ervoor dit als eerste targetherinnering voor EMDR te nemen (zie 'Procedures en begrippen'). Eva probeert zich de gebeurtenis zo goed mogelijk te herinneren en beschrijft hoe ze denkt dat het moet zijn gegaan. Ze merkt dat het allereerste moment van het zien van de man, met zijn hand op zijn stijve penis, het naarste beeld is om naar te kijken. Ze ziet zichzelf in het beeld klein en helemaal alleen tegenover een hele grote man staan. Als negatieve cognitie (NC) noemt Eva aanvankelijk 'Ik ben zielig', na enig aarzelen 'Ik ben machteloos' en dit laatste is uiteindelijk wat haar in het heden, terwijl ze kijkt naar het beeld van toen, het meeste raakt. De positieve cognitie (PC) wordt automatisch: 'Ik kan het (herinneringsbeeld) aan', de Validation of Cognition (VoC) is 3. Als emoties voelt Eva woede en verdriet. Ze begint te huilen. De Subjective Units of Distress (SUD) is 10 en ze voelt met name in haar borst lichamelijke gewaarwordingen. Tijdens de desensitisatiefase valt op dat Eva, als ik haar vraag wat er in haar opkomt, vanuit het perspectief van haarzelf als kind enorm schrikt van het formaat van de penis van de man en daarbij kramp in haar vagina voelt. De SUD gaat zeer vlot van 10 naar 6, naar 4 en naar 0. Eva merkt dan dat het beeld in haar hoofd verandert. Eva ziet zichzelf in het beeld nu even groot als de man. Nadat de SUD 0 blijkt te zijn, is Eva volledig overtuigd met het beeld om te kunnen gaan; de VoC is nu 7. Bij de bodyscan voelt Eva nog wat spanning in haar buik. Dit is na één set weg.

Omdat Eva tevreden is over haar eerste ervaring met EMDR en we voldoende tijd over hebben, besluiten we verder te gaan. De volgende gebeurtenis op de tijdslijn, Eva's eerste seksuele ervaring, blijkt als Eva erover vertelt niet meer naar te zijn om aan terug te denken. We kiezen daarom de volgende gebeurtenis op de tijdslijn als targetherinnering. Eva zet het filmpje van deze gebeurtenis stil op het beeld waarin haar toenmalige vriend dronken bovenop haar ligt, wil vrijen en onder dwang probeert bij haar binnen te dringen, wat niet lukt. Ook hier roept het beeld van toen in het heden nog steeds 'Ik ben machteloos' bij Eva op en is de positieve cognitie wederom 'Ik kan ermee omgaan' met een VoC is 1. De SUD is 10 en het beeld roept bij Eva heel veel woede op, ze voelt spanning in haar buik en in haar keel. In één set gaat de SUD van 10 naar 0. Eva geeft aan goed naar het beeld te kunnen kijken en de VoC is direct een 7. Eva is verbaasd over het rasse tempo waarmee haar beleving bij het denken aan de gebeurtenissen verandert. Het gaat ook inderdaad snel bij Eva.

Hierna herinnert Eva zich een andere nare gebeurtenis met dezelfde vriend van toen. Alleen al het beeld van zijn penis doet haar walgen, waarna zij voorstelt deze gebeurtenis in te lassen op de tijdslijn. Er is nog tijd. We nemen deze gebeurtenis als volgende targetherinnering voor EMDR.

Targetbeeld	Gebeurtenis met vriend, walging bij beeld van zijn penis.
Negatieve cognitie	'Ik ben machteloos.'
Positieve cognitie (wederom)	'Ik kan ermee omgaan.'
VoC	5
SUD	5 (ze voelt woede en verdriet en kramp in haar vagina)

De SUD gaat in één set naar 0, waarna de VoC direct een 7 is en Eva geen spanning meer in haar lichaam voelt.

In de tweede zitting vertelt Eva dat het vrijen met haar vriend in de tussenliggende week plezierig is verlopen. Ze hadden weliswaar geen gemeenschap gehad, Eva had daar niet op durven aansturen, maar het voelde goed.

In de behandeling komen we nu aan bij de verschillende 'seksuele mislukkingen', zoals Eva het noemt met haar huidige vriend. Eva kiest als naarste beeld een gebeurtenis in bed die twee maanden geleden heeft plaatsgevonden. In het beeld ziet zij zichzelf en haar vriend terwijl ze zegt dat ze niet wil vrijen. Eva vindt zichzelf onnozel als ze naar dit plaatje kijkt (NC: 'Ik ben onnozel') en als positieve cognitie wil ze kunnen geloven dat ze het goed heeft gedaan (zoals ze zichzelf op het plaatje ziet handelen). Uiteindelijk zou ze het liefst willen geloven dat ze oké is, maar dat is wel heel moeilijk te geloven als ze naar het beeld kijkt. Ze voelt verdriet en woede. De SUD is 10 en ze voelt dit in haar buik. Bij 'back to target' is de SUD in een keer 0 en de VoC een 7. Vervolgens kiest Eva een tweede recent beeld waarin zij tijdens het vrijen niet vochtig wordt. De NC is voor Eva, wanneer ze kijkt naar dit beeld: 'Ik faal.' Deze cognitie lijkt over toen te gaan, 'Ik kijk naar een plaatje waarbij ik vind dat ik faal' aldus Eva, maar ze komt op niets anders. Als ik begrijp dat dit voor Eva moet voelen zoals je in het Engels 'I'm a failure' zegt, begrijp ik dat haar negatieve cognitie binnen het domein van zelfwaardering ligt en actuele geldigheid heeft. Ook hier zou Eva als positieve cognitie 'Ik ben oké' kunnen geloven over zichzelf met een VoC is 4. De SUD is bij dit beeld een 7, ze voelt verdriet en boosheid in haar schouder. Wederom gaat de SUD na eenmaal back to target van 7 naar 0 en is de VoC een 7. Ik besluit hierna twee 'future templates' te doen (zie 'Procedures en begrippen'). Als eerste vraag ik Eva om in haar hoofd een beeld te maken van een toekomstige situatie in bed met haar vriend vlak voor het moment van gemeenschap. De VoC van 'Ik kan ermee omgaan' is voor Eva direct een 7. Als tweede vraag ik Eva in gedachten een beeld te maken wanneer ze gemeenschap hebben. Ook hier is de VoC van 'Ik kan ermee omgaan' direct een 7 voor Eva.

Daarna zie ik Eva drie weken niet. We evalueren in de bijeenkomst daarop de afgelopen twee zittingen en hoe het sindsdien met haar is gegaan. Eva merkt dat ze nog aanhikt tegen het vrijen met haar vriend. Het is er nog niet echt van gekomen en Eva zegt dat ze misschien weet hoe het komt. Ze heeft de afgelopen weken gemerkt dat ze – telkens als ze het wil proberen – moet denken aan een mislukte poging tot gemeenschap met haar vriend in de periode dat ze succesvolle vorderingen leek te maken met het inbrengen van de staafjes tijdens de oefentherapie.

In de volgende zitting doen we nog een keer EMDR. Eva kiest de gebeurtenis tijdens het vrijen met haar vriend waar ze de afgelopen weken steeds aan moest denken.

Targetbeeld	Het moment dat haar vriend net bij Eva binnen probeert te komen. Ze heeft het gevoel geen controle te hebben.
NC	'Ik ben machteloos'
PC	'Ik kan ermee omgaan'
VoC	1
SUD	7 (ze voelt zich teleurgesteld en boos en voelt kramp in haar vagina)

Wederom is in korte tijd de SUD 0 en de VoC een 7. Ik vraag Eva als future template hetzelfde beeld in haar hoofd te halen, maar dan in de toekomst. Eva heeft hierbij de volledige overtuiging ermee om te kunnen gaan en zegt bij positief afsluiten zich waardevol te voelen.

Eva gaat hierna met haar vriend enkele weken op vakantie naar Spanje. We spreken af na de vakantie telefonisch contact te hebben om na te gaan hoe het gaat. Niet lang daarna spreekt Eva vanaf haar vakantieadres opgetogen in op mijn voicemail dat het heel goed gaat met haar en dat ze geen vaginismeklachten meer heeft. Ze kan gewoon vrijen met haar vriend en is heel erg blij. Het contact met Eva wordt na haar vakantie afgesloten. Eva heeft geen problemen meer gehad met vrijen en kan zonder pijn gemeenschap hebben. Anderhalf jaar later spreek ik Eva om haar toestemming te vragen om haar verhaal op te schrijven in dit boek. Eva vertelt nog steeds volledig klachtenvrij te zijn.

Discussie en beschouwing

De keuze om de klachten van Eva te behandelen met EMDR kan bij het ontbreken van studies over EMDR bij vaginisme niet gebaseerd zijn op wetenschappelijk onderzoek. Bij Eva was geen sprake van een posttraumatische stressstoornis ten gevolge van een nare gebeurtenis met levendige herinneringen. Het is echter niet onredelijk te veronderstellen dat bij haar vaginisme 'traumatische' (leer)ervaringen een belangrijke rol hebben gespeeld in de ontwikkeling van de klachten. Hoewel de kinderherinnering bij Eva zeer vaag was, bleek deze in de EMDR-behandeling verrassend veel spanning en lichamelijke sensaties op te roepen en sterke invloed te hebben op haar vaginisme. Vervolgens werden met behulp van EMDR ook meer recente herinneringsbeelden, die naar alle waarschijnlijkheid hebben geleid tot instandhouding of verergering van het probleem, gedesensitiseerd. Deze aanpak hielp Eva definitief van haar vaginisme af.

Er is voor gekozen om Eva naast EMDR geen aanvullende opdrachten mee te geven en het tussen de behandelsessies al dan niet vrijen met haar vriend op zijn beloop te laten. Voor cliënten die niet eerder voor vaginisme in behandeling zijn geweest, zou EMDR goed aangevuld kunnen worden met gecontroleerde, stap voor stap uit te voeren gedragsexperimenten met bijvoorbeeld de staafjes om de kans op nieuwe faalervaringen te verkleinen. De resultaten van deze behandeling zijn zeer positief. Verder onderzoek naar de behandeling van vaginisme en dyspareunie met behulp van EMDR zal moeten uitwijzen of deze aanpak ook bij grotere groepen cliënten met vaginisme als onderdeel van de behandeling positieve resultaten oplevert.

Casus 23 Op leeftijd

Een 70+-dame met gestagneerde rouw en een beroerte in de voorgeschiedenis

Wendy Kok
Wendy Kok is van oorsprong psychogerontoloog en als klinisch psycholoog en systeemtherapeut werkzaam bij de GGZ Midden-Brabant, waar zij zich onder andere bezighoudt met intakes en EMDR-(deel)behandelingen bij mensen met de meest uiteenlopende psychologische problemen. Daarnaast werkte zij freelance bij het Medisch en Tandheelkundig Centrum Oosterhout, waar zij mensen met 'traumagerelateerde' angst voor de tandarts behandelt met EMDR. Zij is EMDR-practitioner en -supervisor.

Behandeling van oudere mensen is een boeiend vak, met steeds weer verrassende aspecten. De historie van bijna een heel leven, de toegenomen lichamelijke en psychologische kwetsbaarheid, maar ook het relativeringsvermogen, het doorzettingsvermogen en de humor die veel ouderen ten toon spreiden, maken het werken met ouderen uitdagend en aantrekkelijk. Dit alles blijkt ook uit de behandeling van mevrouw Akersloot, die verbluffend snel verliep, met zeer positieve resultaten, op zowel het psychologische als het lichamelijke welbevinden.

Klachten en voorgeschiedenis

Mevrouw Akersloot is een vrouw van in de zeventig. Zij werd verwezen door haar neuroloog, in verband met slaapproblemen en irrationele angsten. De klachten hielden verband met traumatische gebeurtenissen. In 2004 was zij opgenomen op de afdeling Neurologie in verband met een CVA (cerebrovasculair accident; een beroerte). Zij herstelde daar goed van en er bleken geen tekenen van een beginnende dementie aanwezig te zijn. Ook de fysiotherapeutische behandeling die zij kreeg in verband met instabiliteit bij het staan en lopen, had goed geholpen.

In 2007 werd mevrouw Akersloot door haar huisarts wederom naar de polikliniek neurologie verwezen in verband met forse slaapproblemen en irrationele angsten. De neuroloog startte met antidepressieve medicatie (citalopram 20 mg) en verwees haar naar de GGZ voor behandeling in verband met enkele traumatische ervaringen. Het plotselinge overlijden van haar man (66 jaar) in 2001 en het eveneens plotseling overlijden van haar dochter (42 jaar) in 2002, beiden aan een CVA, leken ten grondslag te liggen aan de klachten.

Bij de intake had mevrouw Akersloot veel last van indringende beelden (van haar man in zijn doodskist en van haar dochter in het ziekenhuisbed) die te pas en te onpas uit het niets voor haar ogen kwamen. Daarnaast was zij zeer emotioneel, huilde zij veel, was haar dochter bijna constant in haar gedachten en sprak zij voortdurend over haar. Ook kon zij nachtenlang in het donker opblijven. Daarnaast meldde zij angstklachten (bijvoorbeeld bovenmatige angst voor een inbraak, overmatig piekeren over het welzijn van haar kleinkinderen) en zelfverwijt. Eveneens waren er valneigingen, waarvoor zij werd behandeld door een fysiotherapeut.

Haar nieuwe partner, met wie zij sinds enkele jaren een relatie heeft, bevestigde de forse klachten, waarmee hij echter goed om leek te kunnen gaan. De klachten waren onder invloed van de antidepressieve medicatie enigszins afgenomen.

Mevrouw Akersloot is de oudste dochter uit een gezin met zeven kinderen. Al vroeg in haar leven was zij geconfronteerd met de dood, door het overlijden van een zusje ten gevolge van een ongeluk en het overlijden van een neef aan kanker. Deze gebeurtenissen hadden echter geen klachten bij haar teweeggebracht.

Mevrouw Akersloot is lang gehuwd geweest, waaraan een einde kwam door het plotseling overlijden van haar man. Zij beschreef haar huwelijk als goed. Uit dit huwelijk zijn twee kinderen geboren: de overleden dochter en een zoon. Beide kinderen traden in het huwelijk en van beiden heeft zij kleinkinderen. Het contact met de zoon en schoondochter is goed en dat geldt ook voor het contact met de schoonzoon. Hij en de kinderen lijken het leven weer redelijk te hebben opgepakt na het verlies. Sinds enkele jaren heeft mevrouw Akersloot een nieuwe relatie met een begripvolle en sympathieke man.

Mevrouw Akersloot heeft gewerkt als verpleegkundige, maar was al jaren met pensioen toen zich bij haar de klachten ontwikkelden. Daarvoor heeft zij nooit eerder psychische of psychiatrische klachten gekend. Zij leek een sterke vrouw, nuchter en reëel denkend en met gevoel voor humor.

Waarom EMDR?

De klachten (overmatige emotionaliteit, slaapproblemen, indringende beelden van haar man in zijn doodskist en haar dochter in het ziekenhuisbed, irrationele angsten en zelfverwijt) zijn ontstaan na het overlijden van de echtgenoot. In de loop van de jaren – na het overlijden van haar dochter en na het CVA dat zij zelf doormaakte – zijn ze verergerd. Hoewel deze klachten enerzijds beschouwd konden worden als een uiting van een stagnerend rouwproces, leek er ook sprake te zijn van een ontregeld stresssysteem (automatische reacties van het lichaam op stress, met als mogelijke gevolgen: onrust, piekeren, angst, slecht slapen, overmatige alertheid). Gezien de hyperemotionaliteit, de angsten, het zelfverwijt en de slaapproblemen heb ik ook nog gedacht aan een geagiteerde depressie of een chronische aanpassingsstoornis met depressieve kenmerken en angst. Omdat de klachten een duidelijk begin hadden bij het overlijden van de echtgenoot, er duidelijke herbelevingen waren en er sprake was van hyperalertheid (irrationele angsten en ontregeld stresssysteem) leek mij de diagnose van een posttraumatische stressstoornis het meest van toepassing.

In verband met de hersenbeschadiging maakte ik mij zorgen over de emotionele belastbaarheid van mevrouw Akersloot. Daarom koos ik bij het uitvoeren van de traumabehandeling niet voor het emotioneel zeer belastende imaginaire exposure (zie 'EMDR werkt! Maar hoe?'), maar voor EMDR. Omdat weinig bekend is over de werking van EMDR bij CVA-cliënten of mensen met hersenbeschadiging, besloot ik voorzichtig te werk te gaan met de handtaps (tikjes op de handen in plaats van oogbewegingen), na uitgebreide uitleg aan haar en haar partner.

Verloop van de behandeling

We kozen ervoor te starten met het beeld waar mevrouw Akersloot het meeste last van had.

Targetbeeld	Haar overleden man in zijn doodskist en zijzelf daarnaast.
Negatieve cognitie (NC)	'Ik ben alleen.'
Positieve cognitie (PC)	'Ik ben niet alleen.'
Toelichting	Hoewel deze NC en PC niet passen in de voorkeursdomeinen van EMDR, vond mevrouw Akersloot dat de NC 'Ik ben alleen' het best passend was bij het beeld. Ik ben daarin meegegaan omdat deze NC ook duidelijk disfunctioneel is: nu zijn er immers liefhebbende familieleden en een goede partner rondom haar heen, waar zij zich (rationeel) wel degelijk van bewust is, maar wanneer zij naar het targetbeeld kijkt dit toch niet zo voelt.

	Omdat de spanning al enorm hoog was, heb ik het bepalen van de Validity of Cognition (VoC) en het vragen naar de plek in haar lichaam waar zij de spanning het meeste voelt, overgeslagen, zodat snel kon worden overgegaan naar de desensitisatie.
Subjective units of distress (SUD)	10

Bij de eerste 'back to target' (BTT) bleek de SUD gedaald naar 5 á 6 en bij de tweede BTT naar 0. Cliënte rapporteerde dat het beeld vervaagd was. De VoC bleek meteen 7 (de uitspraak 'Ik ben niet alleen' bij dit beeld werd als volledig waar gevoeld).

Mevrouw Akersloot gaf meteen na de behandeling aan dat zij zich rustiger en vrediger voelde en dat de spanning in haar hoofd verminderd was. Bij de follow-up na drie weken meldde zij dat het intrusiebeeld na de behandeling was weggebleven. Tevens was het zelfverwijt verdwenen en had zij als 'een blok' geslapen. Zelfs bij het bezoek aan het kerkhof had ze tot haar verwondering geen naar gevoel meer gehad, maar een rustig gevoel. Ook haar partner gaf veranderingen in positieve zin aan.

Aangezien er geen andere nare, met spanning beladen beelden meer bleken te bestaan met betrekking tot het overlijden van haar man, besloten we ook de herinnering aan het overlijden van haar dochter te behandelen met EMDR. Deze herinnering betrof een 'filmpje' van de aankomst van mevrouw Akersloot in het ziekenhuis, waar zij haar schoonzoon en kleinkinderen in paniek aantrof, dat haar dochter er zeer ernstig aan toe was, dat zij 's nachts bij haar dochter zat en beloofde voor de anderen te zullen zorgen en dat de artsen haar op 'het ergste' voorbereidden.

Targetbeeld	Het naarste beeld uit het 'filmpje' waarbij zij bij haar dochter aan bed zit.
NC	'Ik ben machteloos.'
PC	'Ik kan het aan.'
Emotie	zware emotie
SUD	9 (ze voelt de naarheid vooral in het hoofd)

Ook nu verliep het desensitisatieproces snel. Bij de eerste BTT was de SUD 6 en bij de tweede 0. De VoC was meteen daarna 6 á 7 en na installatie 7.

Tijdens de sessie kwamen veel positieve herinneringen naar boven en ook de gedachte dat haar dochter het nu heel druk heeft (op een positieve manier), net zoals zij het tijdens haar leven vaak druk heeft gehad.

Bij de volgende afspraak zes weken later, meldden mevrouw Akersloot en haar partner dat het heel goed was gegaan en dat het praten over haar dochter genormaliseerd was. Zij voelde zich rustiger, sliep weer goed, kon de dingen aanvaarden zoals ze waren en voelde geen schuldgevoel meer. De overleden dochter stond niet meer op een voetstuk, maar was weer gewoon haar dochter geworden. Ook haar zoon en haar vriendinnen hadden de verbetering opgemerkt.

Bij een follow-up tien weken later bleek dat de klachten weggebleven waren. Mevrouw Akersloot maakte het uitstekend. Het intense verdriet was er niet meer. Zij sliep nog steeds rustig en ging niet meer met angst naar bed. Ze kon weer lachen vanuit haar hart en bleek weer zin te hebben om op vakantie te gaan. Ook vertelde zij dat ze sinds de behandeling niet meer gevallen was en dat zij zichzelf kon corrigeren bij instabiliteit. Zij vertelde dat de fysiotherapeut tevreden was over haar toestand.

Voor de start van de EMDR-behandeling en bij de laatste follow-up heeft mevrouw Akersloot de vierdimensionale klachtenlijst (4DKL; Terluin & Duijsens, 2002) ingevuld. De subjectieve verbetering bleek ook zichtbaar in de scores op deze klachtenlijst:

- Vóór de behandeling (zij gebruikte toen al wel enkele weken antidepressiva) had zij op het onderdeel 'distress' (algemeen onbehagen) een matig verhoogde score (16), na de behandeling was haar score volledig afgenomen tot 0.
- Op het onderdeel 'depressie' had zij een matig verhoogde score (4) en na de behandeling was haar score volledig afgenomen tot 0.

Discussie en beschouwing

Mevrouw Akersloot had, toen zij voor behandeling bij mij kwam, forse slaap- en angstklachten die haar leven en dat van haar partner bijna volledig leken te beheersen. Het overlijden van haar dierbaren maakte kwetsbaar en het CVA had schade aan het brein toegebracht, wat die kwetsbaarheid nog eens had vergroot. Medicatie gecombineerd met hulp bij de rouwverwerking en verder steunende en structurerende begeleiding zouden een logische keuze zijn geweest als behandelaanbod.

Echter, er leek sprake te zijn van ontwrichtende en betekenisvolle gebeurtenissen die het ontstaan van deze klachten zouden kunnen verklaren, namelijk het overlijden van haar man en haar dochter. Vanuit de zogenaamde EMDR-linksom-strategie (zie 'Procedures en begrippen') werd een levenslijn getekend waarop het ontstaan of de verergering van de klachten werd weergegeven in combinatie met gebeurtenissen in haar leven. Deze liet duidelijk zien dat de klachten zijn begonnen met het overlijden van de echtgenoot en verergerd na het overlijden van haar dochter en het CVA.

Omdat de lijdensdruk fors was en vanwege de aanwezigheid van intrusies besloot ik deze herinneringen als onderwerp voor een EMDR-behandeling te nemen. Het zeer goede resultaat van deze ultrakorte behandeling bleek ook drie maanden na de behandeling in stand te zijn gebleven.

Met enig voorbehoud kom ik ter afsluiting tot de volgende stellingen:
- Wanneer intrusies het rouwproces doen stagneren, kan EMDR een zeer effectieve behandelmethode zijn.
- Hoge leeftijd is op zichzelf geen contra-indicatie voor EMDR.
- Enige schade aan het brein is op zichzelf geen contra-indicatie voor EMDR.

Casus 24 Afvallen in de eerste lijn

Een vrouw met overgewicht en relatieproblemen

Jeanette Niehof
Jeanette Niehof is eerstelijns GZ-psycholoog, logopedist en oprichter van de Ithaka psychologiepraktijk. Ze heeft acht jaar in de eerste lijn gewerkt, waar ze zowel kortdurende als intensievere behandelingen verrichtte. Jeanette Niehof is voorts cognitief gedragstherapeut, EMDR-practitioner en -supervisor.

De 38-jarige Mariska wordt door de huisarts naar mij verwezen voor partnerrelatietherapie. Mariska nuanceert dit en geeft aan dat voor haar de belangrijkste reden van aanmelding haar gewicht is. Ze weegt 110 kilo en heeft een body mass index[1] van 34, wat als ernstig overgewicht aan te merken is. Ze verwacht dat met een normaal gewicht haar huwelijk ook zal verbeteren, zodat er alleen aandacht hoeft te zijn voor haar overgewicht. De huwelijksproblemen en haar overgewicht zijn voor Mariska onlosmakelijk met elkaar verbonden. Dit is opvallend, want ze vertelt ook dat haar relatie vorige zomer, toen ze 25 kilo lichter was, niet beter was dan nu. Zelf legt Mariska deze link niet. Ook vertelt ze dat ze ongeschikt is voor het huwelijk door nare seksuele ervaringen uit het verleden en dat ze nooit had moeten trouwen met haar huidige partner. Voor mij is de vraag hoe ik tegemoet kan komen aan de wensen van Mariska en tegelijkertijd de kluwen ontwarren van eetstoornis, partnerrelatieproblematiek en een mogelijke posttraumatische stressstoornis gerelateerd aan nare seksuele ervaringen. Zaak is om eerst alle problemen te inventariseren en afzonderlijk helder te krijgen.

1 *BMI: gewicht gedeeld door de lengte in het kwadraat.*

Klachten en voorgeschiedenis

Nare seksuele ervaringen

Mariska is op haar 13de eenmalig seksueel misbruikt door haar zeven jaar oudere broer. Ze heeft veel last van indringende beelden en tijdens het vrijen komen sinds enkele jaren herbelevingen voor. Rondom haar 17de is er gedurende een jaar sprake geweest van seksueel grensoverschrijdend gedrag door haar voormalige werkgever. Hij zat aan haar billen, probeerde haar te kussen en stond vaak plotseling achter haar. Sinds deze tijd wordt ze gehinderd door onzekerheid, neerslachtigheid, te veel eten (snaaien), minderwaardigheidsgedachten en faalangst. Mariska piekert veel, is snel geïrriteerd en heeft slaapproblemen.

Eetproblemen en overgewicht

Het verstoorde eetgedrag van Mariska is, zoals vele eetstoornissen, niet zonder meer onder te brengen in een categorie van de DSM-IV-TR (APA, 2000). Het zou een eetverslaving genoemd kunnen worden. Te veel eten komt gedurende de hele dag wel voor, maar vooral 's avonds tussen acht en elf uur, wanneer ze alleen in de kamer is. Ze eet en snoept dan te veel; een of twee grote koeken, dropjes, chocolade, chips en toastjes. Het zijn geen echte oncontroleerbare eetbuien, maar ze gaat er wel speciaal voor naar de winkel als het niet in huis is. Ze compenseert het eten niet door braken, laxeren of extreem veel bewegen. Periodes van extreem lijnen en periodes van overeten wisselen elkaar frequent af. Vaak is ze in de zomer 20 tot 25 kilo lichter dan in de winter. Ze vertelt dat lijnen geen probleem voor haar is, het stabiliseren van haar gewicht des te meer. Daarnaast heeft ze mede ten gevolge van haar overgewicht lichamelijke klachten, concentratieproblemen en schaamt ze zich voor haar omvang. De eetproblemen zijn begonnen rond haar 17de jaar, in de periode dat zij ook die nare ervaringen had met haar werkgever. Ze vertelt dat ze sinds haar 20ste bewust haar onzekerheid camoufleert door veel te praten en vrolijk over te komen.

Partnerrelatieproblemen

Mariska is nu negen jaar getrouwd. In de weken voor de trouwdag heeft ze getwijfeld of ze wel zou trouwen met haar huidige partner Twan. Ze vertelt dat haar man en zij op 27-jarige leeftijd de enige nog overgebleven vrijgezellen in hun vriendengroep waren en dat ze daardoor samen verdergingen. De relatieproblemen bestaan voor Mariska grotendeels uit onvrede met de taakverdeling, communicatieproblemen en seksuele problemen. De enige taak die Twan op zich neemt is hun dochtertje naar bed brengen. Verder legt hij volgens Mariska nog geen mes in de vaatwasser. Het lukt haar niet om over de taakverdeling te onderhandelen of over dingen te praten die haar bezighouden. Daarnaast zijn er seksuele problemen. Twan zegt haar te dik en onaantrekkelijk te vinden, maar wil wel om de dag met haar vrijen, met een voor hem absoluut minimum van twee keer per week. Wanneer dit minimum niet bereikt wordt, is hij chagrijnig, passief en zeer zwijgzaam. Mariska heeft minder behoefte aan seks en vindt de frequentie te hoog. Hierbij speelt ook de schaamte voor haar eigen lichaam een rol, evenals de herbelevingen van het misbruik door haar broer. De seksuele problemen zijn verergerd na de geboorte van de kinderen, die nu vijf en twee jaar oud zijn. Sindsdien heeft ze last van herbelevingen tijdens het vrijen terwijl dat eerder niet voorkwam. Mogelijk hangt dit samen met pijn tijdens het vrijen in de eerste maanden na de bevalling en een verminderde behoefte bij Mariska.

Eerdere behandelingen

Op haar 19de is Mariska voor haar eetproblemen in behandeling bij het Riagg geweest. Dit heeft haar weinig geholpen. Tien jaar later, vlak voor haar huwelijk, heeft ze korte tijd een antidepressivum (prozac) gebruikt, zonder resultaat overigens. De belangrijkste reden voor haar hulpvraag op dit moment is dat ze nog nooit zo dik geweest is en dat ze er nu van overtuigd is dat ze haar problemen niet meer op eigen kracht kan oplossen.

Behandeldoelen

De doelen die Mariska zich voor de behandeling stelt zijn:

- 'Ik wil weer goed in mijn vel zitten.' Dit betekent voor haar dat ze nauwelijks meer piekert, gedachten aan afvallen en haar relatie haar dag niet meer beheersen en ze aardig is tegen haar kinderen.
- 'Ik wil de nare ervaringen van het misbruik door mijn vroegere werkgever en mijn broer verwerken.'
- 'Ik wil zelfverzekerder worden.' Dit betekent voor haar dat ze opmerkingen en gedrag van anderen niet steeds op zichzelf betrekt en dat ze geen moeilijke situaties meer uit de weg gaat.
- 'Ik wil van mijn eetverslaving af. Ik wil 30 kilo eraf hebben (BMI 24) en een stabiel eetpatroon ontwikkelen.'

De kluwen ontwarren

Mariska heeft nog steeds posttraumatische stressklachten, die betrekking hebben op het seksueel misbruik door haar broer en de ongewenste intimiteiten op de werkvloer. Ook haar onzekerheid, somberheid en minderwaardigheidsgedachten lijken hiermee samen te hangen. Het te veel eten (snaaien), lijkt een functie te hebben in het onderdrukken van nare gevoelens. Het overgewicht dat hierdoor ontstaan is, leidde tot een nog negatiever zelfbeeld. Het gebrek aan zelfwaardering heeft ook bijgedragen aan haar partnerkeuze. De afkeer van haar eigen lichaam, de rigide opstelling van haar partner en hun onvermogen tot communicatie hebben geleid tot verdere seksuele problemen en relatieproblemen, wat voor Mariska weer een reden is om ongenoegen en frustraties weg te eten. Haar overgewicht heeft vervolgens geleid tot lichamelijke klachten. Mariska lijkt gevangen in een vicieuze cirkel waar ze op eigen kracht moeilijk uitkomt. Voor haar was afvallen altijd de sleutel tot de oplossing, maar na vele malen lijnen en afvallen, geeft ze aan dat het niet meer lukt. Toch blijft haar gedachte: 'Om mijn relatie te verbeteren, moet ik afvallen.'

Als we er samen over spreken, herkent ze de genoemde analyse. Ook is haar duidelijk dat een deel van haar seksuele problemen samenhangt met haar nare ervaringen. Ik kan met Mariska ook bespreken dat lijnen niet de oplossing lijkt te zijn. Dertig kilo afvallen is op zich een goed doel, omdat ze dan een BMI van 24 zou hebben. Een BMI tussen de 18,5-25 geeft een gezond gewicht weer. Het doel is echter erg ambitieus. De insteek die goed bespreekbaar is, is werken aan een gezond eetpatroon en een gezonde leefwijze. De eetverslaving zelf moet eerst aangepakt worden. Mariska wil niet dat Twan bij de behandeling betrokken wordt. Ik respecteer deze keuze en bekijk wat de aangrijpingspunten zijn voor de behandeling.

Aangrijpingspunten voor de behandeling

Mariska is in eerste instantie aangemeld voor partnerrelatietherapie, maar haar eigen prioriteit ligt bij het overgewicht ten gevolge van haar eetverslaving. Na analyse blijken uiteindelijk nare seksuele ervaringen het onderliggend probleem te zijn. Mariska wordt het meest gehinderd door posttraumatische stressklachten gerelateerd aan de nare seksuele ervaringen, waarvan het eenmalig misbruik door haar broer de meest ontregelende invloed heeft. Daarom starten we daar de behandeling mee. EMDR wordt beschouwd als de eerstekeusbehandeling voor die vorm van PTSS die het gevolg is van een eenmalig beschadigende ervaring (Multidisciplinaire richtlijn Angststoornissen, 2007; Ten Broeke e.a., 2008). Indringende beelden van herinneringen aan dit misbruik hinderen haar frequent, zodat bij het desensitiseren van deze ervaring zeer waarschijnlijk al veel winst valt te behalen. Op de tijdslijn volgt daarna de herinnering aan het grensoverschrijdend gedrag van haar voormalige werkgever. Wanneer de nare ervaringen in de actualiteit geen rol meer spelen, hoeft de onvrede niet meer weggegeten te worden en ontstaat er ruimte voor de aanpak van haar eetverslaving. Dit zal vooral via een gedragstherapeutische benadering gedaan worden, door gebruik te maken van het Werkboek Eetbuistoornis: cognitieve gedragstherapie (Panders e.a., 2005). Dit is een programma dat bestaat uit 16 sessies. Uit onderzoek is gebleken dat cognitieve gedragstherapie de beste behandeling bij eetstoornissen is (Jansen & Elgersma, 2007). In de loop van de behandeling zal moeten blijken of haar partner bij de behandeling betrokken kan worden om daarmee ook aan de relationele spanningen aandacht te kunnen schenken.

Het verloop van de behandeling

In het kader van dit boek zullen de interventies betreffende EMDR eruit gelicht worden.

Targetbeeld	Het naarste beeld van het seksueel misbruik door haar broer is: 'We liggen op bed. Hij ligt bovenop mij. Ik lig daar heel angstig.'
Negatieve cognitie (NC)	'Ik ben een zwakkeling.'
Positieve cognitie (PC)	'Ik ben goed zoals ik ben.'
VoC	1
Emotie	verdriet
SUD	10 (zeer hoog; ze voelt de spanning en het verdriet op haar borst)

Desensitisatie: verbatim van Mariska naar aanleiding van het targetbeeld van het seksueel misbruik door haar broer en de vragen tussen de sets van mij: 'Wat komt er in je op?'

- Wat hij zegt, dat Sandra (ex-vriendin van broer) het ook zo lekker vond.
- Dat ik dit altijd hoor als ik eraan denk, en dat ik altijd dacht dat hij het heel liefdevol naar mij zei.
- Boos, heel erg boos.
- Verdriet.
- Ik zou wel willen slaan.

Cognitive interweave therapeut: Doe dat maar in gedachten daar in dat beeld, concentreer je daarop.

- Opluchting.

In één sessie is de SUD gedaald naar vier. Er wordt positief afgesloten met de overtuiging: 'Ik ben sterk.' Een week later rapporteert Mariska dat ze na de sessie heel erg moe was en veel geslapen heeft. Wanneer we het beeld weer opstarten, is de SUD 2 en daalt vrij snel naar 0. De VoC bij de positieve overtuiging 'Ik ben goed zoals ik ben' is onmiddellijk 7. Mariska is trots op zichzelf en de herinnering roept geen nare gevoelens meer op. Indringende beelden en herbelevingen tijdens het vrijen komen niet meer voor.

Omdat het eetprobleem de belangrijkste aanmeldingsklacht voor Mariska was, wordt in de volgende sessie het 'Werkboek Eetbuistoornis: cognitieve gedragstherapie' geïntroduceerd. Door middel van psycho-educatie, een registratieopdracht, het bijhouden van een eetdagboek en cognitieve gedragstherapie wordt aandacht besteed aan het normaliseren van het eetpatroon. Het is voor Mariska een eyeopener dat ze best af en toe iets lekkers mag eten, ook al wil ze afvallen. Mariska kende alleen extremen in haar eetgedrag: overeten en extreem lijnen.

Negatieve gedachten die Mariska omtrent eten heeft en die haar eetprobleem en zelfwaardering beïnvloeden, worden geanalyseerd. Gedachten van Mariska zijn: 'Als ik één koekje eet, dan kan ik er net zo goed twee of drie nemen', 'Ik word dik als ik iets lekkers eet', 'Als je een keer zondigt, dan is de hele week verprutst', 'Als ik een kilo aankom, dan volgen de andere kilo's ook meteen', 'Als Twan chagrijnig is, is het mijn schuld.'

We vervolgen de EMDR met betrekking tot vijf nare herinneringen die gekoppeld zijn aan haar voormalige werkgever.

1 'Ik was alleen in het magazijn, hij zocht mij op en zat aan mijn borsten'
2 'Een keer toen zijn vrouw een dag weg was, wilde hij mij tongzoenen'
3 'Toen ik hem betrapte met een collega'
4 'Aanranding in het magazijn'
5 'Ik ben aan het schappen vullen en hij scheldt mij uit'

Het laatstgenoemde beeld is voor haar nu nog het naarst, dus daar starten we de EMDR mee.

Targetbeeld	Hij staat achter mij in de winkel te schelden, ik sta gespannen en laat wat vallen.
Negatieve cognitie (NC)	'Ik ben niets.'
Positieve cognitie (PC)	'Ik ben de moeite waard.'
VoC	1 (ze voelt zich angstig en verdrietig)
SUD	10 (ze voelt het in haar maag)

Desensitisatie: verbatim van Mariska naar aanleiding van het targetbeeld van de voormalige werkegever die haar uitscheld en de vragen tussen de sets van mij: 'Wat komt er in je op?'

- Zijn schelden.
- Ik word misselijk.
- Verdriet.
- Dat ik hem zie zoenen met een collega.
- Misselijkheid.
- Misselijkheid.

BTT (back to target)

	Ga eens terug naar het oorspronkelijke plaatje zoals dat er nu uitziet. Hoe naar is dat dan nu om naar dat beeld te kijken op een schaal van 0 tot 10?
Mariska	8.
Therapeut	Wat in dat beeld veroorzaakt die 8?
Mariska	Dat ik wat laat vallen.
Therapeut	Concentreer je daarop. [set]

In één sessie daalt de SUD naar 0 en stijgt de VoC naar 7. Het beeld veroorzaakt geen spanning meer en terwijl ze naar dat beeld kijkt, voelt het voor haar helemaal geloofwaardig als ze zegt: 'Ik ben de moeite waard.'

Om haar zelfwaardering verder te vergroten, krijgt ze als huiswerk mee dat ze elke dag een bewijs moet opschrijven van de stelling dat ze de moeite waard is. De volgende sessie geeft Mariska aan dat de andere herinneringen aan haar werkgever geen spanning meer opleveren. Ook de brief waarin ze hem uitmaakt voor 'rotte vis' die ze overigens niet heeft verstuurd, brengt opluchting.

Mariska is ondertussen meer gaan bewegen. Ze pakt vaker de fiets in plaats van de auto en maakt 's avonds regelmatig een korte wandeling. Ze vertelt dat het beter met haar gaat, dat het eetdagboek haar veel bewuster maakt van haar eetpatroon en dat ze zich fitter voelt.

Wanneer Mariska na een interval van vijf weken opnieuw komt, vertelt ze dat het goed met haar ging totdat ze zich ging wegen. Ze vond dat ze vijf kilo te weinig was afgevallen. Ze vertelt dat als het ware de remmen losgingen en dat ze de overtuiging had dat het niet uitmaakt of je nu wel of niet op je eetpatroon let, het niet uitmaakt of je meer beweegt of niet en dat het er voor haar toch niet inzit op een goede manier een gezond gewicht te bereiken. En ten slotte dat de therapie toch niet werkt.

We bespreken deze tegenslag en onderzoeken waardoor de remmen losgingen. De negatieve overtuiging 'Ik ben een slappeling' blijkt hier achter te zitten en haar veel vaker te hinderen wanneer het gaat om haar eetverslaving. Aangezien het hier om een basale negatieve opvatting over zichzelf (kerncognitie) lijkt te gaan, besluit ik deze via de rechtsom-strategie met EMDR aan te pakken (zie 'Procedures en begrippen'). Ik vraag haar welke situaties uit het verleden nu nog als bewijsmateriaal dienen dat zij een slappeling is. Nu selecteert ze herinneringen rondom te veel eten, lijnen en een beeld van haar waarop ze zichzelf vies en lelijk vindt. De herinnering met de grootste bewijskracht wordt als eerste aangepakt.

Targetbeeld	Mariska ziet zichzelf alleen op de bank zitten snoepen.
NC	'Ik ben een slappeling.'
PC	'Ik ben oké.'
VoC	2
Emotie	Verdriet
SUD	8 (ze voelt de spanning in haar keel)

Desensitisatie: verbatim van Mariska naar aanleiding van het targetbeeld van zichzelf alleen op de bank zien snoepen en de vragen tussen de sets van mij: 'Wat komt er in je op?'

- Ik ben stom bezig.
- Misselijkheid.
- Ik doe het zelf.

De PC komt niet hoger dan 5. Ze blijft zichzelf een slappeling vinden. Dus selecteren we een ander targetbeeld dat bewijst dat zij een slappeling is. Dit is een plaatje waarop ze zichzelf heel dik ziet. NC is: 'Ik ben waardeloos.' Hierbij wordt de PC 'Ik ben oké' uiteindelijk 7.

Na een aantal sessies stabiliseert het eetpatroon zich weer. Op het moment waarop de sessies laagfrequent ingezet kunnen gaan worden, brengt Mariska haar relatie naar voren. Twan gaat 's ochtends om half acht de deur uit en komt om vijf uur weer binnen. Hij wil dan meteen eten om na het eten een uur op de bank te liggen. In deze tijd mag er geen lawaai in huis zijn. Het afruimen van de tafel en het inruimen van de vaatwasser mag niet, omdat dat te veel geluid veroorzaakt. Na een uur, waarin ze de kinderen rustig heeft proberen te houden, wordt er een toetje gegeten en gaan de kinderen naar bed. Twan brengt dan altijd hun dochter naar bed. Wanneer de kinderen op bed liggen, ruimt ze de tafel en de keuken op en zet koffie. Na de koffie gaat hij naar bed. Zij zit dan vaak alleen in de kamer en eet haar frustraties weg. Gaf Mariska bij de intake aan dat ze zelf ongeschikt was voor het huwelijk door nare ervaringen uit het verleden en dat ze nooit had moeten trouwen, ze laat nu blijken dat ze Twan ongeschikt vindt voor een relatie.

Mariska en Twan komen vervolgens op haar verzoek samen voor een aantal partnerrelatiegesprekken. De indruk ontstaat dat er bij Twan sprake is van een stoornis in het autistische spectrum. Hij maakt nauwelijks oogcontact tijdens de gesprekken en heeft bijna geen mimiek. Wanneer het gesprek komt op een griep van Mariska, blijkt dat hij zich nauwelijks kan inleven in haar situatie. Zo snapt hij niet dat hij zich dan moet aanpassen door iets later met zijn werk te beginnen zodat hij hun dochter naar school kan brengen.

Ook in zijn werk als monteur levert samenwerken soms problemen op. Op zijn werk luncht hij het liefst alleen. Na overleg met Twan en de huisarts wordt hij doorverwezen.

Op dit moment, een jaar later, is bij Twan als diagnose de stoornis van Asperger gesteld en wordt het echtpaar begeleid door een maatschappelijk werkende. Ik zie Mariska nog laagfrequent. Ze heeft een redelijk stabiel eetpatroon en ze is 8 kilo afgevallen. Ze heeft nu een BMI van 31. Ze is zelfverzekerder, ze is weer begonnen met volleyballen en heeft geen posttraumatische stressstoornis meer.

Discussie en beschouwing

De behandeling van Mariska laat zien hoe EMDR ingezet kan worden bij een combinatie van klachten. De behandeling van de nare seksuele ervaringen met EMDR sloot aan bij haar wens en gaf een snelle vermindering van posttraumatische stressklachten. De eetverslaving bleek hardnekkiger. Hoewel de eetverslaving leek samen te hangen met de nare seksuele ervaringen met haar broer en een werkgever, was het behandelen van deze ervaringen niet voldoende voor het hervatten van een normaal eetpatroon. De eetstoornis was een eigen leven gaan leiden en kon goed worden aangepakt met een protocollaire cognitief-gedragstherapeutische aanpak. Een extra mogelijkheid zou zijn geweest om het EMDR-protocol voor verslaving toe te passen, zoals beschreven door Hornsveld en Beer (2008). Daarbij worden herinneringen aan 'missers' gedesensitiseerd en wordt blootstelling aan prikkels ('triggers') die te veel eten uitlokken ('cue exposure') toegevoegd aan het EMDR-basisprotocol, in de hoop dat triggers uit het heden niet weer tot snaaien leiden. In de regel betreft dit triggers als zakken chips, pakken koek, et cetera. Aangezien de triggers uit het heden vooral de problemen met haar partner betroffen, vormde dit een vanzelfsprekende overgang naar de partnerrelatieproblematiek.

De vraag is of ik misschien eerder in had moeten gaan op de problematische relatie van beide partners. De huisarts had hierom al gevraagd, maar Mariska kwam zelf met een andere prioriteit. Uiteindelijk bleek dat wat ik aan het begin mogelijk heb laten liggen, aan het einde wel weer naar voren kwam. Toen was Mariska eraan toe, doordat ze zichzelf sterker voelde en inzag dat zij niet alleen verantwoordelijk was voor de relatieproblemen. Dit laat zien dat belangrijk is om bij de aanpak van een probleem je niet alleen te richten op de verwijsreden, of op je eigen visie over de probleemsamenhang, maar vooral aan te sluiten bij de behoeften van de cliënt. Haar wens tot gewichtsvermindering heb ik genuanceerd: zij wilde 30 kilo verminderen, en ik wilde gaan voor een stabiel en gezond eetpatroon, waarbij ze niet elke zomer 25 kilo lichter is dan in de winter. Dit heeft geleid tot een stabiel eetpatroon en een goede uitgangspositie voor verdere gewichtsvermindering. Deze situatie heeft ze nu zelf geaccepteerd en daarmee is de behandeling ook ten aanzien van haar onvrede over haar lichaam geslaagd.

Mijn gewaardeerde collega's Geke Konijnenberg en Hanna Suurenbroek hebben waardevol commentaar gegeven bij een eerdere versie van deze casus, waarvoor dank.

Casus 25 Nog eentje – daarna stop ik

Een mislukte stoppen-met-rokenbehandeling

Hellen Hornsveld
Hellen Hornsveld is GZ-psycholoog en werkt bij de Universiteit Utrecht als docent klinische psychologie en gezondheidspsychologie. Tevens is zij verbonden aan het Ambulatorium, het hulpverleningsinstituut van de Faculteit der Sociale Wetenschappen. Zij behandelt mensen met eetstoornissen, angststoornissen en psychotrauma. Voor de Vereniging EMDR Nederland is zij actief als secretaris sinds de oprichting in 2003. Zij is als supervisor EMDR betrokken bij de opleiding van EMDR-therapeuten.

Hester had 'alles al geprobeerd' toen ze zich via-via aanmeldde in verband met haar rookverslaving. Ik had positieve ervaringen met het behandelen van eetbuien en eetverslaving (Beer & Hornsveld, 2008; Hornsveld & Ten Broeke, 2009) en was onder de indruk van de resultaten van Hase (2005) bij cliënten die opgenomen waren op de detoxafdeling van een alcoholkliniek. Enkele sessies EMDR waren voldoende om de terugval bij deze cliënten substantieel terug te dringen. Ook waren deze cliënten bij follow-up minder depressief dan de controlegroep die geen extra EMDR kreeg. Ook op theoretische gronden is het aannemelijk dat EMDR kan helpen bij het stoppen van verslavingsgedrag (zie kaders). Met een aantal mensen neem ik deel aan de SIG[1]-groep 'EMDR en verslaving'. De ervaringen binnen deze groep waren heel wisselend en we spraken af onze manier van werken en de resultaten wat systematischer bij te houden. Doordat ik niet zoveel cliënten met eetstoornissen meer zag (door verandering van werkplek), richtte ik mij op nicotineverslaving. Dit komt veel voor, ook bij mensen die doorgaans weinig andere psychische klachten hebben, zodat het een goede

1 *Special Interest Group.*

manier leek om de mogelijkheden van EMDR bij verslaving uit te proberen. Mijn eerste twee cliënten heb ik echter niet kunnen helpen. Het waren mijn eerste twee mislukte stoppogingen. Hieronder volgt een verslag van mijn pogingen om Hester van het roken af te helpen.

EMDR en craving

Het Engelse 'craving' betekent zoiets als een sterk ervaren verlangen (hunkering, drang, noodzaak) om een middel te gebruiken. Over het algemeen wordt aangenomen dat craving een belangrijke rol speelt bij verslaving; het bemoeilijkt het afkicken en vergroot het risico op terugval (Franken, 2003). Een vermindering van craving kan dus een belangrijke bijdrage leveren aan de behandeling van een verslaving.

Hoe kun je EMDR inzetten bij het verminderen van craving? Er zijn diverse protocollen in omloop, die vooral verschillen in de wijze waarop craving wordt opgewekt, om vervolgens te worden gedesensitiseerd (met oogbewegingen of klikjes). Popky (2005) laat de prikkels die craving uitlokken, zoals een feestje of een rustig moment op de bank, in gedachten nemen. Hase (2007) laat mensen een sterke herinnering aan craving in gedachte nemen om zo het verlangen naar alcohol op te wekken. Bij eetstoornisclïenten wekten wij eetdrang op door onze cliënten het 'verboden voedsel' mee te laten nemen naar de behandelkamer (zoals ook bij 'cue-exposure' wordt gedaan; Jansen & Meiboom, 1997) en hen bloot te stellen aan de geur, kleur en smaak van het voedsel (Beer & Hornsveld, 2008). Uitgangspunt is telkens dat craving te beschouwen is als een geheugenspoor van eerdere ervaringen aan het middel ('memory of addiction') die op eenzelfde manier te desensitiseren is als andere (negatieve) geheugensporen. Bovengenoemde auteurs meldden inderdaad een afname van craving in de behandelkamer bij alcoholverslaafden (Hase, 2007) en eetverslaving (Hornsveld, 2008) en drugsgebruikers (Popky, 2005). Of dit ook blijvend bijdraagt aan een vermindering van craving buiten de behandelkamer en het verminderen van terugval is nauwelijks bekend. De meest bemoedigende resultaten komen van Hase (2007) bij alcoholverslaafden.

Klachten en voorgeschiedenis

Hester is 55 jaar en werkt als advocaat op een klein kantoor. Ze is getrouwd met Jaap en ze hebben samen twee zonen die al uit huis zijn. De oudste zoon is getrouwd en heeft twee kinderen; de jongste studeert nog. De kinderen en kleinkinderen, maar ook haar gezondheid, zijn een belangrijke reden voor Hester om te willen stoppen met roken.

Hester is begonnen met roken in haar studententijd. Hier leerde ze Jaap en zijn vrienden kennen en rookte met hen mee. Hester was niet ernstig verslaafd. Als ze met niet-rokers was, rookte ze veel minder en jaren later toen ze zwanger was, is ze twee keer negen maanden zonder grote problemen gestopt. Dit bewijst voor haar dat ze lichamelijk niet erg verslaafd is, maar dat het bij haar vooral 'psychisch' is. Ongeveer twintig jaar geleden wilde ze stoppen omdat ze een nare hoest had die niet overging. Achteraf gezien was het misschien niet de meest gunstige tijd om te stoppen, want er was erg veel stress vanwege een gifschandaal in haar woonwijk. Hester zegt hierover: 'Vanaf het moment dat ik echt wilde stoppen, gingen de remmen pas echt los. Ik rookte eerder meer dan minder en ik kreeg er steeds minder controle over.' Vanaf dat moment begon haar jarenlange strijd tegen het roken.

Hester heeft ongeveer tien serieuze pogingen gedaan om te stoppen. Een aantal keren is ze op 1 januari gestopt, een aantal keren samen met Jaap. Telkens is ze na enkele dagen of weken weer begonnen. Ze heeft het geprobeerd met nicotinepleisters, met zuigtabletten, kauwgom, pillen, gedragstherapie en acupunctuur. Haar laatste serieuze poging dateert van één jaar geleden; ze hield het twee maanden vol; op oudejaarsdag is ze weer begonnen.

Over haar motivatie zegt Hester: 'Ik vind mezelf vies, ik schaam me ervoor, ik schaam me voor mijn kleinkinderen en ik ben bang om longkanker te krijgen. Maar ik vind roken wel echt lekker, het maakt me rustig, het is van mij. Het lijkt me vreselijk als het niet meer in huis is, dat ik het niet meer – nooit meer – tot mijn beschikking heb.' Over haar stoppogingen vertelde Hester: 'Elke keer als ik stop, voelt het alsof me iets wordt afgenomen; ik word huilerig, triest, obstinaat. Uit dwarsigheid en wanhoop begin ik weer. Het gevoel dat ik heb als ik stop met roken is een oud herkenbaar gevoel van verlating en onveiligheid.'

Hester had definitief willen stoppen op haar 50ste. Dat is niet gelukt. Maar ze kan niet accepteren dat ze de rest van haar leven nog zal roken: 'Het falen geeft onrust; ik heb misschien nog 25 jaar te gaan, ik wíl, ik móet stoppen...'

Negatieve herinneringen en (rook)verslaving

Naast het verminderen van craving, zou EMDR ook ingezet kunnen worden bij het bewerken van 'andere nare herinneringen' die door de therapeut of de cliënt relevant worden geacht bij het in stand houden van het verslavingsgedrag. Zo behandelde een collega iemand die graag wilde stoppen, maar in gedachten telkens een stemmetje hoorde dat zei: 'Je kunt het toch niet, je bent een mislukkeling.' Dat stemmetje deed hem sterk denken aan een vernederende faalervaring (ontslag) in zijn beginnende carrière als docent Nederlands. Na desensitisatie van dit voorval (twee sessies), kreeg hij er meer vertrouwen in dat het hem zou kunnen lukken, en na een tweede poging is het hem inderdaad gelukt om te stoppen met roken, wat hij ondertussen al één jaar heeft volgehouden.

Naarmate er meer herinneringen zijn die de overtuiging 'Ik ben een mislukkeling' activeren, zullen er meer EMDR-sessies nodig zijn. Als er sprake is van een kernovertuiging (een uitspraak die vrijwel altijd overal geldig is) dan is EMDR-rechtsom-strategie (zie 'Procedures en begrippen') een mogelijkheid. Het gaat dan in feite om een persoonsgerichte behandeling die uiteindelijk moet leiden tot een blijvende verandering in het zelfbeeld. Dit is bijvoorbeeld goed denkbaar bij alcoholgebruik samenhangend met sociale angst en zelfwaarderingsproblematiek.

Hester is eerder in therapie geweest toen de kinderen klein waren. Ze had last van verlatingsangst, kwam steeds minder het huis uit en kon het moeilijk verdragen als Jaap 's avonds weg was. De gesprekken, waar ook Jaap bij betrokken werd, hebben haar toen goed geholpen. Ze kon haar verlatingsangst zien als iets van vroeger en ze leerde meer te vertrouwen op zichzelf en op Jaap. Daarna heeft ze nog een langere tijd individuele gesprekken gehad die gericht waren op wat ze zelf haar koppigheid noemt. Voor haar gevoel zit die koppigheid er nog steeds. Ze loopt er ook tegenaan als ze wil stoppen met roken: 'Dan voel ik die koppigheid bovenkomen en ik weet zeker dat het deels uit dwarsigheid is dat ik niet stop.'

Waarom EMDR?

Hester is goed gemotiveerd om te stoppen met roken. Ze heeft meerdere serieuze pogingen ondernomen en veel geld uitgegeven aan alternatieve behandelingen. Ze zou niet uit zichzelf naar een psycholoog zijn gegaan, maar toevallig, via een vriendin die psycholoog is, hoorde ze van de eventuele mogelijkheden van EMDR bij verslaving. Hester staat hiervoor open. Ze ervaart dat haar verslaving voor een groot deel 'psychisch' is en dat 'een oude zwakte in haar bovenkomt' als het gaat om sigaretten: gevoelens van eenzaamheid, koppigheid en hebzucht. Nadat haar is uitgelegd wat globaal de mogelijkheden zijn van EMDR (zie kaders) en dat het geen bewezen effectieve behandelingsmethode is om van het roken af te komen, maar experimenteel van aard, gaat ze akkoord met de behandeling. We spreken af om elkaar wekelijks te zien, gedurende ongeveer maximaal tien sessies. Het gaat primair om het roken; het is niet de bedoeling er een langer durend contact van te maken.

De voorlopige behandelhypothese is dat haar rookgedrag – afgezien van de verslaving aan het middel – mede in stand wordt gehouden door genoemde emotionele factoren die zich vooral goed laten zien als zij wil stoppen. Begonnen zal worden met EMDR ten aanzien van enkele jeugdherinneringen die verband lijken te hebben met haar verlatingsangst en koppigheid.

Vervolgens zullen eerdere faalervaringen met betrekking tot het roken worden gedesensitiseerd. Ten tijde van het daadwerkelijke stoppen (voor en na) zal geprobeerd worden de craving (enorme trek in een sigaret) te verminderen met EMDR.

EMDR en mislukte stoppogingen

Speciale targetherinneringen zijn de mislukte pogingen om van de verslaving af te komen. Een veelgehoorde uitspraak is: 'Alles lukt me, ik schrik nergens voor terug, maar als ik aan stoppen met roken denk, dan zinkt de moed me in de schoenen, terwijl ik het zo graag wil.' Zodra iemand stopt, of wil stoppen, worden eerdere faalherinneringen geactiveerd en dit kan leiden tot de overtuiging dat men niet tegen het middel is opgewassen en dat dit altijd wel zo zal blijven. Men probeert het niet meer of geeft snel op. Door het desensitiseren van deze faalervaringen zou het geloof in de eigen mogelijkheden in principe moeten kunnen toenemen.

Verloop van de behandeling

De eerste herinnering die onderwerp wordt voor EMDR, is de verhuizing van het gezin van Hester naar Apeldoorn toen ze 4 jaar was. Ze bleef toen alleen achter met oma in een leeg huis, terwijl vader en moeder in de verhuiswagen wegreden. Zonder gedag te zeggen en met medeneming van alle spullen uit het huis. Dit is in ieder geval zoals Hester het zich herinnert. Zo zit het in haar hoofd. Hester kan zich niet meer herinneren waar haar broertje toen was en ze weet ook niet of het waar is, maar in haar herinnering was haar poppenwagen vastgebonden achterop de verhuiswagen.

Hester vertelt dat ze deze herinnering al uitvoerig besproken heeft in eerdere therapie toen haar verlatingsangst centraal stond. Desondanks geeft het beeld nog steeds veel lading en volgens Hester is het precies dat verlaten, lege gevoel dat ze later herkende als ze probeerde te stoppen met roken.

Targetbeeld	De wegrijdende verhuisauto met de poppenwagen op de achterkant. Ze kan het beeld nog goed oproepen.
NC	'Ik ben verloren.'
PC	'Ik ben belangrijk.'
VoC	5
Emotie	verdriet en angst
SUD	6-7 (ze heeft een versteend gevoel in de buik)

Na het starten van de klikjes vraag ik telkens tussendoor: 'Wat komt er bij je op?' of :'Wat gaat er door je heen?' Soms ook: 'Wat voel je?' of 'Wat merk je?'

Hester: 'Ze rijden zomaar weg... ze zien mij niet... wat stom dat ze niet achteromkeken... ik wilde dat ze terugkwamen... oma keek in het niets... waar was iedereen? ...alsof er iets heel ergs ging gebeuren... ik wilde naar mijn broertje... als mijn broertje er zou zijn, zou ik rustiger worden... ik voel me nu rustiger worden... er is niet veel meer...'

Back to target-SUD = 4; 'Het naarste is het onbegrip, dat mijn ouders dat niet aanvoelden... ik wil weglopen... niets meer met ze te maken hebben... ik voel me boos... ik snap niet dat ze dat zomaar doen...' et cetera.

Hester lijkt in haar boosheid vast te zitten; ze komt er niet zelf uit. Ik vraag (cognitive interweave): 'Wat heeft dat kleine meisje nodig?' Hester antwoordt direct: 'Veiligheid!' Dat ze op schoot wordt genomen en dat iemand zegt dat alles weer goedkomt. Ik vraag haar de jonge Hester in gedachten op schoot te nemen... Hester voelt zich snel rustiger worden... ze kan het meisje troosten alsof het haar eigen kind is. Ze maakt ook nog een opmerking naar oma en moeder die niet in de gaten hebben hoezeer Hester zich verloren voelt. De SUD is 0 als we weer back to target gaan; en de PC 'Ik ben belangrijk' wordt snel volledig geloofwaardig (VoC = 7). De volgende sessie voelt de herinnering aan de verhuizing nog steeds neutraal aan. Het lege, verlaten gevoel is een stuk minder. Hester is verbaasd, want zover is ze in de vorige therapie niet gekomen, en dat waren heel wat meer sessies.

We behandelen een andere gebeurtenis waarin Hester zich erg afgewezen heeft gevoeld. Ook deze herinnering kan nog steeds 'dat verlaten gevoel' oproepen. Het gaat om een situatie waarin ze als 6-jarig meisje straf kreeg op school voor iets onbenulligs en in plaats van steun van haar moeder, kreeg ze extra straf van moeder. Ook deze EMDR-sessie verloopt voorspoedig. Hester kan er nu achteraf eigenlijk wel om lachen.

De sessie hierna vertelt Hester dat ze rustiger is. Maar ook nam haar kooplust weer toe: 'Ik houd van mooie meubels; het is bijna een dwang. Ik koop ook dingen die niet nodig zijn, alleen maar om te hebben, om 'niets tekort te komen' en juist als het niet mag, dan wil ik het hebben.' Hester wil hier nu niet mee aan de slag, het is eerder onderwerp van therapie geweest. Bovendien zijn er al vijf (van de afgesproken tien) sessies voorbij. Hester wil zich nu vooral richten op het stoppen met roken.

Resource Development and Installation (RDI) en verslaving

Op het moment dat een verslaafde trek heeft, wordt hij volledig in beslag genomen door het middel en kan nergens anders meer aan denken: 'Zodra ik die koekjes zag, waren alle goede voornemens verdwenen.' Positieve eigenschappen, nodig om de craving te doorstaan (zelfvertrouwen, standvastigheid, doorzettingsvermogen), zijn tijdelijk niet beschikbaar, of niet voldoende ontwikkeld. Met RDI (zie 'Procedures en begrippen') kunnen deze vermogens worden versterkt en toegankelijker worden gemaakt. De cliënt stelt zich een toekomstige moeilijke situatie voor en haalt de 'geïnstalleerde' eigenschappen erbij om zich een positief toekomstig beeld te vormen waardoor hij de toekomstige situatie aankan.

Hase (2008) neemt overigens een iets andere insteek. Hij vraagt wat de positieve verwachtingen zijn ten aanzien van het middel en probeert met RDI deze positieve 'states', bijvoorbeeld rust, tevredenheid en zelfvertrouwen, op een andere manier toegankelijk te maken dan door gebruik van het middel.

Hulpbronnen

De volgende twee sessies besteden we geheel aan RDI's: het oproepen en versterken van hulpbronnen die haar straks kunnen helpen om het stoppen met roken vol te houden.

Hester denkt de volgende hulpbronnen nodig te hebben om – als ze gestopt is – de neiging om er toch weer eentje op te steken, aan te kunnen:

- *Wilskracht*: het vermogen om zich niet op de kop te laten zitten (door de sigaret).
- *Hulpbron*: toen ze goed opkwam voor haar kind in het ziekenhuis.
- *Autonomie*: het vermogen om keuzes te maken voor de langere termijn.
- *Hulpbron*: toen ze uit de kerk stapte.

Vermogen om rustig en reëel te blijven (zich niet op te laten jagen door dwarsigheid).

- *Hulpbron*: toen ze kritiek kreeg van een collega op haar pleidooi voor een cliënt.

Het kiezen van de juiste hulpbronnen neemt veel tijd in beslag. Hester is heel precies en zoekt lang naar de juiste formulering. Nu merk ik wel wat ze bedoelt met haar koppigheid. Het installeren van de hulpbronnen gaat overigens wel goed: ze voelt de kracht, autonomie en het vermogen om rustig te blijven en kan dit denkbeeldig meenemen naar een toekomstige situatie waarin ze gestopt is met roken. In dat beeld zit ze op de bank in haar huiskamer, Jaap is weg, en gedachten aan een sigaret komen boven. Met behulp van haar hulpbronnen lukt het haar om gevoelsmatig deze toekomstige situatie helemaal aan te kunnen.

Op mijn verzoek zoekt ze thuis kleine symbolen (ankers) voor deze hulpbronnen. Dat zijn tastbare bewijzen om de hulpbronnen gemakkelijker op te kunnen roepen. Ze vindt deze in de vorm van een mes, vork en lepel. Het mes staat voor wilskracht, de vork voor autonomie en keuzes maken en de lepel voor het vermogen om rustig door te lepelen. Ze heeft een geplastificeerd fotootje van het bestek, het ziet er goed uit. Maar van het oefenen met het oproepen van de hulpbronnen thuis komt weinig terecht. Het lijkt haar een goede oefening, maar keer op keer komt ze er niet toe.

Het desensitiseren van eerdere faalervaringen

Hester is ervan overtuigd dat ze niet zelfstandig kan stoppen met roken; ze heeft hier hulp bij nodig: pillen, nicotinepleisters, kauwgom, EMDR. Als ik haar vraag hoe ze zo zeker weet dat ze het alleen niet redt, geeft ze aan dat het bewijs hiervoor in het verleden ligt: alle eerdere pogingen die later weer in 'rook' opgingen. Niet onlogisch: het verleden voorspelt wel vaker de toekomst. Anderzijds kan niemand in de toekomst kijken en als Hester bij voorbaat al denkt dat haar pogingen zullen falen, is de kans groot dat dit inderdaad gebeurt waarbij Hester zal zeggen: 'Zie je wel, mij lukt het niet.'

Om het vertrouwen in haar eigen capaciteiten te herstellen, is het belangrijk dat het bewijsmateriaal uit het verleden zoveel mogelijk wordt opgeruimd (gedesensitiseerd; zijn bewijskracht verliest). Ik vraag Hester welke gebeurtenissen uit het verleden gevoelsmatig nog steeds bewijzen dat ze niet in staat zal zijn te stoppen. Hester moet direct denken aan het feit dat haar vader is gestorven aan longkanker terwijl zij nog steeds rookt.

Targetbeeld	Het ingevallen gezicht van vader met de zuurstoffles naast zich en zij met een rokershoest ernaast.
NC	'Ik ben zwak.'
PC	'Ik ben sterk.'
VoC	2
SUD	9 (ze voelt een beklemmend gevoel op de borst)

Denkend aan dit moment zakt de moed haar in de schoenen. Ik start de klikjes en vraag regelmatig wat er in haar opkomt. Hester noemt schaamte naar haar vader... even later zegt ze sorry [tegen vader]... ze heeft verdriet om hem en wil dat hij hier is... hij zou haar moeten zien zitten...

Na ruim een uur (dubbele sessie) heeft ze veel gehuild om vader, maar ze voelt zich ook sterker en rustiger en het besef groeit dat het ruim tien jaar geleden is: 'Nu ben ik iemand anders dan toen, ik ben nu sterker en stabieler. Ik kan tegen een stootje. Ik ben toen niet gestopt, maar ik zou dat nu wel kunnen.'

De volgende sessies besteden we aan het bewerken van nog twee herinneringen die voor haar bewijzen dat ze een enorme sukkel is als het om roken gaat: een situatie in het begin van haar huwelijk, toen ze stiekem weer begonnen was met roken en een situatie dat ze helemaal in paniek raakte toen ze op vakantie was, er geen winkels in de buurt waren en ze haar sigaretten niet kon vinden.

Tijdens deze sessies ben ik als therapeut hoopvol dat de behandeling zal slagen. Hester komt tot veel nieuwe inzichten en haar overtuiging dat ze zal kunnen slagen, groeit. Maar het prikken van een datum waarop ze zal stoppen heeft ze al twee keer uitgesteld en ook het huiswerk, de RDI-oefeningen, komt er om allerlei redenen niet van. Verder vertelt ze dat ze eerder meer dan minder is gaan roken: het idee dat het straks niet meer mag, doet haar hebzucht en verlangen – zoals ze het zelf noemt – alleen maar toenemen.

Het desensitiseren van craving

Uiteindelijk heeft Hester een datum geprikt waarop ze zal gaan stoppen. Er zijn nog twee sessies te gaan, waarin met name de craving zal worden aangepakt. Twee dagen nadat ze gestopt zal zijn, is ook een sessie gepland.

Hester neemt haar favoriete merk M mee. De bedoeling is om de zin in een sigaret zo groot mogelijk te maken en vervolgens te desensitiseren. Volgens afspraak heeft ze voorafgaand aan deze sessie enkele uren niet gerookt. Ze denkt aan 'onrust', 'leegte', 'de bank in de huiskamer' en 'eind van de middag'; allemaal triggers voor haar om te roken. Ook de sigaret zelf, die ze in handen mag houden, maar niet mag opsteken, doet de rookdrang toenemen.

NC: 'Ik ben machteloos.'

PC: 'Ik kan het aan.'

SUD = 7. Op een schaal van 0 tot 10 is ook de zin in een sigaret op dat moment een 7. Ze voelt onrust. Dan starten de klikjes en vraag ik elke keer wat er in haar opkomt. Hester: '...ik moet nog een keer roken... het is ondragelijk als ik bedenk nooit meer... dan voel ik verdriet... ik moet op zulke momenten een sigaret... nu niet eigenlijk... nu gaat het wel... maar ik wil nog geen afstand doen... ik heb het nodig... M (merk) is mijn maatje...'

Het verlangen naar een sigaret is dan gedaald naar een 4. Ze voelt minder spanning. Nieuwe associaties: 'Ik vind het vies... ik vind mezelf vies als ik rook... ik vind roken ook echt heel lekker... het is van mij... het is om rustig te worden... ik wil niet stoppen... ik voel me slap... verdrietig... rustig... ik voel de neiging om er een op te steken wegzakken... ik wil nu zelf echt stoppen...'

Na nog een kwartier daalt de SUD naar 0 en is ook het verlangen een 0. De VoC bij 'Ik kan het aan' is direct een 7. Ook een toekomstige situatie (future template) denkt ze goed aan te kunnen.

Het desensitiseren van de craving in de behandelkamer gaat dus goed. Eerlijk gezegd hoop ik als therapeut dat haar verlangen naar een sigaret zodanig is afgenomen (en de weerzin toegenomen), dat ze nu spontaan besluit te stoppen of in ieder geval te minderen, ook al hebben we afgesproken dat een vaste datum (die over twee weken staat gepland) beter is dan spontane pogingen. Het probleem is dat het effect van desensitisatie voor een deel weer teniet zal worden gedaan als Hester straks, na deze sessie, weer een sigaret opsteekt. Dan is er weer een rookervaring bij, waarin Hester weer leert dat zij slaaf is van haar verslaving. Ik merk dat een verslaving toch behoorlijk anders is dan een angststoornis en zelfs het verschil tussen een rookverslaving en een eetverslaving is groter dan ik dacht.

Hoe het verderging

Uiteindelijk is Hester niet gestopt op de afgesproken datum. Ze verzet onze afspraak omdat ze zich schaamt en omdat ze eerst nog een serieuze poging wil doen voordat we in een volgende sessie ons weer richten op het doen afnemen van craving met EMDR. Ook dit keer lukt het haar niet. Ze verzet de afspraak en laat vele weken niets van zich horen. Dan maken we een afspraak voor een eindgesprek. Ik heb de indruk dat ik niet veel meer voor haar kan doen; uiteindelijk moet ze het zelf willen en onze afspraken lijken een soort averechts effect te hebben. Hester herkent dit. Ze zegt in het eindgesprek: 'Huiswerk maken, die hulpbronnen, dat werkt bij mij niet, het beklijft niet.' Hester vindt de therapie wel geloofwaardig: 'Ik heb het gevoel dat dit wel een goede therapie is, maar niet voor mij, niet nu... ik ben erg koppig, ik moet het zelf doen, ik laat me door een ander niets zeggen, ik moet zelf het moment bepalen...'

Ze zegt ook: 'Maar je moet er niet mee ophouden, bij anderen werkt het vast beter...'

Waar ze achteraf het meest aan heeft gehad, zijn de eerste EMDR-sessies: 'Hierdoor ben ik rustiger geworden, die leegte die ik altijd zo voelde, is voor een groot deel weg.' Over het roken zegt Hester tot slot: 'Soms denk ik wel eens: ik zou gelukkiger worden als ik de strijd opgeef, gewoon een tevreden roker word, maar dat kan ik niet, dat wil ik niet... ik ga zeker nog stoppen...'

Discussie en beschouwing

EMDR is voor dit doel geen bewezen effectieve behandelmethode. Met Hester werd afgesproken om het tot maximaal tien sessies te proberen. Zo ongeveer alle mogelijkheden van EMDR zijn benut: het begon met het desensitiseren van een belangrijke trigger, namelijk innerlijke leegte. Dit liep goed en achteraf beschouwd had dit voor Hester de meeste impact. Vervolgens is gewerkt aan het verstevigen van hulpbronnen (RDI) en het toenemen van het vertrouwen in de eigen mogelijkheden (door het desensitiseren van faalervaringen) en het doen afnemen van craving.

Een lastig punt is de timing. Wanneer is het beste moment om daadwerkelijk te stoppen met roken? Volgens Popky (2005) kan de craving met EMDR aangepakt worden zowel voor als na het stoppen. Op grond van deze casus (onder andere) lijkt mij dat dit het beste gebeurt bij onthouding. Het verlangen naar een sigaret werd bij Hester tijdens de EMDR-sessie niet erg hoog. Om goed te kunnen desensitiseren is een sterkere craving nodig, inclusief alle gedachten en gevoelens die met de craving zijn geassocieerd. Dat lukt natuurlijk het best bij onthouding.

Had de behandeling achteraf beschouwd beter gekund? In de eerste plaats zou de EMDR misschien beter ingebed moeten worden in een standaard motivatie- en zelfcontroleprogramma. Bij Hester is dit niet gedaan omdat ze deze technieken al kende uit een zelfhulpprogramma en ze weinig gemotiveerd was voor deze aanpak.

De sessies met betrekking tot de 'innerlijke leegte' hebben goed gewerkt. Achteraf beschouwd hadden de onderwerpen 'koppigheid' en 'hebzucht', die voor Hester gevoelsmatig eveneens verbonden waren met het roken, meer aandacht verdiend. Echter, er zouden dan beslist meer sessies nodig zijn geweest en dat was niet de afspraak. Bovendien gaf Hester halverwege aan minder 'de diepte in te willen' en zich directer te willen richten op het stoppen met roken. Dat leek mij juist, temeer daar Hase (2008) zijn positieve bevindingen bij alcoholverslaving ook met slechts twee (dubbele) sessies EMDR had bereikt. Hoewel EMDR in zijn geval geen zelfstandige behandeling behelsde, maar toegevoegd werd aan de standaardbehandeling voor alcoholverslaving.

Het is mogelijk dat de twee cliënten die ik op deze manier heb gezien, een uitzondering zijn. Het is ook mogelijk dat EMDR zinvoller ingezet kan worden bij alcohol- en drugsverslaving dan bij nicotineafhankelijkheid. Er is nog veel te weinig onderzoek gedaan op dit gebied. Er is dus beslist geen sprake van een 'nieuwe behandelvorm' of 'doorbraak', zoals EMDR dit was voor PTSS. Misschien zijn er mogelijkheden, maar die moeten eerst beter worden onderzocht. Dit is de eerste gevalsbeschrijving over EMDR bij rookverslaving. Misschien volgen er meer.

Hester vindt zichzelf een uitzondering en vindt dat ik door moet gaan met experimenteren. Vooruit 'nog eentje dan', daarna stop ik.

Deel IX
EMDR in beweging

Epiloog

Wij, Hellen Hornsveld en Sjef Berendsen, zijn aan dit boek begonnen omdat we graag wilden laten zien hoe bijzonder EMDR is. Hoe snel en mooi een verwerkingsproces kan zijn, maar ook hoe ingewikkeld en lastig. Wij wilden vooral laten zien dat de toepassingsmogelijkheden zich niet beperken tot PTSS, maar veel breder kunnen zijn. De therapeuten in dit boek hebben geleerd een casus te onderzoeken in termen van relevante (leer)ervaringen en komen op grond daarvan tot een beslissing EMDR in te zetten waar dit niet direct voor de hand ligt. Zo wordt de angst voor misselijkheid en braken bij Marijke uit casus 9, in verband gebracht met een aantal gebeurtenissen in haar leven. En wordt de somberheid van Noa uit casus 4 in verband gebracht met ervaringen van (feitelijk of vermeend) in de steek gelaten worden. Op deze wijze is in dit boek EMDR ingezet bij depressie, bij sociale angst, bij fantoompijn en bij persoonlijkheidsproblematiek. Dit betekent niet dat voor al deze stoornissen of klachten EMDR de standaard is of zal worden. Telkens is er een individuele probleemanalyse nodig waarin de EMDR-therapeut zijn keuze zal moeten verantwoorden. Vooral als de behandeling afwijkt van de richtlijnen die opgesteld zijn voor het betreffende probleemgebied. Daarvoor zijn een goede deskundigheid van de therapeut en kennis van de behandelrichtlijnen en specifieke doelgroepen nodig.

Kinderen bijvoorbeeld verwerken een trauma op een geheel eigen wijze. Ze lopen in het dagelijks leven ook een ander soort schade op. Hetzelfde geldt voor mensen met een verstandelijke beperking, voor hoogbegaafden, mensen met ADHD, of met een andere culturele achtergrond, zoals allochtonen, vluchtelingen en asielzoekers.

Succesverhalen

De meeste therapeuten in dit boek hadden moeite met kiezen welke casus ze zouden beschrijven. De auteurs schreven ons: 'Ik wil ook wel schrijven over een bijzonder verloop van een rouwbehandeling', 'Hebben jullie nog behoefte aan een casus van een faalangstig meisje dat haar studie al had afgebroken en na een enkele sessie EMDR haar studie hervatte en nu cum laude is afgestudeerd?', 'Ik heb nog een cliënt die slachtoffer was van een ernstige medische fout' et cetera. We zouden zonder moeite nog een tweede deel kunnen vullen. Ook moesten we oppassen dat het boek niet alleen succesverhalen zou bevatten. We wilden ook het geploeter laten zien, de risico's die soms genomen moesten worden, en de teleurstellingen. Dat is slechts gedeeltelijk gelukt. Verhoudingsgewijs hebben we toch vooral positieve verhalen. Mensen schrijven toch het liefst over hun successen.

EMDR als vroege interventie

EMDR wordt in zeer uiteenlopende contexten en settings toegepast. Van eerstelijnspraktijken en GGZ-instellingen tot specialistische behandelcentra. De meest eenvoudige setting is wellicht de situatie waarbij EMDR ingezet wordt bij relatief gezonde mensen met blijvende klachten na een eenmalige schokkende gebeurtenis. Aangezien de meeste mensen (80 à 90%) met steun van hun sociale omgeving vanzelf herstellen, is in de eerste dagen tot weken geen therapeutische interventie nodig. Maar als de klachten niet vanzelf verminderen of zelfs erger worden, kan EMDR worden ingezet. Organisaties als DOeN (Directe Opvang en Nazorg; zie www.traumazorg.nu) en het IVP (Instituut voor Psychotrauma; zie www.ivp.nl) rapporteren goede ervaringen met de inzet van EMDR bij blijvende klachten in de eerste weken na een schokkende gebeurtenis, voordat de diagnose PTSS kan worden gesteld.

Helaas is er nog geen onderzoek verricht naar de effectiviteit van EMDR als vroege interventie bij acute posttraumatische stressklachten (Shapiro & Laub, 2008). Ook dit boek bevat geen casus waarbij EMDR al zo snel na de traumatische gebeurtenis is ingezet. Vanzelfsprekend gaat een therapeut dan geen uitgebreide psychodiagnostiek doen. Het zou ook niet gepast zijn om bijvoorbeeld een directbetrokkene bij een vliegtuigongeluk bij blijvende posttraumatische stressklachten (nachtmerries, schrikachtigheid, vermijding) uitgebreid te bevragen over zijn jeugd en voorgeschiedenis. Een globale en deskundige inschatting van de draagkracht en kennis van eventuele relevante traumata volstaat. Na een korte uitleg van de procedure zal de hulpverlener vrij snel overgaan tot EMDR, gericht op het verminderen van de klachten.

EMDR in langdurige multidisciplinaire behandelingen

Aan het andere uiterste van het spectrum van traumabehandeling ligt de behandeling van mensen met vroegkinderlijke chronische traumatisering. Naast alle trauma's en narigheid – vaak incest en ernstige kindermishandeling – is er meestal weinig liefde geweest en heeft er weinig hechting plaatsgevonden. Behalve alle negatieve ervaringen is er dus een gebrek aan positieve ervaringen. Met andere woorden: de draag*last* is groot en tegelijkertijd is de draag*kracht* klein. Dit maakt een behandeling extra moeilijk. In het deel over complex trauma hebben de auteurs laten zien hoe zij de kansen en risico's tegen elkaar hebben afgewogen. En hoeveel geduld er nodig was voordat met de feitelijke traumabehandeling kon worden begonnen.

Eerste en tweede lijn

De meeste EMDR-behandelingen – ook in dit boek – vinden plaats in de eerste en de tweede lijn. Het is voor iemand die hulp zoekt, maar ook voor vakgenoten, soms een doolhof van opleidingen, registraties en lidmaatschappen van verenigingen. Wat is het verschil tussen een psycholoog en een psychiater? Een vrijgevestigd psychotherapeut en een GGZ-instelling? Wat is een GZ-psycholoog? En wat wordt er vergoed? Het is te veel en te ingewikkeld om er hier uitgebreid op in te gaan. Bovendien verandert er nog wel eens wat. Mensen die hulp zoeken, kunnen het beste overleggen met hun huisarts. Afhankelijk van de aard en de ernst van de problemen, zal een keuze gemaakt kunnen worden tussen eerstelijns-, tweedelijns- of (specialistische) derdelijnszorg. Overal werken therapeuten die een EMDR-opleiding hebben gevolgd.

Verwijzen naar een EMDR-therapeut

Soms gaan cliënten zelf specifiek op zoek naar een EMDR-therapeut en melden zij zich bijvoorbeeld met: 'ik wil graag EMDR voor mijn hondenfobie' of 'mijn nichtje raadt EMDR aan omdat ik altijd op foute mannen val' of 'ik wil graag dingen uit het verleden verwerken'. Altijd zal een EMDR-therapeut eerst zelf beoordelen of EMDR wenselijk en haalbaar is.

Wanneer is het nu speciaal zinvol om te zoeken of te verwijzen naar een therapeut die EMDR kan inzetten in de behandeling? Dit boek gaat over de bredere toepassingsmogelijkheden. Valt daar iets algemeens over te zeggen? Wij denken aan de volgende probleemgebieden:

- Bij PTSS-klachten ligt EMDR uiteraard voor de hand. Herbelevingen, schrikachtigheid en vermijding na een schokkende gebeurtenis zijn belangrijke symptomen die wijzen op een PTSS.
- Ook bij een complex trauma en vroegkinderlijke traumatisering lijkt het een groot voordeel als behandelaren EMDR in hun arsenaal hebben.
- Klachten die duidelijk begonnen zijn of verergerd zijn na een specifieke gebeurtenis kunnen ook vaak goed behandeld worden met EMDR, zoals bij veel angststoornissen, bij verlieservaringen (stagnerende rouw), bij conflicten en andere gebeurtenissen rondom geboorte, ziekte en sterven. EMDR kan met name zinvol zijn als duidelijk is dat nieuwe situaties en gebeurtenissen telkens weer oude herinneringen oproepen en deze zelfs lijken te versterken.
- Klachten die samen lijken te hangen met het feit dat iemand telkens herinnerd wordt aan een pijnlijke ervaring of periode uit het leven: 'ik word helemaal naar in groepen; ik ben nu niet meer bang om gepest te worden, maar toch kan ik niet tegen groepen mensen'.

- In het algemeen als nieuwe, corrigerende ervaringen niet lijken aan te slaan: 'ik weet wel dat mijn man me niet zal verlaten (dat heb ik in therapie nu wel voldoende geleerd), maar op de een of andere manier krijg ik die angst er niet meer uit'.

Een EMDR-therapeut zal door zijn opleiding en ervaring mogelijk nog vaker EMDR toepassen dan hierboven staat beschreven, bijvoorbeeld bij zelfbeeldproblematiek. Dit boek bevat voldoende voorbeelden van de vele mogelijkheden (zie ook Ten Broeke, De Jongh & Oppenheim, 2008).

Wat is een eerstelijnspsycholoog?

Een eerstelijnspsycholoog biedt psychologische hulp aan mensen met veelvoorkomende psychische klachten. De meeste behandelingen duren vijf tot tien gesprekken. Wanneer de behandeling langer lijkt te gaan duren, wordt een cliënt verwezen naar een instantie in de tweede lijn, zoals een vrijgevestigd psychotherapeut of een GGZ-instelling. Sinds 2008 is eerstelijnspsychologische zorg opgenomen in het basispakket. Er worden acht gesprekken vergoed. Eerstelijnspsychologen hebben een BIG-registratie (www.ribiz.nl) en een NIP-registratie (www.psynip.nl). Dat wil zeggen, ze hebben een opleiding gevolgd tot GZ-psycholoog en zijn aanvullend gekwalificeerd voor de eerstelijnszorg.

Zie www.trimbos.nl en www.lve.nl.

Psychiaters, GZ-psychologen en psychotherapeuten

De titels 'psychiater', 'GZ-psycholoog' en 'psychotherapeut' zijn wettelijk beschermd (BIG-registraties, zie www.ribiz.nl).

Een *psychiater* heeft geneeskunde gestudeerd en heeft zich daarna toegelegd op de psychiatrie (studie van de mens die kampt met ernstige psychologische problematiek). Als arts mag een psychiater medicijnen voorschrijven.

Een *GZ-psycholoog* (gezondheidszorgpsycholoog) heeft een universitaire opleiding in de gedragswetenschappen (psychologie of pedagogiek) gevolgd en heeft daarna de opleiding tot GZ-psycholoog voltooid.

Een *psychotherapeut* heeft na een universitaire studie (meestal psychologie, pedagogiek of geneeskunde) een opleiding gevolgd, gericht op de behandeling van complexere en meer in de persoonlijkheid gewortelde problematiek. De meeste psychotherapeuten zijn tevens GZ-psycholoog of psychiater.

De opleiding tot EMDR-therapeut

EMDR is beslist ingewikkelder dat het lijkt. Het protocol geeft veel houvast, maar het is geen trucje dat vrijblijvend kan worden toegepast. Bij elke stap in het protocol moet je weten waartoe deze dient en wat je moet doen als het toch anders loopt dan verwacht. Wat doe je als er plotseling geen lading (SUD) meer is, of als andere herinneringen naar de voorgrond komen die veel belangrijker lijken om eerst te desensitiseren? Als je iemand behandeld hebt na een verkrachting, hoe zorg je dan dat deze persoon ook weer nieuwe relaties durft aan te gaan? Een behandelaar moet niet alleen van EMDR veel weten, maar in het algemeen een deskundig (en gediplomeerd) behandelaar zijn. Om de kwaliteit van EMDR te bewaken is de Vereniging EMDR Nederland opgericht. Om lid te kunnen worden moet een behandelaar (GZ-psycholoog, psychotherapeut of psychiater) een door de Vereniging EMDR Nederland erkende EMDR-opleiding hebben gevolgd. Leden met veel ervaring, die zich aantoonbaar bijscholen en middels video-opnames van EMDR-sessies een supervisietraject hebben doorlopen, kunnen de registratie EMDR Europe practitioner aanvragen. Deze registratie garandeert een goede therapeutische vooropleiding, een goede EMDR-opleiding en voldoende ervaring. Een lijst met practitioners is te vinden op de website van de Vereniging EMDR Nederland (zie: www.emdr.nl).

Impact op de therapeut

We zijn aan het einde gekomen van dit boek. Er zijn wat tranen gevloeid in de behandelkamers en er is wat gevloekt en gescholden! Als traumatherapeut breng je mensen naar hun pijn toe. Dat gaat soms tegen je gevoel in. De cliënt wil het er vaak niet over hebben en jijzelf soms ook niet. Toch doe je het; je maakt wonden open en je strooit nog wat zout in die wonden. Je zegt: 'Zet het plaatje stil op het naarste moment', 'Wat maakt het zo naar, concentreer je daarop.' Vervolgens ben je getuige van de pijn en het geworstel. Als je als therapeut niet zou weten dat het goed zou aflopen, zou je het niet volhouden. Maar je weet dat vuile wonden niet vanzelf genezen. Je weet dat je goed gereedschap in handen hebt en je weet wat je met dat gereedschap moet doen.

Het wordt ons regelmatig gevraagd: 'Raak je zelf niet beroerd van al die akelige verhalen?' Het antwoord is: ja en nee. Beroerd raak je soms van het geheel. Van wat ouders hun kinderen aandoen. Van wat deze ouders vaak weer meegemaakt hebben met hun ouders... wat mensen elkaar aandoen. Dat is soms veel.

Toch is het wat ons betreft goed vol te houden. We hebben ervoor gekozen om mensen bij te staan in hun worsteling met het leven, met hun depressies, angsten en impulsen. Dit zie je in alle hevigheid terug in traumaverwerking. Het mooie daarbij is dat je ook ziet hoe sterk mensen zijn, dat ze een natuurlijke neiging hebben tot herstel. Ook al kost het moeite naar de pijn toe te gaan, het proces loopt daarna vaak redelijk vanzelf. Het beeld neemt in heftigheid af, spontaan komen er 'gezondere' associaties en je cliënt wordt rustiger. Dat gaat vrijwel altijd goed en toch ook elke keer weer anders. Iedereen verwerkt een nare gebeurtenis op zijn eigen wijze. Dat maakt het bijzonder en mooi om getuige van te zijn. Dat komt ook in de verhalen uit dit boek naar voren. Maar het is vooral goed vol te houden vanwege de positieve resultaten in het dagelijks leven van je cliënt.

Wetenschappelijk onderzoek

De laatste alinea van dit boek is gewijd aan wetenschappelijk onderzoek. EMDR werd aanvankelijk maar moeilijk begrepen en zelfs positieve onderzoeksresultaten waren niet genoeg om de kritiek te laten verstommen. Dat kwam waarschijnlijk door die rare oogbewegingen. Collega Marcel van den Hout legt het als volgt uit: 'Als er geen voor de hand liggende plausibele verklaring aanwezig is en de behandeling oogt bizar en ongeloofwaardig, dan gaan 'elevated evidence requirements' gelden: er is extra wetenschappelijk bewijs nodig. Dat klinkt onterecht, maar er zit wel iets in. Als jij tegen mij zegt dat er vanochtend een kraai in je tuin zat, hoef je dat niet met een foto te ondersteunen. Als je zegt dat er een eenhoorn zat, heb ik zelfs aan een foto niet genoeg.'

Waar moet het wetenschappelijk onderzoek naar EMDR zich de komende tijd op richten? De effectiviteit bij posttraumatische stressklachten lijkt inmiddels voldoende aangetoond, maar dat wil niet zeggen dat de behandeling niet nog effectiever of nog gerichter ingezet zou kunnen worden. Vooral ten aanzien van de complexere vormen van traumatisering is nog onderzoek wenselijk.

Voor EMDR als vroege interventie ontbreekt het wetenschappelijk bewijs, terwijl het als zodanig wel veel wordt toegepast. Hetzelfde geldt voor de bilaterale klikjes (koptelefoon) als vervanging voor de oogbewegingen: het wordt veel toegepast, maar een wetenschappelijke verantwoording ontbreekt. Ook bij de specifieke probleemgebieden zoals fantoompijn, vaginisme en diverse angststoornissen lijkt de praktijk vooruit te lopen op het wetenschappelijk onderzoek. Casusbeschrijvingen als in dit boek zijn vaak een eerste aanzet. Maar gevalsbeschrijvingen door enthousiaste therapeuten zeggen niet voldoende. Goed opgezet, gecontroleerd onderzoek is nodig om te rechtvaardigen dat EMDR zo breed wordt toegepast.

Begrippenlijst

Back to target	In de desensitisatiefase wordt de cliënt gevraagd terug te gaan naar het oorspronkelijke targetbeeld en op de SUD-schaal aan te geven hoe naar het nu aanvoelt.
Bodyscan	De cliënt 'scant' van top tot teen zijn lichaam op spanning die te maken heeft met het targetbeeld. Geen spanning betekent dat alle negatieve emotionele lading van het oorspronkelijke targetbeeld inderdaad weg is.
Cognitive interweave	Een korte en gerichte interventie, vaak in de vorm van een vraag naar voor de hand liggende maar nog niet spontaan naar voren gekomen antwoorden of inzichten die de cliënt onbewust wel weet, maar op dat moment niet beschikbaar heeft; is erop gericht het verwerkingsproces weer op gang te brengen.
Desensitiseren	Het verminderen van de nare emotionele lading van het traumatische targetbeeld, zichtbaar in een dalend SUD-niveau.
Exposure in vivo	Zie gedragsexperimenten.
Future template	Blauwdruk van een positieve actie voor de toekomst waarmee de cliënt wordt voorbereid op moeilijke stappen in de toekomst.
Gedragsexperimenten	De cliënt gaat volgens een stappenplan de confrontatie aan met objectief veilige, maar nog steeds angstoproepende situaties (dit wordt ook wel *exposure in vivo* genoemd).
Installeren van de positieve cognitie	De cliënt wordt gevraagd het targetbeeld in gedachten te nemen, tegelijkertijd de positieve cognitie tegen zichzelf te zeggen en meteen een set bilaterale stimulatie aan te bieden. Na elke set wordt de cliënt gevraagd hoe geloofwaardig de PC aanvoelt. Deze procedure wordt herhaald totdat de positieve cognitie maximaal geloofwaardig is geworden (VoC = 7).
Negatieve cognitie (NC)	De gevoelde negatieve betekenis die past bij het targetbeeld, geformuleerd in een zelfuitspraak ('Ik ben...').

Positief afsluiten	Aan het einde van een EMDR-zitting wordt aan de cliënt gevraagd wat voor positiefs hij tijdens deze sessie over zichzelf heeft geleerd. Doel is om bij de cliënt een positieve gevoelstoestand te creëren en de veranderingen die zich tijdens de sessie hebben voltrokken, te bekrachtigen.
Positieve cognitie (PC)	De gewenste positieve betekenis die past bij het targetbeeld en die de tegenhanger is van de NC, geformuleerd in een zelfuitspraak ('Ik ben…').
Posttraumatische stressstoornis (PTSS)	Verwerkingsstoornis die gekenmerkt wordt door: *a* het herbeleven van de gebeurtenissen in de vorm van flashbacks of nachtmerries; *b* verhoogde prikkelbaarheid en schrikachtigheid; en *c* vermijding van alles dat doet denken aan de gebeurtenis.
Resource Development and Installation (RDI)	Het installeren van hulpbronnen (bijv. zelfvertrouwen, kracht) om problemen in het dagelijkse leven beter aan te kunnen of om de emotionele belastbaarheid te vergroten zodat de cliënt in staat is om een EMDR-behandeling aan te kunnen.
Stabilisatie	Het versterken van de draagkracht van de cliënt door aanwezige positieve mogelijkheden te benutten en te versterken en door nieuwe vaardigheden aan te leren. Tijdens de stabilisatiefase van een therapie wordt bijvoorbeeld aandacht besteed aan het herstel van de dagstructuur, het opbouwen of herstellen van een sociaal netwerk (steunsysteem) en het leren omgaan met heftige emoties als angst, verdriet en woede (affectregulatie).
SUD-schaal ('subjective units of distress')	De SUD-schaal geeft aan hoe naar het targetbeeld *nu* voor de cliënt aanvoelt, wanneer hij de NC in zichzelf zegt. De SUD-schaal loopt van 0 ('helemaal niet naar') tot en met 10 ('maximaal naar').
Targetbeeld	Stilstaand beeld van de herinnering aan de schokkende gebeurtenis, dat nu nog steeds als het naarst ervaren wordt.
Targetselectie	Het kiezen van het beeld dat nu het naarst aanvoelt en dat gebruikt zal worden in de EMDR-procedure.
Veilige plek	De cliënt wordt gevraagd om te denken aan een plaats die hem rust geeft en/of gevoelens van kalmte en veiligheid bij hem oproept (bijvoorbeeld een eiland, het bos, een rivier, het strand). Vervolgens wordt bilaterale stimulatie uitgevoerd om de gevoelens van rust, kalmte of veiligheid te versterken.
VoC-schaal ('Validity of Cognitions')	De VoC-schaal geeft aan hoe geloofwaardig de PC bij het targetbeeld aanvoelt. De VoC-schaal loopt van 1 ('volledig onwaar') tot 7 ('volledig waar').

Referenties

American Psychiatric Association (APA) (2000). *Diagnostic and Statistical Manual of mental disorders (DSM-IV-TR).* Washington, DC: American Psychiatric Association.

American Psychiatric Association (2004). *Practice guideline for the treatment of patients with acute stress disorder and post traumatic stress disorder.* Arlington, VA: American Psychiatric Association Practice Guidelines.

Andrade, J., Kavanagh, D., & Baddeley, A. (1997). Eye-movements and visual imagery : a working memory approach to the treatment of post-traumatic stress disorder. *British Journal of Clinical Psychology, 36*, 209-223.

Australian Centre for Posttraumatic Mental Health (2007). *Australian Guidelines for the treatment of adults with acute stress disorder and posttraumatic stress disorder.* ACPMH, Melbourne, Victoria.

Baddely, A.D. (1998). *Human memory: Theory and practice.* Needham Heights, MA: Allyn & Bacon.

Barrowcliff, A.L., Gray, N.S., Freeman, T.C.A., & MacCulloch, M.J. (2004). Eye-movements reduce the vividness, emotional valence and electrodermal arousal associated with negative autobiographical memories. *Journal of Forensic Psychiatry and Psychology, 15*, 325-345.

Barrowcliff, A.L., Gray, N.S., MacCulloch, S., Freeman, T. C.A., & MacCulloch, M.J. (2003). Horizontal rhythmical eye-movements consistently diminish the arousal provoked by auditory stimuli. *British Journal of Clinical Psychology*, 42, 289-302.

Beer, R. & Roos, C. de (2004). EMDR bij kinderen en adolescenten. Theorie en empirie. *Kind en adolescent, 20*, 38-53.

Beer, R. & Roos, C. de (2006). EMDR, 't is een bijzondere methode, dat is het. *Tijdschrift voor Kinder- en Jeugdpsychotherapie, 33*(3), 15-24.

Beer, R. & Roos, C. de (2008), EMDR bij kinderen en adolescenten – Een nieuw perspectief. In: Broeke, Ten E. Jongh, de A. & Oppenheim H.J. (red). Praktijkboek EMDR , casusconceptualisatie en specifieke patiëntengroepen. Harcourt Press.

Beer, R. & Hornsveld, H.K. (2008). EMDR in de behandeling van Eetstoornissen. In: Ten Broeke, E., De Jongh, A. & Oppenheim, H. (red.). Praktijkboek EMDR. Casusconceptualisatie en EMDR. Harcourt book publishers.

Benjamin, A. (2007). *Effectiviteit van EMDR bij kinderen gekoppeld aan mogelijkheden van EMDR voor mensen met een verstandelijke beperking. Een meta-analyse naar de effectiviteit van EMDR voor kinderen en een casus waarin de mogelijkheden van EMDR voor mensen met een verstandelijke beperking worden onderzocht.* Masterscriptie Orthopedagogiek. Pedagogische en Onderwijskundige Wetenschappen. Universiteit van Amsterdam

Berckelaer-Onnes, I. (2008). Autisme: van beeldvorming naar evidence-based (be)handelen. *Wetenschappelijk Tijdschrift Autisme, 2.*

Bisson, J I., Ehlers, A., Matthews, R., Pilling, S., Richards, D. & Turner, S. (2007). Psychological treatments for chronic post-traumatic stress disorder. Systematic review and meta-analysis. *British Journal of Psychiatry, 190,* 97-104.

Braet, C. (2000). Cognitieve gedragstherapie voor depressieve kinderen. In: Wit, C. de, Braet, C. & Snaterse, T. (red.), *Behandeling van depressie bij kinderen en adolescenten.* Houten: Bohn, Stafleu van Loghum.

Britton, J.C., Phan, K.L., Taylor, S.F., Fig, L.M., & Liberzon, I. (2005). Corticolimbic blood flow in posttraumatic stress disorder during script driven imagery. *Biological Psychiatry,* 75 (8), 832-840.

Broeke, E. ten, A. de Jong & H.J. Oppenheim (2008). *Handboek EMDR: casusconceptualisatie en specifieke patiëntengroepen.* Amsterdam: Harcourt Press.

Broeke, E. ten & Jongh, A. de (2008a). Rechtsom met EMDR. In: Broeke, E. ten , Jongh, A. de & Oppenheim, H. (red.) *Praktijkboek EMDR, casusconceptualisatie en specifieke patiëntengroepen.* Amsterdam: Harcourt Press.

Broeke, E. & De Jongh, A. (2008b). Resource Development and Installation (RD/I). In: E. ten Broeke, A. de Jongh & H.J. Oppenheim. *Praktijkboek EMDR: conceptualisatie, complexe psychopathologie en specifieke patiëntengroepen.* Amsterdam: Harcourt Press.

Brom, D. & Kleber, R.J. (1985). De Schokverwerkingslijst. *Nederlands Tijdschrift voor de Psychologie, 40,* 164-168.

Bruin, E.I. de (2006). Comorbide psychiatrische stoornissen bij kinderen met PDD-NOS. *Wetenschappelijk Tijdschrift Autisme, 1,* 4-8.

Chahine, L., & Kanazi, G. (2007). Phantom limb syndrome: a review. *Middle East J Anesthesiol, 19*(2), 345-55.

Christman, S.D., Garvey, K.J., Propper, R.E., & Phaneuf, K.A. (2003). Bilateral eye movements enhance the retrieval of episodic memories. *Neuropsychology, 17,* 221-229.

Christman, S.D., Brown, T.J. & Propper, R.E. (2006). Increased interhemispheric interaction is associated with earlier offset of childhood amnesia. *Neuropsychology, 20,* 336-345.

Cohen, J.A., Mannarino, A.P. en Deblinger, E. (2008). *Behandeling van trauma bij kinderen.* Houten: Bohn Stafleu van Loghum.

Cook, E.H., Kieffer, J.E. Charak, D.A., Bennett, B.A., & Leventhal, L. (1993). Autistic Disorder and Post-Traumatic Stress Disorder. *Journal of American Child and Adolescent Psychiatry, 32,* 6, 1292-1294.

Dalenberg, C.J. (2000). *Countertransference and the treatment of trauma.* Washington DC, American Psychological Association.

Deursen van, S. (2006). EMDR voor posttraumatische stressklachten bij kinderen met een autisme-spectrumstoornis; een oefening in bedachtzaamheid voor kinderen, hun ouders en behandelaars. *Tijdschrift voor Kinder- en Jeugdpsychotherapie, 133*(3), 103-116.

Donckers, J. (2000). Depressie bij kinderen: psycho-analytische psychotherapie. In: Wit, C. de, Braet, C. & Snaterse, T. (red.) *Behandeling van depressie bij kinderen en adolescenten.* Houten: Bohn Stafleu van Loghum.

Ehlers, A. & Clark, D. (2000). A cognitive model of Posttraumatic Stress Disorder. *Behaviour Research and Therapy, 38,* 319-345.

Elofson, U.O., Schèele, B. von, Theorell, T. & Sondergaard, H.P. (2007). Physiological correlates of eye movement desensitization and reprocessing. *Journal of Anxiety Disorders, 3*.

EMDR in de behandelpraktijk, breed toepasbaar. *Metaforum, wetenschappelijk tijdschrift van de GGZ Midden Brabant, GGZ Eindhoven en GGZ Regio Breda.*

Fine, C., Paulsen, S., Rouanzoin, C., Luber, M., Puk, G., & Young, W. (1995). A general guide to the use of EMDR in the dissociative disorders : a task force report. In: F. Shapiro (Ed.) *EMDR: basic principles, practices and procedures.* New York, Guilford Press.

Foa, E.B., Zoellner, L.A. & Feeny, N.C. (2006). An evaluation of three brief programs for facilitating recovery after assault. *Journal of Traumatic Stress, 19*(1), 29-43.

Forgash, C., Copeley, M. (2008). *Healing the heart of trauma and dissociation, with EMDR and ego state therapy.* New York, Springer Publishing Company.

Franken, I.H.A. (2003). Drug craving and addiction: integrating psychological and neuropsychopharmacological approaches. *Progress in Neuro-Psychopharmacology and Biological Psychiatry, 27,* 563-579.

Giltaij, H. (2004). Alsof er een stofzuiger door mijn hoofd is gegaan. EMDR bij mensen met een visuele en verstandelijke beperking. *Tijdschrift voor Kinder- & Jeugdpsychotherapie, 3,* 81-97.

Glaser, D. (2000). Child abuse and neglect and the brain – A review. *Journal of Child Psychology and Psychiatry, 41*(1), 97-116.

Grant, M. & Threlfo, C. (2002). EMDR in the treatment of chronic pain. *Journal of clinical psychology, 58(12),* 1505-1520.

Günter, R.W. & Bodner, G.E. (2008). How eye movements affect unpleasant memories: Support for a working memory account. *Behaviour Research and Therapy, 46,* 913-931.

Hart, O. van der, Nijenhuis, E.R.S. & Steele, K. (2006). *The haunted self: structural dissociation of the personality and treatment of chronic traumatization.* New York, W.W. Norton.

Hase, M. (2005). *Reprocessing the memory of addiction. Presentation 7th European EMDR Conference.* Brussel.

Hase, M., Schallmayer, S. & Sack, M. (2008) EMDR Reprocessing of the Addiction Memory: Pretreatment, Posttreatment, and 1-Month Follow-Up. *Journal of EMDR Practice and Research 3*(2), 170-179.

Hayes, S.C., Strosahl, K., & Wilson, K. (1999). *Acceptance and commitment therapy. An experiential approach to behavior change.* New York: Guilford Press.

Hoogduin, K. (2007). Pathologisch liegen: pseudologia fantastica. In Hoogduin, C.A.L., Hoogduin, K. *Psychologische interventies bij ongewone stoornissen.* Amsterdam: Boom test uitgevers.

Hornsveld, H.K. (2008). *EMDR werkt! Maar hoe?* Lezing. Nederlands EMDR Congres, maart 2008.

Hornsveld, H. & Beer, R. (2008). EMDR in de behandeling van eetstoornissen. In: Broeke, Ten E. Jongh, de A. & Oppenheim H.J. (red). *Praktijkboek EMDR , casusconceptualisatie en specifieke patiëntengroepen.* Amsterdam: Harcourt Press.

Hornsveld, H.K. & Broeke, E. ten (2009). Binge eating disorder. In: Broeke, E. ten, Korrelboom, K. & Verbraak, M. (red.) *Praktijkboek geïntegreerde cognitieve gedragstherapie. Protocollaire behandelingen op maat.* Bussum: Couthino.

Hout, M.A. van den, Muris, P., Salemink, E., & Kindt, M. (2001). Autobiographical memories become less vivid and emotional after eye movements. *British Journal of Clinical Psychology, 40*, 121-130.

Hout, M.A. van den, Engelhard, I.M., Rijkeboer, M., Koekebakker, J., Hornsveld, H., Toffolo, M., & Akse, N. (2009). *Eye movements tax working memory, but binaural stimulation does not.* Manuscript in preparation.

Hout, M.A. van den, Engelhard, I.M., Smeets, M., Hornsveld, H., Hoogeveen, E., Heer, E. de, & Rijkeboer, M. (2009). *Counting during recall: taxing of working memory and reduced vividness and emotionality of negative memories.* Submitted.

Howlin, P. & Clements, J. (1995). Is it possible to assess the impact of abuse on children with pervasive developmental disorders? *Journal of Autism and Developmental Disorders, 25*(4), 337-354

Iacoboni, M. (2008). *Het spiegelende brein.* Amsterdam: Uitgeverij Nieuwezijds.

Jansen, A. & Elgersma, H. (2007). *Leven met een eetstoornis.* Houten: Bohn Stafleu van Loghum.

Jansen, A. & Meiboom, A. (1997). Cue exposure voor mensen met eetbuien: meer protocol. *Directieve Therapie, 17*(3), 209-229.

Janssens, S., Morrens, M., & Sabbe, B.G.C. (2008). Pseudologia fantastica: definiëring en situering ten aanzien van as I- en as II-stoornissen. *Tijdschrift voor Psychiatrie* 50(10), 679-683.

Jongh, A. de & Broeke, E. ten (1994). Opmerkelijke veranderingen na één zitting met Eye Movement Desensitization and Reprocessing: Een geval van angst voor misselijkheid en braken. *Tijdschrift voor Directieve Therapie en Hypnose, 14*, 89-101.

Jongh, A. de, Broeke, E. ten, & Renssen, M.R. (1999). Treatment of specific phobias with eye movement desensitization and reprocessing (EMDR): Protocol, empirical status, and conceptual issues. *Journal of Anxiety Disorders, 13*, 69-85.

Jongh, A. de & Broeke, E ten. (2003). *Handboek EMDR: een geprotocolleerde behandelmethode voor de gevolgen van psychotrauma.* Amsterdam: Harcourt publishers.

Jongh, A. de, Holmshaw, M., & Hodder, K. *Usefulness of a trauma-focused approach for travel phobia resulting form road traffic accidents.* Ter publicatie aangeboden.

Jongh, A. de & Broeke, E. ten (2008). Linksom met EMDR. In: Broeke, E. ten, Jongh, A. de, & Oppenheim, H. (red.) *Praktijkboek EMDR.* Amsterdam; Harcourt publishers.

Jongh, A. de, Oord, H.J.M. van den, & Broeke, E. ten (2002). Efficacy of Eye Movement Desensitization and Reprocessing (EMDR) in the treatment of specific phobias: Four single-case studies on dental phobia. *Journal of Clinical Psychology, 58*, 1489-1503.

Kavanagh, D.J., Freese, S., Andrade, J., & May, J. (2001). Effects of visuospatial tasks on desensitization to emotive memories. *British Journal of Clinical Psychology, 40*, 267-280.

Keefe, F.J., Rumble, M.E., Scipio, C.D., Giordano, L.A., & Perri, L.M. (2004). Psychological aspects of persistent pain: current state of the science. *Journal of Pain, 5*, 195-211.

Kleef, M. van & Vreeling, F.W. (1999). *Pijn en pijnbehandeling.* 3e volledig herziene druk. Maastricht: Universitaire pers.

Klijn, I. (2005). We hebben een vrouw opgenomen met de ene rare infectie na de andere. In Balkom, A.J.L.M. van & Hengeveld, M.W. *Probleemgeoriënteerd denken in de psychiatrie* (p 189-196). Utrecht: De Tijdstroom.

Kluft, R.P. (1999). An overview of the psychotherapy of dissociative identity disorder. *American Journal of Psychotherapy, 53*, 289-319.

Korrelboom, K., & Broeke, E. ten (2004). *Geïntegreerde cognitieve gedragstherapie. Handboek voor theorie en praktijk*. Bussum: Coutinho.

Kraijer, D. (2004). *Handboek autismespectrumstoornissen en verstandelijke beperking*. Lisse: Harcourt Book Publishers.

Kuiken, D., Bears, M., Miall, D., & Smith, L. (2001-2002). Eye movement desensitization reprocessing facilitates attentional orienting. *Imagination, Cognition and Personality, 21*(1), 3-20.

Lee, C.W., Taylor, G., & Drummond, P.D. (2006). The active ingredient in EMDR: Is it traditional exposure or dual focus of attention? *Clinical Psychology and Psychotherapy, 13*, 97-107.

Lee, C.W. & Drummond, P.D. (2007). Effects of eye movement versus therapist instructions on the processing of distressing memories. *Journal of Anxiety Disorders, 22*(5), 801-808.

Levine, P.A. (1997). *Waking the tiger, Healing trauma*. Berkeley: North Atlantic Books.

Linehan, M. (1993a). *Cognitive behavioral treatment of borderline personality disorder*. New York: Guilford Press.

Linton, S.J. (2000). A review of psychological risk factors in back and neck pain. *Spine, 25*, 1148-1156.

Lovett, J. (1999). *Small wonders: healing childhood trauma with EMDR*. New York: Free Press.

MacCulloch, M.J. & Feldman, P. (1996). Eye movement desensitization treatment utilizes the positive visceral element of the investigatory reflex to inhibit the memories of post-traumatic stress disorder : A theoretical analysis. *British Journal of Psychiatry, 169*, 571-579.

Mahler, M., Pine, F., Bergman A. (1975). *The psychological birth of the human infant*. New York: Basic Books.

Maxfield, L., Melnyk, W.T., & Hayman, C.A.G. (2008). A working memory explanation for the effects of eye movements in EMDR. *Journal of EMDR Practice and Research, 2*, 247-261.

Maxfield, L. (2008). Considering mechanisms of action in EMDR. *Journal of EMDR Practice and Research, 2*, 234-238.

McGuire, H. & Hawton, K. (2001). Interventions for vaginismus. *Cochrane Database of Systematic Reviews, Issue 2*. Art. No. CD001760.DOI:10.1002/14651858. CD001760.

Meijer, S. & Ten Broeke, E. (2007). Dialectische gedragstherapie bij borderline patiënten met posttraumatische stresstoornis. In Bosch, L.M.C. van, Meijer, S., Backer, H. (red). *Handboek Dialectische gedragstherapie: de klinische praktijk*. Amsterdam: Harcourt Press.

Meijer, S. & Broeke, E. ten (2008). EMDR Bij de behandeling van persoonlijkheidsstoornissen. In: Broeke, E. ten, Jong, A. de, & Oppenheim, H.J. *Handboek EMDR: casusconceptualisatie en specifieke patientengroepen*. Amsterdam: Harcourt Press.

Melzack, R. (1996). Gate control theory: On the evolution of pain concepts. *Pain Forum, 5*, 128-138.

Mevissen, L. (2005). *Kwetsbaar & afhankelijk. Gedragsproblemen bij mensen met een verstandelijke beperking. Van beeldvorming naar behandeling*. Amsterdam: SWP.

Mevissen, L. (2008). Eye movement, desensitisation and reprocessing (EMDR). Behandeling bij mensen met een autismespectrumstoornis en stressklachten gerelateerd aan ingrijpende gebeurtenissen. *Wetenschappelijk Tijdschrift Autisme, 7*(3), 123-132.

Mourik, T.J. van. *Literatuuronderzoek naar de evidentie van de effectiviteit van EMDR bij de vermindering van craving: een onderzoeksvoorstel*. Masterthesis. Groningen: Universiteit Groningen.

Multidisciplinaire richtlijn Angststoornissen (2007). Landelijke stuurgroep multidisciplinaire richtlijnen in de GGZ. Utrecht: Trimbos-instituut. Beschikbaar op: www.ggzrichtlijnen.nl.

Multidisciplinaire richtlijn voor vroegtijdige psychosociale interventies na rampen, terrorisme en andere schokkende gebeurtenissen (2007). Landelijke stuurgroep multidisciplinaire richtlijnontwikkeling in de GGZ. Utrecht: Trimbos-instituut. Beschikbaar op: www.ggzrichtlijnen.nl.

National Institute for Clinical Excellence (2005). *The National PTSD Guideline: The management of PTSD in adults and children in primary and secondary care.* London, UK: National Health Service, National Collaborating Centre for Mental Health. www.nice.org.uk.

Otis, J.D., Keane, T.M., & Kerns, R.D. (2003). An examination of the relationship between chronic pain and posttraumatic stress disorder. *Journal of Rehabilitation Research and Development, 40*, 397-405.

Panders, I., Garcia-van den Berg, E., & Avesaath, M. van (2005). *Werkboek Eetbuistoornis: cognitieve gedragstherapie.* Kenniscentrum Eetstoornissen Nederland.

Paulsen, S. (1995). EMDR: its cautious use in the dissociative disorders. *Dissociation, 8*, 32-44.

Perkins, B.R. & Rouanzoin, C.C. (2002). A critical evaluation of current views regarding eye movement desensitization and reprocessing (EMDR): Clarifying points of confusion. *Journal of Clinical Psychology, 58*, 77-97.

Piaget, J. & Inhelder, B. (1969). *The psychology of the child.* New York: Basic Books.

Popky, A.J. (2005). Detur, an urge reduction protocol for addictions and dysfunctional behaviors. In R. Shapiro (Ed.). *EMDR solutions: pathways to healing* (pp. 167-188). New York: W.W. Norton.

Power, K., McGoldrick, T., Brown, K., Buchanan, R., Sharp, D., Swanson, V., & Karatzias, A. (2002). A controlled comparison of Eye Movement Desensitization and Reprocessing versus exposure plus cognitive restructuring versus waiting list in the treatment of post-traumatic stress disorder. *Clinical psychology and psychotherapy, 9*, 299-318.

Putnam, F.W. (1989). *Diagnosis and treatment of multiple personality disorder.* New York: Guilford

Quirijnen, J.M.S.P. & Lange, M.M. 'Ik moet er niet aan denken', houdt haar de hele dag bezig! Cognitieve gedragstherapie bij een vrouw met emetofobie. *Gedragstherapie* (in druk).

Ray, A.L. & Zbik, A. (2001). Cognitive behavioral therapies and beyond. In Tollison, C.D., Satterhwaite, J.R., & Tollison, J.W. (Eds.) *Practical Pain Management, 3*, 189-208. Philadelphia: Lippincott.

Rayan, R. (1995). Post-traumatic stress disorder in persons with developmental disabilities. *Community Mental Health Journal, 30*(1), 45-54.

Reissing, E.D., Binik, Y.M., & Khalife, S. (1999). Does vaginismus exist? A critical review of the literature. *Journal of Nervous and Mental Disease, 187*, 261-274.

Rogers, S. & Silver, S.M. (2002). Is EMDR an exposure therapy? A review of trauma protocols. *Journal of Clinical psychology, 58*, 43-59.

Rogers, S., Silver, S., Goss, J., Obenchain, J., Willis, A., & Whitney, R. (1999). A single session, controlled group study of flooding and eye movement desensitization and reprocessing in treating posttraumatic stress disorder among Vietnam war veterans: preliminary data. *Journal of Anxiety Disorders, 13*, 119-130.

Roos, C. de & Beer, R. (2003). EMDR bij kinderen en adolescenten: de klinische praktijk. *Kind en Adolescent Praktijk, 1*, 12-18.

Roos, C. de, & Jongh, A. de (2006). Slikken of stikken. EMDR bij kinderen en jongeren met een slikfobie. *Tijdschrift Kinder- en Jeugdpsychotherapie, 33*(3), 83-103.

Roos, C.J.A.M. de, Greenwald, R., Hollander-Gijsman, M.E. den, Noorthoorn, Buuren, S. van, Jongh, A. de. *A randomized comparison of trauma-focused cognitive behavioral therapy (TF-CBT) and eye movement desensitization and reprocessing (EMDR) in disaster-exposed children.* Ter publicatie aangeboden.

Roos, C.J.A.M. de & Veenstra, A.C. (2008). EMDR bij chronische pijn. In Broeke, E. ten, Jongh, A. de, & Oppenheim, H.J. *Praktijkboek EMDR: casusconceptualisatie en specifieke patiëntengroepen*. Lisse: Harcourt.

Roos, C.J.A.M. de, Veenstra, A.C., Jongh, A. de, Hollander-Gijsman, M.E. den, Wee, N.J.A. van der, Jongh, A. de, Zitman, F.G., & Rood. Y.R. (2008). *Eye Movement Desensitization and Reprocessing (EMDR) for chronic phantom limb pain (PLP): 10 cases.* Ingediend ter publicatie.

Ross, C.A. (1997). *Dissociative identity disorder: diagnosis, clinical features and treatment of multiple personality.* New York: Wiley.

Rost, C. & Horowitz, L. (2004). *Help een druk kind! Een benadering vanuit Sensorische Integratietherapie voor ouders en professionals.* Maarssen: Elsevier gezondheidszorg.

Rothbaum, B., Astin, M., & Marsteller, F. (2005). Prolonged exposure versus Eye Movement Desensitization and Reprocessing (EMDR) for PTSD rape victims. *Journal of traumatic stress, 18*, 607-616.

Sack, M., Lempa, W. & Lemprecht, W. (2007). Assessment of psychophysiological stress reactions during a traumatic reminder in patients treated with EMDR. *Journal of EMDR Practice and Research, 1*, 15-23.

Samwel, H., Meer, T. van, & Crul, B.J.P. (2002). *De psycholoog als pijnbehandelaar.* Bussum: Coutinho.

Schlattmann, N. (2006). EMDR en de allerkleinsten: een gevalsbeschrijving. *Tijdschrift voor Kinder- en Jeugdpsychotherapie, l33*(3), 25-38.

Schneider, J., Hofmann, A., Rost, C., & Shapiro, F. (2007). EMDR and phantom limb pain, theoretical implications, case study, and treatment guidelines. *Journal of EMDR Practice and Research, 1*(1), 31-45.

Schneider J., Hofmann A., Rost C., & Shapiro F. (2008). EMDR in the treatment of chronic phantom limb pain. *Pain Medicine, 9*, 76-82.

Segal, Z.V., Williams, J.M.G., & Teasdale, J.D. (2002). *Mindfulness-based cognitive therapy for depression: a new approach to preventing relapse.* New York: Guilford Press, p. 351.

Seminowicz, D.A. & Davis, K.D. (2006). Cortical responses to pain in healthy individuals depend on pain catastrophizing. *The Journal of Pain, 120*, 297-306.

Servan-Schreiber, D., Schooler, J., Dew, M.A., Carter, C., & Bartone, P. (2006). Eye movement desensitization and reprocessing for posttraumatic stress disorder: A pilot blinded, randomized study of stimulation type. *Psychotherapy and Psychomatics, 75*, 290-297.

Seubert, A. (2005). In Shapiro, R. (ed.) EMDR solutions, pathways to healing. New York: W.W. Norton Publishers.

Shapiro, E. & Laub, B. (2008). Early EMDR Intervention. *Journal of EMDR Practice and Research, 2*(2), 79-96.

Shapiro, F. (1999). Eye movement desensitization and reprocessing (EMDR) and the anxiety disorders: Clinical and research implications of an integrated psychotherapy treatment. *Journal of Anxiety Disorders, 13*(1-2), 35-67.

Shapiro, F. (2001). *Eye movement desensitization and reprocessing* (2nd ed.). New York: Guilford Press.

Shapiro, F. (2001). *Eye movement desensitization and reprocessing: Basic principles, protocols and procedures.* New York: Guilford Press.

Shapiro, F., Kaslow, F.W. & Maxfield, L. (eds.) (2007). *Handbook of EMDR and family therapy processes.* John Wiley and sons.

Shapiro, F. (2002). EMDR 12 years after its introduction: past and future research. *Journal of clinical psychology, 58*, 1-22.

Sharp, T.J. (2004). The prevalence of posttraumatic stress disorder in chronic pain patients. *Current Pain and Headache Reports, 8*, 111-115.

Speetjens, J. & Berg, C. van den (2002). *Video interactie begeleiding.* Bussum: Coutinho.

Spierings, J. (2008). Stabilisatie – Een gestructureerd programma voor taxatie en interventie. In Broeke, E. ten, Jong, A de, & Oppenheim, H.J. *Handboek EMDR: casusconceptualisatie en specifieke patientengroepen.* Lisse: Harcourt Press.

Spierings, J. (2008). *Cognitive interweaves.* Derde Nederlandse EMDR Congres, Ede, 29 maart 2008.

Stickgold, R. (2002). EMDR: a putative neurobiological mechanism of action. *Journal of Clinical Psychology. 58*(1), 61-75.

Stickgold, R. (2005). Sleep-dependent memory consolidation. *Nature, 437*, 1272-1278.

Terluin, B. & Duijsens, IJ. (2002). *4DKL-handleiding. Handleiding van de Vierdimensionale Klachtenlijst.* Leiderdorp: Datec.

Tharner, G. (2006). Over de toepassing van EMDR bij de behandeling van mensen met een lichte verstandelijke beperking In: Didden, R. (red.) *In perspectief. Gedragsproblemen, psychiatrische stoornissen en lichte verstandelijke beperking*, pp. 145-168. Houten: Bohn Stafleu van Loghum.

Thoomes-Vreugdenhil, A. (2006). *Behandeling van hechtingsproblemen.* Houten: Bohn Stafleu van Loghum.

Tinker, R.H. & Wilson, S.A. (1999). *Through the eyes of a child; EMDR with children.* New York: W.W. Norton & company.

Tinker, R.H. & Wilson, S.A. (2005). The phantom limb pain protocol. In Shapiro, R. (ed.) *EMDR solutions: pathways to healing* (p. 147-159). New York: W.W. Norton.

Turner, M.A. (2006). Factitious disorders: reformulating the DSM-IV criteria. *Psychosomatics, 47*(1), 23-32.

Vandereycken, W. & Deth, R. van (2003). *Psychotherapie, van theorie tot praktijk.* Houten/Antwerpen: Bohn Stafleu van Loghum.

Vanderlaan L. (2001). The resolution of phantom limb pain in a 15-year-old girl using EMDR. *EMDRIA Newsletter, special edition,* dec 2000 – juni 2001.

Vermetten, E., Dorahy, M.J., & Spiegel D. (2007). Traumatic dissociation, neurobiology and treatment. American psychiatric publishing, Inc.

Vermeulen, P. (2007). Autisme als contextblindheid. *Wetenschappelijk Tijdschrift Autisme, 3*, 92-104.

Wilensky, M. (2006). Eye Movement Desensitization and Reprocessing (EMDR) as a treatment for phantom limb pain. *Journal of Brief Therapy, 5*(1), 31-44.

GPSR Compliance
The European Union's (EU) General Product Safety Regulation (GPSR) is a set of rules that requires consumer products to be safe and our obligations to ensure this.

If you have any concerns about our products, you can contact us on

ProductSafety@springernature.com

In case Publisher is established outside the EU, the EU authorized representative is:

Springer Nature Customer Service Center GmbH
Europaplatz 3
69115 Heidelberg, Germany

www.ingramcontent.com/pod-product-compliance
Ingram Content Group UK Ltd.
Pitfield, Milton Keynes, MK11 3LW, UK
UKHW051636031026
15588UKWH00007B/1163
* 9 7 8 9 0 3 1 3 7 3 5 7 4 *